锻造西部崛起背景下女性发展的组织基础

——四川省妇联工作发展研究报告（2013—2017年）

郑长忠 主编

中国社会科学出版社

图书在版编目（CIP）数据

锻造西部崛起背景下女性发展的组织基础：四川省妇联工作发展研究报告：2013—2017 年 / 郑长忠主编. —北京：中国社会科学出版社，2018. 2

ISBN 978-7-5203-2117-4

Ⅰ. ①锻…　Ⅱ. ①郑…　Ⅲ. ①妇女工作—研究报告—四川—2013-2017　Ⅳ. ①D442. 871

中国版本图书馆 CIP 数据核字(2018)第 034635 号

出 版 人　赵剑英
责任编辑　王　琪
责任校对　赵雪姣
责任印制　王　超

出　　版　中国社会科学出版社
社　　址　北京鼓楼西大街甲 158 号
邮　　编　100720
网　　址　http://www.csspw.cn
发 行 部　010-84083685
门 市 部　010-84029450
经　　销　新华书店及其他书店

印刷装订　北京君升印刷有限公司
版　　次　2018 年 2 月第 1 版
印　　次　2018 年 2 月第 1 次印刷

开　　本　710×1000　1/16
印　　张　25. 25
插　　页　2
字　　数　401 千字
定　　价　79. 00 元

前　言

由于我本人曾经有过十多年群团组织的实务工作的经历，后来还长期从事群团工作的研究，因此，2015 年下半年，中央决定开展全面深化群团改革之后，我很有幸应邀为全国妇联主席会议授课，主题是“国家治理现代化与妇联组织发展”。授课结束后，四川省妇联主席吴旭同志就立即在会场上与我联系，并表示对我的观点的认同。

一段时间后，吴旭主席又借到上海考察学习之际，专门拜访了我，向我详细介绍四川省妇联工作近年来开展的情况，并谈了她关于妇联改革的一些思考。四川省妇联工作的许多做法引起了我强烈的兴趣，并且我对她关于妇联改革的理解，有着许多共鸣之处。

2016 年年底，我们又在北京一次会议中相遇，吴旭主席正式发出邀请，一是希望我能够带领我们智库团队，对四川省妇联近年来的工作以及改革的情况进行研究，从而能够从理论上进行总结，更好服务于四川省妇联改革工作以及其他工作；二是希望我们智库能够与四川省妇联建立长期合作关系，借助复旦大学研究力量，共同为西部女性发展作出努力。

基于吴旭主席的诚心和热情，也基于对四川省妇联工作情况的兴趣。于是我就正式接受吴旭主席的邀请，一是围绕妇联组织改革，对四川省妇联近年来的工作情况进行研究；二是推动我们智库团队与四川省妇联进行长期合作。

2017 年开始，我带领团队阅读了大量四川省妇联组织的工作资料，并在 6 月，参加了由全国妇联组织的中央媒体下基层活动，到四川省多个市州围绕妇联改革以及妇联其他工作进行了深入的调研。一路看到的和听到的，都让我印象深刻：一是了解到吴旭主席对妇联组织发展与工作的理解，使我对其智慧与责任由衷敬佩；二是发现了基层和地方大量实践性的创新，让我感到许多内容值得提炼和推广；三是把握住了西部女性的发展趋势，许多妇女的事迹深深地感动了我；四是感受到了四川省妇联各级组织推动妇联改革的决心及困境，使我深切地感受到应该从理论的高度上帮助推进改革工作。我关于女性发展与妇联工作的许多观点，都是在与吴旭主席交流以及在四川省妇联进行调研工作的过程中形成的。

过去的五年，四川女性发展和妇联工作都迈上了一个新台阶，涌现出了一大批好的工作经验和创新亮点，吴旭主席的许多真知灼见也都站在了妇联工作发展的前沿。

比如在妇联组织建设方面，吴旭主席强调，要坚持组织立体建构，实现新形势下妇联组织的扩容和组织重塑。为此，四川省妇联通过在乡镇进行区域化建设和在村推进会改联工作，对妇联组织进行了制度性扩容；通过广泛在新经济社会组织中建妇联，对妇联组织进行了组织性扩容；通过增加妇联组织中基层一线代表的数量，增强了妇联组织的代表性和广泛性。

又比如，在“网上妇联”建设方面，吴旭主席强调，要通过这一新工作模式，搭建与群众交流、为群众服务的新平台；通过网络问计问策、大数据分析等新手段，把握妇女群众所思所想所需，有针对性地推出网络产品，提高妇联组织的认可度、归属感、响应力。截至目前，四川省妇联新媒体粉丝数100万人，长期在全国妇联系统和全省政务系统中排名前列，构建了面向妇女群众的信息化传播渠道，形成了“一呼百应”的立体宣传效应。

再比如，为帮助创业女性对接自贸区，四川省在自贸试验区挂牌成立后的第10天就在区内设立了“妇女之家”，开创了在自贸区建立妇联组织的先河。自贸区“妇女之家”不仅举办了女性企业负责人前往“一带一路”沿线部分国家实地考察投资等活动，还在摩尔多瓦等三个国家建立了“妇女之家”基地，未来将向更多“一带一路”沿线国家拓展。吴旭主席强调，要突破地域限制，坚持哪里有妇女哪里就有“妇女之家”。

还比如，在妇联支持脱贫攻坚方面，吴旭主席强调，妇女减贫脱贫是政府减贫脱贫工作的重要组成部分，也是各级妇联组织义不容辞的责任。在全面建成小康社会的队伍中不让一个贫困妇女落下，困难有，但更重要的是遇到问题不逃避，主动去解决问题。为此，四川省妇联通过妇女居家灵活就业等项目，牢牢锁定精准扶贫目标，帮助贫困妇女获得更多的发展机遇、政策照顾和项目支持，帮助她们增加收入。

在跟随中央媒体下基层的活动中，我一边调研，一边向记者以及各级妇联干部谈我的思考和理解，有位记者将一路上我所谈的内容录了下来，于是我让我们智库的团队将之整理出来。回到成都后，在这些内容的基础上，我又用了一天的时间，以“锻造西部女性崛起的组织基础”为题，向四川省妇联党组中心组学习会做了详细的汇报。

根据这次调研的理解和收获，在参阅资料的基础上，我们形成了四川省妇联工作发展研究报告的主要思路，就是目前呈现在读者面前的这一框架。我们认为，这份研究报告不是为了写研究报告而写研究报告，而是为把握规律和推动工作服务的，那就要求我们，必须根据在调研中所发现的问题以及所找到的规律，有针对性地开展研究工作。这就是我们设计框架的根据。具体来说：

第一编是总报告。本报告主要是围绕四川省妇联工作的整体情况和妇联改革理论问题进行阐述。我们安排了三方面内容。

第一份材料是我对四川省妇联工作进行面上和点上调研后所形成的整体思考，也就是我在四川省妇联党组中心组学习会上所作的报告的主要内容。在这方面材料中，我提到四川省妇联改革与发展，一方面应着眼于西部崛起与妇女发展之间的同步性和同构性；另一方面要在国家治理现代化的大背景下理解妇联改革。同时，还提出在改革背景下，妇联组织应该积极借鉴企业家精神，围绕“政治性、先进性和群众性”，结合四川省妇女发展和妇联工作的具体情况，全面推进妇联改革。

第二份材料是我多年来对群团工作研究的心得，结合妇联组织自身特性，从学理角度，将妇联组织的发展，放在国家治理体系和治理能力现代化的高度中来把握，所写的一份理论性的研究报告。主要从妇联诞生、妇联组织特性以及妇联组织与国家治理体系之间关系进入，提出了妇联组织改革目标的阶段任务以及进一步发展的组织形态，提出了我对妇联组织发展的全方位理解内容。这份材料，主要是为四川省妇联各级领导干部进一步推进妇联组织发展，提供理论基础。

第三份材料是我在四川省妇联调研过程中所形成的散点性的思考成

果。这些思考内容，都是在每一个调研点上形成的，因此，我非常珍惜，因为这些内容都是来自一线实践，而后我对他们进行阅读的成果。我对妇联的很多认识，都是对这些一线实践和创新的智慧进行的总结。这次研究报告，大部分的内容，都是通过阅读原始材料和进行一线调研基础上形成的。

第二编是专题报告。专题报告主要是针对四川省妇联组织创新以及各项具体改革内容而展开研究的，共 9 篇，包括：妇联组织形态创新、女性参政议政、妇联组织参与社会治理、妇联组织区域化建设、基层“会改联”工作、基层妇儿之家建设、两新组织中妇女工作、妇联与社会组织合作、女性电商社会组织建设，具体内容这里就不一一作介绍了。

第三编是专题案例。这些案例，主要是围绕专题报告而展开收集的。这些案例尽量保持其原生态，没有做过多的理论分析。

从上述的介绍中，大家可以看到，这本研究报告，实际上是基于调研而写出来的，是面向实践、面向改革的，既是对过去几年四川省妇联工作和组织创新的总结性分析，更是对未来组织形态改革发展的前瞻性研究。正是基于此，我们研究报告的形式是服从于内容和目标的。由于是一种尝试，因此肯定存在着许多不足，需要我们未来进一步去完善，也需要读者能给我们批评与指正。

复旦大学政党建设与国家发展研究中心作为高校智库，其研究特点，就是力求与实践相结合，一方面积极服务于实务部门，另一方面也着眼于对实践研究，并将其中所包含的智慧转化为理论内容，在服务学科发展的同时，也为中国特色哲学社会科学体系建构贡献自己的力量。因此，我们与中央多个部委以及许多地方党政群部门建立了良好联系与合作，其中，与四川省妇联的合作，就是其中典范之一。在此，我们要感谢四川省妇联。同时，我们也要感谢所有为研究报告作出贡献的智库团队成员以及四川省妇联各级参与课题的领导与同志们，这是一次理论与实践合作的尝试，大家都功不可没！

郑长忠

2017 年 12 月 10 日

目　　录

第一编　总报告

第二编　专题报告

第三编　专题案例

第一编

总报告

锻造西部崛起背景下女性发展的组织基础*

今天的发言，我将基于这次调研所见所闻，从整体上对群团改革和妇联改革，特别是对下一步四川妇联的发展等问题谈一下我自己的一些思考和体会，同时将之前提及的一些零散的思考串联起来。这次调研，我是陪同中央和省级两级媒体走基层，媒体记者运用他们新闻工作者的视角，而我是从学者和智库研究的视角切入，不仅关注具体的事例，更关注妇联的这些具体做法和经验背后所折射的理论问题，探索群团发展的理论性和战略性问题。

一　思考妇联发展的三个视角

在这次调研中，我主要从以下三个视角来思考四川妇联的发展：一是着眼于“后群团改革”的妇联发展；二是着眼于西部崛起与妇女发展之间的同步性和同构性；三是在国家治理现代化的大背景下理解妇联改革。

（一）着眼于“后群团改革”的妇联发展

当我们开始强调群团改革的时候，我们就不仅要着眼当下，还应该思考下一步工作的着力点。我们的改革不是为改革而改革，而是为了打造一个理想的妇联组织。我们的问题是切实存在的，我们固然要克服这

* 节选自 2017 年 4 月 22 日郑长忠在四川省妇联中心组学习讲座的内容。

些问题，但也不是为克服而克服，而是从更好地发挥妇联作用的角度去思考。在调研过程中，我不仅看到了妇联改革中所面临的一系列问题和困难，我也看到，妇联为推动当地发展以及女性发展进行了许多新探索、新尝试，尤其是一些地方妇联还结合了时代特点，探索运用互联网等新的技术手段解决现实中的实际困难，用互联网思维推动妇联组织建设。我们应该从这些宛如星星之火的典型事例中总结出一些前瞻性的命题。我们妇联组织未来不仅要保护这些星星之火，还要使其具有“燎原”的可能。

为克服现实中的问题，四川的女性们创造出了自身特有的原始性经验，这些原始性经验是具有四川特色的，也是具有一般性意义的。就这次调研中我走访的22个案例而论，其中绝大部分案例都蕴含着基层妇联立足当地妇女发展的实际需求和实际困难，探索出的具有四川特色的好办法、好机制。比如在促进就业、创业方面，有的基层妇联就利用互联网手段，打破地域的限制，通过引进外来力量激活本土资源，发挥留守妇女的能力，探索出了具有四川特色的扶贫新路子。这种利用互联网实现资源整合，进而重新定义基层妇联组织的做法，是非常具有时代性的。

如果说中国的发展就是将理论和现实勾连起来，探索中国特色社会主义的发展道路，那么四川妇联的发展道路也应当将理论和现实结合起来，即妇联的改革与发展必须与实际相结合，由此产生的思考才显得“接地气”。许多人在分析妇联工作的现状时往往从结果和问题两个角度切入，但是更值得关注的是四川发展的现实经验。

如今，妇联的工作已经不再像过去那样，主要解决维权的问题，而是要整合各方资源和智慧，共同参与女性发展的事业，也就是要着力发挥“联”的作用。例如就妇联与企业的关系而言，妇联完全可以借助企业的产品和专业服务能力来促进妇女发展，从而形成“三赢”的局面，即女性发展、企业发展和妇联自身组织建设都从中获益。在这一过程中，妇联完全可以成为企业中软实力建构的重要组织者，使中国的女性精神、女性发展成为企业“走出去”的一张具有四川特色和中西部地区特色的名片。这些经验完全符合我们群团改革的意见精神，更符合妇联未来的发展。

（二）着眼于西部崛起与妇女发展之间的同步性和同构性

在西部崛起的大背景下，社会的发展和妇女的发展的同步性和同构性是非常具有西部特点和四川特点的现象，四川妇联的改革与发展也应该结合这种特点来把握，我国的不同地区由于经济社会发展程度不同，妇女发展的需求和问题也就存在差异，因此各地区妇联工作的具体内容和工作方式也就会存在差异，各有侧重。例如东部沿海省份与西部内陆省份妇联工作的着眼点显然是不同的。

中央的这次群团改革主要针对的是“四化”问题，这些问题在妇联中也是存在的。包括四川妇联在内的各地妇联不能仅仅停留在简单复述中央文件精神的层面上，当然贯彻中央群团改革的精神是首要任务，但四川妇联的改革还应体现出四川的特色，这种妇联的目标是打破全球化、市场化、网络化所带来的组织滞后性，解决妇女发展和组织发展之间的张力。这样的问题在四川也存在，但四川妇联还有很大一部分工作内容是女性的精准扶贫，而在东部省份，扶贫的工作内容就要少得多。在成都等经济社会相对发达的地区，妇女发展的目标和任务总体上与东部省份类似，但在其他欠发达地区，基层妇联还需要引导并引领妇女发展，为当地妇女解决一些基础性和保障性的问题。由于人口众多，省内地区间发展也存在不平衡，因此四川的复杂性，以及妇联所必须具备的功能多样性，是在东部省份所看不到的。

在调研中我们看到这样的案例，由于电商平台的引入，原本交通不便的偏远地区的“留守妇女”发展起居家灵活就业，电商平台为她们生产的具有当地特色的手工制品打开了广阔的销售渠道，其中不少人的事业越做越大，随之提高的是妇女的经济地位和社会地位。

如今，中国正在向全面建成小康社会冲刺，而西部地区的发展是检验这一目标是否能够实现的重要命题。全面建成小康社会不仅意味着经济的发展，更意味着人的全面发展。因此，我们从外延性的物质扶贫走向内涵性的精神扶贫，实际上也是由单纯的经济发展走向人的全面发展的一种体现。

长期以来，女性在西部地区是相对弱势的，但随着西部的崛起，女性的地位也获得了同步发展。在此过程中，四川妇联应该扮演应有的角色。比如在我们调研的一些农业园中，女性工作者占了绝大部分，甚至漫山遍野都是女性在耕种，在西部崛起和精准扶贫的背景下，女性的发展是非常重要的。这些地方的妇联建设，不仅关系到妇女发展，更关系到西部崛起的战略。下一步，四川妇联要想打出一个既具有时代性又具有地域性的发展口号，西部崛起与妇女发展的同构性或许能成为一个切入点。未来，全国妇联的改革也应该重视将整体改革与区域性差异结合起来，在这方面，四川妇联应该作出自己的贡献。

（三）在国家治理现代化的大背景下理解妇联改革

妇联的改革不能脱离国家治理能力和治理体系现代化的大背景。国家治理现代化是一项全局性的战略，在此背景下，妇联的改革就是要重构妇联组织与政党组织、与国家系统、与市场、与社会以及与妇女群众的关系。这次群团改革是在国家和社会发展的关键阶段提出的，可以说，一轮改革刚刚过去，新一轮的问题将接踵而至。比如智能社会的到来我们应该怎么应对，群团改革能否围绕国家治理现代化这一主题形成有效的工作方法和组织体系，这不仅关系到中华民族的伟大复兴是否拥有稳固的政治和社会的基础，而且也直接关系到下一轮人工智能社会到来之后，中国是否能够进一步引领潮流。

在国家治理现代化的背景下，包括妇联在内的群团组织要充分利用中央群团改革意见的政策资源，重建群团与政党、国家的关系。比如在承接政府事务、政府购买事务和政府职能的问题上，妇联应加大力度推动政府职能转移，这直接决定着今后妇联能否在西部崛起和妇女发展中，掌握经济基础和体制机制的优势。如果这一优势不能抓住，随着社会组织的快速崛起，随着政府职能、政府事务的购买转移，直接面向社会组织的时候，妇联体制内的传统的优势将进一步边缘化。当然，党政部门也应该给予妇联和各类群团组织以更大的重视和支持，妇联要发挥桥梁纽带作用，就需要各种行政资源的支持，这样才能形成所谓的“中国特色社会主义群团发展道路”。

我们在推动群团改革时，要不断回顾并准确把握中共中央在 2015 年 1 月发布的《关于加强改进党的群团工作意见》（以下简称《意见》）的精神。这个文件是非常系统和全面的，它规划了一个长期的目标。此后的各项群团改革意见，都是在落实这个文件的具体工作。现在一些地方党政领导干部把这次群团改革仅仅当成一次机构改革，这样的理解是不准确的。《意见》明确指出，群团组织只可加强，不可削弱。这种“加强”虽然不是直接通过财政、编制等方面的支持，但我们一定要注意到，《意见》明确允许体制机制的创新，以此来支持群团组织积极争取工作的主动权，在我看来这是这次群团改革的关键内容。

例如，《意见》中明确提出，要试点把政府的一部分职能转移给群团组织，现在一些地方已经开始试点，这就给群团组织打开了巨大的扩展工作的空间，关键在于群团组织自己能否用足这种政策支持和机制创新的契机。就妇联而言，许多党政部门都涉及妇女发展、儿童发展和家庭建设的工作，妇联应该主动与这些党政部门对接，促成政府职能转移，或由妇联来承接公共服务，如此妇联就可以发挥“联”的作用，组织各类社会力量，把资源落实到基层和妇女群众中。在政府职能转移和承接公共服务的过程中，资金支持自然也就到位了。

再比如，妇联应积极拓展在人大和政协中的作用。现在大部分提案工作都是由妇联自己的干部来完成的，但在西充的调研中我们看到，当地的电商组织培训了很多女性电商人员，她们既了解当地的实际需求和实际困难，也有参政议政的热情。如果能把这些参与基层妇女发展事业的实务工作者都吸纳到妇联的提案工作中，并由妇联的执委和妇女代表帮助收集基层的意见、建议，那么妇联的提案工作就可以由妇联机关干部的任务走向智慧众筹。妇联与人大、政协的对接将有助于发挥妇联社会组织网络的政治功能，尤其是可以把基层工作中的实际困难反映上去。在《意见》中明确提出要支持群团组织在社会主义民主中发挥积极作用，而未来协商民主一定是中国政治发展的重要命题，妇联应该抓住这一发展契机。当妇联涌现出大量建设性的意见、建议时，不仅人大和政协，党委和政府也会对妇联刮目相看。

下一步，妇儿工委也应该发挥更加积极的作用，妇儿工委应该成为以妇女的各项工作为内容，与各党政部门进行协调互动的平台。妇联也应该充分利用这次群团改革的契机，推动妇儿工委与党政部门对接，促成政府职能转移。妇儿工委的作用，包括群团工作党政联席会议的作用，一定要在国家治理现代化的大背景下来理解。在我看来，这次群团改革就是希望促成这样一种工作机制，由妇儿工委等协调性机构来整合体制内的各类资源，包括政府各部门的政策、资金等资源，再由各群团组织针对各地区、各群体的实际需要，差异化地对外输出，把整合后的资源落实到基层群众中。由此可见，中央的顶层设计是非常完善的。

因此，妇联一定要立足国家治理现代化的大背景，抓住这次群团改革和中央发布《意见》的契机，充分利用《意见》给妇联预留的巨大发展空间，积极推动体制机制创新，加快重构与政府、市场和各类社会组织的关系，把服务妇女发展的主动权争取到手。

二　如何实现妇联的政治性、先进性和群众性

习近平总书记指出，群团组织要注重“三性”，即政治性、先进性和群众性。在这次调研中发现，这“三性”在四川妇联的工作中都有所体现，关键在于我们要把基层工作的零散经验和亮点汇聚起来、提炼出来。“三性”的实现必须通过“三个发挥”：一是要充分发挥妇联的桥梁纽带作用，提升妇联的政治性；二是要充分发挥“联”的作用，提升妇联的先进性；三是要充分发挥妇女在妇联中的主体作用，提升妇联的群众性。

（一）充分发挥妇联的桥梁纽带作用，提升妇联的政治性

只有发挥好桥梁纽带作用，妇联才具有实现政治性的基础。如前所述，妇联要积极开展与党委、政府、人大和政协各系统的对接和互动，整合体制内的各类资源，实现妇联功能的自我开发。这次群团改革本质上是一次党建带妇建的创新发展，过去的党建带妇建往往是通过政策和资金的支持来推动妇女组织的建设，而这次群团改革则类似于对外开放中的自贸区建设，是一个机制创新的契机。

《意见》描绘了群团改革未来整体的发展方向，给人以无限的想象空间，其中许多改革工作，以及群团组织发展空间的拓展，都不涉及党委和政府的权限，完全是可以由妇联或者群团组织自己来做的。但还有许多工作涉及党委的权限，正如上海自贸区在探索体制机制时面临各种阻碍因素。妇联在与党政部门互动的过程中、在促成政府职能转移和承接公共服务的过程中，也会遇到各种困难和阻力，因为这些既有的工作机

制都已经法制化了，因此我们要有充分的思想准备。但是，如果我们没有把体制内的资源整合好，我们就没法对外发挥“联”的作用；只有盘活体制内的资源、机制和政策，我们在对外工作、服务妇女发展时才具有比较优势。如果没有比较优势，妇联就难以发挥政治引领的作用。

妇联除了要发挥体制内的桥梁作用以外，还要搭建起体制外的桥梁。政治功能的发挥一定要有组织基础，而妇联的组织基础就在于社会领域和妇女群众中的组织网络和触角。未来妇联不仅要拓展自身的组织体系，还要发展多元的、面向个体妇女的联系机制。我们努力让妇联组织嵌入企业和各类社会组织，或依托电商平台加强基层妇联建设，其目的就是要让妇联的组织网络能够到达个体的妇女和组织化的妇女，只有这样，妇联的政治性才具有坚实的基础。

政治性的本质是维护政权，是为了推动国家的各项公共事务的有效处理和落实。只有建立起深入基层妇女的有效互动机制，基层的意见才有表达的渠道，政府的政策才能有效落实，才能通过组织体系动员基层群众的集体行动。例如，在女性精准扶贫、妇女灵活就业等工作中，妇联构建起一个协商民主的工作机制，来实现民意的表达和政策的落实，可以成为下一步妇联发挥桥梁纽带作用的一项重要工作。

（二）充分发挥“联”的作用，提升妇联的先进性

相对于政治性和群众性，先进性更难理解。我们妇联的干部在许多专业领域还不如我们的联系对象先进，那如何体现妇联的先进性呢？关键还是要在“联”上下功夫。

毛泽东同志曾经指出，在党群关系和干群关系中，我们不能做群众的“尾巴”。马克思主义是反对民粹主义的，但马克思主义又强调，真理来源于群众。事实上，这两者并不矛盾。毛泽东在《古田会议决议》中指出，真理来源于革命的实践，来源于人与人、人与自然的互动，但普通群众在实践中得到的真理是零散的、碎片化的，而干部的作用就是通过去粗取精、去伪存真、由此及彼、由表及里的方法，对这些碎片化的真理进行总结和抽象，把真理提升到一个新的高度，再来指导我们的事业。因此我们对真理的掌握来源于群众，但又高于群众。这就是党的先进性的来源，正是因为我们在认识论和哲学层面上坚持了马克思主义的

方法，才使党拥有并保持了先进性，而不是说党的干部本身有多么先进。

这种做法运用于妇联的工作中，也就成为妇联先进性的来源。妇联原先的许多项目都是通过向社会购买服务的方式来完成的，而四川妇联的做法是通过竞赛评比的方式，使先进的社会力量和优质的社会资源能够凸显出来，从而使得妇联始终能够与最先进的社会力量合作。于是原先购买社会服务的机制就转化为智慧众筹，而当这些先进的社会力量聚集在妇联周围时，妇联的事业也就具有了先进性。

除了在项目的维度上推动“联”的工作，还应该重视组织平台的建设。互联网企业所形成的平台的优势就在于，让更多的、单个的企业和社会组织进入平台，参与平台内的竞争，从而这些企业和社会组织就被这个平台“联”起来了。企业和组织在平台内会通过细化分工自然形成产业链和上下游关系，于是也就增强了平台在整合各类资源中的功能。妇联在组织建设中也应该借鉴这样的思维。

在搭建平台的过程中，妇联的优势就在于，其是除了中国共产党以外中国最具有平台优势和组织网络优势的组织。但过去我们缺少平台意识，因此组织网络之间的间隔往往没有打通。未来如果要在“联”上下功夫，就要把尽可能多的社会力量聚集到妇联周围。未来我们的主要工作不在于自己设计项目，而在于把那些最先进的、与女性发展有关的企业和社会组织找出来，把它们吸纳进妇联的平台中。

妇联的组织优势还在于其基层组织可以一直深入到村，如何通过区域化妇联建设帮助村妇联发挥“联”的作用，应该成为下一步基层妇联工作的一项重要命题。在调研中我看到，在一些地区，当地政府为妇女和妇联的发展投入了大量资金，形成了许多优质资源，但这些资源的效用却仅仅局限于当地，尤其是在其他许多地区仍然面临资源不足的情况下，优质资源在地区间的间隔却没有打通。如今依托互联网技术，完全可以实现优质资源的充分利用与合理配置，让更大范围的妇女群众受益。

总之，提升妇联的先进性一定要在“联”上下功夫，使妇联能够在政策、资源、人员和智慧汇聚中发挥引领作用。正是因为我们有“联”，我们才有先进性。过去由于“四化”的问题削弱了群团组织的先进性，未来要通过紧密联系群众来提升先进性。

事实上，政治性、先进性和群众性是彼此联系在一起的，缺少了任何一项，其他二者都无法实现。四川妇联的工作中已经涌现出大量的经验和亮点，未来一定要着眼于“三性”，着眼于“后群团改革”和国家治理现代化的大背景，才能把这些经验和亮点转化为重塑妇联组织形态的基础。

（三）充分发挥妇女在妇联中的主体作用，提升妇联的群众性

妇联要通过发挥妇女的主体作用来提升妇联的群众性，妇联的群众性涉及的面非常广，在这次调研中我看到，很多涉及妇女的工作都可以由妇联来推动。一是妇联可以支持妇女支持大众创业、万众创新；二是针对以女性员工为主体的企业，妇联可以帮助其将中国西部的女性发展打造成企业“走出去”战略中的一张国际名片，提升企业的软实力和文化内涵；三是在支持妇女居家灵活就业的工作中，妇联可以搭建一个统一的平台，使各类企业都能对接到基层妇女，也使妇联的群众性工作既具有针对性也具有差异性。

未来，妇联的群众性不能仅仅关注各级妇联组织的群众性工作，因为按照行政区域来划分工作范围是传统计划经济的思维，下一步应该针对各个具体领域的差异化的特点，有针对性地开展群众性工作。在这方面，我依然强调组织基础的重要作用。

过去，我们往往是通过具体的项目来推动妇女发展的；未来，这种项目制的工作方式要和组织建设结合起来。组织建设既要重视妇联自身组织的建设，同时也要整合其他多元的社会力量；既可以由妇联主导来建构组织网络，也可以由妇联和其他社会组织合作来搭建合作平台。过去我们妇联在项目制工作和组织建设的工作中都做了大量工作，但在组织建设的整个体系化工作中，还存在不少空白点。

我们经常讲群团组织的“双覆盖”，即工作覆盖和组织覆盖，可以说群众性工作的本意就在于，妇联必须首先满足妇女群众各方面的需求，必须先把包括她们的经济利益在内的广义的利益整合进妇联的组织网络，才能形成妇女对妇联组织的认同。因此，群众性工作的目标是要让最大多数的妇女群众能够在妇联组织中找到自己的位置，而不是仅仅服务于精英女性。

我之所以强调组织建设的维度，是因为省级妇联和基层妇联组织的工作侧重点不同，基层妇联组织往往是通过单个项目来推动妇女发展，而省级妇联则要看到组织建设整体工作中的空白点，尤其要避免在某些领域中整块工作的缺失。一定要看到在我们的工作中，是否还有一些群体没有覆盖到，是否在一些领域中我们的工作还没有跟进。同时，要看到在我们已有的工作成果中，有哪些经验和机制是具有普遍性意义的，这些都是省级妇联需要思考的。

三　企业家精神与妇联改革

如前所述，要推动四川妇联下一步的改革与创新，每一项具体工作的落实都可能面临很大的难度，主要的阻力表现在以下几个方面：一是体制内的既有惯性和既有利益，这就要求妇联在与党政部门互动的过程中，建立二者双赢的关系，拓展妇联工作的空间。二是党政干部的观念，不少地方的党政干部对群团工作不重视，对推动群团改革的动力不足。三是妇联干部的能力，这次群团改革给妇联组织的发展留下了巨大的发展空间，但未来如何落实各项具体的工作，这将考验妇联干部的能力和工作状态。因此，我强调要在妇联改革中借鉴企业家精神。

所谓企业家精神，在我看来，就是把已有的各种要素和资源通过企业家的智慧重新组织起来，最终为客户提供具有增量意义的价值，企业家精神的特点就在于创新。对于四川妇联的改革而言，我们已经有大量的经验和亮点，各类资源也基本到位了，关键在于我们能否用创新的方法，把各类资源，包括体制内的资源和体制外的社会资源整合起来，从而推动并引领女性发展和西部崛起。同时，四川各地区之间存在明显的差异，各地妇联组织能否针对本地的现实条件和需求来推动各自的创新，都事关四川妇联改革的成败。

企业家精神对于政治工作者而言，本质上也是一种政治家精神。群团组织最贴近基层群众，但组织内的资源却相对有限，因此就更需要政治家精神。群团所培养的是政治家而不是官僚，他们需要将群众有效组织起来，克服各类资源和机制的不利因素，朝着一个奋斗目标前进。

创新精神还表现在，要善于运用互联网技术等现代技术手段来重塑组织。现在的许多群团组织都只是把互联网平台和新媒体平台当成是一种宣传报道的手段，但如何利用互联网技术助力女性发展、助力妇联组织形态的重塑，这一问题至今仍然没有破题。进一步讲，如何利用互联网技术在市场经济条件下推动妇联组织的发展，从而重塑妇联与企业和市场之间的关系，这一命题也需要进一步的探索。与妇联的“双覆盖”类似，新技术条件下的组织重塑也并不是要求妇联的干部自己掌握这些专业技术，而是要善于把擅长这些新技术的专家和组织找出来、汇聚起来。

新时代妇联组织发展的内在逻辑*

——国家治理现代化与妇联组织发展研究

中国国家治理体系是在马克思主义理论指导下，在中国革命与建设发展过程中不断形成与发展的，是中国政治发展的历史与逻辑统一的结果。妇联组织也是在中国革命与现代化发展过程中，在中国共产党领导之下逐渐形成的。妇联组织的建立使妇女作为一种制度化的社会力量和政治力量正式登上了中国历史舞台。由此，妇联组织也就成为中国国家治理体系的重要组成部分。随着中国特色社会主义走进新时代，妇联组织发展也面临着如何进一步适应国家治理现代化要求的任务。党中央决定实施群团改革，就是推动群团组织适应国家治理现代化的一项战略举措。对于妇联组织来说，群团改革也是其适应国家治理现代化，在中国特色社会主义新时代，推动自身创新发展的一次良好机会。本文拟从国家治理现代化的内在规律性出发，结合妇联组织发展的自身逻辑，对妇联组织适应国家治理现代化的内在机理进行分析，同时对妇联改革中存在的问题及其在新时代进一步发展的方向，从理论上作出相应的思考，以供有关决策部门参考。

一　妇联组织与中国国家治理体系:历史与逻辑

作为中国妇女的政治性和社会性的组织化力量，妇联组织是伴随着

---

* 本文作者为郑长忠。

中国革命与现代化建设而逐渐形成与发展的。妇联组织在其发展过程中，不仅形成了自身的组织特性，而且也成为中国国家治理体系的重要组成部分，围绕着妇女发展而形成了政治联系与社会治理的功能。因此，我们研究妇女组织的发展，就必须从妇女发展逻辑、国家治理体系发展逻辑与妇联组织自身发展逻辑三个维度来把握。

（一）在革命与现代化之间：妇联组织诞生的历史逻辑

在中国传统社会中，社会结构是以家族共同体为基础的，社会成员个体是以血缘为基础的，个体依附于家族共同体。为了保证社会共同体的有序建构，从汉朝开始就确立了“三纲五常”等秩序。在这样秩序的条件下，妇女不仅依附于家庭，而且在家庭中也处于相对弱势。随着现代化浪潮的冲击，特别是辛亥革命以后，民族解放和社会解放被提上了议事日程，其中妇女解放问题也同样成为革命的重要内容。在民族解放和社会解放的双重历程中，一些以妇女为主要参与主体的现代妇女组织也开始出现了。

在现代化浪潮的冲击下，特别是在社会解放革命的推动下，妇女开始走出家庭，进入社会。然而，正如鲁迅先生的文章所指出的那样，“娜拉出走之后怎么办?”这就意味着单纯地提倡妇女进入社会，而没有相应的组织化力量和制度化力量作为支持的话，妇女依然无法得到解放。随着民族解放与社会解放的革命运动的推进，特别是在中国共产党有力的领导和推动下，以民族解放与妇女解放为主要目标的、以女性为主要参与主体的妇女团体开始大量涌现。随着这些现代妇女团体的出现，中国妇女开始作为一种社会性力量登上了历史舞台，不仅为妇女的解放事业提供了组织基础，也为妇女参与社会及国家建设奠定了组织基础。

作为马克思主义政党，中国共产党自从建立开始就以人类解放与民族复兴作为自己的奋斗目标，而人的解放就包含有妇女解放在内。妇女解放不仅仅指的是妇女自身发展的问题，而且还包含充分发挥女性在社会建设和国家建设中的作用。因此，中国共产党一开始推动妇女解放运动，就将之上升为政治高度来理解。新中国成立之际，中国共产党就推动建立了中华民主妇女联合会，并将妇联组织作为政治体系的一个重要组成部分，从而使妇女作为一种正式的制度化的全国性范围的政治力量登上了中国历史舞台。

（二）妇联的组织体系与组织特性：历史变迁与结构分析

任何组织都是在特定的历史条件下生成与发展的，是为了解决不同历史时期的任务而调整和变化的，也与其所处的历史条件相匹配，同时这些组织也都有其自身规定性和自身发展逻辑。正是在上述两个逻辑的共同作用下形成了这些组织的组织特性和演化规律。妇联组织的建立和发展也遵循着这一原理。

社会发展总是有许多组织化力量在推动，同样，在妇女解放运动的过程中也出现了许多组织性力量，其中包括大量的妇女团体。新中国成立之际，为了将妇女解放运动进一步得以推进，使妇女成为一种全国性政治力量得以确立，以及建立国家政权的需要，在中国共产党领导下就将这些妇女组织力量整合起来，建立了统一的妇女组织，即中华民主妇女联合会。因此，在 1949 年 4 月 1 日中国妇女第一次全国代表大会上通过的《中华全国民主妇女联合会章程》中规定："本会会员以团体会员为限，各省（市）或地区的民主妇女联合会，或其他民主妇女团体，凡赞成本会决议与章程，申请加入本会，经全国代表大会批准，或执行委员会先行批准，经代表大会追认者，均得为本会会员。"① 由此决定着，妇联组织从建立之初就是以团体会员为基础的联合会，而不是像其他一些政治和社会组织是以个体会员为基础。

以团体会员为基础的联合会的组织特性，使妇联组织在组织内部存在着其他组织，由此导致妇联组织在发展过程中，必须处理好两方面关系：一是整体组织与团体会员之间关系；二是各团体会员之间关系。妇联组织的这种特性以及其内部所存在的各种关系的复杂性，对于妇联组织发展来说，存在着利弊两方面特点：有利的一面是，这一特性可以使妇联组织的发展有较大的空间与弹性；不利的一面是，这一特性使妇联组织的整体性和有效性受到了一定影响。

妇联组织的上述特性，在国家与社会发展的历史逻辑作用下，推动

---

① 全国妇联办公厅：《中华妇女联合会四十年（1949—1989）》，中国妇女出版社 1991 年版，第 494 页。

着妇联组织的组织形态的变化。新中国成立之际，为了有效整合妇女组织需要，将国统区与解放区分别存在的有关妇女团体联合起来，建立了全国性的妇女运动的统一领导机构，因此，区域性妇联组织之外团体会员得到了重视。随着社会主义改造完成以及计划经济体制与单位社会体制，社会由多样性变为一元化，更强调集中领导，以反映多样性为诉求的其他妇女团体的基础开始受到削弱，同时，经过社会主义改造，妇女地位也得到了较大提高，在各行各业与各个领域，妇女参与生产劳动的比率得到了大幅度提升，最大化动员、团结与联系妇女也就成为这一时期需要被重视的内容，妇联组织建设也需要调整与发展。

为此，1957 年中国妇女第三次全国代表大会通过的《中华人民共和国妇女联合会章程》提出："中华人民共和国妇女联合会实行代表联系群众的制度。妇女联合会的基本单位是基层妇女联合会和团体会员。妇女联合会建立全国领导机关，按照国家的行政区划建立地方的各级妇女联合会。"① 由此，妇联全国组织、地方组织与基层组织的垂直性领导组织体系被强调，不过团体会员依然存在。市场经济建立之后，随着社会多样性出现，各类女性社会组织也蓬勃发展，妇联组织又开始重视起与这些女性社会组织建立联系。

（三）中国国家治理体系与妇联组织空间：基于政治逻辑的分析

上述关于妇联组织特性的研究以及其结构变迁的说明，更多的是从妇联组织自身角度予以解释。由于妇联组织是中国国家治理体系的一个重要组成部分，因此，其变迁还受到国家治理体系的发展影响。这种影响不仅局限于妇联组织内部结构，而且还作用于其与国家治理体系各要素的关系。

作为后发国家，中国选择了以政党力量领导人民，驾驭军队，建立国家，推动现代社会发展的现代文明建构路径。由此，政党、国家和社会成为中国国家治理体系中的三个要素。在中国共产党领导人民进行革命的过程中，妇女组织成为中国共产党组织妇女群众的重要力量，是中

---

① 全国妇联办公厅:《中华妇女联合会四十年（1949—1989）》，中国妇女出版社 1991 年版，第 502 页。

国共产党领导人民的重要的组织载体。新中国成立之际，我们建立了中华全国民主妇女联合会，代表全国妇女力量参与国家政权建设，妇联组织也由此成为我国政治体制与治理体系的重要组成部分，成为党与政府联系妇女群众的桥梁与纽带，以及国家政权的重要社会支柱。

妇联组织是国家治理体系的重要组成部分，这就意味着妇联组织与国家治理体系的其他要素有着密切的关系，即妇联组织与党组织、国家机构以及包括妇女在内社会力量之间的关系，成为妇联组织发展的逻辑空间。具体来说，全国及地方妇联组织负责人在党组织内有相应的位置或有资格参与相关的会议，妇联组织作为人民团体参与政协，妇联组织的负责人一般成为人大常委会的委员候选人，政府的妇女儿童工作委员会办公室也设立在妇联组织内。另外，妇联组织还设立地方与基层组织，嵌入社会之中。由此，妇联组织就成为围绕妇女发展而联系党、国家和社会之间关系的一个组织网络与制度通道。

在不同的历史时期，中国政治体制与国家治理体系也随着政治任务的变化而不断调整和发展，从而导致组成国家治理体系的相关要素也因此发生了变化，而妇联组织作为国家治理体系的组成部分，也就服从上述变化的整体逻辑进行调整，包括组织内部的变化以及妇联组织与国家治理体系的其他要素之间的关系的变化。

（四）在政治联系与社会治理之间：国家治理空间内的妇联组织功能

在2013年10月中国妇女第十一次全国代表大会修订的最新《中华全国妇女联合会章程》中，对妇联组织性质作出以下规定："中华全国妇女联合会是全国各族各界妇女为争取进一步解放与发展而联合起来的群众组织，是中国共产党领导下的人民团体，是党和政府联系妇女群众的桥梁和纽带，是国家政权的重要社会支柱。"同时明确了妇联组织的任务，具体如下：一是团结、动员妇女投身改革开放和社会主义经济建设、政治建设、文化建设、社会建设和生态文明建设，在中国特色社会主义伟大实践中发挥积极作用。二是代表妇女参与国家和社会事务的民主决策、民主管理、民主监督，参与有关法律、法规、规章和政策的制定，参与社会管理和公共服务，推动保障妇女权益法律政策和妇女、儿童发展纲要的实施。三是维护妇女儿童合法权益，倾听妇女意见，反映妇女诉求，向各级国家机关提出有关建议，要求并协助有关部门或单位查处侵害妇女儿童权益的行为，为受侵害的妇女儿童提供帮助。四是教育和引导广大妇女践行社会主义核心价值观，发扬自尊、自信、自立、自强的精神，提高综合素质，实现全面发展。宣传马克思主义妇女观，推动落实男女平等基本国策，营造有利于妇女全面发展的社会环境。宣传表彰优秀妇女典型，培养、推荐女性人才。五是关心妇女工作生活，拓宽服务渠道，建设服务阵地，发展公益事业，壮大巾帼志愿者队伍，加强妇女之家建设。加强与女性社会组织和社会各界的联系，推动全社会为妇女儿童和家庭服务。六是巩固和扩大各族各界妇女的大团结。加强同香港特别行政区、澳门特别行政区、台湾地区及海外华侨华人妇女、妇女组织的联谊，促进祖国和平统一。七是积极发展同世界各国妇女和妇女组织的友好交往，加深了解、增进友谊、促进合作，为维护世界和平作贡献。

综上所述，从组织性质来看，妇联组织是一个比较明显的政治组织，具有多重特性：一是中国共产党的妇女组织，围绕着妇女问题与社会和国家产生联系。二是国家政权的重要社会支柱，一方面是代表妇女群众参与国家建设的人民团体，另一方面也是党与政府联系妇女的桥梁与纽带。三是妇女的政治组织，即“全国各族各界妇女为争取进一步解放与发展而联合起来的群众组织”。这三重政治和组织特性决定了妇联组织是中国政治体制与国家治理体系的重要组成部分。

从组织功能来看，妇联作为中国特色的政治性组织，不仅具有政治性功能，而且还具有社会性功能，其中政治性功能是主体性功能，社会性功能是基础性功能。上述对妇联作为政治性组织特性的描述中，已经对政治性功能做了相应的说明，在妇联任务中也对政治性功能做了详尽的描述，除了第五条之外，其他六条都是政治性功能的内容，除此之外，还增加了港澳台的联系和国际层面的联系。因此，对于妇联的政治功能概括起来讲，最主要的是政治联系功能。从社会功能来看，上述任务中的第一条和第五条都涉及妇联的社会功能，概括起来讲，这些社会功能主要是围绕社会治理而展开，既包括为妇女儿童服务的治理内容，也包括发挥妇女的作用服务中心任务。

组织功能与妇联组织形态变迁的本质规定，组织学理论和政治学理论都认为，政治组织的结构和形态是服务于组织功能的，或者说，组织形态发展和变化都是为了更好推动组织功能实现而展开的。同样，对于妇联组织来说，每个阶段的组织形态，都是为了推动组织的政治功能和社会功能的有效实现，根据当时的社会和历史条件妇女生存状态以及国家治理体系中的各要素之间的关系，而不断调整与发展的。这次群团改革，对妇联来讲，就是在新的历史条件下，为了推动妇联应有功能的充分实现，所进行的一次重大的组织形态调整。

二　国家治理现代化与妇联组织发展：维度与机理

作为国家治理体系的重要组成部分，围绕着妇女发展和妇女发挥作用，妇联组织与国家治理体系的其他要素建立关系。因此，妇联组织发展与国家治理体系的变迁和发展有着密切关系，或者说，妇联组织就是遵循自身发展逻辑，根据国家治理体系变迁要求，而不断推进自身组织形态的发展。随着国家治理现代化的提出，妇联组织也同样面临着新的发展任务。这就要求妇联组织必须根据国家治理现代化的内在逻辑，从多个维度来推进自身组织形态重构，进而明确妇联组织全面深化改革的内在机理。

（一）国家治理现代化与妇联组织形态重构：时代的命题

为了构建现代文明，辛亥革命之后，经过艰难探索，中华民族终于选择了用政党力量，领导人民，驾驭军队，建立现代国家，推进现代社会发展的路径。在中国共产党领导下，中国人民取得了民主革命的胜利，建立了社会主义新中国。正是在现代文明建构路径的作用下，政党、国家和社会成为中国国家治理体系的重要组成要素。为了克服现代化建设与工业化发展对组织化诉求与传统小农社会一盘散沙状况之间的矛盾，新中国成立之后，我们在宏观上建立了以国家政权为主导的计划经济体制，在微观上建立了以基层党组织为核心的单位社会体制，从而为现代化建设和工业化发展奠定了组织化基础。在完成社会主义现代化建设基础阶段的任务之后，为了获得现代化建设可持续发展的动力，中共中央作出了改革开放的决定。在随后的近 40 年时间里，我们建立了市场经济，推动了依法治国，提出了“三个代表”重要思想，推进了和谐社会建设，从而使国家治理体系各要素，适应社会主义市场经济的发展要求，遵循现代文明发展内在规律得以初步形成。然而这些要素在较短时间内生成与发展，各个要素功能尚未得到充分发育，各要素之间内在有机化也未形成。为此，党的十八届三中全会做出了全面深化改革决定，推进国家治理体系与治理能力现代化，以推动中国特色社会主义制度的完善。

基于上述分析，我们可以发现，从内在机理来看，推进国家治理体系与治理能力现代化，就是为了推动国家治理体系各要素功能获得充分发展，推动国家治理体系各要素之间形成内在有机化。妇联组织作为国家治理体系的重要组成部分，从机理来看，在要素层面上，妇联组织是中国共产党组织体系的外延部分。这就意味着，推动作为国家治理体系的领导要素的党组织发展，就包含了要推动妇联组织适应新的发展要求，推动应有的功能得以实现。妇联组织作为党和政府联系妇女群众的桥梁纽带以及国家政权的重要社会支柱，从机理上看，其实际就是国家治理体系各要素之间的一个重要组织性机制。这就意味着，推动国家治理体系各要素之间形成内在有机化，就必须推动作为联系机制之一的妇联组织深化改革，发挥联系党、国家和社会之间的功能。

作为要素内容的妇联组织以及作为联系载体的妇联组织，要能够适应国家治理现代化的要求，进行改革与发展，从机理上讲，就必须围绕着结构、制度与价值三个方面展开组织形态重构。具体内容将在下文进行详细阐述。

（二）国家治理现代化与妇联组织的空间发展：结构的维度

马克思主义认为，人的本质是各种社会关系的总和，人的发展就是各种交往关系和生存形态的变化。各类组织就是基于一定权力关系，而将人们有效联系起来的，并成为可以集体行动的人的聚合体。究其本质，组织就是一种按照相应原则建立起来的，并具有一定结构的关系空间。这种结构关系，既包括组织内部人员之间以及组织机构之间的关系，也包括组织与外部组织之间人员之间的关系。而组织功能能否得到有效发挥，就取决于这些关系是否有效，是否理顺。

从根本上来讲，国家治理体系与治理能力现代化，就是基于经济、社会、政治等发展，而导致社会结构、经济结构发生了巨大变化，从而需要国家治理体系各个要素内部关系以及这些要素之间关系，根据上述变化而进行调整。作为要素内容以及作为联系载体，国家治理现代化围绕妇女问题所要求的那些关系调整，就需要通过妇联组织内部结构关系和外部结构关系的调整来得以实现。这种结构关系的调整，既体现在关系空间层面的调整，也体现在现实的空间层面的发展。

从关系空间角度来看，妇联组织形态的调整，需要在以下两方面展开：一是妇联组织与其之外的政治和社会力量的关系的调整；二是妇联组织内部关系的调整。前者需要考虑以下几方面关系的调整：妇联与党组织之间关系，妇联与政治体系的其他组成部分（包括人大、政府、政协、司法等）之间关系，妇联与社会（包括各类社会组织、社会民众）之间关系。后者需要考虑的是以下几方面关系的调整：妇联机关与基层组织之间关系，妇联组织与团体会员之间关系，妇联组织与妇女群众之间关系。

从现实空间角度来看，妇联组织形态的调整，需要在以下两方面展开：一是在物理空间内的关系的调整；二是在网络空间内的关系的调整。前者是指关系空间中的关系调整在现实空间中的具体体现；后者是指关系空间中的关系调整在网络空间中的具体体现。不过我们应该看到，在现实中，妇联与政党、妇联与政治体系的其他组成部分之间的关系的调整，更多的是在物理空间中展开，这是因为这些结构要素，在新中国成立以来就已经作为体制性安排落实下来。虽然，妇联组织与社会之间的关系调整以及与妇女群众之间的关系调整，归根结底是在物理空间内形成良性关系，但是，互联网的出现，对人们的交往方式和生存形态带来了巨大的冲击，因此，这些的改变更多地体现社会层面上。这就使妇联组织与社会以及妇女群众之间的关系调整，很大一部分要在网络空间内完成。

（三）国家治理现代化与妇联组织的机制发展：制度的维度

对于任何组织来说，其结构关系能够得以稳定下来，并形成组织内部关系与外部关系有效运行的规范，就需要建立相应制度。这也就是说，对于组织来讲，制度就是维护权力关系与规定行动秩序，从而使结构关系得以有效落实的一种具体安排。因此，在国家治理现代化背景下，妇联组织要达到上述调整结构关系以推动组织形态发展目的，就需要通过推进相应制度的创新与发展得以落实。具体来说，就是需要通过打破体制区隔、开发制度功能与创新机制内容三方面，来推动妇联组织的制度发展，以适应国家治理现代化的要求。

新中国成立之初，为了实现对社会的有效组织和整合，在宏观上建立了以国家政权为主导力量的计划经济体制，在微观上建立了以基层党组织为核心的单位社会体制，使党组织、国家和社会形成了一元一体的形态。改革开放特别是市场经济建立以后，在既有的体制之外，出现了大量的经济组织和社会组织。作为国家治理体系组成部分，妇联组织在新中国成立之初就被整合进这一体制内，各类制度都是以既有体制为基础而形成的。因此，随着社会转型，妇联组织要对体制之外新生成组织化力量实现有效联系和整合，就必须通过制度创新，打破体制区隔，实现组织形态重构。对于妇联组织发展来讲，这是一个实质性的制度发展内容，是推动结构关系重大调整的一个创新性制度安排。

从中华人民共和国成立之初的政治体制与国家治理体系的设计与安排的机理来看，妇联组织既是作为党的外围组织的一部分，又是党联系国家和社会的联系网络的机制安排。根据这一设计与安排，不论是作为组成部分，还是作为联系机制，妇联组织与国家治理体系各要素之间的互动关系，都有一整套制度体系予以保证。然而，中华人民共和国成立以来，有一些方面因素的影响，使这些制度体系中的制度内容与功能，没有得到有效的落实。随着国家治理现代化的提出，就要求妇联的上述功能应该得到充分实现，这就要求妇联组织必须围绕着功能的有效实现，推动相应的制度内容，根据新的发展要求予以开发。对于妇联组织发展来讲，这是一项基础性的制度发展工作，是推动组织功能有效落实的重要举措，也是妇联组织遵循自身发展逻辑予以创新的重要保证。

不论是打破体制区隔，还是开发既有制度功能，都需要在具体的机制创新上下功夫。同时，在妇联组织发展过程中，还涉及与打破体制区隔以及开发既有制度功能无关的新的领域的工作开展，也需要建立相应的机制。另外，还需要对既有的机制，根据新的社会变化的特点，予以创新与调整。这也就是说，机制创新成为妇联组织适应国家治理现代化所要开展的一项具体性工作。从维度来讲，机制创新，既涉及对外联系的机制，也涉及内部组成部分的互动。既需要应用行之有效的传统手段，也应该积极利用新型方式，来构建这些新的机制，或者推动机制创新。

（四）国家治理现代化与妇联组织的文化发展：价值的维度

任何组织与个人的行动，都具有一定的价值取向。所谓价值，就是人们所认为行为正当性的理由，从而成为规范人们行为内容与制度安排的精神性与认知性的根据。马克思主义认为，随着社会结构和经济生活的变化，人们的价值内容也会发生相应变化。对于妇联组织来说，随着市场经济的建立和网络社会的生成，妇女群众的生存形态和交往方式都发生了变化，同时，国家治理体系和治理能力现代化的提出，也使妇联组织内部关系以及与国家治理体系其他要素之间的关系开始发生变化，这些变化都将体现在价值层面的发展上。对于妇联组织来说，这些价值性内容的发展，主要体现在两个方面：一是社会主义核心价值观；二是妇联组织内部的组织文化发展。

全面深化改革以推进国家治理体系与治理能力现代化，是中国社会与政治形态发展到一定历史阶段而对国家治理体系进行调整的一个重要举措，是在要素功能发育与结构要素关系上，对国家治理体系进行调整。这种调整，主要是通过结构关系与制度机制的创新与发展而实现的。从马克思主义理论与组织理论角度来看，这种调整，除了在结构关系与制度机制上下功夫外，还需要通过价值层面的创新和发展上予以配合。从现实来看，正是在这些年，为了适应社会发展，党中央提出了社会主义核心价值体系。从一定意义上说，社会主义核心价值体系，从本质上，与全面深化改革以推进国家治理体系与治理能力现代化是相匹配的。这就意味着，适应国家治理体系与治理能力现代化，推动妇联组织发展，在妇联组织与国家治理体系其他要素之间的关系建构上，在价值层面，就必须遵循社会主义核心价值体系的要求。因此，践行社会主义核心价值体系，不仅仅是妇联组织的一项工作，而且是妇联组织适应国家治理体系与治理能力现代化的一个重要要求。这就需要妇联组织在工作内容、制度机制与运行方式上，不仅应该体现社会主义核心价值观的内容，而且还要以此为工具进行创新。

除了在与国家治理体系其他要素互动的过程中，应该体现社会主义核心价值体系的内容外，妇联组织还应将此贯穿于组织内部运行，并使之成为组织文化的重要组成部分。然后，落实到具体内容，妇联组织内部文化除此之外还应有新的内容，一方面要以这次群团改革的精神来发展组织文化内容，另一方面要根据市场化、网络化、全球化对妇女发展与组织发展提出的新的要求，来推动新的组织文化内容的生成。最主要的是围绕妇联组织的政治性、先进性与群众性而展开，并将这“三性”的内容与妇联组织运行机制、组织结构形态的发展结合起来，使妇联组织的价值维度获得制度维度和组织维度的支持。

三　群团改革与推动妇联组织功能实现：目标与内涵

国家治理体系与治理能力现代化，要求妇联组织进行创新与发展，从而发挥其应有的功能。然而，对妇联来说，这还只是具有一般性意义的，要将这些要求落到实处，还必须根据群团组织发展逻辑以及妇联组织自身特性，推进全面深化改革，从而使妇联组织的功能在新时代得以实现。

（一）国家治理现代化与群团改革：新时代推动妇联功能实现的战略决策

社会科学的结构—功能理论认为，任何组织结构的存在都是为了实现某一种功能，反过来说，一种功能要得到有效实现，就必须以相应的组织结构为基础，并根据环境的变化进行调整。然而，组织结构一旦生成，就有可能具有相对自主性，这就意味着，在组织发展过程中，存在着某一组织结构形态的延续与适应环境之间的张力与矛盾，从而使功能实现受到影响。在国家治理体系中，作为政党的一个外围组织以及联系国家治理体系要素之间的网络机制，群团组织的功能发挥，将影响到国家治理体系的有效运行。然而，基于历史性原因，群团组织的组织结构形态与国家治理现代化的要求还有一定距离，这就要求群团组织全面深化改革，推动自身组织形态发展，以实现其应有的功能，从而服务于国家治理体系与治理能力现代化。

从组织发展与工作运行角度来看，与国家治理现代化要求存在着较大差异，对于群团组织来说，主要体现在机关化、行政化、贵族化和娱乐化上。这些现象，也一定程度上在妇联组织中存在。虽然上述“四化”现象，是在国家治理体系发展过程中历史性地于群团组织身上得以生成，但是客观上却带来了群团组织脱离群众以及工作有效性下降等后果，使其应有功能无法得到有效实现。因此，这次群团改革就是围绕着克服“四化”而展开，通过组织形态创新与重构，推动包括妇联在内的群团组织，适应国家治理体系与治理能力现代化的要求，使其功能得到切实发挥。

这次群团改革有两大特点，一是有强烈的问题导向，二是有强烈的目标诉求。前者强调的是解决问题，消除负面的影响，后者强调的是目标方向，实现应有的功能。如果说克服“四化”问题，是群团改革的问题导向，其主要任务就是克服脱离群众的现象，那么，强化“三性”，就是群团改革的目标方向，其主要内容任务就是推动功能实现。所谓“三性”，就是指群团组织所应有的政治性、先进性和群众性。这“三性”，实际上就是明确群团组织的功能内涵。作为群团组织的一个组成部分，妇联组织的功能也体现在这“三性”上。

（二）强化“桥梁纽带”作用与政治性建设：群团改革与妇联政治功能实现

在党的文件与妇联章程中，妇联组织都被定位为党和政府联系妇女群众的桥梁纽带以及国家政权的重要社会支柱。这就意味着，妇联组织政治功能很重要的一个方面就是政治联系功能。从具体的维度来看，政治联系，既体现了在政治体系内部，妇联与其他部门的联系功能，也体现了妇联与社会之间的联系功能。由此，一方面使党的路线、方针、政策能够有效落实到妇女群众之中，以及妇女群众意见能够获得有效表达，并成为公共政策制定的重要依据；另一方面是党和政府能够关心妇女，以及妇女群众对党和政府产生认同。也就是说，围绕着妇女问题，通过妇联组织，使国家治理体系中的党组织、国家和社会、市场之间产生政治联系。而对于妇联组织来说，要充分发挥其政治功能，就必须在“联”

上下功夫，由此，这也就成为本次群团改革中，妇联组织所要努力的重要内容之一。

对于妇联组织来讲，畅通与拓宽政治联系通道，消除与打破政治联系区隔，就成为其改革的首要任务。从具体的角度来看，要实现上述目标，就必须从以下三个方面着手：

第一，拓宽与畅通妇联组织与党组织以及政治体制内其他组成部分之间联系通道。从现有制度性安排来看，这些通道都已有相应的制度支持，因此这方面改革主要围绕两方面展开，一是推进已有制度有效运行，并赋予新的内涵；二是根据新的发展要求，创新相关机制，建立具体制度，完善整个制度体系。

第二，拓宽与畅通妇联组织与妇女群众以及社会其他力量之间联系通道。当前，遇到挑战较大的就是这方面内容，因此，对于妇联组织来说，就必须在以下两方面进行推进：一是推进已有基层组织创新发展；二是根据新的发展要求，创建新的联系的组织网络与运行机制。

第三，拓宽与畅通妇联组织内部联系通道。经过几十年发展，妇联组织内部的组织体系比较完善，因此要推进这项工作，主要围绕以下三方面展开：一是在打破体制区隔上下功夫；二是在利用互联网技术重塑组织网络与运行机制上下功夫；三是在联系社会和妇女群众的组织网络与运行机制改善上下功夫。

这次中央推进群团改革的最主要目的，就是要解决群团组织脱离群众的问题。从上述分析中我们也已经看到，妇联组织畅通与拓宽与党和国家之间的联系通道，其根本目的就是为了更好实现与社会有效互动的目的。然而，随着市场化、网络化和全球化进程的加快，妇女群众的交往方式和生存形态，以及社会结构和社会运行方式，都发生了巨大变化。这就意味着，妇联组织所面对的社会环境已经发生了巨大变化，妇联与妇女群众和社会其他力量之间互动的方式也应该发生变化。这里有两个方面需要值得关注，一是必须加强妇联基层组织建设，从而使妇联的组织网络嵌入妇女群众与社会之中；二是必须对基层要有新的认识，特别是市场经济发展和网络社会的生成，使传统的基层的概念发生了新的变化，一方面在网络条件下，科层制式的基层概念已经发生了变化，社会组织形式呈现扁平化倾向，同时人们不仅生存于物理空间中，而且还活跃于网络空间中；另一方面要有效服务基层，就必须根据网络社会的要求，推动组织形态构建，服务于网络条件下的重新定义了的基层。

（三）增强双向服务能力与群众性建设：群团改革与妇联社会功能实现

人的本质是各种社会关系的总和，这就意味着，一个人需要在社会关系中，接受其他力量的支持和服务，才能获得生存与发展，同时，也应该以相应方式服务于其他人。因此，对于妇女来讲，也需要通过国家和社会的支持，才能得以发展，同时，也应该服务于国家与社会发展。作为妇女的组织，妇联不仅具有政治性，而且，也有很强的社会性，而其社会性就是推动上述两方面内容得以实现。由于在现实工作过程中，与妇女发展有密切联系的儿童问题和家庭建设问题也成为妇联需要关注的内容，因此，推动各方服务妇女发展、儿童发展与家庭建设，以及团结妇女服务国家和社会，就成为妇联组织社会性实现的主要内容，从另外一个角度来讲，也是推进妇联组织群众性建设的基础性工作。从治理的角度来讲，这些内容也是妇联组织参与社会治理的主要内容。对于妇联来说，推进群团改革就是通过组织形态与运行机制的创新与发展，使妇联组织围绕上述两方面内容实现的能力得以提升，以推动妇联组织的社会功能有效发挥。

推动国家和社会力量服务妇女发展、儿童发展与家庭建设，是妇联组织长期以来的一项基础性工作，中华人民共和国成立以来，妇联组织在这方面积累了大量的经验，形成了许多很好的机制。不过，随着市场经济发展和网络社会的生成，不论是妇女的生存形态、儿童发展的具体内容以及家庭建设的新的要求，还是国家和社会服务这些内容的具体力量、资源、方式和机制，都发生了很大的变化。这就要求妇联组织，不论是对妇女儿童家庭建设等具体内容，还是整合资源与服务方式等方面，都需要根据新的发展需要进行创新，从而构建服务妇女儿童与家庭建设的新体制和开展妇女群众工作的新机制。

推动妇女参与服务国家和社会，既是社会治理的需要，也是实现妇女权益的内容。新中国成立以来，妇联组织在团结妇女服务国家和社会，推动妇女参与国家和社会建设方面积累了大量的经验，取得了显著的成绩。然而，随着市场经济的发展以及社会结构的变化，不仅社会治理对妇女参与的需求与领域都大大增加，而且社会以及妇女群众对参与的理解也发生了一定变化。因此，对妇女参与特别是妇女参政议政的问题，不能只局限于担任领导干部或在体制内空间中发挥作用，应该将妇女在各个领域、各个层面、各个维度发挥的作用都考虑进去。这就意味着，群团改革就是要推动妇联组织，通过重新定义妇女参与，改进妇女服务国家社会的机制，发挥妇女作用。

（四）提升领导水平与先进性建设：群团改革与妇联功能实现的基础构建

作为妇联组织政治功能体现的政治性和作为其社会功能体现的群众性，要能够在现实中得到有效实现，就必须以妇联组织的先进性为基础和前提。先进性为妇联组织政治性和群众性的实现提供了价值层面、能力层面和组织形态层面的支持。

对于妇联组织来说，其先进性主要由以下三方面内容决定。

一是党的先进性是妇联组织先进性的价值来源。作为中国共产党的妇女组织，党的领导决定了妇联组织拥有了先进性的价值基础。妇联组织的先进性是来源于中国共产党的，也就是说，以马克思主义为指导、以人民为中心、以面向未来以及不断改进自身和发展自身等中国共产党所拥有的这些先进性特点，通过党的领导，传递给了妇联组织，成为其先进性的价值来源。

二是马克思主义真理观是妇联先进性的能力根据。马克思主义认为认识是来源于实践的，真理是掌握在人民手中的。作为半边天的妇女，广泛工作与生活在社会各个领域，与自然界和社会的各方面都有着密切接触，在实践过程中，掌握了所在领域或环节的某方面真理。而妇联组织凭借其组织优势，将分散的真理内容在相对整体和更高层面进行聚合，从而能够对女性状况、妇联运行和社会发展及其运行规律获得较为全面的把握。同时，妇联组织还可以凭借其组织特点，将最优秀人才有效聚合起来，从而使妇联能够在认识层面上拥有整体和深刻地把握事物发展的条件。这两方面内容使妇联组织能够将党的先进性在妇联中体现有了认识论的基础，也由此转化为妇联能力发展的重要根据。

三是妇联组织的组织特性是其先进性的组织基础。妇联组织作为党与国家联系妇女群众的桥梁纽带以及中国最大的女性组织，这些特点使其能够拥有两方面的特性：一是具有较高的官方权威性，二是具有做到联系与组织最大多数妇女的可能。正是这两方面特点使优秀女性以及社会中其他优秀人才能够被聚合或整合到妇联工作之中，甚至参与或者协助有关决策，同时能够最大化地联系到妇女群众，使妇女的意志以及其所了解的情况得到表达与整合。

上述决定妇联组织先进性的因素，成为妇联组织具有有效领导和整合全国妇联妇女的重要根据。由此也决定了妇联组织要提高自身的领导力，从而推动其政治性和群众性的有效实现，就必须围绕着上述三方面因素的内在机理，来加强自身的领导能力建设。同时，妇联组织的组织形态的创新和发展，也必须根据上述三方面要求，适应时代和社会的变化来调整创新自身的组织形态。这也就是说，妇联组织的先进性是保证政治性和群众性的重要基础，同时也是推动妇联领导能力建设和组织形态创新的内在根据。由此，增强先进性，不仅成为妇联发展的重要方向，而且成为妇联改革的内在根据。

四　妇联组织改革的“从0到1”与“从1到N”：阶段与任务

根据国家治理体系治理能力现代化的要求，全面推进妇联创新与发展，中共中央办公厅印发了《全国妇联改革方案》，对全国妇联改革进行了部署，并形成了整个妇联改革的框架，同时也标志着党建带妇建进入了新的发展阶段。不过我们也应该看到，虽然妇联改革框架已形成，但是在具体措施方面，这些内容更多是涉及党委的权限，因此，这些工作的部署，更多标志着妇联改革迈出了关键一步，即“从0到1”。然而，如何进一步深化改革，使妇联改革任务全面到位，还需要妇联组织自身的努力，即需要完成“从1到N”的任务。

（一）“从0到1”：中央统一部署与妇联改革框架确定

国家治理体系与治理能力现代化对妇联发展提出新的要求，妇联要适应这一要求，就必须根据十八届三中全会精神，全面深化改革。这也就是说，全面深化改革，一方面是推动妇联自身发展，另一方面是适应国家治理现代化。由此，国家治理现代化为妇联全面深化改革规定了逻辑空间与战略目标，具体来说，就是妇联改革应该更好地服务于党的领导，更好地发挥其在政治体系中作用，以及更好地联系与服务妇女群众和妇女组织。为此，中共中央办公厅印发的《全国妇联改革方案》部署了全面推动妇联组织改革的工作，并形成了妇联改革的整体框架。

《方案》提出要通过“落实党建带妇建制度”，推动全国妇联党组履行好全面从严治党主体责任，切实加强党的领导。同时，要求妇联组织要围绕思想教育以及妇女在经济建设和家庭建设中的作用，创新动员妇女服务大局的载体和方式。前者从党组织加强领导，后者是从妇联推动妇女服务大局，即从两个维度推动，来达到通过改革与创新以更好地服务于党的领导的目的。

为了更好地发挥妇联在我国政治体系中作用，《方案》提出了以下三方面改革。

一是“拓宽妇女有序民主参与渠道”，并通过采取以下措施，从整体上畅通妇女意见与利益在政治体系中得以表达：进一步发挥妇联代表妇女积极参与人大、政府、政协各类协商；推动提高女性在人大代表、政协委员中的比例并发挥其作用；在城乡社区建立由妇女参与的相应议事协商机制。

二是“改进全国妇联领导机构人员构成、运行机制和机制设置”，并通过采取以下措施，使妇联组织成为能够有效聚合与表达妇女意见与利益的组织载体：增强全国妇女代表大会和全国妇联执委会、常委会的广泛性、代表性；完善全国妇联代表大会和全国妇联执委会、常委会工作机制；根据妇女群众新的发展与国家治理现代化新的要求，调整优化全国妇联机关职能。

三是“改革全国妇联机关干部选拔任用方式和管理方式”，并通过采取以下措施，使机关工作力量、工作方式能够与妇联在政治体系中发挥应有作用的要求相匹配：打破年龄、学历、身份壁垒，打造专职、挂职、兼职相结合的机关队伍；进一步改进机关干部工作作风；建立妇联干部直接联系妇女群众制度。

为了更好地联系与服务妇女群众与妇女组织，《方案》推动以下几方面改革：一是建立全国妇联公职律师制度等，“创新妇联维权工作”；二是创新开展对留守流动妇女儿童等关爱帮扶工作等，“深化特殊困难妇联儿童帮扶工作”；三是创新扁平化工作方式等，“建立依靠妇女群众推进妇联工作的运行方式”；四是积极推动在城乡社区普遍建妇联等，“创新基层组织设置”；五是发挥妇联作为党联系女性社会组织重要渠道的作用，“加强对女性社会组织的联系引导”；六是“探索基层妇联与其他群团组织资源整合、协同发力的服务模式”；七是“打造网上妇女之家”，畅通网上联系妇女渠道，建设妇联网上工作新平台。

（二）群团发展的“自贸区政策”：妇联改革与“党建带妇建”升级版形成

从国家治理体系角度来看，妇联组织实际上是处于政党、国家和社会之间的一个制度性组织网络，一方面，它具有很强的群众性特点。这就决定着妇联组织在组织建设方面及其运行机制方面，很大一部分权限是由党组织所决定的，由此也导致妇联改革过程中的相当一部分内容需要由党组织决定进行。分析上述方案的基本框架，我们发现所涉及的两个维度中，发挥妇联在我国政治体系中作用的相关内容，基本上都是属于党组织的权限。而联系与服务妇女群众与妇女组织等相关内容，也有相当一部分是属于党组织的权限。并且从目前的工作重点来看，涉及由党组织为主来推动的内容主要是前一部分内容。

基于传统的认知，为了加强某方面工作，必定是在人员、资金等方面给予相应的增加和满足，然而这次群团改革过程中，中央明确不再增加相应的专职人员等传统所谓资源，反而却减少相应的专职人员等配备，与传统的认知有了较大差异。然而，如果我们对妇联改革方案进行深入分析会发现，实际上党组织是在打通体制内外屏蔽、破解体制机制刚性约束等方面下功夫，使包括妇联组织在内的群团组织，能够在打破体制内外区隔、获得工作弹性以及吸纳善于从事群众工作的人员方面，有了较大灵活性与空间。并且在鼓励群团组织根据新形势以及群团群众情况的变化予以积极创新和改革。这些内容实际上都是包括党建带妇建在内的党建带群建工作的创新与发展。如果我们用一个比较形象的比喻来说明这次群团改革的特点，那就是党组织不是再给群团组织以“政策洼地”，而是更多给了能够让群团更好创新与发展的“自贸区政策”。

上述现象表明，这次妇联改革实际上推动了党建带妇建的升级发展，从消极的主要是给资源、给政策为主的党建带妇建，向积极的鼓励创新与发展为内容的党建带妇建发展。党建带妇建的升级版生成不仅对推动这次妇联改革产生影响，而且要求今后妇联组织在自我发展、推动工作等方面，也必须遵循这一原则适应新的党建带妇建的特点，这也是妇联改革所带来的一个新成果。

（三）并非只是一次机构改革：对妇联的全面深化改革要有正确认识

无论是中共中央《关于进一步加强党的群团工作意见》、党的群团工作会议的精神以及试点单位关于妇联的改革做法，还是全国妇联关于改革的方案，都对群团工作改革以及妇联组织的整体发展作出了部署和安排。然而，由于这些工作大部分涉及党委的权限，同时为了解决组织发展的体制性破壁的任务，人员、编制以及机构、部门的调整，就成了这次改革第一阶段的工作重点。而这些内容，对于在妇联组织中工作的人员来说，利益相关性较大；对于群团组织之外的人员来说，这些内容又是人们理解群团改革最明显的辨别性内容。因此，基于传统的经验，许多人就将这次群团改革仅仅理解为一次机构改革。

由于将这次群团改革仅仅理解为一次机构改革，导致一些地方领导机关和领导干部以及一些妇联工作的干部，在具体推动妇联改革的过程中出现以下态度和行为：一是仅仅将其当成一项工作性的任务来完成，而不是当成一项事业性发展的使命来推动，被动和完成任务似的来落实群团改革的各项任务，以机关化和行政化的态度来对待。二是只在人员和机构层面上进行被动性的调整，而对机制发展和组织形态整体发展方面并不关心，体现了“贵族化”态度。三是只被动地推动改革具体事项的落实，而忽视改革过程中的有效性问题以及体制机制的创新与发展，形式化和娱乐化地对待群团改革。这就意味着在群团改革中，存在着以“四化”的方式来解决“四化”的问题，这些现象值得关注。

因此，为了推动群团改革获得实质性的进展，使群团改革能够切实体现国家治理体系和治理能力现代化的要求，成为全面深化改革的重要组成部分，就必须在群团改革的过程中不断深化对群团改革的意义的理解以及逻辑与机理的认识，要不断帮助各级领导干部和妇联组织的工作人员充分认识到群团改革是妇联组织的组织形态重构和组织形象重塑的系统工程，是一次关系到妇联长远发展的战略性举措，而不是一次简单的机构改革。2017 年 8 月 22 日，习近平总书记关于群团改革的批示，以及 8 月 26 日召开的中央群团改革工作座谈会，就是从这样一个高度来推动群团改革走向深入的。

（四）从“从 0 到 1”到“从 1 到 N”：妇联改革进一步发展的方向

经过一个阶段的努力，妇联改革工作已经完成了以党组织权限为主推动的启动性破壁和框架性构建的改革工作，即“从 0 到 1”阶段，进入以妇联组织为主开展的整体性推进和全面性深化的改革阶段，即“从 1 到 N”的阶段。我们认为进入“从 1 到 N”阶段，妇联改革的工作应该有以下几方面特点：

一是在目标内涵发展上，不仅要完成组织体制机制破壁，而且还要做到政权社会支柱再造。以党组织权限为主的打通体制内外各方面区隔的改革措施，就是为了通过实现组织体制机制的破壁，做好有效整合体制内资源，以及联系体制内外关系，从而实现妇联作为联系党和政府，作为党与政府联系妇女群众的桥梁纽带，以及作为政权的社会支柱的功能能够得以体现，而不会被一些传统的不适应社会发展的体制机制所阻隔。第一阶段的组织体制机制破壁工作完成之后，还必须根据妇联自身组织发展，在具体内容上，具体机制上应该得到更好的落实和建构，就像机体动过手术之后，需要自我生长，才能形成有机化。而这些工作就需要妇联组织接下来围绕着改革的目标根据党的要求，组织特性和社会发展进行全方位的构建。

二是在工作重点发展上，不仅要完成人员机构调整，而且还要做到组织形态重构。组织机制体制的破壁工作，首先必须在人员、机构和机制等方面进行重大调整，当然，这些工作所涉及的主要是党组织的权限，因此也就成为妇联改革第一阶段的工作重点。然而，妇联改革区别于传统的机构改革就在于不仅仅局限于人员、机构、机制的调整，而且还要在此基础上推动妇联组织的整体组织形态的重构。而组织形态重构的工作，除了需要党组织进一步领导之外，更多地需要由妇联组织自身来完成，它将涉及从理念到方法到内容等方方面面的重构性工作。只有完成组织形态重构任务，才能够做到切实落实政权社会支柱再造的目的，因此，也就成为新一阶段妇联改革的重点内容。

三是在推动主体发展上，不仅要坚持党组织的领导，还要发挥妇联主体作用。当然，不论是改革还是建设，不论是推动还是落实妇联改革和发展，都必须坚持党的领导。不过在具体改革过程之中，不同阶段的工作推进，在涉及权限方面以及具体推动方面，还是存在着一定的差异的。从上述情况来看，在第一阶段，妇联改革的工作主要涉及的是党组织的权限，因此在具体步骤安排和内容决定上，主要是以党组织推动为主，在第一个阶段任务完成之后，不论是推动具体工作落实还是整体形态重构，都必须发挥妇联的主体作用，妇联组织必须根据改革的目标，组织的特性和社会的变化，切实地完成改革的任务，并根据新的发展动态的调整和推进，以自我革命的精神，创造性地推动妇联组织发展，不能有等、要、靠的想法，这就是所谓“改革永远在路上”。

五　新时代妇联建设与组织形态重构:方向与内容

妇联改革最重要的目标就是要通过克服“机关化、行政化、贵族化和娱乐化”，以增强其“政治性、先进性和群众性”，我们可以说在党中央部署之下，妇联各层面改革都是围绕这些内容而展开的，然后改革的工作需要经历两个阶段：一是破的阶段，二是立的阶段。在立的阶段，既有具体层面的内容形成，也有整体形态的构建。政治学认为任何组织都有价值性和工具性两个维度，其中价值性的实现，必须通过工具性的内容予以保证。这就意味着，只有通过组织形态的整体性重构，才能保证“政治性、先进性和群众性”，有了工具性的组织基础。因此，围绕“三性”来推动妇联组织重构，就成为新时代妇联建设的重点内容。

（一）生态化、平台性与枢纽型的组织形态：妇联组织的发展方向

进一步深化群团改革，重构妇联组织的组织形态，在具体操作的过程之中，必须根据以下四个方面的要求来推进。一是必须根据所拥有的“政治性、先进性和群众性”的要求，二是必须根据妇联组织功能的内容，三是必须根据妇联组织特征的规定，四是必须根据新时代社会运行状况和妇女生存形态。因为所谓组织形态就是妇联组织联系政党、国家、社会以及市场所形成的组织网络及其运行机制的整体状况，它包括权力关系、组织结构、运行机制以及价值诉求等的总和，并以此为基础而形成的有机整体。任何一方面要求都可能对组织形态的整体发展产生重要影响，具体来看，“政治性、先进性和群众性”的要求是妇联新的组织形态所希望达到的价值性目标取向，其他三个方面内容是关系到工具性落实的问题。

根据上述原理，我们认为在群团改革背景下，妇联组织的组织形态发展的方向应该是生态化、平台性与枢纽型。所谓生态化，就是根据妇女群众生存状态生活空间和工作领域的分布，以服务妇女儿童发展以及发挥妇女群众作用为社会性目的，以为党和政府联系和凝聚最大多数的妇女群众而夯实群众基础为政治目的，最大化整合到能够服务妇女儿童发展的各方资源，发挥妇联组织的专业性力量，从而使这些资源和力量能够呈现互补性、支持性等生态化的特点，并以此为内容和目标来构建妇联组织的形态。生态化构建是妇联重构组织形态所需要做的基础性工程。所谓平台性，就是妇联组织应该构建能够容纳上述生态化条件下所聚合到的各类资源和力量的相应机制和网络。所谓枢纽型，那就是通过组织形态重塑，使妇联组织能够在其中起到联系、统筹各方的作用，并在此基础上，与各方面力量特别是妇女群众形成紧密关系，成为推动资源共享等方面的枢纽和轴心。

（二）在群众性与整合性之间：工作对象特性与生态化组织形态构建

接下来，我们将分别对生态化、平台性和枢纽型组织形态的建构的具体内容、机制和机理进行分析。首先我们来看生态化。

从价值维度来看，妇联组织生态化建构，主要是围绕着群众性而展

开。要实现妇联组织的群众性，必须从两个方面进行着手，一是具体内容方面，二是组织网络方面。从具体内容方面来看，对于妇联来说，群众发展过程中的需求有两个方面，一是作为对他者服务的需求，二是发挥自我作用以服务社会方面。这就意味着，妇联组织必须筹措和联系满足这两方面需求的资源与力量。妇联组织要联系到这些资源与力量，就必须构建相应的组织和联系网络。这也就是说，构建生态化的组织形态，是为了实现妇联组织群众性诉求和做好群众性工作的组织性基础。

从组织逻辑角度来看，构建生态化组织形态，主要是围绕着联系差异化、有机化的多样性的需求主体和服务主体以及创建复合组织网络而展开。具体来说，妇女群众的需求是多样性的，既包括服务的需求是多样性的，也包括可以提供服务的类型是多样性的。而彼此之间，又存在着相应的差异化，同时也存在着有机化。而这些特点都将落实到不同群体和不同个体之中，对于妇联组织来讲，为了达到联系群众和服务群众的目的，就需要将它们有机联系起来，为此就要构建差异化和复合性的组织网络。所谓复合性组织网络，就是根据不同主体的行为方式和生存形态的差异性，而采取的相应的组织联系的方式，从而呈现出复合型的特点。

从制度逻辑来看，生态化组织形态的构建，必须在建构多样化立体化整合服务资源机制与形成立体服务机制上下功夫。要实现对多样化的群众进行有效联系，并将分散于他们之中的各方面资源和需求进行对接，并形成复合性的组织网络，就必须构建相应的机制。而这种机制最典型的就体现在它的整合性上。这种整合性要能体现对多样化和立体化的资源整合和需求整合，并在这基础上形成立体服务的机制，实际上，生态化组织形态的构建，就是根据这一机制而形成的。

（三）在先进性与引领性之间：组织结构特性与平台性组织形态构建

妇联组织平台性组织形态构建的根据，在价值层面上是以先进性的实现为诉求的。在组织建构上，是以妇联的组织结构特性为根据的。通过构建平台性组织形态，实现妇联组织在组织运行过程中的引领性作用，从而最终达到先进性目的。

从价值逻辑角度来看，平台性组织形态的构建，主要是围绕着生态化组织特点，通过建构与发挥体制性组织权威，以形成先进性引领的基础。由于妇联组织是政党的妇女组织，它具有先天性的体制权威。这就使妇联组织除了能够构建生态化的组织形态以最大化联系到群众之外，还能够将这些资源有效统合起来，以平台化的方式呈现出来。一方面从具体的资源角度来看，能够获得有效整合；另一方面，还可以从智慧众筹方面获得分散化的智慧来源。而平台是由妇联构建的，而同时妇联又具有相对的权威性，从而能够将分散的智慧和资源在更高的层面上得到整体性的整合，这就为妇联的先进性的实现提供了组织基础。

从制度逻辑来看，要做到平台性组织形态的建构，就必须形成相应的机制，通过搭建平台性组织形态，以开发体制性资源，并提升组织性权威。这就要求妇联组织必须打破体制内外的区隔，同时还要实现组织在体制内的资源整合，这次群团改革第一阶段所涉及的主要任务就是围绕这些方面而展开的。除此之外，还必须构建与不同群体不同对象的整合机制并出台相应的政策。形成既针对于不同对象，又适应工作开展的多层次整合机制体系。这样就能够将第一阶段群团改革所形成的体制性资源和组织性权威，在新的条件下成为平台性建构的基础，并得到更好的发展。

从组织逻辑角度来看，平台化组织形态的构建必须围绕着智慧众筹，民意汇聚与资源整合的体系打造而展开。先进性在于其引领性，引领性又体现在两个方面，一方面理性层面和信息层面能有多方来源，并在此基础上进行加工和提炼，从而具有整体的把握和前沿的引领。由于妇联组织联系的面很广，能够整合到各方面的人才，从而可以凭借其组织优势将这些人才智慧汇聚起来，而后在更高的层面上进行汇聚凝练，从而形成可以引领妇女发展以及服务社会的智慧内容。另一方面是资源的汇聚和资源的整合，并在此基础上服务和满足各方的需求，从而形成相对的比较优势乃至绝对优势。生态化和平台化的组织构建就可以为妇联组织实现这一优势提供组织基础。那么这就要求妇联组织必须围绕这些目的，在具体的组织形态组织网络组织内容上得以体现，并根据新的组织方式和组织手段将这些体现得以落实。

（四）在政治性与联系性之间：群团组织特性与枢纽型组织形态构建

妇联组织枢纽型组织形态构建，主要是通过在制度性通道和组织性网络上下功夫，以提升其作为桥梁纽带的联系性功能，从而达到政治性目的。

从价值逻辑来看，枢纽型组织形态构建，最主要的目的就是为了实现妇联组织的政治性功能。所谓政治性是与公共权力和公共事务相联系的，对于群团组织来讲，即政治性最重要的体现在于构建党领导和执政的群众基础，畅通群众情绪与意见表达，贯彻党和政府的政策。因此为了实现这一价值诉求，一方面必须在制度性通道和组织性网络两方面下功夫，使通道和网络能够做到畅通和有效。另一方面，在联系群众方面，为推动各方面资源汇聚、各方面力量发挥和各方面意见表达，妇联组织必须在其相应的领域内发挥枢纽性作用。这就意味着必须做到畅通、可控和有效。

从制度逻辑来看，就必须围绕着畅通、可控和有效而展开。妇联组织必须利用其在体制内外两个方面优势，在群团改革背景下，将这两个方面优势进行整合，而后在制度层面上予以落实，使妇联组织能够在生态建构和平台搭建的基础上实现可控性。而要做到可控性和领导性，就必须在机制设计上要有较高的灵敏性，既要能够推动制度和网络的畅通，又能够保持快速的信息传递，以及权威资源的控制。同时还要将互联网、大数据等新技术手段的因素考虑在内，进行制度设计和机制建设。这就从制度层面上实现了枢纽性内容。

在组织逻辑来看，就是必须在组织网络和组织手段上，将上述制度予以落实。这里涉及多层次的组织体系的构建，既要将妇联组织既有的科层制组织网络得以充分发挥其功能和作用，还应该将各类的社会组织整合进来之后的组织体系与妇联组织既有的体系进行对接，并且打通体制内外的区隔，发挥妇联组织在体制内的资源和权威优势。要将枢纽型组织形态建构与生态化和平台性组织形态构建等内容相结合起来，只有如此，枢纽作用才可以得到体现，才有了相应的基础。

结　论

在中国现代文明建构逻辑的作用下，妇联组织成为我国国家治理体系的重要组成部分，以及党和政府联系妇女群众的桥梁纽带和国家政权的重要社会支柱，并在不同的历史时期中发挥了巨大的作用。随着中国特色社会主义进入新时代，国家治理体系和治理能力现代化的任务提出，从价值、制度和组织三个维度对妇联组织改革和发展提出了新的要求。这就要求妇联组织必须围绕增强“三性”和克服“四化”为目标，进行全面深化改革。在全面推进妇联组织改革过程中必须遵循着妇联组织发展的内在逻辑以及改革发展的具体节奏，在完成了以党组织权限所涉及内容的改革工作之后，就必须转入以妇联自身为主推进的妇联组织全面发展的任务，在生态化、平台性和枢纽型的组织形态建构上下功夫，以适应中国特色社会主义新时代对妇联组织提出的新要求。

关于四川省妇联工作发展的若干思考[*]

应该对妇联发展做前瞻性思考

当一项工作进入官方全面推动的时候，对于智库研究来说，就已经不是前沿性的命题了，智库学者就应该关注接下来的新的问题。当前，群团改革正如火如荼地开展着，中央层面已基本完成，省一级也在推进之中。因此，这次跟随全国妇联组织的“走基层，访妇情”采访团来四川省，我就带着两个问题：一是群团改革之后或者后群团改革时期，妇联工作应该怎么发展以及会怎样发展？二是四川省群团改革过程中妇联落实的情况与创新的内容有哪些？四川省妇联改革有哪些特点以及下一步发展的重点是什么？

实际上，这种思维方式不仅仅局限于智库学者，而且也适用于各级领导干部，包括妇联组织的领导干部。

（2017 年 4 月 19 日在接受中央和四川媒体集体采访时的发言）

应该从中国政治发展整体结构与历史逻辑中去把握妇联改革

要把握后群团改革时期的妇联发展方向与趋势，首先就必须了解为什么要进行群团改革。而要了解群团改革，就必须将群团发展放在以下

---

* 节选自 2017 年 4 月郑长忠在四川省调研妇联工作时的发言。

两个维度中去把握：一是必须放在中国政治、社会、经济发展的整体结构框架之内来把握；二是必须放在时代发展的逻辑与脉搏之中去把握。另外，我们要把握四川省妇联改革特点与下一步发展方向，一方面必须了解妇联改革基本逻辑，另一方面还必须把握四川省妇联当前创新。这次我们来调研，四川省妇联安排的一些调研点与具体案例一定是具有典型性的，从这些典型中，我们就能够看到下一步发展的一些可能以及找到一些方向性的问题。

要从政治结构与历史逻辑理解群团改革，以妇联为例来说，就必须解决两个问题：一是妇联在整个中国政治和国家治理体系之中处于什么位置？二是为什么群团组织会存在所谓“四化”的问题？

在中国政治结构中，妇联实际上是基于妇女、儿童与家庭因素而将政党、国家、社会与市场中国政治结构的四个要素联结起来，是中国政治体制与国家治理体系中起到联系与沟通结构性要素之间关系的一个组织化与制度化的载体和通道。因此，妇联在党委有党委委员，在人大之中有人大常委，在政协之中有妇联界别，在政府之中有妇儿工委，在社会基层之中有各类妇联组织，由此形成了贯穿各方面的组织网络与制度通道。

但问题就在于，为什么我们会出现行政化、机关化、贵族化、娱乐化“四化”现象呢？这与我们国家的现代化发展逻辑有关系。建国之后，一方面我们是一穷二白，另一方面我们又是一盘散沙，而现代化建设既需要原始积累，又需要高度组织化。为了解决这一矛盾，于是在党和国家领导下，建立了计划经济体制与单位社会体制，把所有力量快速聚集起来，完成资金的原始积累与社会的高度组织化，从而为现代化建设奠定了基础。计划经济体制与单位社会体制建构就要求我们纳入一个统一的国家行政体系之中，以行政化的方式得以最快地解决问题，与此相适应，基于科层制的组织形态与动员机制，机关化也就相应伴随而生。

根据我们的体制特征，群团工作必须围绕党的中心工作而展开，在党的中心工作转移到以经济建设为中心后，特别是处于经济发展赶超阶段，其他问题都可以先放一放，只要大致能解决就可以了，因此，对于全局工作来说，群团问题也就成为不是影响大局的工作，再加上随着市场经济发展，群众生存形态发生了变化，从本质上来说，群团工作也更加难做，然而又不受重视，因此机关化，行政化就进一步发展，而贵族化乃至把政治工作娱乐化的现象就开始出现。

经过近40年的发展，不仅市场与社会发展起来了，以依法治国为主要内容的现代国家建设也进入了全面推进阶段，党的建设创新与发展也进入全面推进阶段，为此，十八届三中全会提出基于顶层设计的全面深化改革，推动国家治理体系与治理能力现代化，一方面要推动政党、国家、社会与市场的功能发育，另一方面要推动这些要素之间形成内在有机化。而群团组织作为联系这些要素之间关系的制度性与组织性的载体与通道，要求通过推动群团改革以开发其功能，从而使国家治理现代化的任务得以实现。

党中央要推动群团改革就必须从关键的与涉及党委权限的事项入手，因此，就从领导机关的领导班子、部门调整、体制机制、干部选用方式与拓宽民意表达通道等方面着手改革。比如说推动干部领导班子之中有兼职，扩大常委会、执委会中基层代表的比例，这是党委的权限。这些改革实际上是在释放一种信号，告诉大家要更多听民众的声音，要吸纳社会力量，要面对社会。从一定意义上说，这些内容还仅仅是群团改革“从0到1”阶段的任务，或者说是群团改革工作的破题，即更多的是涉及党组织权限的工作，而下一步就要进入到群团改革的“从1到N”的阶段，在这一阶段，就需要群团组织自身全面推动各方面工作的创新与发展。

（2017年4月19日在接受中央和四川媒体集体采访时的发言）

锻造西部崛起背景下女性发展的组织基础

中央关于群团改革的意见，解决的是面向全国都有普遍借鉴意义的问题，而四川妇联改革除了要落实群团改革的统一要求，在工作与发展上还应该有自己的特点。那么，四川妇联工作的特点和亮点又在哪里呢？

一 西部崛起与女性发展的同频共振

四川妇联无论是实务工作还是新闻报道，都不能照搬沿海城市的做法，否则就没有我们自己的特色了，尤其是四川的工作不是完全以城市为中心的，四川的基本省情是，人口多、底子薄、不平衡、欠发达，不仅有城市，而且有农村，既有经济条件还可以的区域，也有许多相当贫困的地方。所以，我们应该立足四川作为西部省份的特点，并且要把西部这个概念牢牢抓住。中央所关心的不仅仅是四川这个个案，而是四川这种类型。四川是能够代表西部地区的比较典型的一个省，妇联工作要与西部崛起、精准扶贫、妇女发展联系起来。因此，我建议将四川省妇联的工作和宣传主题定为“锻造西部崛起背景下女性发展的组织基础”。

西部崛起和女性发展这两者之间是具有同步性的，这既是一个学术性命题，也是一个政治性问题。这一主题主要有三方面的背景，首先，全面建成小康社会的目标不仅包含经济的发展，而且包含“人”的发展，这也是国家治理现代化需要解决的问题，二者是同构性的。其次，推进全面建成小康社会，以及精准扶贫的重点在西部地区。最后，在全面建成小康社会的过程中，最重要的是人的全面发展，而女性的全面发展是人的全面发展的重要内容，这就和全面建成小康社会的命题联系在一起。

比如，四川南充市西充县电商的发展中有一个“翠袁现象”，就是有一绿色鸡蛋品牌叫“翠袁牌”，之所以“翠”在前，是因为妻子贾翠蓉留守在家，后来在妇联帮助下通过电商领域创业发展起来，就要求在城里务工的丈夫回来支持她的事业，她的丈夫姓袁，于是他们就将自己的产品注册为“翠袁牌”，以示女性的主导权。这是一个很典型的例子，说明了女性在西部崛起中发挥的积极有为的作用，而随着西部崛起，女性权利与权力也相应地发展起来。

二 西部崛起背景下女性发展需要妇联组织发挥作用

诚然，西部崛起与女性发展具有同频共振与同步发展的内在趋势，但是，大部分女性在西部发展过程中，还需要外在力量支持与帮助，就像贾翠蓉在妇联帮助下走上了电商创业道路一样。因此，在西部，妇联组织不是在女性已经充分发展背景下来适应这一变化而改革创新，当然也有部分地区已经是如此，比如成都，而更多的地区则是妇联组织必须承担起推动妇女发展的引领与帮助的工作。为了更好地完成这一工作，需要推动妇联组织进行改革与创新。

任何组织在适应时代转型的过程中都需要相应的契机，而这次中央推动的群团改革工作，就是这么一个契机。作为西部典型地区的四川省妇联改革工作，就可以凭借这一契机来实现组织形态与工作内容的重塑，从而服务于引领与服务妇女发展的目的。其重点体现在“联”和“准”上，通过妇联组织网络与互联网虚拟网络对接并整合多方资源，并盘活既有的资源，精准服务到相应对象上，进而在重新定义基层过程中，推动妇联组织重塑与工作创新。

在西部崛起和女性发展的背景下，女性发展需要妇联更好地发挥促进作用，要能把各方的力量和资源凝聚起来，精准对接女性发展的各种需求。于是，传统工作方式无论是资源供给方式，还是组织活动的方式，都不再适应如今妇联带动女性发展的新任务，因此就需要改革。

改革是为了更好地支持女性的发展。但在现实中，西部地区的群团组织发展已经滞后了，妇女已经发展起来了，而妇联的发展没能跟上女性的发展，也就难以带动女性的崛起。妇联改革就是为了要使妇联能在整体上带动女性崛起，在西部地区，妇联要在女性整体崛起的背景下，精准对接不同女性群体各自的需求，例如精准扶贫，从而带动女性的共同发展。在这一过程中，妇联要发挥引领的作用，其中一个重要手段就是网络，包括电商，要用网络重塑组织。

妇联的基层组织固然有一定群众基础，但就每个基层而言，毕竟资源禀赋存在着差异，并且普遍不足，因此，在市场化与网络化背景下，妇联基层组织就要根据以下两个方面需求来重新构建，一方面，要通过区域化妇建，以整合区域内的资源；另一方面，又要以网络化手段，引进区域外的力量。当然，这里还涉及如何把开发本土资源和引进外来力量相结合的问题，这里的外来力量，还包括不一定是通过网络化手段引进的各类社会组织力量。

在市场化、全球化与网络化背景下，推动妇联组织形态重塑，必须从市场、社会、国家、国际、国内等多维度进行整体性思考。妇联要重建基层，就必须重新定义基层。然而，没有整体的妇联组织形态重塑，是无法重新定义基层的。基层还是老基层，还是群团改革之前的那种运作方式，就解决不了问题。如果我们分析电商运作结构就可以看出来，实际上电商之所以能够解决基层问题，就是因为它背后有个庞大的后台网络和组织网络在支持，而妇联也应该有如此改革。

三　在助推西部崛起与女性发展中妇联要主动争取党政部门支持

在助推西部崛起与女性发展过程中，妇联需要全面重塑自身组织形态，同时也需要党政部门的支持，当然，这种支持不是单纯地给资金与人员，而是结合改革，建立相应的长效机制，一方面有利于妇联发展，另一方面也有利于政府改革。

如今随着西部崛起，一部分女性已经开始发展起来，但整体上还没有发展起来，妇联要积极带动整体女性的发展，这同时也需要政府更多的政策支持和财政投入。政府一方面要通过职能转移，让妇联等群团组织承担更多的社会整合方面的功能；另一方面，要通过购买社会化的公共服务，支持妇联等群团组织的具体工作。中央关于加强与改进党的群团工作的文件中明确指出，这既是群团改革的内容，也是政府职能改革的内容。但这项工作在落实的过程中可能会很困难，许多党政干部包括一些群团干部，仅仅把这次群团改革当成一次机构改革，甚至以为是削弱群团，因此在观念上和政策上没能做好衔接。

这就要求妇联组织要通过不懈努力，让党政有关部门以及妇联内部的领导与干部认识到，这次群团改革远远不只是机构改革，而是一次组织重塑，是要充分发挥妇联组织的作用，重新助力西部崛起，推动妇女发展，这是全面建成小康社会的重要内容，使妇女真正能撑起“半边天”。

在政策上，妇联组织要主动去推动政府职能转移和政府购买公共服务工作的落实，以支持妇联服务妇女的工作，从女性发展、儿童发展和家庭建设三个角度入手，形成长效工作机制。

要达到上述目标，妇联组织要在“联”字上下功夫，充分发挥“联”的作用。要使妇联能对接各方，整合各类资源和力量，例如对接妇儿工委及其成员单位，充分发挥妇儿工委作为党政机关的功能和作用，使妇儿工委能够成为整合政府内资源、有效支持妇女发展和儿童发展的重要平台，实现政府内部机制的整合。

（2017年4月20日在接受新华社记者采访时的发言）

群团组织在社会整合中的重要作用

现在全国都在推动群团改革，不过目前的改革重点主要是围绕人员、机构与机制等而展开，更多是涉及党组织权限的改革，我称为改革的“从0到1”阶段，而下一步应该进入“从1到N”阶段，应该涉及群团改革全方位内容，包含工作内容、活动方式、运行机制与组织形态的整体性重塑。

随着改革的推进，群团组织的重要性也将越来越凸显，我们该如何定位群团组织的角色呢？只有这样的问题得到了回答，得到了落实，才能算以优异的成绩迎接党的十九大。

在赶超性的任务基本完成的时候，全面建成小康社会的冲刺结束之后，中国要整体性地迈进中等发达国家行列。在现代社会、现代国家的建设基本定型之后，我们群团组织的定位和作用将变得非常重要。群团改革之后，群团组织的定位要和整个社会政治发展的背景结合起来。原先我们处在赶超阶段，可以依靠科层制快速推进各项工作，几乎所有的任务都可以通过自上而下的、运动式的工作方式快速落实。当时强调的是优先解决重大问题，那时候之所以不重视群团组织，是因为社会的各种要素还没有生成，需要先解决经济快速发展的问题。而现在，经济赶超的任务基本告一段落了，社会的各种要素也逐渐生成，于是群团组织在社会整合中的作用就越加凸显。在这个过程中，上一阶段（赶超阶段）的组织形态在当前的发展阶段中就不再适应了。

这就意味着改革开放以来，中国在经历了30多年的经济社会高速发展之后，目前“经济赶超”的任务已经基本告一段落了，进入一个稳定的新常态，社会的各个要素也都在这个过程中生成。在这样的背景下，如何做好群团工作，如何把各类社会力量整合起来，就变得非常关键。

在社会整合方面，社会上存在着一种“走向西方”的思维倾向，这种观点认为，未来中国应该像西方国家那样，社会整合应该回归社会，由社会自己来承担这一任务。但这种思路并不适合中国。西方现代社会已经发展了三四百年，已经发展到相当成熟的阶段；而中国社会才刚刚发展起来。

很多人认为，如果所有的社会职能都由政府来承担，会变得行政化，但中国有一个非常有利和很有特色的制度安排，就是群团组织。它虽然不是党委与政府机构，但它和党委、政府的联系非常紧密，这就体现了它的政治性。

此外，群团组织还具有先进性，它可以在组织上统合与整合各方，而其他社会组织往往只专注于各自的专业领域，只聚焦于各个散点。有了组织基础，群团就能够从整体上把社会各方的智慧众筹起来，也就不会变成群众的"尾巴"，即具有引领性作用。这就是当年毛泽东所指出的那样，真理来源于群众的实践，但是，我们又不能做群众的"尾巴"，而是要将分散在群众认识中的反映真理的某方面特征整合起来，并提升到一个新的高度，成为系统的认识事物运动规律的理论体系，再来指导现实的工作。因此，群团组织的先进性应该从多个维度来把握，上述两个方面就是其中重要的理解角度：一是从组织形态、组织优势角度；二是从认识真理、把握发展方向的角度。由此，群团组织不断追求先进性，就能够不断发挥其应有功能，既解决了整体的体制和社会对接的问题，又解决了统筹性和综合性问题。

群团组织的群众性，就是要最大限度联系群众、充分组织和整合群众，有效服务群众，从而为其政治性与先进性奠定基础。不过当前，我们要充分意识到，要做到联系、组织与服务群众，首先必须看到，如今的群众已经不是分散的群众，也不是原来"单位体制"下的群众，许多人已经开始成为自我组织化的群众。比如目前许多创客组织都已经发展起来，它既有经济功能，更有社会功能，这种创客组织的社会功能比起传统的生产型企业的社会功能更强。再比如哔哩哔哩弹幕网（即 B 站），就实现了把大量的自我组织聚合起来，群众的生存形态已经变成自我组织化的形态。

习近平总书记在这个关键的时间点上把群团改革提到如此重要的高度意义重大，他提出的概念是"中国特色社会主义群团发展道路"，过去从来没有用这样的高度来理解和把握。因此，我觉得这次群团改革非常重要，下一步或将成为国家治理现代化的重点内容。过去大家对群团组织还不那么重视，但今后群团组织的重要性将越加凸显。

事实上，在我们的“三大法宝”里蕴含着三种组织力量，一是政党，二是军队，三是群团组织。民主革命时期，我们就是通过政党、军队和群团组织这三种力量结合，才赢得了政权。后来我们组建了政府，也就开始依赖政府，但政府仅仅是政治运作的其中一员，不应该把另外的力量，尤其是政党和群团组织丢掉。群团组织的力量越是不得到重视，就会越来越脱离群众，这样的政府是没有根基的。

因此，工、青、妇等群团组织就被称为政权的社会支柱。在民主革命时期，群团组织是我们赢得革命胜利、赢得民心的重要支柱；如今在发展政权、发展社会的阶段，群团组织的作用也应成为巩固民心的重要支柱，因此，群团组织建设和群团改革就成为一个基础性的工作。

具体来讲，例如扶贫工作，目前大规模的扶贫工作已经完成，在下一步的常规性救济工作和社会辅助工作中，群团组织就应扮演更加积极有为的角色。不仅在扶贫工作中，其他各方面的工作也是如此。如果群团组织不能发挥应有的作用，就会被别的社会力量，乃至宗教力量和国际组织所替代。当时在汶川地震的时候，就有大量的社会组织和国际组织参与救灾和重建的工作，其中一些还是有统筹性的组织。如果群团组织不具备足够的竞争力，那么在下一轮的社会转型中，就会失去政治上的主动权。

（2017 年 4 月 20 日在四川省达州市调研时的发言）

妇联应充分发挥“联”的作用

妇联最重要的工作在于组织建设。现在广大的妇女都分散在不同的区域，但是可以通过搭建一个开放式的大平台，把她们的个体产业和农产品连接在一起。过去我们在这方面的工作还有不完善之处，未来要进一步精细化，以此为切入点，加强妇联的组织建设。

我们的组织不要总是想着要去注册，好像注册了才算是个组织；而是要用兴趣、爱好进行分类组织，就算是拉一个微信群都可以。比如一些微信群就是以健康为主题的，这对妇女来说就是线上的组织。再比如，我们培训女性电商之后，还应该将这些人组织起来，建立各类女性电商“自组织”。各类的女性组织，各类的精细化行业，做香菇、做玫瑰、做柑橘的都有，注册不大容易，我们就走自组织的方式，建群。群内部按组织相应规则运行，这样一来，我们培训一次就建一批组织。妇联可以牵头多组建一些这样的组织，其中，群主要定好规矩，群组内的互动一定要有内容，不能仅仅是聊天，在运行的过程中要按照正式组织的做法，逐渐形成有内容、有服务、正规化的组织结构，然后成员就开始依赖这个组织。

这样的以微信群为代表的组织要广泛发动，因为未必每一个组织都能取得很好的效果。这些组织应该由相关行业或者感兴趣的成员自己来运行，同时也要发挥“妇联通”的作用，包括市、县、乡、村四级妇联的主席或工作人员应该尽量参与其中，她们对当地妇女情况非常了解，因此她们也就了解当地妇女的实际需求，从而形成微信群的主题。

妇联可以以此为契机，提高建言献策的能力，向政府、人大、政协提供更多的意见和建议。这项工作不能仅仅依靠妇联机关里的干部，而应该依靠这些微信群来汇聚民意，发动这些组织的成员一起来提意见，然后再对这些意见进行整合。妇联在人大有席位，在政协有界别，但是，每年到写人大、政协提案、议案的时候，我们常常遇到不知道要写什么的困境，如果我们下面建那么多的这一类组织，就可以让执委、代表、委员们把电商发展过程中遇到的困难写出来，之后再进行整合，这样一来，我们就会写几十条乃至上百条，同时，我们兼职的干部、执委、委员、代表也有工作可做，与党和国家对接的民意表达也有了组织基础。如果这样的工作能够每年坚持推进，就能形成详细的资料，服务工作就有了针对性，民主建设也有了具体的运作机制。同时，要借助电商基地与妇女的家庭进行对接，使妇联的组织建设能与她们的生产生活联系起来。

我们现在要进行区域化的妇联组织建设，那就要把人才和能干的女性吸纳进来，其实她们也需要更多的社群，更多的民众来参与她们的事业，这样我们的覆盖面也就扩大了，形成了一个星罗棋布的组织。

现在中央提出要精准扶贫，妇联要发挥更加积极的作用。现在我们已经开始利用电商平台进行精准扶贫，但目前这些工作还主要是政府在主导。下一步妇联可以探索与电商平台相融合的扶贫组织架构，探索电商在女性精准扶贫中发挥的作用。形成妇女扶贫妇女，社会力量帮助社会的局面。在这个过程中，妇联的重要工作就是要去协调这些机制，对接各方的资源和需求。这样才真正做到了精准。

在精准扶贫过程中，尽管妇联自身的资金资源有限，但我们可以发挥“联”的作用，发挥各种组织作用，这样就形成了网络妇联的工作机制，形成了全国创新的工作机制。我们要重视经验积累与推广，召开经验交流会，进行评比表彰，介绍每一类组织化方式在精准扶贫上的具体做法。

所以，各级妇联领导机关的发展部，未来一定要重视通过构建各种组织化手段来推动项目的落实，要重视广义上的组织建设，不要只是就项目抓项目，具体的项目应该以“智慧众筹”为基础，要寻求新型组织化手段与方式来保证这些项目的有效落实，使得社会力量通过组织化的建构最终服务到整体社会，这样妇联就发挥了最大的“联”的作用。这样不仅推动了工作发展，也推动了妇联组织的组织覆盖。我们不应该把组织优势丢了，政府有资金、有政策资源，而我们有组织，我们要形成“众智、众联、众筹”的格局。

（2017 年 4 月 19 日在四川省南充市调研时的发言）

应该与政府职能部门合作，打造精准服务的组织网络

妇联工作切入基层，如你们做的助老驿站，即使是你们自己做的，也可以跟民政对接，而对它们来说，这是政府职能。一起做，资金就过来了。司法和信访，这也是政府工作。驿站关爱聊天是社区的建设，这个是我们自己做的，家风家教跟精神文明办合作，维权我们自己做，家暴可以跟司法、公安合作，还可以无限拓展下去。

实际工作当中也是有合作的，还可以无限推演，把各个政府部门、各个口的东西，如家长课堂实际上可以跟教育部门合作。在政府职能转

移过程中，政府职能转移或承接政府事务，现在都是具体在下面试点，我们是去求人家，接下来我们来做顶层设计，从一开始就跟各个部门签好协议，形成政策，比如积极开发与充分发挥妇儿工委的作用，制定《妇联承接政府购买服务事项的办法》等，然后就有了相应的资金配套，自上而下形成组织网络。未来妇联就应该自上而下，以多维度来推动这方面工作。

一个街道就能够画出这样的网络，未来我们可以更丰富，那么这就意味着在新形势下，我们妇联服务女性，尤其在城市服务女性就可以多维度推进，不过都将在精准化上下功夫，农村是精准扶贫，城市叫精准服务，在具体工作与顶层设计上，这些精准服务应该跟政府职能部门做好直接对接。

（2017 年 4 月 20 日在四川省达州市达川区曹家梁社区调研时的发言）

妇联可以整合更多专业化力量来服务妇女工作

我看到，由妇联支持的针对妇女的“WorKING”创业孵化器已经开始与二更视频、爱奇艺等平台对接，通过加入这样的拥有广泛影响力的大平台，为企业的发展提供更多机遇，从而使孵化器变得更专业。这实际上已经探索出了孵化器自身发展的一种新模式，实现了与大产业链的对接，使孵化器成了产业链中的一个节点，这与共享经济的思路很一致。

同时，我还看到了女性参政议政的广阔空间。尤其是对于新一代的女性企业家来说，她们非常了解行业发展的实际情况，也很乐意参政议政，其中不少人与当地的政府、妇联等各方面的联系也非常多。作为一个新型的企业家，她们已经懂得社会领域与政治领域之间的互联互动，这就成为女性的参政议政以及中国的现代民主政治发展的基础。

由此引申出的另外一个问题是，对接大产业链的做法和参政议政的意识，完全可以与正处在群团改革中的妇联对接起来。这种对接，既是服务妇联，实际上也是服务相关企业的自身发展。相关企业完全可以打出服务女性的旗号，将企业品牌推向全国。借助二更视频这样的大平台，如果能够通过小视频等形式打造以女性为特色的品牌，那么企业的吸引力将很快从成都走向全国乃至全球。

事实上，孵化园中大部分是女性创业者，已经有一些企业通过网络平台开始走向了全球，其他相关企业也完全可以利用互联网的优势和与妇联对接的优势，打造女性的特色品牌。在短视频和音乐的受众中，女性的占比很高，其潜在的辐射面是巨大的。现在的孵化器对接的可能还只是二更视频这样的经济网络平台，今后完全可以再对接全国性的妇联组织平台，这样就与参政议政的意识融合了起来。

对妇联来说，妇联也推动建立了许多孵化器和孵化平台，甚至自己也在建立，在妇联改革的背景下，未来妇联对女性创业就业的支持应该走向专业化，而专业化的孵化平台如果只靠妇联自己是不够的，应该更多地去整合各类已有的孵化器，让这些孵化器推动不同类型、不同行业的妇女实现精细化发展。这就意味着我们要将这些经济力量整合起来，服务于妇女。要开始联系妇女的时候，就要开始提出一个重要命题，就是工作精细化、分类精细化问题。这也就是说，妇联更多的应该是给一个政策，搭建一个平台，以此撬动社会的需求和各方参与的积极性，最终形成社会力量、经济力量与群团组织的合作，这样的模式在全国范围内都将树立典范。

（2017 年 4 月 18 日在成都 WorKING 创业孵化器调研时的发言）

妇联应该充分利用互联网来增强优质公共资源的扩散效应

通过调研我发现，成都青羊区家长教育辅导中心是一个非常优秀的平台，这么多专家在这里会聚，一年下来，一共开设了 387 种课程，举办公益讲座 200 多场，政府总投入超过 1 亿元，每年还有 100 多万元日常运行费用，在全国范围内这样大的资金投入和重视程度，应该是不多见的。这种优质资源的聚集对当地来说当然是一大幸事，但在互联网条件下，这些优质资源的服务范围如果只局限于当地是不够的。当然，服务当地是理所当然的，不过如果能够依托互联网，我们完全可以打造更好的扩散效应。

过去由于技术条件的制约，这种服务效应的扩展难以实现，但如今，不仅是教育资源，类似的优质公共服务产品是否能扩展其服务效应，就家庭教育而言，妇联能否利用自身的平台来推动这项工作，以此为切入点，推动各类优质资源的扩散和传播。

我在调研“WorKING”孵化园的时候，了解到她们主要是以孵化创作或生产短视频和音乐形式的企业为主，并且实现了与二更视频和爱奇艺等新媒体网络平台企业对接。在孵化园中的50多家公司的产品，都可以通过二更视频进行扩散。其实二更视频和爱奇艺也需要这些优质的资源，才能为用户提供多元化的产品。但我要问，这些大平台了解我们的家教中心吗？对于全国广大的网民来说，他们当然更了解这些大平台，那么为什么我们不能把这些优质资源在这种开放式的大平台上去营销呢？当然，对于政府来说，财政投入如果能够服务好本地区，也就完成任务了。但四川省妇联、全国妇联，能否牵头来做这项优质资源向外扩展的工作。以优质资源为基础，组建一批全国性的供应基地，把它作为优质产品电商，再由此发展出妇联自己的组织网络；先进行资源整合，再通过互联网来传播扩散。例如，家教中心的一些课程能否放到哔哩哔哩网以及其他更大平台上去播放，而不仅仅在我们自己建设的班级网以及我们现代在推动的“微课堂”，那样将会是几十万甚至数百万的点击量。当然，现在这些做法都是很好的，说明我们已经有了这些思考，不过我们应该形成体系，并积极利用更大平台来做，我们可以将“WorKING”的资源与我们其他资源进行整合与对接。

事实上，广大家长非常关心家教，因此不是我们的产品没有市场，而是我们的组织还没有到位。包括妇联在内的群团组织既要对接互联网平台，也要对接优质资源的供应者，打破二者之间的信息壁垒，使双方通过群团组织的沟通而实现信息互通，以此为契机，实现群团组织在互联网时代的重塑。如果互联网平台的后台能够与优质资源的提供者直接对接，那么许多原本只能服务当地的优质资源，就能在更大的平台、更高的层面上得到推广，实现资源的充分利用。这种对接实际上盘活了社会力量和政府力量，通过妇联进行有效的整合，再连接到市场中来。

共青团已经在尝试类似做法了，我曾经受邀在一个会上作主题发言，他们就把我的发言进行现场直播，有200万人在线收看。对我们的家教中心来说，如果能把优质课程在网上直播，并且事先做好活动宣传，吸引广大家长一起来在线观看，这种推广效果一定是空前的。其实在线直播的成本非常低，只需要架一个相机，不要把课程内容和氛围做得很严肃，也不需要太多的包装，要回归现实，以内容取胜。

关键在于，这些工作应该由我们妇联来做。妇联应该利用网络条件推动自身改革，而不是简单地建一个网上妇联平台，把妇联的工作放到网上就算做好了。网络只是一个平台，更主要的是要对后台的资源进行整合。由此，才能做到网络重塑组织。

（2017 年 4 月 18 日在成都青羊区家庭教育指导中心调研时的发言）

妇联推进家政行业建设要有系统思维

关于家政问题，妇联作为一个牵头单位，不是简单地做一两个品牌，虽然给大家推出可信任的品牌，这是必要的，但是，更重要的是进行系统梳理，要把全省各种家政类型进行梳理。为什么？第一，因为人们的需求各种各样，导致供给多种多样。第二，供给的能力也是多种多样的，在这种情况下就要进行系统的梳理。有的需要很高端，有的很低端，有的很区域化，有的以互联网的方式进行区域化的整合，所以要对每一种类型进行梳理，对每种类型的规律和基本现状进行分析，再确定每种类型家政提供的方式，制定相应的标准。

可以邀请相关企业参与标准的制定，建立相关的行业协会，在这个过程中加强监督，建立监督和投诉的体系和模式。可以参照企业对服务行业的监督模式，还可以参照西方国家或发达地区的经验，进行系统的梳理，分出光谱化的家政类型，对不同类型家政企业及其家政提供者，制定相应标准。同时，还应该建立与之配套的监督体系，监督人是谁、如何监督，特别是互联网这种新型的方式，线上线下结合的方式如何监督，需要研究，既可以参照发达国家做法与国内发达地区经验，也应该结合妇联本身实际进行探讨。

在这个过程中，要建立行业协会，找到龙头企业，推动行业协会参与制定相应的标准。因为他们最清楚哪里存在问题。

妇联组织如何介入和整合其他职能部门一起对其进行监督，这就要求妇联与其他部门进行对接。

家政联盟是松散式，要推动相应行业协会建设。

对违规的事情要有准入制度和曝光机制，政府监督的一些做法要尽快学过来。目前其实已经很成熟了，妇联可以参照这些做法。

（2017 年 4 月 21 日在四川省达州市调研时的发言）

妇联工作是国家软实力建设的一个重要组成部分

我们应该把妇联工作打造成企业走向世界的一个国际名片，企业首先追求的是产量和经济效应，其次是环保，再接着就是人文理念。西方人很早就开始强调男女平等，但实际上全世界妇女解放速度最快的是中国，而西部地区在经济尚不发达的情况下也能够以如此的速度推动男女平等，发挥妇女作用，实属难能可贵。这种文化含量如果能成为企业的“名片”，对企业走向世界是很有帮助的，将成为企业在国际竞争中的一种软实力。

很多人认为西部地区只有生态，经济刚刚起步，很少有人了解西部地区的人文内涵。事实上，西部地区在女性这个层面上已经形成了一张名片，如此一来，人文内涵与经济发展就能结合起来。我们既要积极向全世界宣传这张“女性名片”，还要把妇联的很多工作体现出来。例如，那些 80% 以上员工都是女性的企业，就和别的男性为主的企业形成明显的差异，这样的企业就具有典型的女性色彩。如果妇联能推动这些企业的文化宣传，并不需要太多的工作投入，就能显著增强企业的软实力。

中国现在正在推进“一带一路”倡议，中国企业正在全面“走出去”，我们企业的软实力过去主要是传统文化的内容，但这对西方国家的吸引力是有限的。未来，中国企业的软实力应该结合现代文化，而女性的问题是现代文化很重要的内涵。这种“女性名片”对企业“走出去”战略是很有帮助的。全国妇联和各地妇联也应积极帮助企业打造以女性形象为主要内容的品牌文化，尤其是西部地区，要着重提炼女性在经济发展和社会进步过程中有所作为的正面形象，着重突出在经济欠发达地区，妇女工作的特色和亮点。因为在经济较为发达的东部沿海地区，妇女工作做得好是理所当然的，并不稀奇；但在西部地区，如果妇女工作成效突出，就会引起全世界的关注。

在中国已经成为世界第二经济大国的背景下，企业的这种软实力不仅对企业发展有利，而且也直接帮助了国家在世界中的形象，是国家软实力的一个组成部分。甚至我们可以以此为基础，提出应该推动妇联工作成为整个国家软实力建设的一个重要组成部分。

（2017 年 4 月 19 日在四川南充市川北凉粉公司和
四川龙兴农业科技有限公司调研时的发言）

应该积极探索女性扶贫工作的规律

扶贫的工作，是市场经济与社会发展交接的地方。贫困问题未来还会存在，但是像目前这个阶段，在农村，通过全国的力量来推动的大范围的工程化扶贫工作，可能是最后一个时期了。未来可能转入制度化常规性的贫困救济，就像城市之中民政部门做的救济工作。现在大规模大范围的扶贫，强调了精准扶贫的做法，实际上这个跟我们集中力量办大事的逻辑是一样的。在这个过程中有许多好的经验，要及时总结。

在调研中，我们发现，对于我们妇联来讲，有几个案例与类型实际上就是可以总结的，一个比如说企业家来推动扶贫，还有一个就是电商扶贫方式，在农村，50% 以上的电商是女同胞在做，许多贫困人员也是女同胞。单个企业家推动的精准扶贫，现在有电商的精准扶贫，妇联都可以做好联结的工作。比如说有多少贫困的妇女，比如说这边有多少能够做，这个信息我们可提供，我们可对接，那么具体工作是扶贫办的人去做，或者电商行业的人做，但我们可以嵌入。

随着小康社会全面建成实现，接下来一系列扶贫可能就不再会有大规模地、工程化地推进，今后，会有越来越多的社会力量参与进来，而社会力量都是以点状的、单个的、无组织的方式在推进，这就涉及这种扶贫工作的统筹与组织问题，这就为包括妇联在内的群团组织提供了一个重要空间，或者说群团组织的责任就更重了。我们在精准化扶贫过程中，如何调动各类力量推动扶贫工作，实际上就成为妇联下一步探索后小康时代、后群团改革时代如何整合各类资源、如何集中力量打歼灭战的总演习，我们要将其上升到一个战略性高度以及推动组织形态转型高度来理解，并做好总结经验与探索规律的工作。

（2017 年 4 月 19 日在接受中央和四川媒体集体采访时的发言）

用年轻人能接受的方式，向年轻一代宣传妇联的工作

在中国这样的大国，我们的扶贫工作进展到今天，投入了这么多的力量，取得了这么好的成果，应该让我们的下一代了解其中的艰辛，了解我们这代人曾经经历的这段历程。这样他们才能理解我们在特定历史条件下的一些独创性的做法。比如政党的力量在扶贫工作中就发挥了重要的作用，在农村基层，由于村委会由选举产生，一般由当地人组成，因此我们逐渐形成了第一书记的机制，实质上是“党建救济”，就是用政党的力量来解决制度性的障碍，使资源能落实到基层，通过整合各类资源来集中解决某个地方的贫困问题，这种机制是很值得研究的。

只有通过教育下一代，才能让他们真正了解，在中国，我们的许多制度安排是有效的。但教育的方法必须与时俱进，比如拍摄宣传视频，就一定要用年轻人的视角来制作，这些工作政府完全可以提供一些支持。如果条件允许，妇联可以把这几年来的工作以视频的形式展示给年轻人，其中的很多很有效的工作方式在我们看来是司空见惯的，但年青一代往往缺乏感性认识。如果他们真的遗忘了这段历史，我觉得是非常可惜的。我们在如此短的时间里，在全国范围内取得的脱贫成就，可以说是一个世界性的奇迹。在这个奇迹的背后，是我们的许多原创性的制度安排。

在第一书记的机制中，尽管设立了第一书记，但村委会主任是由当地人担任的，党支部书记也是由当地人担任的，而仅仅依靠当地人的力量往往会遇到资源禀赋的制约，要解决大规模的贫困问题是远远不够的。而第一书记能够通过与一个单位对接，从而用政党的组织力量实现资源的调配和聚集，将财政、人才、政策、社会资本等各类资源汇聚到基层，

解决当地的贫困问题。他一个人的背后，其实是一个单位、一个组织。这种有效的做法，以及它的背景，应该让年轻人了解。

精准扶贫工作推进之后，类似的做法可能不会再有了，但这些具体工作中的经验积累将汇聚成整个中华民族的积累；这看似只是贫困问题的解决，实际上背后是一整套的制度设计。下一步，不能只通过新闻来宣传这些有效的做法，应该充分利用新媒体，比如新的拍摄手法，向年青一代进行宣传。要用年轻人适应的一种方式，在年轻人经常关注的媒体平台上讲述我们的故事。

我们传统宣传工作中的一些习惯已经不能够很好地适应年轻人的习惯、思维方式和语言，比如妇联就开展过大量的女性精准扶贫的工作，这能否成为宣传素材，让年轻人关注妇联的工作？

所以，我们不要认为年轻人只关心娱乐新闻，他们也很关心国家大事，但关键是，讲故事的方式要能让他们适应。我建议，能否把妇联的一系列工作，包括女性精准脱贫的工作，拍成一些小视频，在新媒体上用年轻人能接受的方法进行宣传，让更多人关注我们的工作。同时，通过与 WorKING 等合作，通过它们与二更对接，我们可以用公共服务购买方式扶持 WorKING，也利用它们的短视频拍摄与传播专长，以及二更等平台需要多样的视频内容的特点。同时，妇联还可以用不同主题，与政府相应职能部门合作，采取承接政府购买服务项目方式筹集资金，我们还可以借此探索这一改革措施。由此，通过围绕这一主题，发挥妇联的“联”的作用，推动妇联的宣传方式改革与运行机制改革。这样，就达到了多赢的效果。

（2017 年 4 月 19 日在四川南充市高坪区石圭镇壁山村调研时的发言）

群团改革也需要企业家精神

一路调研中，接触了许多女企业家，她们不断整合自己所没有的资源，为把企业做大做强，有的坚持 25 年，有的坚持 30 年，克服了重重困难，推动着企业发展。在这过程中她们靠的是什么？我认为有两种精神力量：一是韧性，二是企业家精神。什么叫企业家精神？企业家精神就是将既有的各种资源通过创新性的方式实现重新整合，来为客户创造出新的价值。群团改革、妇联改革也需要将既有的资源在新的条件下重新组合。在这样的背景之下，我认为群团改革、妇联改革也应该呼唤企业家精神，而不是简单靠官僚意识，单纯靠自上而下被动的压力推动。企业家精神和管理精神是不一样的，它是在创造。管理精神更多的是重视落实，因此我们既要有一个企业家精神，也要有管理意识。当然，在这一过程中，我们也同样需要韧性，因为既然是改革，就会遇到众多阻力，乃至群团、妇联组织内外的阻力，就需要我们要有“咬定青山不放松”的精神。

（2017 年 4 月 19 日在接受中央和四川媒体集体采访时的发言）

妇联工作需要“匠人精神”

这一路调研中，我接触了很多女性企业家和女性创业者，她们很多都是在非常艰难的情况下，通过几十年的坚持，实现了白手起家，这种韧性与精神是值得我们学习的。现在国家提出的精准扶贫，不仅包括物质扶贫，还包括精神扶贫这一重要内容，弘扬西部地区的女性精神，这其实也是新阶段的一种精准扶贫。我们过去更注重物质扶贫，未来精神扶贫将愈加重要。

按照“十三五”规划，到 2020 年我们要完成所有的扶贫工作。对妇联来讲，虽然从总体上看，贫困女性在全国范围内会大幅减少，但还是会有许多妇女因为各种原因重新返贫。在大范围脱贫完成后，女性扶贫，特别是在西部，还将是一项长期性的工作。

过去很多人都认为，扶贫更多应该是拥有财政资源的政府的事，未来在大规模的政府行为之后，扶贫将转化为社会性的对弱势群体的支持。比如城市不再提“扶贫”，但它有一系列对弱势群体的社会救济和帮助的工作。下一阶段，政府部门可能不再会大规模地做这些事了。但是像妇联这样的群团组织，就应该及时跟进，包括就业、创业、医疗等方面的工作，以及人文关怀这样的精神层面的工作，这些工作将是我们下一步妇联工作中的重点内容。

对女性扶贫的问题，一是要开展专项研究，二是要推动工作的精细化发展。要充分利用国家在“十三五”阶段对扶贫工作的资金投入，争取能把女性扶贫工作中的有效的工作方法和亮点，以及女性精神总结提炼出来，形成成都或者四川的女性扶贫模式，这样的工作将会非常引人注目。

不仅是扶贫问题，在妇联的其他工作中，过去我们强调的是妇联关心妇女，去基层办一些活动，当时这样的方式还是有效的。但现在如果还这样做，就没人稀罕了。因为每个行业都已经详尽地细分了，无论是扶贫还是一般的社会服务，社会上都涌现出专业性、精准性的服务力量。妇联的工作应该转向一种众筹。要快速地把各类社会力量聚合起来，然后对既有的工作再进行盘整，把工作推向细化。

我们在第一个发展阶段中，首先要解决温饱问题，满足基本需求，但到了第二个阶段乃至第三个阶段，就需要有“匠人精神”。妇联下一步的工作就要有“匠人精神”，就是要把各项工作进一步精细化。“匠人精神”不是说要让妇联干部自己成为匠人，而是要在“联”上下功夫。要充分挖掘女性企业家以及各类社会力量的领军人物，她们很懂具体工作，由她们来推动各类工作的细化，形成智慧众筹的局面。在工作内容方面，既要探索新的领域，同时，已有的工作要做细化落实，这与企业的发展战略是类似的。

如今，女性变得越来越有作为，大部分已经不再像 20 世纪五六十年代的农村妇女那样，常常遭遇家暴，那时候妇联要像娘家人那样替她们撑腰。现在中等收入的女性、白领女性越来越普遍，她们需要的不是“撑腰”，也不是扫盲，而是精细化地满足各类需求。因此我们需要创新工作的方式和内容。

每个阶段的女性发展都有不同的需求，这是年龄段的差异；另外，每一种类型的女性的需求也是不同的，有些需要政策跟进，比如维权，现在所谓的维权也不是传统意义上的消极维权，人的权益观念与内涵已经发生变化，要维护发展性的权益。有人可能会抱怨妇联人手太少，但我们要能看到，许多专业人士在具体工作中都很在行，关键在于要找到内行的人，要找到那个“匠人”。为什么许多西方国家都是小政府、大社会，而中国有群团组织，这很有优越性，它刚好在政府和社会中间，起到桥梁作用。比如扶贫，未来国家肯定不会再大规模推进了，但贫困问题是不可能立即消失的，那么这个工作就应当由我们妇联来做。

下一步，社会的培育是由群团组织来推动的，即在经济快速发展之后推动社会培育走向细化，在这方面，群团组织责无旁贷。这是群团改革之后新的命题，第一轮群团改革解决“四化”问题，我称为“从 0 到 1”。下一步，要把群团组织的活动内容创新、组织形态的转型和群团改革联系起来，同步推进。

在中国的发展中，四川是很有代表性的。对于四川妇联工作中的经验和成效，一是要做好宣传报道，二是要做好经验提升，三是要有前瞻性的思考，尤其是如何利用女性企业家的智慧和专长，推动妇联工作的精细化。

（2017 年 4 月 18 日在成都好农人有机农庄调研时听取成都三联公司的董事长邹平女士等人发言后的发言）

第二编

专题报告

专题一

组织扩容与立体化妇联组织建构

——新形势下妇联组织形态创新研究

作为重要的群团组织之一，妇联是党联系妇女群众的桥梁和纽带，是国家政权的重要社会支柱。改革开放以来，随着经济社会的转型，妇女群体在社会中的流动性越来越高，妇女利益分化，需求日益多元化，这也给妇联工作带来了越来越多的挑战。在此形势下，妇联组织就需要调整和改革自身的组织形式以适应妇女群体的时代变化。党的十八大以来，习近平总书记对群团组织提出了强化“政治性、先进性、群众性”和通过改革去“机关化、行政化、贵族化、娱乐化”的要求，在此背景下，妇联组织的改革需要从妇联自身的组织使命和联系对象的特点出发，从整体上调整和改进妇联组织形态。

一　在政治性和社会性之间：妇联组织的使命与功能

从新中国成立之日起，中国真正走上了以社会主义为目标，以民主集中制政党组织体系为动力的现代化进程。在这一进程中，支撑中国现代国家建设的政治体系具有至关重要的特点，那就是形成了覆盖全社会的政党组织体系。这一组织体系是全覆盖的，既包括机关、事业单位、国企等单位性组织，同时也通过各级地方政府成为地方治理中的主导力量。这种全覆盖的组织体系塑造了中国共产党作为执政党的执政能力，最大限度地调动了资源，充分发挥了中国的后发优势，推动了中国现代化进程的快速发展。从某种意义上说，党的组织体系在社会领域中的延伸程度决定了党的执政能力与国家能力的强弱。

值得指出的是，政党组织体系在社会中的延伸，并非是仅仅通过党组织自身来实现的，群团组织作为党的群众组织发挥着重要的延伸手臂功能。“政治社团在聚合特定社会群体利益诉求的基础上介入国家政治生活过程，是现代社会政治民主重要的表达和实现方式。”① 一方面，在党的基层组织联结社会的基本经验中，最为重要的一条经验就是先建群团组织，然后在群团组织的基础上去发展党的组织。因此从这一意义上来说，群团组织是党组织的组织基础，也是党组织储备党的积极分子和党的干部的重要基础。另一方面，从学理上来说，党组织面对的基本对象是有着清晰政治身份的党员，对于社会中那些没有党员身份的群众，党主要是通过群团组织去联系、凝聚、服务和组织。因此，党的执政体系和执政能力是通过对社会的整体代表和组织体系的全覆盖来实现的，而群团组织是党组织覆盖体系的一个重要组成部分。

妇联是三大主要群团组织之一，并且以其鲜明的对象特征，成为党在特定领域的延伸手臂。这一延伸手臂具有两个方面的基本功能：一是政治性功能，作为党的延伸组织，去传播党的政治理念，实现党的政治目标，凝聚社会对党和国家的政治认同。二是社会性功能，群团组织必须要能够深入社会，成为党联系社会的中介和桥梁。在这两个方面的功能中，社会性功能是政治性功能的基础，只有发挥好联系、组织、凝聚社会的功能，才能够真正实现政治性目标。因此，从这一意义上说，妇联必须认清自身社会性功能的定位，妇联作为群众组织，必须要通过各种方法在社会上建立组织、联系群众，开展工作和服务，最终凝聚群众的政治认同。“妇联作为广大妇女利益的代表者和权益的维护者，抓住历史机遇，更好地处理妇联组织与党和政府之间的关系，更好地倾听妇女的呼声，反映妇女群众的意愿，开发妇女的潜能，加强能力建设是当前

---

① 梁丽萍、王彦平：《政治社团与社会主义民主政治建设：妇联组织的视角》，《当代世界与社会主义》2013 年第 6 期。

面临的一项重要任务。”①

党的群团改革方案出台以来，明确了群团组织要具备先进性、政治性和群众性的“三性”要求，同时提出了要改变其机关化、行政化、贵族化、娱乐化的“去四化”改革目标。从群团组织作为群众组织的政治性和社会性双重功能定位出发，群团组织需要重点改变机关化、行政化的倾向，必须回归其联系社会、服务社会、组织社会、凝聚社会的功能。对于妇联组织来说，以妇女为基本工作对象，妇联组织要以妇女为工作枢纽和目标承担起联系和组织社会的功能。这就意味着妇联工作在各个方面都必须作出较大转变，将联系和组织社会作为其基本功能定位。

二　机制区隔、体制区隔与空间区隔：妇联组织发展的现状与困境

从组织建设的角度讲，经过若干年的建设，妇联组织已经具有十分明显的政治优势。作为党的群团组织，妇联组织与党组织一样，在国家和社会的大多数领域、行业和单位都建有基层组织或者下属组织。因此，妇联组织与党组织一样，也有相对广泛的组织体系。同时，妇联的主要组织在组织原则上也是以民主集中制为基本原则。组织体系的广泛性和民主集中制的基本原则，给妇联组织建设带来非常重要的组织优势，那就是妇联可以通过自身的组织体系去整合资源和力量。组织建设越广泛，整合、调动各种资源和力量的能力就越强。更为重要的是，在妇联组织相对薄弱的地方，妇联还可以通过党的组织体系去联络去动员，党的组织体系对妇联工作的支撑成为妇联组织政治能力的重要保证。这样的政治优势如果要发挥，就要求妇联组织作为党的群团组织，可以通过组织体系在国家、行业、单位、社会等各个领域中突破组织界限，整合资源和力量，开展党的各项工作。换句话说，妇联组织必须能够在国家和社会的各个领域中纵向横向联动，破除自然的和社会的各类组织区隔，才能充分发挥出妇联组织的政治优势，也才能最终实现妇联组织的使命，

① 于娟、曲雯、黄桂霞：《关于我国现阶段妇联组织能力建设的思考》，《妇女研究论丛》2005 年第 6 期。

完成妇联组织政治性和社会性的双重功能。从某种意义上说，“作为一个组织，妇联是一个开放的系统，开放性表现在她不可能孤立地存在，而必须和周围的环境进行密切的互动，在互动中获取必要的生存资源，实现有效的产出并以此获得合法性地位”①。但是，妇联组织建设的实际情况却在实践工作中遇到了各种各样的挑战。

（一）机制性区隔与机关化、行政化的出现

妇联组织建设首先面对的问题是机关和部门的机制性区隔。在新中国成立以后，随着中国共产党的角色由革命党向执政党的转变，党组织逐渐和国家行政部门结合在一起，开始承担着越来越多的行政领导功能。妇联等群团组织由于与党组织联系极为紧密，在比较长时期的执政过程中，也与行政部门联系紧密，妇联组织开始有了更多的行政化的倾向。在现实的妇联组织建设中，越来越多的基层妇联组织与党和政府的领导机构设置结构相同，更像是一个行政工作部门。但是在行政管理领域中，由于政府部门专业管理分工越来越细致，各个不同层级、不同的政府管理部门之间开始有着较多的组织管理界限。这就使“内设”于行政部门中的妇联基层组织，也开始在部门中有了部门之间的机制性区隔。

（二）体制性区隔与单位内外区隔的出现

从类型上说，目前比较成熟的妇联基层组织有两种基本类型：第一种类型是建在机关事业单位高校等内部的妇工委和妇委会，这些基层组织与单位的行政工作部门紧密结合在一起。第二种类型是与省市区县乡镇等地方政府部门紧密结合在一起，包括农村和社区的妇代会或妇联。这两类都是体制内的基层妇联组织，机关化和轻行政化的倾向相对较强。改革开放以来，随着单位外社会的兴起，非公经济社会组织等两新组织在社会生产中所占比重和力量越来越强。在此方面，各地妇联组织也尝试在两新组织中去建立基层组织。但是从目前的情况看，尽管两新组织中的妇联组织很多是由区县街道、乡镇等地方政府内的妇联组织帮助建

---

① 周健：《妇女所处网络关系的厘清——对妇联定位及其路径选择的一点思考》，《妇女研究论丛》2004 年第 1 期。

立起来，但是体制内和体制外的基层妇联组织相互联系还比较薄弱，体制内外的基层妇联组织还不能实现资源的整合与共享，也不能实现工作力量的流动和互补。因此在体制内妇联组织和体制外妇联组织就建成了较强的体制性区隔，不利于妇联作为党的群团组织的整体性优势和功能的发挥。

（三）空间性区隔与网上网下脱离的出现

目前妇联基层组织的主体仍然是线下的实体性组织。但是21世纪以来随着互联网技术的快速发展，社会各类群体的生活状态已经和网络高度融合，特别是网络上出现了大量的自发性社会组织。在网络上生存，在网络上活动，在网络上组织，已经成为当前社会群体主要的社会生活形态。这就意味着以联系群众为主要目标的党组织和群团组织必须应对社会群体向网络化生存形态的转移。在现实生活中个别地方的妇联组织也开始尝试建立网络型和网络上的基层妇联组织，但是这样的基层组织建设仍然处于初步探索阶段。有些地方网上妇联的建设仍然偏重于工作和服务的科学管理，有些地方的网上妇联的建设注重与服务对象之间的有效互动。但无论如何，这些网上妇联建设仍然仅仅是网下妇联工作向网上的转移，而在网络上女性社会组织对接方面仍然缺乏创新。这意味着目前妇联网上组织和网下组织之间缺乏工作的分类和总体布局，也缺乏网上网下互补互动，从而在妇联的实际工作中产生了网上和网下两个领域的空间阻隔。

三　打破区隔与重塑妇联组织整体性：当前妇联组织建设新的空间

（一）打破妇联的组织区隔：妇联组织创新的基本方向

从理论上说，妇联组织有三个方面的政治优势：一是全覆盖的组织体系，使得妇联组织有较强的资源调动能力；二是妇联组织在各类组织之间，有比较强的纵向横向联结的能力；三是妇联组织，在政党与社会之间，一手接政党，一手连社会。正是由于这三个方面的原因，妇联组织像政党组织和其他的群团组织一样，有比较强的整体性和系统性。但是在现实中，妇联组织却依然会面临各个方面的问题。上文所述，妇联组织的主要问题就在于出现了行政部门之间的机制性区隔，体制内和体制外组织的体制性区隔，以及网上和网下的空间性区隔三个方面。妇联组织建设的未来工作方向，就在于通过各种方式加强妇联组织的整体性建设。一方面要通过妇联的组织建设，加强妇联组织在各个领域的组织延伸和组织覆盖；另一方面，在组织建设中要注意努力通过体制机制创新，解决妇联实际工作中存在的问题，突破各个方面的组织区隔，增强妇联组织的组织连接能力，从而真正发挥出妇联组织的政治优势和组织优势。

（二）从地区走向企业：妇联组织的整体性建设

从国家治理的角度来讲，国家治理的对象有两类：一类是以企业等经济或社会组织为单元，另一类是以地域和空间界限为单元。在中国，党领导下的组织体系广泛地分布于这两类单元之中。但是，工会共青团妇联等群团组织，在不同组织中的分布重心却并不一样。对于妇联来说，其中的中心主要是以纵向的地域性的基层单元为中心，即与地方政府相同构，在省、市、区县、乡镇、农村建有各级妇联组织。而在单位单元之中，特别是在以企业为主的经济组织中，妇联主要以女职工委员会为其团体会员单位，但由于在企业中，女职工委员会同时是工会的一个组成单元，因此妇联在企业中的组织建设相对比较薄弱。但必须要指出的是，在中国的社会体系中，国家和社会资源主要分布在国有企业、事业单位等单位单元之中，因此尽管妇联有其传统的优势领域，但同时妇联绝不能够放弃以企业为阵地的组织建设。所以在未来的组织建设中，妇联既要重视地区性组织的建设，同时也要重视企业内下属组织建设。只有将地区性组织和企业型组织的建设统一起来，才能进一步加强妇联组织体系的建设，同时增强妇联组织所拥有的资源。

（三）从体制内走向体制外：妇联组织的一体化建设

改革开放以来，随着单位制的解体和体制外两新组织的兴起，党和群团组织都面临着基层组织，向体制外领域延伸，进一步增强组织的覆盖率的问题。妇联组织也不能忽视这一需求。随着体制外两新组织在整体的经济领域中所占比重越来越高，党对体制外领域的组织建设也会越来越重视，对相关领域组织建设的政治性要求也会越来越高。只是在体制外两新组织领域，由于政治、经济、社会高度融合的单位体制已不复存在，两新组织仅仅是具有一定经济功能或有一定社会功能的职业性组织。因此政治性要求较高的党组织在两新组织中要形成一定的覆盖面相对来说还比较困难。在这一背景下，就更需要妇联的群团组织在两新组织中发挥作用，借用妇联在两新组织中的组织覆盖为党组织在两新领域中的延伸提供基础。从这一角度讲，妇联在两新组织领域中的组织建设，就具有非常重要的政治意义。而从另一个角度来说，企业等经济类组织的妇联组织建设历来是妇联基层组织建设的薄弱环节，在此背景下，如果能够加强两新组织等空白领域的妇联组织建设，无疑是为新时期妇联的组织的整体性建设提供了新的机遇和阵地。

（四）从网下走向网上：妇联组织的多维度建设

互联网和大数据时代的到来，是今天一切工作包括群团组织建设都不得不面对的重要问题。以大数据为主要特征的网络时代，特别是移动互联网时代有三个至关重要的特征：一是用户数据能够更容易地获取，数据量也越来越大；二是网络互动是点对点式的，距离更短，网络的交流和交往更加迅速便捷；三是以网络为平台，产生了越来越多的社会组织。这三个方面的特点都为妇联的组织建设提出了新的机遇和挑战。网络互动的距离越短，使得妇联和组织服务对象之间的沟通越容易，妇联工作能够得到更加及时的改进。数据获取的容易度和大数据量，使得妇联组织在实际工作中能够作出更加科学的决策，也能够进一步改进自身的工作流程。而各种各样网络自组织的兴起，使得妇联可以直接面对更多已经自发组织起来的群众，这在某种程度上来说，对群团组织的建设既是一个机遇，也是一个挑战。面对这些机遇和挑战，妇联组织必须加强网上组织的建设，推动网上组织与网下组织的整体性发展，从而增强妇联组织建设的整体性和系统性。在这里必须要重点指出的是，妇联的网上组织建设不能仅仅是建设一个数据平台或者管理平台，而是要使妇联在网上建组织，特别是要加强与各类网络自组织之间的联系，加强对网络自组织的吸引凝聚和吸纳。

四　妇联组织的激活与赋能：当前妇联组织工作的创新和特色

从妇联组织的优势和根本使命出发，妇联组织建设的下一步方向应该是从两个方面考虑：一是继续拓展在新兴领域的妇联组织建设，进一步加强妇联组织的组织覆盖工作；二是在已经建成的妇联组织体系中，对已有基层组织进一步激活和赋能，让已建妇联组织进一步发挥出功能和优势。而这两个方面的组织建设，都需要坚持一个基本原则，即妇联的各类基层组织必须能够上下左右打通，打破组织区隔，以进一步发挥妇联组织的整体性政治功能。

（一）制度扩容：妇联会改联工作的实施

目前加强妇联组织扩展和建设的第一种方法，是以制度创新为基础的组织扩容。目前妇联组织改革的一个重要方面，就是基层组织的会改联。所谓改变就是妇联的基层组织由原来的妇代会改为妇联。这在两个方面改变了基层妇联组织的形态。首先，由妇代会改成妇联，首先意味着妇联基层组织中领袖和积极分子人数的增加。从更深层次的意义上来说，人数的增加意味着妇联能够整合和吸纳的资源的增加。这种资源整合能力的提升，是通过妇联委员专职加兼职的结构形成的，特别是妇联兼职委员，一部分来自重要的政府工作部门，另外一部分来自体制内企业或体制外的单位。这意味着这种资源整合能力具有打通体制内外和部门区隔的功能。其次，由妇代会改为妇联，同时还意味着妇联基层组织制度化能力的提升。与妇代会不同，妇联需要更加正式的选举制度，也需要更加正式的会议制度和会议程序。更加民主化和更加制度化的组织形态更有利于妇联组织的去行政化，也更有利于妇联组织发挥其联系社会的功能。

（二）组织延伸：两新组织妇建的工作探索

妇联基层组织建设的另一个重要方面是，加强妇联在新兴领域的组织建设。在传统的机关事业单位、国企等领域，或者已建有妇联组织或者建有妇联的团体会员组织，和党组织一样，两新组织是妇联组织建设主要的空白领域。目前在群团改革中，也特别强调妇联基层组织要努力在两新组织中开展工作。妇联基层组织在职业组织中的布局是相对薄弱的，而从组织类型的意义上讲，两新组织是体制外的职业组织，因此两新组织的妇联建设对于妇联的组织覆盖和资源能力的提升具有十分重要的意义。对于如何在两新等新兴领域加强妇联组织建设，各地的妇联组织在群团改革中已经摸索出了一系列经验。例如，在四川泸州市高新区，妇联组织开始围绕产业园区建妇联；在泸州市县一级以下，妇联组织与当地集体经济和合作社相结合，开始把妇联建在合作社上。

（三）资源导入：基层区域化妇建的工作补给

妇联作为群团组织要求去机关化、去行政化，就意味着妇联组织不能够过度依赖行政化资源开展工作。但是这并不意味着妇联在基本工作力量和工作经费上就会缩减，恰恰相反，以联系和动员社会为目标的政治工作，十分需要特定的工作经费和专门的工作力量。然而在实际工作中，由于长期以来妇联定位边缘化和人员兼职化现象的存在，妇联组织特别是基层组织在工作开展时资源相对匮乏。目前妇联组织的群团改革也注意到了这一问题，在经费问题上，尽可能按照妇女人数“一人一元”的标准配套妇女工作经费。同时通过各种方式加强对妇联组织的经费支持，包括以统筹城乡的经费中拿出来一部分做好妇女儿童项目，一部分社扶资金中的充公资金可以用来运作社区项目。此外，在基层群团工作中心或农村基层群团工作站的标准化建设中，每个群团工作中心或基层群团工作站配套10万—15万元的建设和工作经费。这些资源导入在妇联基层组织，为加强基层妇联组织建设方面作出了初步努力，推动了群团改革工作的快速启动，为妇联组织下一步改革奠定了很好的基础。

（四）阵地联结：基层群团工作中心建设的实践

刘莉指出，“妇联组织在联系政府和群众上，具有组织、参与、教育、调节作用”[①]。但是，组织和教育等功能必须依托移动的有形阵地展开。在实际的工作中，妇联组织开始越来越认识到有限的空间建设对于加强政治工作具有十分重要的促进意义。因此近年来，全国各地的妇联组织开始越来越重视基层群团工作中心的建设。以四川省为例，基层群团工作中心已经成为各级妇联组织的标准化建设的一个方面。作为有形的阵地，妇联组织在实现其政治功能的过程中，主要有以下几个方面的优势：一是在有限的阵地上开展有形的组织活动，能够更容易吸引人和凝聚人；二是一个有形的阵地能够更容易整合多方面的资源；三是在这个阵地的空间中，妇联组织能够塑造更丰富的群团组织工作文化，从而进一步加强妇女和群众对于组织的认同；四是这个有形阵地能够发挥平台的功能，成为各方面的组织和个人交流交融的重要渠道。从某种意义上说，目前基层群团工作中心的标准化建设，对于重新激活妇联的基层组织充分发挥妇联基层组织的政治功能具有十分重要的意义。除了有形阵地之外，一些地方在实际工作创新中还十分重视无形阵地的建设，例如成都和绵阳等地，开始与一些传媒公司合作，通过互联网的技术，建设网上的妇联组织建设平台。无形的阵地建设，通过大技术的手段，与有形阵地一样，也能实现不同组织之间的资源整合和互动，来加强妇联基层组织之间的建设和连接。

五　立体化的妇联组织建构：妇联组织形态创新的方法和路径

在当前的情况下，妇联组织要完成群团改革“去四化”的目标，就必须进行整体性的组织形态创新。这就意味着妇联不能仅仅依靠纵向组织体系，而且必须拓展横向的组织联结。陆春萍指出，“妇联在基层横向组织联系中如果介入进去，将会改善基层组织资源匮乏的局面，向体制外寻找资源，增强组织自身能力建设，又能发挥妇联团结联系各类组织

---

① 刘莉：《妇联组织参与社会管理与公共服务的新思考》，《妇女研究论丛》2008 年第 6 期。

的‘联群’、‘联妇’的功能”[①]。未来要进一步加强妇联基层组织的建设，就需要在综合各地妇联组织工作创新的基础之上，从系统性的角度加强对妇联基层组织建设的整体布局，从而形成立体化的妇联组织建构。

（一）内部建设：基层妇联组织力量的加强与规范化

在妇联组织建设中，既有的基层妇联组织仍然是工作的最重要方面，从某种意义上说，创新必须在巩固既有组织体系基础之上产生。因此妇联组织首先必须加强既有基层组织中的内部建设。在这里需要从以下四个方面着力：一是进行组织梳理，目前在既有的妇联组织中，不仅有基层的妇联，也有妇代会、妇委会、妇工委，同时还有企业中的女职工委员会作为团体会员。下一步妇联建设就需要厘清这些组织之间的相互关系，从而发挥妇联组织的整体效应。二是加强制度规范，妇联的组织建设需要遵循一定的原则或制度，这就需要加强现有组织制度的落实。特别是基层组织会改联工作之后，更要注意选举开会等各项规则和民主程序的规范化和落实。三是充实工作力量，继续坚持群团改革去行政化的精神，要求妇联组织建成一个小机关。但这个小机关，绝不等于完全没有行政人员。事实上，政治工作越是重要、越是困难，就越需要工作人员的全身心投入。妇联工作作为政治工作的一个部分，特别需要必要的专职工作人员。四是加强活动创新，在新形势下妇联组织必须根据工作对象的特点变化，进一步加强活动的策划和创新，从而真正有效地对接女性的社会需求。

（二）外部进入：新兴领域妇联组织建设的多种模式

“现代社会管理是政府干预与协调、非营利组织为中介、基层自治为基础、公众广泛参与的互动过程。”[②] 因此除传统的妇联组织建设领域外，妇联还必须加强新兴领域的组织建设。特别是在改革开放不断推进的情况下，更要注意加强对两新组织内的妇联建设。总体而言，在两新组织

---

① 陆春萍：《妇联组织横向合作网络的建构》，《甘肃社会科学》2014 年第 3 期。

② 肖百灵：《妇联组织在促进妇女参与社会管理中的角色和作用》，《湖南社会科学》2007 年第 6 期。

内拓展妇联组织体系的方法有以下几种模式：一是全覆盖。通过与党组织的联合，向两新组织提出政治要求，加强在新兴领域的组织建设。二是区域化。在园区、在农村、在社区通过区域性妇联组织，加强对区域内新兴领域的工作覆盖。三是引出来。通过建设群团服务中心等阵地，通过阵地把女性从工作单位中吸引出来，在阵地上建妇联组织。四是建平台。妇联组织可以通过加强服务的方式拓展组织建设，如有的小企业缺乏行政服务平台，妇联组织可以建设在行政服务平台上。五是建产业。妇联建设可以嵌入产业链条，通过一定的专业化能力，参与产业发展的过程，如成立专业管理和咨询公司等。六是建节点。妇联可以建在孵化器、枢纽型社会组织、物业管理公司、商会等重要的组织枢纽上。七是相吸引。通过提供项目、品牌（评比给荣誉）、平台（提供学习和培训机会）加强对小微企业的吸引；通过企业文化建设、专业化服务的提供，推荐妇联委员等政治性代表、合作公益加强对大企业的吸引。八是枢纽化。在直接建妇联组织困难的地方，可以以服务女性需求为基础先建立女性社会组织，同时把妇联建设成为各类社会组织的枢纽。九是网络化。加强运用网络和微信群的技术方式加强妇联组织建设。十是联合建。可以推动与基层政府合作，在网格和片区建组织，推动企业和社区合作建妇联组织。

（三）资源赋能：妇联组织资源的梳理、赋能与联结

除上述两种组织建设的策略外，妇联要注意通过资源吸引的方式，通过对接社会组织和个人的需求，加强在各个领域的组织建设，这就需要妇联对自身的组织资源和组织优势做出梳理。总体而言，妇联的资源可以分为四个方面：一是基于项目的资源。妇联组织作为党领导下的组织体系中的一个组成部分，自身通过项目方式推进妇联工作和各类活动的开展。在妇联的各类项目中，一部分可以由妇联基层组织承担，一部分可以由各类社会组织承担，还有一部分可以由两新组织来承担。从目前情况来看，妇联项目主要由小微企业、创意企业承担较多。二是基于品牌的资源。除项目外，妇联组织作为党的群团组织，还有一个特别重要的资源禀赋是品牌，即妇联本身有一系列的表彰、评比和荣誉授予的资格。既包括对于先进人物的表彰，也包括对示范基地的命名。妇联组

织的表彰评比对两新组织有一定吸引力，特别是对于小微企业吸引力较强。三是基于平台的资源。妇联组织的第三个至关重要的资源禀赋是其组织体系的优势。妇联组织作为党组织的延伸手臂，在组织体系上有着相对完备的组织体系，同时还可以通过党组织的体系扩展资源。因此，对于任何社会中的组织和个人来说，与妇联组织进行连接同时就意味着与党的工作体系和组织体系的大连接。通过这种连接，妇联组织成为一个资源聚集的平台。四是基于服务的资源。妇联一个非常重要的功能是对妇女组织和女性的服务。在长期的组织工作和群众工作中，妇联组织有自身的工作体系，也积累了非常丰富的工作经验。基于服务的功能，妇联形成了一系列的资源，能够实现与工作对象需求的精准对接。

（四）枢纽组织：基于团体会员的妇联组织发展

在流动社会的条件下，如何面对流动的对象而非固定的对象开展组织建设并进行社会治理，是当前党和群团组织必须面对的问题。换句话说，群团组织不能仅仅依靠行业、职业等经济和社会组织开展工作，还必须依靠自身的力量，通过各种方式面对农村和社区，在空间区域中建设组织并开展工作。在当前的工作中，妇联组织所面对的区域主要是农村、社区、高新区和园区，在此方面各地的妇联组织也探索出了一系列的经验。除了与这些区域中各种各样的行业、职业等经济和社会组织加强联系以外，在空间区域中妇联组织建设的一个基本经验就是加强枢纽型的组织建设。这主要包括两个方面的内涵，第一，妇联组织要学会建立各种各样的下属社会组织，这些社会组织是以兴趣为基础，而非以职业为基础的。党的组织建设的历史经验告诉我们，在没有组织的地方首先建立群众组织，是党的组织体系建设的一个有益的先行条件。第二，在建立了下属社会组织之后，妇联组织要重点发挥出枢纽的功能，也就是妇联组织要成为组织的组织，以此来加强社会联系，实现社会引领。这种属于非典型的组织建设，在建设的初期，可能在名称上和对外宣传上组织的政治性不强，但是却极有益于建构组织认同和文化认同，这种组织和文化认同是建构政治认同的重要前提条件。

（五）参政议政：妇联在政治体系中的功能发挥

从某种意义上说，工青妇等群团组织作为人大和政协中的重要界别，都有着代表特定的对象，进行参政议政的重要功能。但是妇联组织与工会、共青团等群团组织不同，工会有企业等经济组织为主的活动领域，共青团有政治身份的团员为主要代表对象。相比较而言，妇联是以农村社区等地域性的空间单位为主的领域。因此在利益代表和参政议政方面，妇联组织要特别注意通过合适的方式、方法和渠道，去发现女性或者与女性有关的社会需求，同时将这种社会需求，通过参政议政的渠道反映到国家的政治议程中。这样就需要妇联在组织建设方面，特别是在如何真正代表女性的利益和需求方面，作出新的创新和探索。

结　论

从定位和功能上看，妇联组织作为党的延伸性组织，承担着对特定群体的联系、服务、组织和动员的历史使命。这就需要妇联组织能充分发挥自身优势实现这一使命。但是，当前的妇联组织建设在整体的妇联组织形态建构上面临着体制、机制和空间三个层面的区隔。从妇联组织建设的层面看，妇联改革的目的就是要通过妇联组织建设的创新，从根本上改变妇联组织在实际工作中面临的组织区隔问题。这就需要从整体上对妇联组织建设作出整体考虑，充分发挥妇联组织作为群团组织的点多、线长、面广的优势，实现妇联组织形态的创新和转型。

（执笔：李威利、左雪荣）

专题二

重新定义女性政治参与

——国家治理现代化背景下女性参政议政与妇联作用的研究

现代国家最重要的特点之一就在于，来自各个社会群体的成员都能够通过有效而有序的机制参与管理公共事务。在中国，随着国家治理现代化的提出与推进，参政议政在国家发展和社会发展中将发挥更为重要的功能。妇联作为党联系妇女群众的桥梁纽带，作为推动女性发展的中坚力量，不仅要为拓展女性参政议政新空间发挥更加积极有为的作用，还将承担起人民民主的社会支柱的重要角色。

一 在政治发展与社会发展之间：女性参政议政的功能与意义

从本质的规定性出发，政治发展的含义可以归纳为利用公共权力有效处理公共事务，最终构建良好的公共生活，并以此推动社会的进步和发展。一方面，公共权力的产生和出现是处理公共事务的客观需要；另一方面，公共事务能否被有效处理又关系到社会中每一个人的具体生活。在这样的语境下，政治发展是社会发展在公共领域中的延展，而社会发展则是政治发展的最终落脚点。其中，女性的发展是社会发展的重要组成部分，同时也是衡量一个社会文明程度的重要标志。正是在这个意义上，女性对公共权力和公共事务的参与具有推动女性社会发展的重要功能与意义。

（一）在政治性与社会性之间：政权与女性发展

在我国，特殊的历史文化条件决定了“女性发展”必然是一个兼具政治性与社会性双重属性的概念。换言之，我国的女性发展必然是经由政治权力的主导和引领进而带动全面和深刻的女性社会发展。从其内涵上出发，女性发展就是女性以人的全面发展为价值取向，根据女性自身的本质属性和特点，不断地摆脱外在束缚和内在障碍，自由、全面、充分地实现自我完善和自我解放的过程。也正是在这个意义上，女性发展的前提是政治发展，其最终落脚点是女性的社会发展。

首先，女性参政议政的发展离不开有效的公共权力和政治系统的支撑和保障。女性参政议政推动女性社会发展这一命题成立的前提是需要在客观上建构一个有机的公共权力主体以及在此基础之上形成的政治秩序。落实到我国近现代特殊的历史经验上就表现为政治性的建构工作是女性社会发展过程中不可或缺的前提条件，即我国女性发展面临的首要问题是缺乏一个有机的公共权力主体以及一个围绕其展开的良好政治秩序。在半殖民地半封建的特殊历史条件下，被封建思想和制度完全束缚的旧中国女性显然不具备充分的自组织能力，而若要实现女性自由和全面的发展，就必然需要一个外部力量对旧社会束缚和阻碍女性发展的因素予以破除，由此中国共产党领导下的妇女工作应运而生。也正是在这个意义上，建构一个富有先进性和解放性的政权成为我国女性参政议政事业的开端，这使得政治上要赋予女性平等参政议政的机会和畅通的诉求表达渠道成为可能。

其次，公共权力主导下的女性发展必然回归到女性的社会发展。政治形态和政治生活是人类社会形态和社会生活在公共领域的直接反映，因此建构有效和优质的政治权力最终是为了推动社会发展和构建美好的社会生活。女性参政议政是以政治手段推动解决真实的社会问题，以此促进女性社会地位的提升、生活质量的改善和精神世界的满足。由此不难发现，政治发展的过程本质上就是利用公共权力构建良好社会生活的过程，而在政治与社会之间的女性发展同样也遵循着这一发展过程的逻辑。正是在这个意义上，女性参政议政事业就是女性群众通过政治参与和政治协商的方式，以解决她们在社会生活中所遇到的困难和问题为最终目的的政治活动。由此可见，女性参政议政的功能和意义都具有双重属性，一方面是女性对公共权力和公共事务的参与能够使得女性自身的权益得到保护，能够化解女性发展中的各类问题，最终推动整个社会的进步和发展；另一方面，由于女性在社会生活中特殊且重要的地位和作用，女性参政议政对保障公共权力的有效性和先进性起到了不可替代的作用。也正是在政治与社会的双重属性之间，女性参政议政的功能和意义得以体现。

（二）在整体政治与局部政治之间：女性参政议政与政治发展

作为局部政治的女性参政议政事业是政治发展的一部分，而作为整体性的政治发展也离不开女性参政议政事业的支撑和推动。政治发展的内涵价值就在于平等和参与，任何政治秩序自然都需要平等和广泛的政治参与作为其良好运转的支柱。也正是在这个意义上，由于女性的特殊生理属性和社会地位，女性的参政议政就成为整体政治发展中不可或缺的一部分。另外，女性参政议政事业的展开必然依托于现有的政治制度和政治运行机制，因此整体政治的发展也就势必深刻地影响着女性参政议政事业的进程。

女性参政议政事业的展开必然依托于作为整体的当代中国政治形态，具体而言则是包含于其中的政治权力、政治过程、政治价值和政治制度，这些要素对于女性参政议政的影响主要可以归纳为三个方面的内容。第一，中国共产党的领导是女性参政议政的最根本条件，党的领导是作为整体政治发展得以顺利进行的根本保障。中国共产党是当代中国政治形态的塑造者和主导者，党的领导是社会主义事业发展和政治系统运行的核心要素。也正是在这个意义上，党领导的妇联组织一直以来都是我国妇女解放和女性发展事业的组织主体，因此作为整体政治对女性参政议政的作用，党的领导是这项事业得以顺利进行和不断自我发展与革新的最根本保障。第二，我国现有的政治制度是女性参政议政得以制度化运行的基础，任何政治参与离开了制度的保护都难以为继，我国现有的政治制度为女性提供了丰富的政治参与和政治协商的渠道与空间，结合妇联的制度化组织工作，为推动我国女性参政议政事业的发展提供了最坚实的制度基础。第三，完善的立法、司法和行政体系是女性参政议政事业得以发展的空间依托，通过政治参与和协商，女性群众得以进入具体的立法、司法和行政体系，在具体的政治过程中参与处理公共事务和表达诉求，因此高效、完善和清廉的政法体系能够将女性的政治参与和协商顺利地转变为具体的政策、法规和法律条款，从而推动女性参政议政发挥实际的社会作用。

与之相对应，女性参政议政的发展也将整体政治的发展推向前进，具体表现为三个方面的内容。首先，女性参政议政事业是政治发展价值内涵的深刻实践，政治发展内涵要求平等和参与，而女性的政治参与可以有效调节政治生活中男女比例失调的情况，能够处理女性群众在社会生活中面临的各种特殊问题，最终从根本上推动整体政治的进步。其次，女性参政议政有助于巩固国家政权的社会支柱，政治的发展离不开社会发展的支撑，女性发展又是社会发展事业中的重要内容，因此女性参政议政事业的健康发展能够推动政治权力的合理运用，并借由政治权力解决社会自身无法解决的治理顽疾，而社会问题的良好解决直接构成了治理绩效的提升，进一步强化了政治权力的有效性原则，使得国家政权在社会的支撑和健康发展下进一步得到巩固。最后，女性参政议政事业的发展能够推动有中国特色的社会主义政治文明建设，中国的特色的社会主义政治文明包含两个维度的内容：一是政治发展为人们带来的物质文明；二是政治发展为人们带来的精神文明。在中国共产党领导下的妇联组织广大女性群众进行广泛和深入的政治参与以及政治协商，极大地改善了我国女性群众的物质生活条件，在此基础之上又极大地提升了她们的精神文明程度，从根本意义上促进了我国的政治发展，进而极大地推动了中国特色社会主义政治文明的发展。

（三）在社会发展与女性发展之间：女性参政议政与社会发展

在社会领域中，女性参政议政事业的进步也是女性自身的发展，而女性发展又是整个社会发展不可或缺的重要组成部分。女性参政议政能够有效地影响社会舆论和社会认知，从而在根本上改变人们固有的社会观念，进一步促进社会结构更加完善和科学、基于性别的社会分工更趋公平合理，最终达到促进社会和谐发展的目的。占总人口数一半的女性，与男性一样，首先是作为人的存在，然后才是作为性别的存在。也正是在这个意义上，女性理应成为全面建设小康、构建和谐社会的生力军，胡锦涛同志曾经指出："占我国人口半数的妇女是推动社会历史发展的一支伟大力量。"① 没有女性的全面发展，就谈不上人的全面发展；没有女性的充分参与及其对社会的贡献，全面建设小康社会的奋斗目标就不可能实现。

从社会生活上出发，女性具有独特的视角、缜密的思维、刚柔并济和有亲和力的性格特质，这对于整个社会的发展至关重要。首先，女性在组织决策时善于观察、把握细节。其次，女性善于运用激励手段鼓舞人心，从而创造和谐积极向上的组织氛围。再次，女性在领导活动中善于沟通协作。最后，女性在家庭生活中扮演着子女、妻子、母亲等各种社会角色，她们也因此发挥着不可替代的作用。

特殊的社会角色和社会地位意味着在具体的社会生活中，女性往往会遇到同男性不一样的问题和困难，反映在政治生活中就成为不同的政治诉求和愿望。因此，在政治生活中引入女性参政议政不仅能够促进政治本身的发展，同时也能够通过解决与女性社会生活密切相关的公共问题，维护和拓展女性的权益，保障女性在社会生活中平等、自主的社会地位，进而推动整个社会的发展。特别是在我国，旧社会在政治、经济和社会生活的各个层面都对女性进行全面的束缚和压制，而封建思想的余孽不仅阻碍着女性自身的发展同时也限制了我国现代社会的进步，因此只有通过政治这一强制手段的介入才能最终完成女性的自我解放，进而推动整个社会的发展和进步。也正是在这个意义上，女性参政议政事业既是一项政治发展事业，更是一项关乎整个社会发展程度的举措。

二　走出传统认知局限：国家治理现代化与女性参政议政空间拓展

要走出传统思维下对参政议政的理解局限，关键在于要在参与公共

---

① 胡锦涛：《团结动员亿万妇女为实现党的十四届五中全会提出的宏伟目标多做贡献——在全国妇联七届三次执委会上的讲话》（1995 年 11 月 14 日）。

事务管理的视角下来重新认识参政议政的渠道和方式。在国家治理现代化的背景下，女性参政议政的空间若要得到拓展，首先要在观念上避免对参政议政空间的窄化，从政治学的本源理解女性参与公共事务的内涵。

（一）"何为女性参政议政?"：基于政治本质的理解

政治的本质属性是公共性，而在政治生活中的公共性往往以政治权力的形式被表现出来，在具体的政治实践中公共性的最终落脚点是公共事务。由此，政治的本质可以被理解为利用公共权力处理公共事务的权威性载体。也正是在这个意义上，对政治的参与和协商就是对公共权力和公共事务的参与和协商，从政治运行的基本框架出发，民众通过参政议政把生活中关心的问题传递给国家，国家层面经过利益协调后，以法律、制度、政策等方式把协调的结果输出给社会，社会通过评判这些政策的效果，再根据新的发展需求，形成新的诉求，传递给国家，如此循环的过程。

如果政治的本质性问题是解决公共事务，那么女性参政议政的本质性问题则是解决同女性切身利益相关的公共问题。换言之，只要是同女性发展有关的公共问题都属于女性参政议政的范围之内。一方面，女性参政议政包括直接的女性或者代表女性政治利益的社会团体通过制度内的各种参政议政渠道参与具体的政治过程，行使自己的政治权利，表达自己的利益诉求，摆脱传统社会女性参政角色依附于男性的局面，实现自己在政治生活中的独立自主的地位。首先，女性作为主体行使公民的民主权利，参与政治活动，对各级党政班子进行民主监督，通过言论、出版等发表政治见解，在我国女性参政议政已经得到了社会的认可和国家法律的保障。其次，女性还可以直接担任国家公职岗位，或者担任各级人民代表和政协委员，直接参与对公共事务的管理。

另一方面，受制于规模的问题，直接参与通常只能覆盖一小部分女性群众，更多的女性群众则是通过间接的方式对公共事务进行参与。在我国，中国共产党领导下的妇联组织的建立和发展，正是为了应对这一问题。首先，妇联组织本身的工作人员中有一定比例的人大代表或政协委员，她们代表妇联也是代表广大女性群众直接参与到政治过程中。其次，妇联组织的工作面向是女性群众，在具体的政治实践中，妇联组织负责发现与女性切身利益相关的现实、了解基层女性群众的实际需求、组织和整合各类资源、协调党政机关和社会组织共同解决问题，这在很大程度上弥补了直接参与的不足，将更广大的群众纳入到对公共事务和公共权力的参与中来，极大地拓展了女性参政的内涵。

（二）并非只是观念上的空间窄化：传统对女性参政议政的理解

在我国，女性参政议政主要面临两个方面的阻碍：一是来自传统社会对女性社会角色的观念空间的窄化；二是现实生活中女性参政议政活动制度和机制空间的窄化。

首先，受传统文化和社会心理的影响，我国女性参政议政的空间十分有限。造成这一问题的原因有两个：一是人们对参政议政本身就有着窄化的理解；二是基于传统观念形成的社会普遍认知对女性参政议政活动的狭隘偏见。我国是一个有两千多年封建思想的大国，“男主外、女主内”“三从四德”等封建传统性别观念深深地影响着人们的价值观，渗透在社会生活的方方面面。程朱理学讲求“存天理，灭人欲”，在倡导女子“无才便是德”“女子不干政”的社会氛围下，盛传着男尊女卑的宗法观念、“三纲五常”的社会习俗，中国传统女性严格恪守着诸如《列女传》《女戒》《女儿经》等一类书中提倡的思想观念，严格遵守着传统文明要求的“三从四德”，一个“从”字显示出她的附属地位。“男尊女卑”思想形成了一种心理定势和潜在意识，更多的女性参政自信心不强，热情不高，这一社会心理严重影响了女性参政议政的积极性。

其次，女性参政议政事业的发展面临制度的窄化和机制的贫乏，当前女性参政议政的正式渠道主要是通过人大代表和政协委员的形式开展的，或是作为体制内的女性干部直接对政治过程的参与，这就将女性参政议政局限在一个相对封闭和窄化的空间中。此外，由于我国现代化发展的需要和特殊的国情，妇联组织在具体的工作中实际上远未发挥出其应有的功用，这也使得在间接参与的环节我国女性参政议政事业对更大范围的女性群众整合不足，具体的参与和协商机制也略显贫乏。自从党的十八大以来，中央明确提出群团工作的改革意见，这意味着新的时代已然来临，无论是在女性参政议政事业上破除传统的观念或是拓展女性参政议政的制度空间和机制创新，都已成为时代的迫切要求和人民的殷切期望。

（三）在观念与现实之间：国家治理现代化与女性参政议政空间拓展

观念的革新需要现实的支柱，现实的改变又需要观念的引领，这一逻辑很好地被反映在国家治理现代化与女性参政议政空间拓展的互动关系中。国家治理的现代化首先要求观念上的革新，这一变化使得我们能够从现代化的视野重新审视我国当下的女性参政议政工作；另外，以解决实际问题为导向的女性参政议政工作又为国家治理现代化提供了源源不断的实践经验。两者就是在这样相互促进、相互完善、相互提升的过程中不断地发展。

首先，女性参政议政事业的发展必须以国家治理现代化为指引。党的十八届三中全会通过的《中共中央关于全面深化改革若干重大问题的决定》提出："推进国家治理体系和治理能力现代化。"① 第一次把国家治理体系和治理能力与现代化联系起来，着眼于现代化，并以现代化为落脚点，揭示了现代化与国家治理有着密切的内在关系，国家治理离不开现代化，现代化构成国家治理的题中应有之义。现代政治的重要民主政治，民主政治的本质内涵是人民当家做主，落实到具体的政治实践中就是广大人民群众对公共事务的参与和协商。这就意味着，女性参政议政事业的发展必须以能否整合最广大的女性群众参与政治过程为指导思想，这既是女性自身发展的现代化，也是国家治理的现代化。在此背景之下，中共中央办公厅印发的《全国妇联改革方案》标志着妇联改革从地方妇联试点阶段进入全国妇联正式实施阶段，② 意味着妇联作为面向最广大女性群众的组织必须能够适应和落实国家治理现代化的要求，这不仅对于妇联组织发展，而且对国家治理现代化都具有十分重要的意义，同时也为女性参政议政新空间的拓展提供了新的契机。

其次，女性参政议政事业的发展也是对国家治理现代化的具体实践和拓展。国家治理现代化要求在充分发展各类参政议政渠道的基础上，

---

① 《中共中央关于全面深化改革若干重大问题的决定》，2013 年 11 月 15 日。

② 《全国妇联关于贯彻落实〈中共中央关于加强和改进党的群团工作的意见〉实施方案》（2015 年 8 月 28 日）。

不断拓展新的参与空间以及开发新的参与机制，最终形成现代化的国家治理体系，促进决策的科学性、民主性。也正是在这个意义上，妇联组织引导和推动的女性参政议政事业对于整个国家治理现代化的作用就显得尤为重要。妇联不仅是党和政府联系基层妇女群众的桥梁与纽带，同时还是国家政权的重要社会支柱。在政治体系中，作为党的群团组织，在党的领导下，妇联在人大与政协中都扮演着相应角色，并与政府有着密切联系，是妇女群众在政治体系中的代表组织，具有较强的政治功能。在社会体系中，作为群众组织，又与广大妇女群众以及各类社会层面的妇女组织有着紧密联系。因此，妇联推动和引导的女性参政议政一方面能够贯彻和落实中央的精神和国家治理现代化的指导思想，另一方面又能够最大限度地发现问题、整合资源、拓展空间、联系和协调多元的参与主体，是国家治理现代化背景下女性参政议政制度拓展和机制创新事业中最重要的组织者。换言之，只有妇联组织有准备、有条件、有能力来推动新时期下的女性参政议政事业，进而用具体和有效的政治实践支撑和丰富国家治理现代化的内涵。

三 重新定义政治参与：女性参政议政的新空间与妇联组织的新作为

在国家治理现代化的背景下，女性参政议政是多层次、多渠道的，妇联作为党联系妇女群众的桥梁纽带，既要发挥联系妇女、服务妇女的功能，反过来也应成为女性参与公共事务管理的重要通道。因此，妇联应更加积极有为，创新女性参政议政的通道与机制。

（一）“党与政府联系妇女的桥梁与纽带”：妇联政治性的本质规定与制度空间

作为中国共产党领导下的群团组织，政治性是妇联组织的本质属性，也是其开展女性政治参与工作的本质性规定。有鉴于此，以政治性的维度重新审视妇联在国家治理体系现代化下的地位和作用有助于我们重新理解妇联对推动女性参政议政制度空间的重要意义。

首先，政治性是妇联组织的本质规定这一命题的提出源自中国特殊的历史条件和经济社会环境。旧制度的凋敝和外部力量的入侵导致了旧中国社会自组织力量被无情地剪除，“救亡图存，民族复兴”由此成为摆在国人面前最迫切的诉求和最强烈的期望，正是在这个意义上，中国共产党的出现化解了旧中国“一盘散沙”的组织困局，引领中国人民开始了革命与现代化事业的征程。历史决定了中国共产党必须采取以政治权力推动社会发展，而中国共产党自身的属性又决定了只有人民才能成为历史的推动者。落实到具体的政治实践中，社会的发展和进步离不开政治的引领与推动，而政治权力先进性和纯洁性的保持同样也离不开社会的支撑与协助。在当代中国，党既是国家建设和现代化事业的推动者，也是团结各族人民实现中华民族伟大复兴的引领者。因此，坚持党的领导、贯彻党的路线、执行中央的方针政策自然也就成为妇联组织的本质性规定。

其次，作为妇联的本质规定，政治性决定了妇联在女性参政议政工作中对制度空间的填充和扩展。对于妇联而言，中国共产党的先进性在实践层面就体现为将党的宏观路线切实贯彻到具体的推动女性发展的工作中，即妇联始终有政治性的规定。在我国，现有制度规定了女性参政议政的各类权利，极大地推动了女性发展，保护了广大女性群体的切身权益。随着国家治理体系现代化进程的不断深入，制度本身也会随着政党、国家、社会和市场之间的有机互动而不断地变迁，其空间和意义自然也随之发生改变。女性参政议政制度空间的变迁能否与外部环境的变化相适应，是否能够在新的要素生成并走向定型时期最大限度地推动女性参政议政的发展？制度空间的扩展关键在于是否有这样一个组织主体，它一方面能够始终坚持党的基本理论、基本路线、基本纲领、基本经验和基本要求，另一方面又能够了解基层女性政治参与的真实情况、掌握广大女性的切实意愿、组织女性参与国家建设和社会发展的各项事业，而妇联在我国政治形态中结构性的作用恰恰满足了这一时代发展的要求。也正是在这个意义上，妇联能够在发挥作为党和政府联结妇女群众的桥梁和纽带作用的过程中，得以扩展出与国家治理体系现代化发展相互适应的女性政治参与的制度空间。

面对时代的变革，始终坚持政治性的本质规定是妇联组织推动女性参政议政的根本原则。在党的领导下，依据妇联的组织特性构建女性参政议政的新空间，以及妇联组织在这一新空间下的新作为势必成为新时期下女性参政议政事业中不可或缺的重要内容。

（二）在政治通道与参与机制之间：妇联组织特性与女性参政议政的新空间构建

妇联的组织特性可以从以下三个方面予以概括：第一，妇联是群众组织和人民团体；第二，妇联是党和政府联系妇女群众的桥梁和纽带；第三，妇联是国家政权的重要社会支柱。也正是在这个意义上，妇联的组织特性落实到推动女性参政议政发展的具体功能可以从两个维度予以归纳：作为结构的政治通道与作为过程的参与机制。

首先，政治通道的通畅是女性参政议政事业的制度基石。任何政治参与必定要借助某种特定的组织形式予以展开，而制度化和结构性的政治通道则是女性参政议政的重要保障。从妇联的组织特性出发，妇联的定位首先是一个群众组织和人民团体，这也就意味着广大女性群众和各行业的女性界别代表是妇联组织的主要组成部分。此外，妇联的组织特性也决定了其“桥梁和纽带”的联系功能，在具体的政治实践中这一功能制度化和结构性的表现为通过妇联的组织工作，党和政府通过固定的政治通道联系广大妇女群众与各行业的女性界别代表，倾听来自社会的女性声音，了解广大妇女群众的迫切诉求，解决各类同妇女群众切身利益攸关的重大问题。在此基础之上，妇联的组织特性使得其成为保障女性参政议政制度化和结构性政治通道通畅的组织主体。通过妇联的组织工作，制度化的政治通道得以保持对新生女性社会力量的吸纳，得以建立固定的政治协商方式，得以巩固政治通道对女性参政议政的重要作用。由此，妇联通过一系列的组织工作，为女性参政议政的政治通道提供新的社会力量和组织资源，通过对政治通道的支撑，进一步成为国家政权的重要社会支柱。

其次，参与机制的展开是女性参政议政事业的组织支柱。畅通的政治通道为女性参政议政事业的发展提供了重要的制度保障，然而从我国的具体国情出发，转型时期的国家与社会面临着众多前所未有的问题和挑战，当制度的要素均已生成却未走向定形时，女性参政议政工作则迫切需要确立组织维度的参与机制。所谓参与机制，即妇联组织在具体的政治实践中总结和归纳出的一套行之有效的工作办法，其作用对象是实际工作中亟待解决的具体问题。相较于制度化的政治通道建设，参与机制的展开更多的是以实际问题为导向，利用妇联的组织特性调配和整合各类资源，在具体的政治实践中通过引入女性群众的政治参与解决实际问题，发现和建构新的空间。在这一过程中，妇联的组织特性赋予了女性参政议政更加广泛的政治内涵：在制度建设层面的政治通道扩展之外，开辟了一条动态的、问题导向的、适应我国特殊国情的女性参政议政的新道路。由此，妇联的组织特性决定了其在当代中国女性参政议政事业中的重要地位，即作为在政治通道建设和参与机制建设"双轮驱动"下女性参政议政事业发展的组织主体。

（三）"党领导下的妇女群众组织"：女性参政议政新空间构建与妇联组织作为

在我国，党的领导是开展一切事业的核心，历史的规律和现实的条件决定了中国共产党是各项事业发展的助推器，是全面深化改革的领路人，是社会稳定和国家安全的保卫者。与此同时，党的领导基于人民群众的倾力支持，终于人民群众的切身利益。因此，在新的社会经济条件下，如何更加紧密地建立党和群众之间的联系，是我国女性参政议政事业发展的核心命题。

新时期下的女性参政议政发展无疑需要新的空间，新的要素出现意味着新的界别已然生成、新的问题更为突出、新的诉求越发强烈。在外部环境快速变化的客观条件下，女性参政议政的空间也需要被进一步扩展和建构。随着社会经济的发展，女性群众对社会各项事业的参与更加广泛，新时代赋予我国女性群众新的社会角色和社会任务。前所未有的变化带来了前所未有的问题，女性群众在新的生活和工作中面临着过去从未面对过的实际困难，而新的问题反映到具体的政治实践中，就必然要求建构女性参政议政的新空间。这一新空间必须能够与新的社会经济环境相适应，必须能够吸纳新兴的社会力量，必须能够及时解决新出现的社会问题，与此同时又能够巩固党和群众之间的联系。客观的要求决定了新时期女性参政议政新空间的建构首先是以党的领导为核心，因为党的领导是改革、发展与稳定三者有机互动的根本保障。其次是以群众工作为基础，因为群众工作是我国政权的重要社会支柱。最后是以推动女性的社会发展为根本目标，因为女性的社会发展是女性参政议政事业的最终落脚点。

中国共产党的根本性质决定了她是推动历史进步的使命担当者，而不断变化的外部环境又催生了女性参政议政的各类新问题，两者一起决定了新时期我国女性参政议政事业的发展必定需要在党的领导下开辟新空间，开展新作为。作为党联系广大女性群众的组织，妇联必须对这一时代任务作出回应。新的空间和新的作为指向的是解决新的问题，这一过程的本质是面对新环境，如何再一次地将广大女性群众组织起来参与政治，用政治参与推动女性的社会发展，进一步巩固我国的政权支柱。女性参政议政的新空间需要妇联组织的新作为予以支撑和拓展，而妇联组织的新作为又需要女性参政议政新空间的给予制度化的保障和支持。妇联组织在推动女性参政议政进程中的新作为应当以三个方面作为着力点：首先，制度化地吸纳新兴的社会力量和女性界别参与新时期社会主义建设的事业中来，以此推动女性参政议政新空间的发展和巩固。其次，在制度化的空间之外，以解决实际问题为导向，整合资源不断拓展女性参政议政的参与机制，以此多元的参与组织和丰富的参与类型重塑新时期妇联组织的桥梁和纽带作用。最后，利用新时期女性参政议政的新问题，建构可能的新空间以及寻找可能的新机制，为制度的运行输送具体的实践和内容，为机制的展开提供可靠的理论依据与实践保障。

四　重铸人民民主的社会支柱：女性参政议政发展与妇联组织形态创新

人民民主是中国特色社会主义政治文明的鲜明旗帜，而妇联等群团组织是组织人民群众参与人民民主的重要力量，因此承担着国家政权的社会支柱的角色。随着女性参政议政空间的拓展，女性政治参与也呈现出从精英化到群众化的发展。为了重铸人民民主的社会支柱，妇联组织就需要通过组织形态创新，使女性参政议政事业真正成为人民民主的政治实践。

（一）“国家政权的社会支柱”：妇联组织与人民民主的发展

从价值上出发，人民民主的核心规定是人民在当家做主，而实现这一价值则需要组织维度的具体政治实践予以支撑。妇联组织推动和引导下的女性参政议政事业便是人民民主在政治实践中的重要经验和组成部分。女性参政议政事业的发展决定了当代中国不同民族、不同社会阶层、不同职业界别和不同年龄的女性群众能否真正地参与各项公共事务，也正是在这个意义上，考虑到女性的特殊社会地位和不可替代的社会作用，发展女性参政议政事业是我国国家政权的重要支柱。

人民民主是指导我国女性参政议政事业的根本原则，而女性参政议政事业的发展是我国人民民主事业的重要政治实践。人民民主是中国共产党基于我国特殊的历史和社会条件，充分考虑到我国的具体国情，立足于我国独有的文化和价值传统，在实际工作中总结出的适应我国特殊性发展与满足现代政治普遍规律的重大政治发明。人民民主落实到具体的政治实践中表现为人民对政治权力和公共事务的参与和协商。其中，人民民主的根本是要落实到每个人真实和具体的生活中，让理论的内涵与价值体现为每个人的发展和自我完善。正是出于这样的规定，人民民主的实现离不开具体的政治参与和协商，也正是因为如此，人民民主原则是我国女性参政议政事业发展的最根本指导原则。换言之，女性参政议政的发展必须不能停留在理论和“本本”上，必须要能使最广大的女性群众感受到真实的政治参与和协商。另一方面，女性参政议政事业的不断发展支撑丰富了人民民主这一政治形式的价值与内涵。以理论指导和规定实践，以实践丰富和改造理论，这正是人民民主同女性参政议政事业之间的有机关系。在本质的内涵和属性上，人民民主从来都不曾改变过，但是在具体的形式和方法上，人民民主又不断顺应着时代的变化和要求而进行自我革新。也正是在这个意义上，女性参政议政的发展能够从以下四个方面为人民民主提供源源不断的经验支持：第一，女性的特殊社会地位决定了女性参政议政的重要性，因此女性参政议政的发展是我国人民民主实践环节中不可或缺的重要部分；第二，女性参政议政事业的发展反映了新的社会和经济条件下最广大女性群众的根本诉求，由此为人民民主事业的发展和自我革新提供了最新的要素和经验依据；

第三，女性参政议政事业的展开是以解决实际问题导向，这项事业的发展是对人民民主内涵中本质性规定的深刻实践，是人民民主价值内涵的重要组织基础；第四，女性参政议政组织形式的类型多样、内容丰富、主体多元，由此能够为人民民主在基层的实践和创新提供坚实的支柱。

在女性参政议政作为我国人民民主事业的重要支柱背后，妇联组织始终发挥着不可替代的桥梁和纽带作用。女性参政议政落实到具体的政治实践中就是如何将各方资源组织起来参与公共事务，并最终解决公共议题。在具体的工作中，妇联组织负责联系群众、主持工作、负责政治宣传和动员、第一时间发现问题、整合资源解决问题、监督和引导女性参政议政的议题和过程等一系列细致而重要的工作。在组织工作的过程中，妇联组织一方面负责联系群众，另一方面又承担着贯彻党的宗旨和路线的任务，也正是在妇联组织引导的双向互动中，人民民主的内涵价值得以全面落实在女性参政议政的事业中，妇联组织也由此成为国家政权的重要社会支柱。

（二）从精英化到群众化：女性参政议政新空间与妇联组织改革

人民民主的本质属性规定了我国的政治参与必须发展成为人民当家做主的民主形式，这一规定也因此决定了我国女性参政议政事业的发展必然从精英化的参与走向群众化的参与。人民民主在特定的历史时期表现为不同的组织形式，随着政党、国家和社会的不断发展和各项事业的进步，精英化的政治参与显然越来越不能适应时代的需求，新时期下党的群众路线和群团工作改革的提出、国家治理体系和治理能力全面现代化的追求以及各类新兴社会力量的崛起，决定了我国的人民民主事业必须以更为群众化导向的方式组织起来。由此可见，女性参政议政群众化导向的革新，源自人民民主本质属性和新时期经济社会条件变革的双重规定。落实到妇联组织在推动女性参政议政的组织方式革新上，主要包含两个方面：一是参与和协商界别的群众化；二是参与和协商人员的群众化。

首先，在新的历史条件下，社会层面的各界组织和新兴力量不断蓬勃发展，女性参政议政的界别也因此从精英化走向群众化。伴随着社会经济条件的变化，女性参政议政中的界别影响也随之改变。一方面是既有的女性职业界别对女性参政议政的影响发生变化；另一方面是新兴的女性职业界别对女性参政议政的新影响。面对这样的变化，妇联组织的形态和工作也应当进行相应的调整和创新：第一，从人民民主的本质规定和实际的社会经济条件出发，重新审视既有女性职业界别的要素，确定和厘清其对女性参政议政发展的影响，利用现有的制度空间对既有的女性职业界别给予吸纳或调整，由此拓展女性参政议政的新空间；第二，以实际问题为导向，通过对女性参政议政实践经验的总结和反思，发现新兴的职业界别，同时与其沟通并同其联系，引导和帮助新兴的女性职业界别进入政治参与和协商的过程。

其次，新的社会和经济条件要求妇联承担新的历史使命，这样的本质性规定同时也推动了妇联组织的自我革新。新的要素不断生成，新的问题连续产生，在这样的时代背景下，凝聚新的力量、整合新的资源、解决新的问题就成为妇联组织在推进女性参政议政事业发展过程中所面临的重要使命和任务。在组织开展女性参政议政的工作中，妇联组织的自我革新便由此展开：第一，妇联组织的自我革新必须以党和国家的基本路线和政策为指导原则；第二，妇联组织的自我革新应当以现有的制度空间和资源为工作基础；第三，妇联组织的自我革新需要以解决新的问题为立足点；第四，妇联组织的自我革新一定要与人民民主的价值内涵和现实的经济社会条件相适应。在具体女性参政议政的工作中，妇联组织则需要更为主动地联系群众、发现问题、引导和协调参与、整合资源、规范和监督过程、追踪并反馈结果，进而真正发挥出妇联组织的桥梁和纽带作用。

（三）重铸人民民主的社会支柱：妇联组织形态创新与女性参政议政新形态生成

女性参政议政是人民民主的组织基础，更是其价值内涵的社会支柱。在新时期下推动女性参政议政的发展并使之成为人民民主的社会支柱，这一历史任务的完成离不开妇联组织形态的创新，以及由此推动的女性参政议政新形态的生成。其中，妇联组织形态的创新发展是重铸人民民主社会支柱的必然要求，而女性参政议政新形态的生成是人民民主价值内涵对新时代的回应。

在推动女性参政议政的发展时，妇联组织形态的创新和发展包含五个方面的转变：第一，国家治理体系中妇联组织结构性角色的转变，从传统的执行行政指令的机构转变为在党的领导下真正联系群众和协调政治参与的群众组织；第二，在迈向服务型政府过程中妇联组织工作性质的转变，从过去的主要对上级部门负责转变为向现代化治理体系中多元主体负责；第三，在女性参政议政新空间生成的背景下，妇联组织工作内容的转变，从传统的机械化执行政治任务转变为在政党、国家、社会和市场等不同领域中动态地联系群众、整合资源、解决问题；第四，在新时期女性参政议政展开的进程中，妇联组织工作方式和方法的转变，由过去的垂直和单向度的管理转变为引导、动员、组织、协调等合作式和协商式的工作方法；第五，在人民民主的价值内涵不断被实践的背景下，妇联组织工作人员工作态度的转变，从僵化和相对缺少进取心的态度转变为心甘情愿扎根基层、服务群众以及敢于创新并且自信能够创新的积极心态。

在女性参政议政的发展中，新空间的生成源自两个维度的推动：一是党的十八大以来涉及这一内容的一系列改革措施和施政方案；二是我国最近几十年快速发展，培育了健康的社会新兴力量，两者叠加在一起共同决定了我国女性参政议政新空间的生成。具体而言，包含以下四个方面：第一，党中央领导的群团组织改革以及国家治理体系和治理能力现代化是女性参政议政新空间生成的结构性条件；第二，新时期政党、国家和社会三者关系的重塑推动了女性参政议政议题范围和程度的不断扩大与深化；第三，改革开放40年社会力量的蓬勃发展为女性参政议政新空间的生成提供了更为多元的参与主体和更加丰富合作资源；第四，坚持以解决实际问题为导向，同时配合不断发展的科学技术手段，推动了女性参政议政的形式和方法更加多样与便捷。

五　作为女性组织的妇联新任务：重新定义政治参与推动女性发展

参政议政无论作为一个领域还是一种能力，都是女性发展中不可或缺的部分。为促进女性全面发展，维护好女性的权益，表达出女性的诉求，妇联组织就要通过组织创新，拓展女性参政议政更广阔的空间，更多样化的参与机制。

（一）积极权益维护与妇女参政议政：女性发展的新命题

新时期妇联组织在推动女性参政议政事业上迫切需要迈出从0到1的第一步改革，这一本质性的变化实际上就是在重新定义女性政治参与的思想转变中不断地推动女性发展。政治参与的含义从两个维度予以理解：一是消极被动地参与；二是积极主动地参与。在我国，政治参与是宪法赋予满足条件的公民的基本权利，对政治的参与不仅能够维护和实现公民自身的权益，同时也能够促进共同体的良序发展。然而，考虑到各种具体的因素和困难，政治参与从消极被动走向积极主动必然需要一个相对漫长的过程，而妇联组织在推动女性参政议政事业的改革和创新也正是在迈向积极主动的政治参与这一历史进程中渐次展开的。

与消极被动的权益不同，积极主动的权益能够更好地推动女性参政议政的发展，同时也有助于我们重新理解和发现政治参与的新内涵。首先，积极主动的权益能够有效预防和降低社会治理中出现事故的可能。从以往的经验观察，消极被动的权益保障机制多是在问题已经出现之后才被触发，此时的问题已经产生一定程度的社会后果，而这一机制能做的也仅仅是对权益受威胁者给予一定的保护和安抚。同消极被动的权益保障机制不同，由政治参与触发的积极主动的权益保障机制能够防患于未然，政治参与和协商因此一方面更好地保护了公民的权益，另一方面也在降低社会治理成本的同时提升了治理的质量。由此可见，推动积极主动的政治参与是新时期中国共产党群团工作改革和国家治理体系与治理能力现代化的必然趋势。

在这一趋势的推动下，妇联组织在推动女性参政议政的创新上也应该从维护消极权益转变为维护积极权益。一直以来，妇联组织在基层的大量工作是维护妇女儿童合法权益，各级妇联都对应这一内容设有专门的处理机制，然而在实际工作中，应对各式各样的已经出现的社会问题令本就资源不足的妇联组织更加捉襟见肘，应接不暇。相比之下，从单纯地维护妇女儿童的消极权益转变为推动和引导女性参政议政的发展并以此维护妇女儿童的积极权益时，妇联组织的真正作用才得以完全发挥。首先，妇联组织的职责在于联系党和群众，整合资源解决问题，也只有在女性参政议政推动下积极权益的不断发展前提下，各方资源才得以被激活，妇联组织也才得以发挥“联”的作用。其次，妇联组织引导和推动女性群众积极主动地参与公共事务有助于解决实际工作中的各种难题，实践已经无数次证明，在党的领导下和人民群众的协作下，任何难题都能够迎刃而解。最后，妇联组织维护和引导女性群众实践自身的积极权益能够推动建构良好的社会秩序，同时也能够促进女性自身的社会发展，政治权利只有被积极地实践在现实的共同体生活中，其内在正义和善的价值内涵才能够被真正地发掘和实现，其中积极参与公共生活的公民是其中不可或缺的核心因素，也正是在这个意义上，维护女性的积极权益和推动女性参政议政的发展才得以成为当下具有深刻意义的新命题。

（二）女性参政议政新空间构建与妇联工作创新：女性发展的新路径

可以预见，我国新时期下的女性发展新路径离不开两项事业的支持：一是女性参政议政新空间的构建；二是妇联组织的工作创新。其本质逻辑是通过女性对政治和公共事物的参与促进新时期我国女性的社会发展。与以往不同，从产生背景上出发，女性参政议政新空间的建构和妇联组织的工作创新都是在新时期下政党、国家和社会三者关系发生变迁的背景下展开的；另外，从两项事业的目标出发，女性参政议政新空间的建构和妇联组织的工作创新又要求以解决实际问题为导向。也正是在这两点意义上，新空间的建构和新工作的开展需要将宏观因素和微观机制同时融入具体的理论内涵和实践工作，开辟合法、合时、合适、合情理的女性参政议政新空间，展开为国、为公、为民、为发展的妇联组织工作创新。

在开辟女性参政议政新空间的过程中，首先要做到的是有法可依，任何新空间的出现和运转都必须遵照相关的法律法规程序，明确参与主体的权利与义务，真正做到有法可依、有章可循，这是任何制度良序运转的重要前提。其次，要充分将新时代的要素融入女性参政议政的新空间中，突出鲜明的时代精神，充分利用新技术和新资源拓展新空间的功用和效能。再次，女性参政议政新空间的开辟必须坚持以解决实际问题为导向，充分考虑到我国深刻的地理、民族、文化、历史、经济、社会等方面的特性，设计出一套适合实际情况并且有能力解决实际问题的新空间。最后，无论是政治参与和协商，抑或是社会发展，最终的落脚点都是具体的人，因此构建女性参政议政的新空间的最本质性原则是让每一个参与其中的人都感受到公平、正义、民主、和谐与友爱这些美好而又真挚的“情”与“理”。

另外，妇联推动女性参政议政方面的工作创新首先要确立巩固国家政权社会支柱的大局意识，国家的安定和秩序是开展一切事业的必要保障，妇联组织在女性参政议政的工作创新中应围绕着这一根本原则展开，工作议题和工作方法上的创新都要同国家的宏观大局相符合，以此保障女性参政议政事业的顺利发展。其次，妇联组织在女性参政议政方面的工作创新应当紧密围绕公共事务展开，即同广大群众切身利益密切相关的公共议题和公共政策，了解和引导公共意见，整合各方资源、协同各方力量共同处理好公共事务。再次，妇联组织在女性参政议政事业发展过程中的工作创新要关注每一个具体参与者的实际需求和切身权益，这既是政治参与得以成就美好公共生活的根本原因所在，也是党和政府联系群众的最终落脚点。最后，妇联组织的工作创新能够通过女性参政议政事业最终推动女性的发展，女性的发展包含精神和物质两个维度的进步，这又与时代的进步相一致，因此在女性参政议政事业中妇联组织的工作创新也要紧跟时代的步伐，寻找能够促进女性精神发展和物质发展的各类要素，并合理地将其整合，汇聚到一起引领女性的发展。

（三）妇联组织创新与女性参政议政发展：女性发展的新机制

在妇联组织自我革新和女性参政议政事业的发展之中，寻找到一条既能适应我国社会主义现代化发展同时又能满足广大女性群众自身发展需要的新机制成为新时期妇联工作的重要内容。新机制的关键所在是如何能够将妇联组织的自我革新同女性政治参与和协商两项内容勾连整合到一处，并且能够实现不断地自我强化。

女性发展新机制的形态可以是多种多样的，其内容可以是包含公共生活，其参与主体可以是多元的，但新机制的产生和发展及其本质属性则离不开以下四个坚持：第一，坚持党的领导，这是妇联组织自我革新的本质性依据，同时也是女性发展机制生成和延续的结构性条件。第二，坚持把握好基层工作，妇联组织的自我革新最终要落到基层的工作和实践中，女性参政议政的发展最终同样指向每一位具体的参与者以及每一项参与和协商的内容，因此新机制最终是以基层工作为普遍形式展开的，也正是在这个意义上，坚持做好基层工作是新机制展开的必要条件。第三，坚持问题导向，新的机制之所以产生是为了应对新的问题、新的要素和新的时代，所以新的机制从发生到运行必须始终坚持以解决实际问题为导向，落实国家治理能力现代化的有效性原则，贯彻党对群团工作精神，以能否解决好群众的问题为衡量新机制的最终标准。第四，坚持开放空间，唯有源源不断的新参与者的加入、新要素的整合和新问题的发掘，才能保证新机制的发生和运行不至于脱离实际和落后于时代的发展，新的参与者、新的要素和新的问题要能融入新的机制中，就必须坚持开放妇联组织工作创新的空间和女性参政议政的空间，只有葆有开放的精神，才得以让新的机制不断充满现实的生命力。

结　论

总结起来，妇联组织参与的女性参政议政事业的发展必须要遵循四大逻辑：一是中国共产党领导的群众工作的逻辑；二是国家治理能力和治理体系现代化的逻辑；三是通过政治参与促进社会发展的逻辑；四是促进女性发展的逻辑。自从党的十八大以来，中央正式提出群团工作改革的指导思想，同时不断地强调群团工作改革的重要性，这充分说明了新时期下群团工作大有可为之处。也正是在这个意义上，妇联组织推动和引导下的女性参政议政事业的发展不仅仅是一项政治工作，更是党和人民交付给妇联组织的一项重要历史使命。

在我们生活的这个时代，中华民族的伟大复兴指日可待，与此同时新的要素不断生成，新的问题不断产生，这就要求我们不能墨守成规，自闭于时代发展之外，必须坚持合理运用超越性思维，遵循历史唯物主义和辩证唯物主义，立足中国的现实，在党的全方位领导和统筹下将中国特色的社会主义事业不断推向前进。对于妇联组织参与和引导的女性参政议政的发展，亦是如此。

（执笔：郑长忠、李亚丁、于浩）

专题三

开源与引流

——妇联组织参与社会治理的机制研究

随着全面深化改革和国家治理现代化的发展，以工会、共青团和妇联为代表的群团组织正在进行深刻的改革，其中非常重要的一个发展方向，就是更好地参与社会治理，通过积极发挥群团组织的独特作用，深入促进社会力量和社会治理的良性发展。正如《中共中央关于加强和改进群团工作的意见》中所指出的，“群团组织是创新社会治理和维护社会和谐稳定的重要力量”①，因此，如何更好地发挥群团组织的社会治理作用，促进群团组织参与社会治理的机制优化，已经成为群团组织需要积极面对的一个重要课题。

在深化群团改革的今天，妇联组织应当如何通过创新机制建设和组织转型来更好地参与社会治理？对于这个问题的探究，需要从政党—国家—社会的整体视野下的中国政治发展逻辑中去探求解决方案。具体而言，妇联组织参与社会治理的根本要求，在于充分发挥自身的政治优势和社会优势，一方面更好地成为党联系群众的桥梁和纽带、承接政府的部分社会职能，同时也要通过社会资源的培育与开发，提升服务群众的基本能力，最终促进社会治理的良性发展。

本报告的基本思路在于妇联组织参与社会治理机制的完善。首先，需要准确定位、认清问题和转变战略，找准妇联组织在社会治理中面临的基本状况；其次，需要结合自身特点，充分开发体制内外的资源支撑，

---

① 《中共中央关于加强和改进党的群团工作的意见》，人民出版社 2015 年版，第 18 页。

积极对接服务对象的社会需求，从而有效提升妇联组织的社会治理功能；再次，需要在参与社会治理的过程中，积极运用技术因素并发挥政治引领的功能，并通过妇联组织的升级巩固社会治理的积极成效和自身的政治影响力。

结合上述理论思考，我们通过对四川省尤其是广元市妇联相关工作的调研，对于相关理论思考和实践探索进行了综合的探究，形成了本报告的基本立场、主要观点和相关思考。

一　政治性与社会性：妇联组织在国家治理体系中的定位

妇联组织参与社会治理，实际上并不是一个新的问题，在改革开放以来的群团组织的改革与发展中，妇联组织都进行过相应的探索。尤其是在21世纪以来的社会建设中，针对社会组织弱小和社会问题增多等现象，一些地方对群团组织作出地方性转型尝试，推动工青妇等群团组织担当社会组织的角色，并提出了向"枢纽型社会组织"转型的目标。但是经过若干年的改革，相关工作并没有取得预期中的理想效果。有学者指出："妇联在2015年前的改革中出现'钟摆'现象，有时主要像党政部门一样工作，有时又向社会组织趋近。"① 这实际上体现了妇联组织在社会治理问题上面临的基本定位难题，即政治性和社会性之间的张力。而要优化妇联组织参与社会治理的体制，需要在这个基本前提上进行深入的思考和重新定位。

（一）重新反思群团改革背景下妇联组织的基本定位

从政党—国家—社会关系的视野来看，改革开放以来，政党、国家与社会的关系发生了深刻的变化。尤其是进入21世纪以来，中国共产党把提高党的执政能力作为新时期党建工作的核心议题，形成了党关于国家治理体系和治理能力现代化的总体思路。在这个过程中，党的领导、

① 毛丹、陈佳俊：《制度、行动者与行动选择——L市妇联改革观察》，《社会学研究》2017年第5期。

依法治国和人民当家做主有机统一的根本要求得到了加强，同时也对具体的领域的制度改革、组织重构和机制创新提出了新的发展要求。群团组织的改革正是在这种背景下提出的，并且在推进政党—国家—社会关系转型发展的进程中占据着特殊的重要地位。

一方面，以妇联为代表的群团组织具有鲜明的政治属性，担负着重要的政治使命："群团组织是党和政府联系人民群众的桥梁和纽带。"[①]《中华全国妇女联合会章程》中也明确指出：全国妇联"是党和政府联系妇女群众的桥梁和纽带，是国家政权的重要社会支柱"[②]。因此，妇联组织的根本功能在于做好党和政府联系妇女群众的"桥梁和纽带"，更为重要的是，这种桥梁应当是沟通党群关系的"互动桥"，而这种纽带也应当是联结政策资源和群众需求的"传送带"。

另一方面，以妇联为代表的群团组织也具有鲜明的群众性，而群众性在很大程度上也就是社会性。密切联系群众是我们党的优良传统，而群团组织正是党实现联系群众、组织群众和动员群众的政治目标的重要载体。随着我国经济社会的发展，社会发育和社会建设不断增强，群众的面貌也更多通过社会需求和社会力量的方式表现出来。在这种情况下，群团组织本身的社会性也需要得到加强，而具体的工作要求，就是要积极参与到社会治理的进程中去。

习近平总书记曾反复强调，群团改革的基本方向，就是"切实保持和增强政治性、先进性、群众性"。在很大程度上，政治性和先进性是密切联系在一起的，其根源在于党的先进性；而群众性在新的时代条件下越来越多地体现为社会性，即反映社会需求和关注社会治理。因此，以妇联为代表的群团组织在党、国家和社会关系中的基本定位，就日益凸显出这种属性的"跨越"和兼具政治性和社会性的基本定位。正如有学者指出的："它们具有鲜明的国家和社团的'双重属性'，即既要代表国家整合社会、联系群众，又要代表群众利益、反映群众需求。它们的根本任务是接受和服从中国共产党的领导，服务于中国共产党社会整合和

① 《中共中央关于加强和改进党的群团工作的意见》，人民出版社2015年版，第6页。

② 《中华全国妇女联合会章程》，中国妇女出版社2009年版，第1页。

政治动员的国家目标。”①

（二）妇联作为政治性组织的引领功能的弱化与重构

从上述基本定位出发，妇联组织参与社会治理的根本目的，就在于引领和动员广大妇女群众跟党走，切实落实党的群众路线和执政兴国的政治目标。在群团改革的背景之下，各级妇联组织也切实围绕加强“政治性”的基本目标，推进了一系列改革。但是，目前依然会面临一些基本问题，其中最重要的就在于政治引领和社会主义价值观培育等根本性的政治工作，依然存在“务虚”大于“务实”的倾向。由此，这种政治引领功能就面临着弱化的趋势，具体则表现在行政化趋势明显、基层组织弱化和社会动员能力不足等方面。

所谓行政化趋势明显，是指妇联组织作为“准党政部门”的功能在此前的群团发展中得到了加强，而妇联组织人员也由于“参公待遇”而具有准公务员的身份。妇联组织的行政化趋势在一定程度上是政治上的路径依赖所形成的组织和制度惯性，而按照群团改革的要求，这种趋势及其造成的影响是需要克服的。正如沈跃跃主席所指出的：“解决不好这些问题，就会影响妇联组织对妇女群众的动员力、号召力、影响力。”②

由此可知，如果妇联组织的政治性主要体现在行政化，那么其政治引领的功能很可能受到影响。因此，从群团改革的总体要求来看，克服政治引领功能弱化的问题，关键在于切实加强群团组织的群众性功能，促进妇联组织更好地融入社会之中，具体而言，便是通过加强和优化妇联组织参与社会治理的机制来进一步激活妇联组织的社会引导能力，为增强政治引领功能提供有力的组织和社会基础。

（三）国家治理现代化促进妇联组织社会属性的加强

党的十八届三中全会指出：“全面深化改革的总目标是完善和发展中

---

① 景跃进、陈明明、肖滨主编：《当代中国政府与政治》，中国人民大学出版社 2016 年版，第 32 页。

② 沈跃跃：《深入学习贯彻习近平总书记在中央党的群团工作会议上的重要讲话精神，以改革创新精神开创妇联工作新局面——在全国妇联十一届三次执委会议上的讲话》，《中国妇运》2015 年第 8 期。

国特色社会主义制度，推进国家治理体系和治理能力现代化。”① 作为全面深化改革总体战略的重要组成部分，群团改革的重要目标也在于推进国家治理体系和治理能力的现代化。从这个定位出发，群团组织在国家治理体系中联系党和国家与服务群众和社会的功能便凸显了出来。国家治理体系和治理能力现代化的根本改革目标，同样也更加要求妇联组织加强自身的社会属性，更好地参与国家治理和社会治理的完善进程。

在这种情况下，妇联组织就需要充分认识自身的属性和定位，同时还要明确自身的功能定位。按照妇联的宗旨和章程，妇联组织的基本职能是代表和维护妇女权益，促进男女平等；具体的任务则包括参与社会管理和公共服务、维护妇女儿童合法权益、加强与女性社会组织和社会各界的联系以及推动全社会为妇女儿童和家庭服务。不难看出，这些任务都与社会治理与社会服务存在密切的关联，在这种功能定位的基础上，妇联组织更需要积极地参与和融入创新社会治理体制的进程。

总而言之，增强妇联组织的政治性，需要加强其社会性，这两种属性之间存在辩证的发展关系。正是政治性的根本要求决定了妇联组织所具有的特殊优势和基本功能，而只有形成政治引领与社会动员的双重互动，才能真正促进妇联组织更好地在社会治理中发挥自身应有的独特作用。这是我们对于妇联组织在社会治理问题上的基本定位的重新思考。在相当程度上，这是妇联组织参与社会治理机制建设与优化的基本前提，也是克服“机关化”和“行政化”等弊端，增强“政治性、先进性和群众性”战略发展的逻辑起点。

二 基本战略的转变：妇联组织的社会治理困境及其应对

在明确了妇联组织的基本定位之后，我们需要回到妇联组织目前的发展现状上来寻找需要克服的问题。从社会治理的角度出发，妇联组织究竟面临哪些基本的治理问题？存在哪些体制机制的约束和限制？需要转变哪些工作思路乃至基本战略？这些都是妇联组织参与社会治理的机

① 《中共中央关于全面深化改革若干重大问题的决定》，人民出版社2013年版，第3页。

制建设需要回应的基本问题。而从妇联组织参与社会治理的基本要素出发来分析，能够更清晰地看到这些基本问题的所在。

有学者曾对社会治理的概念进行了界定："社会治理是指政府、市场、社会组织、公民在形成合作性关系的基础上，运用法、理、情三种社会控制手段解决社会问题，以达到化解社会矛盾、实现社会公正、激发社会活力、促进社会和谐发展目的的一种协调性社会行动。"① 这个定义是较为客观的，但不足在于忽视了政党和群团组织在其中的重要作用。实际上，对于妇联组织参与社会治理而言，所涉及的基本治理要素包括六个方面：人事、制度/组织、需求、价值、资源和技术，如图1所示。

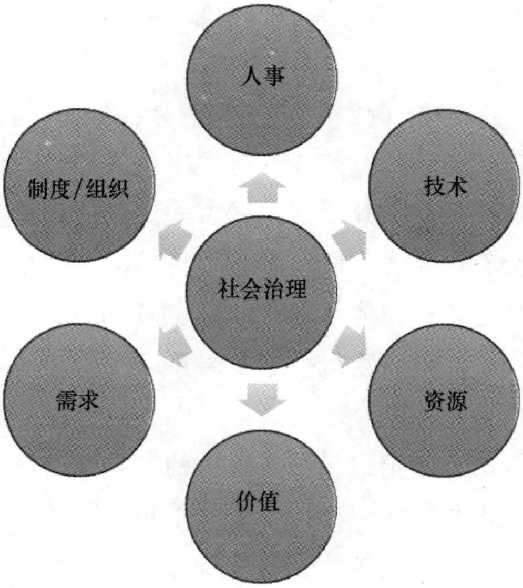

图1　妇联组织参与社会治理六要素

这些要素大致可以分为三个方面：一是主体性要素，包括人事、制度/组织和技术，这些构成了妇联组织参与社会治理的主体能力；二是对接性要素，包括需求和资源，前者是社会治理需要解决的问题，而后者则是可以利用的治理资源，这里既包括体制内资源，更包括社会资源；

---

① 陈成文、赵幸梓：《社会治理：一个概念的社会学考评及其意义》，《湖南师范大学社会科学学报》2014 年第 5 期。

三是价值性因素，即最基础的价值，就妇联而言，即前文所述的政治价值和妇联组织独特的引领功能。

结合上述理论视角，我们对妇联组织参与社会治理的实际状况进行了一定的调研，从中发现了两个方面的问题。一方面，面对基层社会治理的复杂形势，妇联组织在加强基层组织建设的同时，面临着人员编制和人事管理上的体制局限，从而出现了组织和人事之间的张力；另一方面，在组织机制发展不足和人事规模偏小的情况下，妇联组织难以全面有效地对接社会需求和治理资源，在政策、资源和具体机制上都存在供给能力不足的现象。

（一）落实基层的组织建设与人员编制间的内在张力

按照群团改革的基本要求，为了克服“四化”问题，“……群团组织要以提高吸引力、凝聚力、战斗力和扩大有效覆盖面为目标，在巩固按行政区划、依托基层单位建立组织、开展工作的同时，创新基层组织设置、成员发展、联系群众、开展活动的方式。立体化、多层面扩大组织覆盖，重点向非公有制经济组织、社会组织、城乡社区等领域和农民工、自由职业者等群体延伸组织体系”①。对于妇联而言，目前正在积极开展的重要工作，就在于加强妇联组织的基层建设，尤其是乡镇（街道）层面的妇联组织的区域化建设。

这项改革措施的稳步推进，所要解决的实际上是治理因素中的组织问题，即此前的组织和制度中存在的“头重脚轻”的问题。在这个过程中，相应的妇联组织人事改革也在有序推进，包括积极吸收那些活跃在城乡社区、热心妇女工作的各类女性人才，增强基层工作力量。但是我们在调研中发现，当前基层组织建设面临的一个基本问题在于，一些妇联组织和干部并没有认识到组织建设和社会治理之间的密切关联，因此在一定程度上对于组织建设和人事调整存在疑虑和犹豫，从而影响了妇联参与社会治理机制的建设。

进而言之，在基层组织建设的过程中，妇联组织还需要认识到，壮大基层组织并不意味着上级组织人员的削减和工作压力的增大，其中存

① 《中共中央关于加强和改进党的群团工作的意见》，人民出版社2015年版，第20页。

在的张力可以通过社会治理来得到有效缓解。也就是说，壮大和充实基层组织力量与妇联组织社会治理能力的增强结合在一起的。一旦基层组织力量和社会治理能力均得到增强，真正使得基层的社会治理工作有序展开，那么上级组织的工作压力将会得到很大的缓解，而相应的工作也会获得更多的助力。

（二）社会需求与治理资源的对接与供应能力的不足

在克服“为建立组织而建立组织”的认识误区基础上，妇联组织就需要进一步解决社会治理功能如何发挥的问题。然而，在这个过程中，妇联组织并没有充分认识到自身的组织优势和社会能力的关键所在。在相当多的时候，妇联组织开展工作的基本方式，仍然是按照传统的行政习惯，更擅长处理上级传达和交派的常规工作和相关事务。相较之下，很多妇联组织对于较为“难以掌控”的社会力量依然存在较多的顾虑，而并没有去充分调查基本的社会需求，也没有充分开发相应的治理资源。由此，妇联组织在供应能力上就存在很多的不足，尤其是难以有效满足所联系群众的基本需求。

从上述治理要素来看，妇联组织参与社会的过程，实际上就是利用自身的组织优势，使服务对象的具体社会需求和可以利用的治理资源之间形成有效对接。这种对接的意义在于，妇联组织不需要完全依靠自身有限的组织和人员去处理所有的需求，而是充分发挥枢纽型组织的作用，着力开发、培育和吸引体制内外的治理资源来参与具体社会问题的解决，真正实现社会治理的多元参与机制的形成。因此，妇联组织参与社会治理的基本作用，就在于更好地促进社会需求与治理资源之间的对接，提升自身的政策、资源和机制的供给能力。

（三）面向社会治理与发挥社会力量的基本战略转变

从上文的论述中可以得出基本的判断：对于妇联组织参与社会治理的机制建设而言，首先要加强主体性要素的人事、制度/组织和自身能力建设，其发展方向则是切实促进妇联组织形态向枢纽型组织的转型升级；其次，则要加强对接性要素，在社会需求与治理资源之间增强妇联的供给能力，其发展方向则是切实完善妇联组织参与社会治理的工作机制。

需要强调的是，上述治理资源中的价值性因素，可以有机融入主体性和对接性要素的建设过程，在具体工作中发挥方向性的引领作用。

需要强调的是，上述主体能力建设和对接机制建设的根本在于充分参与社会治理和发挥社会力量，这些要素在很大程度上是交织在一起的。例如，群团改革的组织改革中，就有一项重要的目标，即“选好配强基层群团组织负责人，更多采用兼职、聘用等方式吸引优秀社会人才加入群团工作队伍”①。社会人才同样属于社会力量，因此人才队伍的壮大也就意味着社会治理能力的增强。再比如，社会需求本身既包括“求被助”，也包括“求施助”，而后者也是社会性治理资源的重要来源。

因此，妇联组织参与社会治理的基本战略，需要围绕社会治理的各项因素进行相应的转变。具体而言，妇联组织可以通过积极参与社会治理和充分发挥社会力量，促进妇联组织形态的转型升级，进而提升引领群众跟党走的政治效应。换言之，妇联组织要通过社会功能的“有效”来支持组织机制的“存在”，并最终促进政治引领功能的实现。正如郑长忠所指出的：“必须重塑组织形态，以群团组织作为平台，以整合体制内外与组织内外的资源，并以共赢方式实现这些资源的整合，提高推动这些资源转化为基层组织服务其联系对象的能力，而不是简单的仅仅让基层组织独立。”②

三　治理清单的重构：妇联组织引领社会供需的机制建设

在社会治理中，“清单制”已经成为一种新型的治理技术。从 2013 年开始，负面清单和权责清单开始从试点到全国进行推广，经历了迅速的发展。同时，清单制从最初的市场治理，逐渐拓展到了政府治理和社会治理领域，成为一种新形势下优化治理机制的重要技术手段。其中，政府治理尤其侧重权力清单和责任清单，而目前对社会治理中的清单制

① 《中共中央关于加强和改进党的群团工作的意见》，人民出版社 2015 年版，第 24 页。

② 郑长忠：《以有效支持存在：群团基层组织建设的方向》，《中国党政干部论坛》2016 年第 7 期。

的运用还存在很大的发展空间。① 从这个角度来看，妇联组织可以依托自身准行政组织和社会组织的双重属性，一方面梳理自身的权力和责任清单，另一方面进行治理清单应用于社会治理的积极探索，为妇联组织参与社会治理提供清晰的蓝图。

“治理清单的重构”是妇联组织参与社会治理机制建设的基础，也就是说，妇联组织需要通过“摸清家底”来搞清楚自身的权责、社会的需求和资源的存量，从而才能更有目的性地去发挥自身的功能、调动可以利用的资源和满足社会群众的相关需求。用更形象的话语来讲，“治理清单”实际上也就是妇联组织参与社会治理时所能够提供的“菜单”，一方面要梳理政策要求与社会需求的基本项目，提供“点菜”服务；另一方面也要通过开发相应的体制内外的资源，来提供“做菜”服务。因此，结合之前的基本定位和基本战略来看，妇联参与社会治理机制实际上就是为特定的社会供需提供更加有效对接的机制。

（一）社会治理工作的新要求与基层组织体系的完善

推动妇联组织参与社会治理，首当其冲就要明确参与治理的基本职责所在。按照群团改革的总要求，群团组织参与社会治理的重要职责大致包括三个方面：第一，承接政府转移职能，依法参与社会事务管理，承担社会管理服务职能；第二，加强对有关社会组织的政治引领、示范带动、联系服务；第三，在全面推进依法治国特别是法治社会建设中发挥积极作用，维护社会和谐稳定。

具体到妇联组织上，社会治理的基本职责至少应当包括以下三个方面：首先，妇联组织需要结合自身特点、职责和功能，积极承接政府转移的相应职能，切实做好与服务群众密切相关的社会事务管理工作；其次，妇联组织需要积极培育和引导相关社会组织做好服务工作，推动社会组织健康有序发展，从而促进社会问题和矛盾的化解，维护社会稳定；再次，妇联组织需要引导广大妇女群众积极参与法治文化活动，依法维护广大妇女儿童权益，建立参与社会治理的机制和制度化渠道。

---

① 彭勃、付建军：《城市基层治理中的清单制：创新逻辑与制度类型学》，《行政论坛》2017 年第 4 期。

在这些社会治理工作的新要求之下，妇联组织应当结合具体治理职责的梳理，有针对性地加强目前正在推进的基层组织体系建设，从而为社会治理功能的有效发挥奠定组织基础。目前，各级妇联组织正在围绕“夯实基础”改革和完善基层妇联组织力量，通过转变“上面千条线，下面一根针”的工作格局来缓解基层治理失效的问题。但是组织建设仅仅是主体性的，面对社会需求和各类资源，基层组织还需要切实做好“治理清单”和建设相应的治理工作机制。

（二）结合社会发展重新梳理妇联组织社会治理清单

随着改革开放的全面深化，所有制形式多元化、利益主体多元化、社会思想文化多元化等趋势已经成为中国社会的常态。由此，广大妇女群众也日益呈现出多元化力量、差异化需求和个性化发展的多种面向，并且为妇联工作提出了新的更高的要求。在这种情况下，妇联组织需要从以下方面做好社会治理清单的梳理，明确自身的权责定位与具体公共事务的层级细目。

第一，治理对象清单。按照群团改革的总要求，妇联组织需要逐步建立统一的群团组织基础信息统计制度，真正摸清楚妇联组织所联系和服务的对象的基本构成、阶层结构和经济状况。这些基础信息可以为社会治理的具体实施快速提供更为精确的工作目标。

第二，治理需求清单。加强妇联组织与服务群众之间的沟通和互动，结合以往工作经验和社会发展状况，调研和汇总广大妇女群众的切实需求，并进行科学化的分类和排序。由此，妇联组织可以进一步将具体的社会需求转化为有针对性的社会项目和活动菜单，引导不同需求逐步类聚并呈现条理化的特征。

第三，治理资源清单。发挥妇联组织“双重属性”的独特优势，一方面积极动员体制内的政策资源、单位资源和制度资源，为需求清单中的问题提供基本的解决途径；另一方面，也要培育、吸引和动员体制外的社会组织、公司企业和志愿者等资源，通过组织引导和整合，形成可以利用的“治理武库”。

当然，上述清单是针对整体工作而言的，在具体的工作机制之中，治理清单也应当结合具体情况，做到多层次梳理、项目式分类和个性化呈现。例如，已经有部分地方的妇联组织尝试建设“履职清单”制度，来帮助妇联执委认清自己的目标和任务，这实际上就是治理清单在具体个人身上的体现。再比如，在具体帮扶活动中，也有地方的妇联组织通过征集“心愿清单”和项目认领的形式，调动起了广泛的群众积极性。

（三）组织需求与社会需求有机结合的工作机制建设

根据社会发展的趋势不断进行社会治理清单的重构，应当成为妇联组织参与社会治理的核心性与常态化的工作机制。从主体上看，这种工作机制涉及三方面的治理主体：首先，妇联组织本身作为核心主体，要围绕自身组织建设和履职的需要负责治理清单的梳理；其次，以广大妇女群众为主的社会需求主体，既是治理清单的提供者，也是妇联社会治理机制的受益对象；再次，各种体制内外力量所构成的资源主体，需要在妇联的引导之下成为治理资源的提供者和具体需求的满足者。由此，当治理清单机制真正运转起来，就会形成以妇联组织为中心的多元主体参与治理的基本工作格局，这正是社会治理的要义所在。

从根本上讲，驱动这种工作机制建设的动力，来源于两个方面的需求：一方面是妇联本身的组织需求，即为了更好地实现服务群众、引领群众和动员群众的政治目标和组织价值；另一方面则是广大妇女群众的社会需求，即为了更好地满足妇女群众的多元化需求、化解相应的社会矛盾和解决具体的社会问题。这两方面需求的有机结合，构成了妇联组织参与社会治理工作机制的基本动力，而要更好地满足这两方面的需求，则需要更加深入地开发和利用有效的治理资源。

四　体制内外广开源：妇联组织参与社会治理的工作方法

从工作机制上看，社会治理清单所包含的大量项目和内容，不能仅仅依靠妇联组织本身的人力、财力和物力来加以解决，事实上这也是根本不可能的。面对纷繁复杂的社会需求，妇联组织的核心工作法门，应当是结合自身的基本定位，一方面通过政治性的渠道来动员体制内的相应资源，另一方面通过社会性的渠道来培育、开发和吸引广大社会力量积极参与并贡献治理资源，这就是所谓“体制内外广开源”。

（一）以区域化建设动员体制内的资源力量参与治理

如前所述，妇联组织已经进行了相应的基层组织改革，充实了基层妇联组织的力量，初步实现了妇联组织在基层的组织“存在”。但我们也要看到，基层妇联组织的力量壮大，在一定程度上依靠着来自其他体制内的党政部门和企事业单位的人员支持。例如，妇联组织所在区域中相关单位的妇女干部，往往会与妇联组织存在密切的联系，并且在工作上也有很好的合作。然而在一些时候，尽管妇联组织依托着强大的党政部门，但是实际上能够利用的体制内资源确实相对较少，并且不易形成制度化的体制机制，甚至常常受到人事变动的影响。这种体制内的“隐性区隔”，会阻碍多元合作机制的形成。

这种体制内的治理困境，并不是妇联组织所独有的，实际上，这种现象是普遍存在的。正是从打破体制内区隔的目的出发，党建领域出现了区域化党建的改革措施，并且取得了良好的成效。区域化党建的基本功能就在于，通过区域化党建打破体制内的条块分割和体制内外的区隔，以党组织的一元化来推动社会整合的一体化，在保障参与治理各方主体性的前提下，利用政党组织优势实现对社会的整体化和有机化再造。简单而言，区域化党建是基层党组织参与社会治理的基本工作机制。

从党建带妇建的角度来看，妇联的基层组织建设也顺应了区域化建设的基本逻辑，但是目前的发展还是初步的，仅仅是实现了基层妇联组织的人员充实和组织存在。从未来的发展来看，妇联组织需要进一步发挥区域内相关体制内资源的作用，利用妇联和党组织的特殊联系作用，以加强社会治理创新为共同目标，形成区域化建设的体制内的多主体合作。因此，妇联组织的区域化建设并不是为了单纯的“建组织”，而是为了更好地整合区域内的有效治理资源。

（二）着力吸引与激活社会组织与社会资源参与治理

除了体制内的资源之外，妇联组织更加需要倚重的，还是有待开发的广泛的社会力量和社会资源。随着我国经济社会的发展，各种社会组织和社会力量逐渐发展壮大，成为社会治理的重要主体。而妇联组织参与社会治理的基本抓手，正是这些日益壮大的社会组织及其代表的社会力量与社会资源。按照群团改革的基本要求："群团组织要通过服务来引导和促进社会组织健康有序发展。推动政府治理和社会自我调节、基层群众自治良性互动，促进多元治理主体协同协作协调、互促互补互融。"① 具体而言，妇联组织应当在以下几个方面进行努力。

第一，积极培育和孵化与妇联工作密切相关的社会组织。毋庸讳言，由于我国经济社会发展的不均衡，各地妇联组织能够开发的社会力量存在众多差异。在社会力量发育不完善的中西部地区，甚至在经济发达的东部地区，妇联组织都需要积极培育符合发展需要的社会组织，在共同参与社会治理的过程中，不断增加相互支援的能力和范围。

第二，大力吸引区域内外发展成熟的大型社会组织力量。妇联组织需要高度重视具体领域中发展较为成熟的社会组织，通过具体项目和活动吸引相关专业性的社会组织的积极参与。在很大程度上，如果妇联组织不去增强自身的枢纽型作用，那么这种作用很可能被发展壮大的社会组织所取代。但是，这二者之间并不是纯粹的竞争关系，而是相互合作的共生关系。

第三，有效激活市场经济组织的强大力量及其治理资源。除了社会组织之外，包括各种企业、公司和新经济组织在内的经济力量，同样是社会治理的重要资源。目前，妇联组织开展工作的一个重要抓手，便是以女企业家为主的女性精英，依托其经济实力和社会责任感来实现治理资源的充分利用。这类组织和群体所拥有的强大的经济资源和能力，可以高效完成治理清单中的具体任务，从而有力地促进妇联组织社会治理成效的提升。

（三）加强妇联组织的主体性与社会治理机制的内功

在体制内外广开源的过程中，妇联组织需要同党政部门、事业单位、社会组织、企业公司和各种社会力量发展相应的关系，而这种多元主体的合作与互动，正是社会治理所要达到的基本目标。但同时也要注意的

---

① 《中共中央关于加强和改进党的群团工作的意见》，人民出版社 2015 年版，第 18—19 页。

是，在这种合作与互动之中，妇联组织需要加强自身的主体性，而不能在这种多元主体的互动中失去自身的影响力和引领作用。

之所以强调这一问题，是因为在社会治理的过程中，妇联组织在多元治理主体之中处于“中间性”的地位。也就是说，妇联组织一方面由于其群团组织的性质而不具备党政部门强大的行政能力和控制能力，另一方面也因其体制内的地位而不具备经济组织那样的市场化力量以及社会组织的发展。因此，如果妇联组织不能够保持自身的主体性和引领作用，便会有可能在社会治理发展的过程中失去存在的意义，从而导致组织建设的危机。

因此，在参与社会治理的过程中，妇联组织不仅要借助于体制内外的广泛资源来完成自身的功能发挥并解决治理清单中的各类问题，同时也要在组织建设上增强自身的枢纽型功能，而不至于被其他具有类似功能的社会组织或其他力量所取代。因此，妇联组织应当更多在“内功”上下功夫，真正提升社会治理工作机制的容纳能力、对接能力和引领能力，使妇联组织在多元主体之中始终保持引领性的作用，在促进治理资源“开源”的同时也要增强有效的“引流”能力。

五　技术价值助引流：妇联组织参与机制建设的双重助力

增强妇联组织在社会治理中的主体性，需要从前述社会治理的其余两个要素——技术与价值的角度来思考妇联组织自身能力的建设。需要强调的是，妇联组织要想做好治理清单并有效对接社会需求与治理资源，必须着力增强组织自身的工作能力和独特优势。从目前的社会治理发展来看，妇联组织自身能力的建设实际上更多体现在技术因素的嵌入和运用，尤其是以互联网和大数据为代表的信息技术的运用上。而妇联组织的独特优势实际上意味着妇联组织最终要回归到政治性和先进性的根本属性上来，保持自身的政治引领功能，而不应当成为脱离政治性的纯粹的社会组织。

（一）用大数据思维增强妇联对社会需求的把控能力

近年来，“大数据”已经成为互联网技术快速发展所产生的重要的新技术，简单而言，大数据就是指随着互联网和计算机技术的发展而出现的需要经过复杂运算处理的海量数据。在大数据时代，采集全量的数据可以成为现实，而全量数据则使得人们能够更好地从整体和全貌的角度来分析具体问题。前文所述的梳理治理清单的过程，实际上是对社会需求进行数据化处理的过程，而这些数据的不断完善和有效利用，最终则需要依靠大数据等相关技术。进而言之，妇联组织的清单梳理最终也需要运用相应的大数据技术来对工作机制进行优化，从而提升妇联组织对社会需求的把控能力。

值得强调的是，党的十八届五中全会提出：“加强和创新社会治理，推进社会治理精细化，构建全民共建共享的社会治理格局。”其中强调了社会治理要朝向精细化发展，这也就意味着，未来的社会治理，将更多依赖以大数据为代表的科学技术，最终使社会治理落实到具体化、人性化和精确化的程度。对于妇联组织而言，将大数据等技术运用到治理清单的重构之中，可以有效地把握参与社会治理工作的总体情况，迅速找到工作的突破口，并在治理过程中准确把握治理的重点和实效。

因此，妇联参与社会治理的机制建设，首先，应当以大数据思维为依托，充分发挥互联网等相关信息技术的作用，搭建多元治理和公共服务的基本平台；其次，应当通过细致的需求调查和数据梳理，完善相关的清单数据，进而根据具体需求准确找到可以利用的对接资源；再次，应当在治理清单和数据的基础上，针对具体社会需求提供更加精准化的服务，及时准确地满足广大妇女群众的社会需求，从而真正使得妇联组织的治理能力实现现代化。

（二）发挥互联网与新媒体的作用广泛吸引社会力量

大数据技术是在互联网技术的基础上发展起来的，目前来看，主要由中国提出的“互联网＋”思维依然具有强大的作用。以互联网为依托的高效信息沟通机制，乃是数据搜集和资源对接的基础，也是社会治理发展中必不可少的技术支撑。在妇联组织参与社会治理的工作机制中，互联网可以发挥重要的基础性作用。一方面，互联网可以提供有效的信息传播途径，既有助于社会需求的信息采集，及时有效地形成治理清单，也有助于相关需求信息的传播，吸引更多的社会力量参与治理；另一方面，互联网可以为妇联组织和多元主体实现良性的互动提供有效的沟通平台，促进治理效能的提升和治理效果的即时呈现。

其中最为重要的是，互联网和新媒体的传播力量，可以有效地突破地域限制乃至时空限制，有效地扩展妇联组织对社会力量的吸引力。目前，我国经济社会发展存在相当程度的地区不平衡，发达地区的社会力量发展较为完善，而欠发达地区则缺乏可以有效利用的社会资源。因此，通过互联网和新媒体等技术的作用，妇联组织可以有效地吸引更大范围内的社会资源，从而极大地提升社会治理的效果。例如，在中西部许多地区，社会力量发展得较为缓慢，但是妇联组织通过互联网等技术的传播，就可以吸引东部发达地区的社会组织和经济组织参与中西部的治理。这样的技术运用，最终也会有效提升妇联组织的治理能力。

（三）在机制建设中融入妇联组织的政治与价值引领

如前所述，在社会治理的各种因素中，对妇联组织而言最为根本的因素乃是其自身的政治价值。这种价值因素最为根本，但是在具体治理过程中也很难直接体现出来，而是要寓于社会治理的过程之中。因此，除了“技术赋权”之外，妇联组织还需要时刻保持清醒的政治头脑，认清自身的政治属性和政治功能，将政治引领的作用贯穿社会治理的各个方面。

同时，从妇联组织的治理清单角度出发，许多清单中的内容也直接关系到价值因素。例如，妇联组织需要承担继承和弘扬中华优秀文化、自觉培育和践行社会主义核心价值观的重要作用。具体而言，则需要“引导广大妇女弘扬传统美德和自尊自信自立自强精神，培育良好家风，推进家庭文明建设”①。同时，妇联组织所引导的群众性精神文明创建活动，同样也属于价值引领的一部分。当然，并不是所有的治理清单项目都会直接与价值因素相关联，但是如果能够达到优化治理的良好效果，

① 《中共中央关于加强和改进党的群团工作的意见》，人民出版社 2015 年版，第 13 页。

那么最终也会潜在地增强妇联组织的政治影响力。

因此，在妇联组织参与社会治理的机制建设中，首先需要正确处理好人事、组织/制度等主体性建设内容，之后则着重建设对接社会需求和治理资源的有效工作机制，并通过技术因素的嵌入提升妇联组织本身的开源与引流的能力，最终通过治理效能的提升回归到妇联组织的政治价值引领的根本目标上来。由此，妇联参与社会治理的过程才会形成有机统一的整体流程。而在这样的社会治理流程中，妇联组织自身的组织形态，也会真正朝向枢纽型组织的目标进行转型和升级。

六　组织机制的升级：妇联组织在社会治理中的自我更新

综合前文所述，妇联组织参与社会治理的机制建设，最终要回归到妇联组织自身的组织建设、治理能力和政治引领等方面。社会治理要求妇联组织进行政治的组织形态重构和工作机制的升级，换言之，妇联组织需要在参与社会治理的过程中适应社会发展的基本趋势，通过组织机制的转型升级，真正巩固妇联组织“开源”与“引流”的治理能力，从而促进社会治理的完善和自身组织价值的提升。

（一）妇联参与社会治理的新需求促进组织自身变革

妇联组织社会治理功能的加强，不仅直接影响了其基本定位的实现与发展战略的转变，更影响了妇联组织工作机制、推进动力和治理手段的现代化，而最终则会促进妇联组织自身的变革。简而言之，社会治理会在很大程度上挑战妇联组织既有的机关化和行政化的倾向。当然，妇联组织参与社会治理并不全然意味着妇联将完全转变为社会组织，而是需要紧紧围绕政治性和社会性的“双重属性”建设枢纽型的组织。

因此，在参与社会治理的过程中，妇联组织一方面要弱化原有的机关化和行政化倾向，提升融入社会的治理能力，加强与多元治理主体之间的深度合作与有效配合。另一方面，妇联组织也需要在治理过程中发挥政治性的独特组织优势，将政治引领作用融入治理过程中，从而有效促进政治性与群众性的统一。需要强调的是，妇联组织参与社会治理的基本目的是增强妇联组织的社会性和群众性，并通过有效治理来实现联系群众、引导群众和动员群众的政治功能。

（二）重构妇联组织与政党、国家、社会的辩证关系

妇联组织要做好党和国家联系群众的桥梁和纽带作用，就需要从自身定位和社会治理的根本要求出发，重新思考妇联组织同政党、国家与社会、市场之间的有机关联。就工作机制而言，妇联组织要逐渐成为具体社会需求和治理资源进行对接的枢纽。在这个过程中，妇联组织需要走出机关，深入社会和市场，去成为密切关注社会发展趋势的弄潮儿。反过来看，妇联组织的这种深刻变化，实际上是在为政党的社会治理能力的提升提供有效的抓手，而不是弱化妇联组织的政党背景和政治属性。

因此，在参与社会治理的过程中，一方面，妇联组织要承接好党和政府的职能转移，发挥社会事务管理和社会治理的基本功能，但不能成为完全的政党组织或行政部门，需要保持相当程度的社会化；另一方面，妇联组织要深入社会与市场，充分发挥“开源”与“引流”的治理功能，但也不能全然成为与普通枢纽型组织相同的组织，而是要保持高度的政治觉悟和政治影响力，真正成为中国的政党、国家和社会关系有机发展进程中的重要桥梁和纽带。

（三）在开源与引流中促进妇联向枢纽型组织的升级

随着妇联组织更加深入地参与社会治理的进程，妇联组织培育、开发和吸引治理资源的“开源”能力，以及通过组织自身建设而实现的有效“引流”能力，都将得到长足的进步。值得强调的是，这些发展前景都要以经济社会的健康持续发展为基础。随着我国社会建设的不断深入，社会治理的整体机制将会变得更加完善，而党的领导能力也将得到不断巩固和提升。在这个过程中，妇联组织以及其他群团组织将会发挥重要的特殊作用。

在未来的发展中，妇联组织的政治性与社会性的双重属性之间的关系会变得更加和谐，社会性功能的发挥会促使妇联组织向枢纽型组织发展升级，而政治性功能的发挥则使妇联这样的枢纽型组织成为区别于一般社会组织的政治引导力量。反过来，枢纽型组织的发展又会通过自身

能力的加强而扩展“开源”与“引流”的积极效果，从而形成妇联组织参与社会治理的良性循环。

结语：重塑妇联的社会属性与社会功能

总而言之，妇联组织参与社会治理的机制建设，是重塑妇联组织的社会属性和社会功能的重要推动力量。这种属性与功能的重塑，从根本上讲是为了增强妇联组织的政治性，也就是作为党和国家联系群众的桥梁和纽带的作用。正如前文所述，这种桥梁和纽带应当是有效的“互动桥”和强大的“传送带”。我们应当按照群团改革的整体要求，优化和完善妇联组织参与社会治理的机制，通过更好的社会治理实现妇联组织的存在、效能和价值。

习近平总书记在党的十九大报告中再次强调：“增强群众工作本领，创新群众工作体制机制和方式方法，推动工会、共青团、妇联等群团组织增强政治性、先进性、群众性，发挥联系群众的桥梁纽带作用，组织动员广大人民群众坚定不移跟党走。”这个重要的政治要求，从根本上决定了广大妇联组织要更好地融入社会与群众之中，创新优化社会治理和群众工作的具体机制，最终通过更好的社会治理效能达到政治引领的根本作用。

（执笔：杜欢）

专题四

体制区隔破解与资源网络重塑

——妇联组织区域化建设进一步发展的空间与方略

2015 年 7 月，习近平总书记在中央党的群团工作会议上发表重要讲话，指出工青妇要探索以多种方式构建纵横交织的网络化组织体系。《中共中央关于加强和改进党的群团工作的意见》要求，工青妇等群团组织要创新基层组织设置方式。基于此，2016 年 9 月，《全国妇联改革方案》出台，明确提出要重点抓好乡镇（街道）妇联组织建设。不久，全国乡镇妇联组织区域化建设改革创新推进会举行。由此，全国性的妇联组织区域化建设在中华大地轰轰烈烈开展起来，各级妇联组织逐渐落实构建乡镇妇联组织网络，力图解决妇联工作长期存在的“上面千条线、下面一根针”问题，变成“上面千条线、下面一张网”，通过这张网，把辖区内所有妇女都联合进来、凝聚起来。

妇联区域化建设的提出是在当前党和国家全面深化改革，推进国家治理现代化，以及妇联组织长期发展形成的体制性区隔造成了资源整合困境的状况下，解决妇联组织基层工作资源禀赋问题的重大战略举措。这意味着妇联组织在突破体制性区隔、打破资源整合困境、在基层重建资源网络体系方面迈出了突破性的一步，是妇联改革的新起点和里程碑。然而，当前的妇联组织区域化建设只是解决了人力资源网络的问题，迈出了关键性的第一步，但是如何走好下面的路尚需要妇联组织充分认识到，当前妇联在面对资源整合整体性诉求方面还存在较多需要突破的障碍，这恰恰是妇联组织区域化建设进一步发展的新空间，需要妇联组织提出有效的方略进行障碍的进一步破除和空间的进一步开发。

一 体制性区隔与资源整合困境：妇联区域化建设提出的缘由

妇联长期发展形成的体制在特定历史条件下曾经高效运转，为切实发挥组织功能提供了强有力的体制保障。然而，在新的历史条件下，妇联体制已经逐渐显示出行政化倾向、低效率运转、资源整合乏力等问题，形成了一定程度上已经阻碍自身发展的体制性区隔。这种区隔存在于体制内外两个层面，已经造成了妇联资源整合的障碍，影响了妇联的资源动员。因此，全国妇联在中央群团改革的背景下提出了妇联组织区域化建设，迈出了妇联突破体制性区隔、打破资源整合困境、在基层重建资源网络体系的重要一步。

（一）妇联体制性区隔与资源整合的障碍

现行妇联的体制是历史形成的。从中共中央于 1922 年设立妇女部开始，中国共产党领导下的妇女工作的发展经历了 90 多年的历史。从 1945 年成立的解放区妇女联合会筹备委员会到 1949 年成立的中华全国民主妇女联合会再到今天，妇联组织的发展也经历了 70 年的历程。长期以来，妇联在中国共产党的领导下，逐渐形成了一套行之有效的体制机制，在为党广泛联系妇女群众方面发挥了重要的桥梁和纽带作用，是国家政权的重要社会支柱。

然而，任何一个组织要有效发先挥其功能并实现其组织目标，都要使其自身的体制机制随着时代与社会条件的变化而进行适应性的变革。改革开放之后，尤其是 90 年代初期，计划经济体制向市场经济体制发生了根本性的变迁，导致历史形成的妇联体制也需要作出适应性变革，才能实现组织的长期存续与发展，发挥应有功能。

在当前的时代条件与环境背景下，妇联体制在发挥应有作用的过程中存在着两个方面的局限，亦可称为体制性区隔，阻碍了组织的发展和工作的开展。妇联的体制性区隔可以分为内部区隔和外部区隔两个层面。

一方面，计划经济的管理体制使得妇联组织体系的格局存在着严重条块区隔的特性。社会主义市场经济体制建立之后，多元所有制结构的形成又使管理上和妇联组织建设上出现了区隔现象。体制内层面的区隔使得基层妇联组织不论是工作范围还是资源整合都受到了严重制约，从而削弱了妇联整合凝聚妇女群众的能力。另一方面，妇联组织从建立之初就采用了团体会员制，在改革开放之前，社会空间相对萎缩，各类妇女团体组织的统筹管理相对容易。但是随着改革开放之后政党—国家—社会关系空间的调整，社会空间逐渐生成，社会组织蓬勃发展。而随着妇女群体的利益诉求分化，妇女团体及发展宗旨也更加多样，妇女的专业性、行业性、互助性甚至趣味性团体也逐渐增多。但是长期形成的妇联体制在广泛联系沟通社会各类团体方面的能力却相对不足，这就影响了妇联组织会员网络的建构，形成了与外部空间的体制性区隔。

这两大内外区隔的存在造成了妇联组织在资源整合方面的障碍，从而限制了妇联工作的能力。而在体制内资源有限、体制外资源整合不足的形势下，妇联组织要在新的历史条件和时代背景下实现新的发展，必须要首先着力破解其自身存在的体制性区隔。

（二）区域化妇建的提出与从体制上打破资源困境的尝试

社会结构的深刻变革导致社会资源承载主体更加多元和分散。传统的妇联体制存在的双重体制性区隔已经不足以让妇联组织涵盖多元化的资源。需要打破现有工作格局，把各类分散的资源主体纳入妇联资源体系范畴之内，为有效撬动和发掘多元化的资源提供体制性保障。因此，为了适应社会发展和提升妇联组织的能力，2016 年 9 月，经党中央同意，中共中央办公厅印发了《全国妇联改革方案》。《方案》中明确提出要重点抓好乡镇（街道）妇联组织建设。随后，全国乡镇妇联组织区域化建设改革创新推进会在内蒙古自治区包头市土默特右旗举行，宋秀岩书记明确要求，要把区域化的乡镇妇联组织网络织密织牢，把“上面千条线、下面一根针”变成“上面千条线、下面一张网”，通过这张网，把辖区内所有妇女都联合进来、凝聚起来。至此，全国妇联组织迈出了打破体制性区隔的第一步——在全国乡镇（街道）层面全面推进妇联组织区域化建设，以期通过调整妇联组织在乡镇（街道）层面领导班子组成人员结构的方式，来打破妇联体制所存在的内外双重区隔。

妇联区域化建设是妇联组织在新形势下贯彻中央关于群团改革精神，增强政治性、先进性、群众性，克服“机关化”“行政化”“贵族化”“娱乐化”的重要内容，尤其体现在解决基层群众性不足、机关化、行政化倾向等问题。《全国妇联改革方案》明确提出，“创新基层组织设置，积极推动在城乡社区普遍建妇联，重点抓好乡镇（街道）妇联组织建设，推动在新领域、新阶层、新群体中形式多样地建立妇女组织，指导城乡社区妇联组织向妇女生活最小单元扎根”。创新基层组织设置是从妇联组织体系内部打破妇联体制性区隔、克服机关化倾向的战略举措。这是妇联组织在打破自身体制性区隔迈出的重要一步。与此同时，此次妇联改革在打破自身资源性困境所迈出的更大一步，主要体现在“把活跃在城乡社区、热心妇女工作的各类女性人才充分吸纳到基层妇联组织和工作队伍中来”，“加强对女性社会组织的联系引导”，“探索基层妇联与其他基层群团组织资源整合、协同发力的服务模式”等战略举措上，都充分体现了妇联在基层区域化资源整合方面的改革观念与实践层面的突破。

为贯彻《全国妇联改革方案》和全国乡镇妇联组织区域化建设改革创新推进会议精神，全国各省份都出台了“妇联改革方案”以及专门开展乡镇妇联组织区域化建设改革的实施意见和方案，区域化建设在全国范围乡镇层面开始深入落实。

（三）人力资源网络格局再造与资源整合的重要起点

把当前分散的多元化资源通过体制性改革实现资源体系的重塑是妇联实现资源再整合的一个大工程。建设这个工程需要找到一个恰当的突破口，以点带面，逐步推动资源网络的重塑。妇联组织区域化建设首先实现了基层妇联人力资源网络的重塑，通俗地讲是解决“有人干事”的问题。一个组织的资源体系涉及体制机制、组织架构、方式方法、人员结构等诸多要素，其中人员队伍是关键性要素，也是基础性要素，是其他要素发挥功能的载体之一。原来的妇联人力资源网络格局是“上面千条线、下面一根针”，妇联组织的主要队伍和工作力量在上层、中层的机关单位，而在基层没有工作队伍，妇联工作没有根基，也就无法有效开展联系和服务妇女群众的工作。基层是群团组织工作的主要阵地，是体现群团组织群众性的主要工作空间，因此基层工作的首要问题就是“有人干事”，只有这样群众工作才能落地。因此，基层的特点决定了人员结构要素对于提升基层妇联资源体系的重要影响。

因此，有必要把基层人力资源网络再造作为提升基层资源配置能力的切入点。现在妇联改革就是要将妇联的人力资源网络格局变为“上面千条线、下面一张网”。宋秀岩书记在全国乡镇妇联组织区域化建设改革创新推进会上明确提出，要“通过这张网，把辖区内所有妇女，无论在单位、在农村、在社区，都联合进来、凝聚起来；要不唯年龄、不唯资历、不唯身份，把更多有影响力和号召力、有爱心和热情的各方面优秀女性都吸纳到乡镇妇联工作队伍中来，变‘单兵作战’为‘团体作业’，有效解决妇联工作力量上头多、下面少的‘倒金字塔’问题，形成群众工作群众做的生动局面”。由此可见，区域化妇联建设把分隔的资源主体集中起来，为基层人力资源再造从而提升基层资源配置能力提供了现实路径。它以人力要素作为整合资源并重塑资源网络的切入点，为后续基层妇联组织配置资源能力的提升提供了新起点。

同时，我们也要看到，妇联组织区域化建设是妇联组织人力资源网络格局再造的一个新起点，这也说明妇联资源体系建构还有很长的路要走。妇联要突破体制性区隔造成的资源整合困境还要下很大的功夫。解决了人力资源问题，下一阶段的工作一方面要解决如何把人力资源网络“织牢织密”的问题，另一方面就是要解决工作资源网络的问题，把人力资源网络背后所蕴含的资源充分发掘出来，既要做到“形合”，也要实现“实至”；还要让未被发现的资源整合到妇联的工作体系之中，让妇联的基础工作不仅仅是形成人力资源网，还要形成工作资源网。只有实现了组织内外资源的有效开发和合理配置与流动，才能让妇联的基层工作落地，切实做好服务妇女群众，同时有效凝聚妇女群众的工作。

二　资源整合诉求与未突破障碍：区域化妇建进一步发展的空间

人力资源网络格局再造开启了妇联组织区域化建设的重要一步，解决了妇联组织资源盘整的一个基础性资源——人力资源的体系化建设工作。但是这对于妇联组织区域化建设能够完全适应并有效满足当前新形势下基层妇联组织的资源诉求还有一段距离。妇联组织的区域化建设要解决资源问题，也离不开资源的支持，包括人力、物质、信息等各方面资源。当下中国正处在社会转型时期，妇联面临着服务对象数量激增和妇女内部利益结构日益多元化、复杂化。对新现象、新问题的应对和解决需要妇联组织在资源盘整的能力和力度上要不断加强。然而，目前由于我国城乡区域条件差异、妇联行政化倾向、妇联工作平台创新不足等问题，导致妇联组织在区域化建设进程中面临诸多困难和障碍，而这些也恰恰是妇联区域化建设的发展空间。

（一）城乡区域性条件差异与区域化建设中资源配置失衡

区域共享、集约高效、互惠互利、互融互通，这是妇联组织区域化建设的理想状态。然而，乡村、城镇、街道虽然在行政级别上是同级别的，但是在资源禀赋上却存在明显差异。近些年来，随着我国城市化进程的加速，逐步形成了城乡融合发展的趋势，但是城乡发展在经济基础、产业结构、基础设施、劳动就业、公共资源等方面仍存在明显的差别和断层。这些差异的存在很难将城市与乡村作为一个整体的空间系统进行资源整合，也造成了资源在城市与乡村之间的流通并不顺畅，城乡二元体制阻碍了妇联组织区域化建设资源交流互通的实现。

第一，城乡经济、文化发展水平、基础设施差距导致妇联组织的利益表达渠道不通畅，资源流动存在滞后性。农村妇女作为乡村社会的主体之一，农村妇女的利益表达是实现妇联组织与乡村之间有效衔接的关键所在。虽然，继全国乡镇妇联组织区域化建设改革创新推进会召开之后，各省、直辖市、自治区也都在全力推进农村“会改联”，使得基层农村妇联组织成员不断扩大，这项改革使得农村妇联组织在人力资源上得以扩充、工作力量也不断扩大；但农村妇联组织发展的最大缺陷并不在于规模、数量上的滞后，而在于表达功能的缺位。由于农村地区特别是边远山区，村落分散、交通不便，加之乡村经济发展落后，政治、文化、社会发展观念方面传统保守，导致农村妇女的利益表达渠道功能淤塞。除此之外，妇联组织内部存在的“四化”倾向致使城市与乡村之间缺乏稳定且均衡的资源双向链接，使得权利和任务向农村的扩展与资源向农村的传输之间并不对等。

第二，城乡在产业结构、劳动就业等方面的差异决定了妇联所服务的城市妇女与农村妇女分属于不同的群体，两者在职业领域、收入水平、生活消费、知识结构、利益诉求上均有差别。但是妇联组织目前还缺乏对于农村妇女最迫切的需求方面的调查研究，很难将农村妇联对资源的需求与对农村的资源供给匹配起来，造成妇联组织所提供的资源在城乡之间难以实现完美配合和对接，从而导致农村社会出现了资源浪费与资源短缺并存的矛盾现象。改革开放以来，我国的市场化进程不断推进，而市场化程度的提高致使城市倾向的资源配置体制产生，形成了“倒金字塔”形的资源配置格局，尤其体现在劳动力、资金要素的流动与社会资源、公共服务资源的配置上。城市倾向的资源配置体制导致农村社会的优质劳动力流向城市，农村公共资源基础落后，公共产品长期短缺，制约了农村女性生活条件的改善，乡村妇联组织项目、活动开展的资源支持不足，效率不高，且难以长期为继。

第三，在政治资源、权利资源的分配上，城乡妇联组织之间存在很大的差异。由于在组织体系上，妇联组织作为政府扶持下并且接受中国共产党领导的妇女群众组织，因此，妇联组织是按照从中央到地方，由全国到省、市、县、区、乡镇逐级向下的组织体系构建的。县级及以上的妇联的组织架构和人才配备是完善的。因此，在县级行政级别以上的妇联组织在资源整合上具有很强的优势，相反乡镇及农村妇联长期在工作队伍和物质资源上得不到支持，不利于基层服务活动的开展。此外，我国长期存在的城乡二元结构和城乡壁垒，其直接表现就是不同身份背后的体制性权利的差异，这些差异除了经济资源和公共资源的配置的不均衡以外，还体现在政治资源和权利资源的不平等上，比如，农村女性虽然人口基数众多，但在政治参与方面，其地位却被边缘化，这对农村女性权利的维护是十分不利的。

因此，区域化建设能解决乡村、城镇、街道各自小区域内一定程度的资源整合，却没有解决资源流动和合理配置的问题。如果仅仅实现小区域内的人力资源队伍的整合却忽略区域内资源禀赋的问题，那么就会出现部分区域“有人有枪有地盘且资源丰富”，而其他地方“有人没枪有地盘但资源匮乏”，甚至部分地方出现“缺人少枪没资源”的情况。解决资源的合理配置问题是妇联区域化建设的提升空间之一。

（二）妇联行政化倾向与区域化建设中资源盘整能力受限

妇联体制受历史形成因素的影响，自身在发展过程中形成了一定程度的行政化倾向。这一特点使妇联组织在具体的工作执行上体现出双重特征。一方面，在组织制度和运行机制上，妇联组织采取机关化、行政化的组织模式和工作方式，具有鲜明的政治性。这一特性提高了下级妇联组织对党委交付任务的接受和执行效率。但另一方面，过分强调科层制的、自上而下单向度的指令式工作，会导致其组织相对独立性不足并出现自身职能和运作以及资源的控制与配置等方面的异化现象。过强的行政化倾向还会使妇联组织出现“叠床架屋”“头重脚轻”等问题。

妇联组织的行政化倾向导致妇联区域化建设过程中资源盘整能力受限。克服妇联组织的行政化倾向是妇联改革的一部分，也是清除妇联组织区域化建设障碍的重要一步。

第一，妇联区域化建设要克服管理体制的行政化倾向。妇联的管理体制的行政化倾向导致其重视纵向上的科层制层面的关系处理，忽视横向上与其他社会组织的互联互通、合作共建；更重视对行政事务的执行与完成，忽视公共服务效率和质量的提升；更倾向于行政命令式的领导方式和领导体制，忽视社会化、市场化的社会管理和服务方式。这样的管理体制致使妇联组织很难掌握和了解广大妇女群众的切实利益。进入妇联组织的兼职副主席和执委多来自党政部门、国有企业和事业单位，他们将本单位资源提供给妇联的同时，也为本单位或个人积累了相应的政治和社会资源。所以，妇联组织区域化建设实质上并未使妇联完全脱离行政体系，这导致基层妇联组织的资源获取更加依靠地方党政领导人的重视和妇联领导人的个体性社会资源。这也造成了妇联工作资源盘整的低效率和资源浪费。

第二，妇联区域化建设要克服过度依赖体制内资源的问题。对体制资源的过度依赖正是妇联还原其群众组织本质的一大障碍。妇联组织在财政上享受国家的财政拨款，这在《中华全国妇女联合会章程》中有所体现，《章程》第三十六条规定：“妇女联合会的行政经费、业务活动和事业发展经费，主要由政府拨款，列入各级财政预算。”妇联组织区域化建设推进之后，在人力资源网络建构的过程中的资金主要是依靠财政支持。各省妇联在争取省财政支持方面做了较多工作，部分省份还与省财政厅联合下发“关于加强基层妇联工作经费保障”的相关文件。将基层妇联工作经费纳入同级财政预算，明确规定“乡镇（街道）财政要将妇联专项工作经费列入财政预算”，同时省市妇联和县乡财政的支持等方面是目前区域化建设解决资金问题的通行做法。而且这些资金大部分主要是用于“妇女儿童之家”的硬件建设。这样的体制内资源依赖还没有达到增强妇联组织社会性和自主性的目的。妇联在盘整社会资源、筹集社会资金的能力方面依然不足。

第三，妇联干部行政化工作惯性导致对区域内社会资源的获取能力不足。社会化是妇联等群团组织改革的主要方向，其不仅在于群团组织向社会开放，工作以社会服务需求为导向，更在于群团组织应吸引广泛的社会资源，充分发挥社会力量推动群众性事业的发展。基层妇联组织区域化建设通过体制性吸纳整合了本区域中的体制内资源，但依靠政治效力的体制性吸纳面对个体、私营经济领域和市民社会场域中的主体时则明显乏力，而个体化存在的体制外的妇女群体既是妇联组织的重要服务对象，也是具有巨大开发潜力的参与主体。另外，随着社会力量的不断发育，具有公益性、专业性的社会组织日渐成为社会服务供给的主要参与主体，尤其是在经济社会发展较为落后的乡村地区，社会组织的作用将更加凸显。基层妇联组织在区域化建设中吸引、对接、引导、规范社会组织参与妇女儿童服务过程的意识与能力亦显不足。

（三）妇联工作平台创新不足与区域化建设资源交互渠道受阻

工作队伍是确保妇联工作“有人干事”，工作平台是确保妇联工作“有地干事”，这里的“地”不仅仅是指妇联干部所服务的地域范围和行政区划，而是指妇联干部能够切实做好妇联的工作平台、工作载体、工作依托、工作品牌。工作平台的有效性是妇联干部队伍能够发挥作用的关键要素。在妇联工作形势变化以及基层妇联工作面临诸多困难的情况下，妇联的工作平台、工作方式必须要适应性变革。这是妇联区域化建设的应有之义。

一方面，不适应妇联区域化工作的平台和手段依然存在。就既有的妇联组织的工作方式和活动载体而言，行政化的办公思维还比较强烈，导致妇联组织不能及时配备与社会相适应的活动载体与平台。而在工作方式上由于主要依靠行政权力手段和体制内载体，在社会服务和社会管理领域，缺失相应的依托载体和活动平台，资源的整合和覆盖机制落后对妇联资源向普通妇女群体的覆盖十分不利且效率不高。在“条块分割”行政化管理体制下，各区域不同妇联组织之间会出现各自为政、力量分散的状况，区域内的资源呈现出“碎片化”的状态。这种行政化倾向会使妇联组织造成对社会资源统筹无力、运转低效的局面，当进行社会服务时会面临着资源不足与资源闲置并存的困境。

另一方面，妇联组织在区域话化建设中的技术平台和手段依然需要升级。新技术平台和手段给组织的发展带来了极大便利。党的十八大以来，妇联组织不断在行政办公、组织机构管理和公文管理等领域引入了新技术手段，对资源的整合、配置、管理等领域进行技术改革和创新，比如公文管理系统、信息管理平台、新媒体、大数据等。新技术手段在用户界面、操作流程方面都有很大的改进，这既提高了工作效率，也促进了资源的整合，无疑也推动了妇联组织区域化建设。妇联组织在区域化建设过程中引入了一些整合资源的新兴技术手段，包括通过 QQ、微信，创建以妇联干部、各类妇女小组长、女性社会组织负责人等为纽带的“工作群”和“社交群”格局；综合运用新媒体资源，探索建立覆盖广泛、特色鲜明、互动活跃的网络妇联，形成以妇联官方网站、微信、微博、公众号为主的新媒体格局。构建了新型的“服务网 + 联系网”网上妇联。前者主要是活跃人力资源网络，实现区域化妇建的“双网融合”；后者是整合信息发布平台，实现信息共享。然而妇联组织在新技术手段的开发上缺乏资源整合功能模块的开发，缺乏公众服务功能模块的开发，缺乏对大数据思维和互联网思维的运用。这些都限制了妇联区域化建设中资源交互能力的形成。

三　从“局域网”到“互联网”的跨越：区域化妇建进一步发展的实施方略

当前，基层妇联组织区域化资源动员表现出的是“局域网”的特质。

在全国群团组织改革的背景下，构建资源“局域网”是妇联改革的初级阶段，要进一步加强，将“局域网”“织密织牢”，这是妇联基层组织下一步发展的重要基础。但是，“局域网”会导致妇联资源无法实现合理流动和配置。妇联组织区域化建设的进一步发展要求妇联资源在整合、配置、利用、管理、监督等方面都需要进行改革和创新。要保证妇联组织区域化建设可以与经济社会发展形态相契合，呼应新时期广大妇女群众的利益诉求，这样也才能更好地实现资源整合，最大限度地发挥社会服务职能。因此，建设全局性的资源动员网络是妇联区域化建设发展的大方向，是实现大妇建格局的主要环节，需要妇联组织实现重点跨越，打破地域和城乡的条块分割、建制束缚和行政壁垒，打造区域联动、城乡畅通的“大妇联”，进行多方面、全方位的资源整合和配置，实现妇女服务的高效资源统筹与空间分布模式，即从“局域网”到“互联网”式的互联互通、共建共享新格局的跨越。

（一）妇联组织区域化资源动员的“局域网”性质与意义

妇联组织区域化在创新基层妇联组织设置方式上迈出了一大步，在打破妇联体制性区隔造成的资源整合障碍方面实现了阶段性突破，在人力资源网络重建的基础上初步实现了资源的局部性动员。

第一，在运行机制上，乡镇妇联组织由原先纵向的“条块分割”“封闭运行”的状态向区域内乡镇妇联组织的横向联动转变。完善并优化了基层妇联组织之间的内在联系及其组织机能，创新了妇联组织区域化建设的空间运行机制和联动模式。实现了基层妇联组织的区域联动与区域内社会资源的整合、共享，提高了区域内社会资源的利用效率，有利于区域内资源配置的均衡化。

第二，在组织架构上，通过全面推进“会改联”，扩充基层妇联组织的人才队伍，拓宽基层地区特别是农村地区的服务对象。基层妇联组织区域化改革与国家“精准扶贫”政策相配合，整合了区域内最能代表基层妇女利益、工作服务能力强的人力资源，构建起全方位倾听基层妇女利益诉求的区域网络，有助于疏通农村贫困妇女、弱势群体的利益表达渠道，提高妇联组织的社会服务能力。就我国目前基层妇联组织区域化的进展情况而言，基层“妇代会改妇联”进展顺利，且基本实现了激活妇联组织的“神经末梢”的职责功能。

第三，在功能职责上，一方面，充分利用基层党建的资源支持，形成开放互通的“党建带妇建，妇建服务党建”的结构体系，由此可以最大限度地调动体制内的优质资源并利用到社会服务中，有利于基层妇联组织的协调发展。另一方面，“扁平化”的组织架构，有利于打破行政壁垒，促进妇联组织由行政化倾向组织向社会化的群众组织转变，既促进乡镇辖区内各单位组织、各社区村落、各行业领域的妇女群众共同参与、开放表达、共享合作、交流互动，也使各乡镇之间的妇联组织之间有了工作交流与合作、资源整合与共享，真正实现将妇联组织的工作触角由行政机关、事业单位向全区域延伸的全面覆盖的新格局。

目前来看，已经初步实现的妇联组织局部性资源动员，一定程度上实现了“上面千条线、下面一张网”的建构，这个“网”目前还属于局域网。街镇基层妇联组织区域化建设通过改革组织形态、人力资源配置和事权分配等措施在一定程度上打破了原来固化的行政隶属关系，打通了妇联组织与区域内各行业、各层级的联结渠道，因此它初步构建起区域内资源交互的“网”属于“局域网”。在此“局域网”中，基层妇联组织逐渐从行政条块结构中“抽离”，根据妇女儿童分布和服务需求进行组织建设，使其行政属性被削弱，社会服务职能得以加强。妇联组织结构向社会领域开放内在要求组织资源向社会扩容。缩减专职工作人员规模，吸纳区域内其他行政、企事业单位中的骨干人员或资源控制者作为兼职副主席或执委进入妇联组织，从而将组织外部资源内部化。因此，基层妇联组织的区域化改革就使基层场域中的行政、市场、社会资源在以妇联组织为服务平台中心的“局域网”内流动、共享。

（二）区域化妇建要实现将“局域网”进一步“织密织牢”

区域化妇建目前还处在起步阶段，初步实现了妇联组织的局部性资源动员，本阶段在解决“上面千条线、下面一张网”的问题上实现了一个“局域网”的建构，而且这个“局域网”尚处于初级阶段。妇联组织在局部性资源动员方面尚需要将“局域网”进一步“织密织牢”。

第一，在机制方面，在进一步完善制度的“建立”的同时，要着力于制度的“运转”。乡镇妇联初步建立起来了局域的人力资源网络，建立了专兼职副主席和执委相结合的工作队伍。但是这个队伍并不是全然专职的，要认识到它仍然是以兼职为绝对主体。要让这个网络活跃起来，就必须解决兼职副主席、执委有效履职的问题，才能确保妇联工作触角能够触及基层的每一个角落。而不只是“形式上”“文件上”“制度上”实现了基层的网络化，还要实际上落地，不能让这张网悬在空中，而是要铺在中国大地上，真正扎根基层。那么有效的工作机制是确保这个队伍能够发挥作用，让这张网落地的关键点。目前，在全国、各省、各地区域化妇联的过程中已经进行了一些重要的制度设计，例如轮值主席制度、执委工作制度、履职考核制度、区域化妇建联席会议制度等。这些制度属于基础性的制度，还需要将区域化妇建的任务进一步细化和分解，形成相应的制度。部分地区在这方面已经进行了新的探索，如形成了执委分片责任制（每个执委联系固定数量的基层妇联组织）、所在区域妇联和相应网群“双报到”制度、线上互动交流制、项目化活动机制等。下一步区域化妇建要在制度上进一步精耕细作。

第二，在队伍方面，要增强妇联组织人力资源开发的“开放性”，继续扩大妇联的“朋友圈”，尤其是注重开发社会性人脉。妇联组织在开拓人力资源网络的时候，已经在一定程度上打开了局面，形成了扩大“朋友圈”的策略。例如，有的地方注重开发区域内政治资源，包括女人大代表、女政协委员以及女性党员、党代表等，通过政治动员的方式强化妇联工作；有的地方注重开发大学生资源，招募女大学生进入妇联专职工作、利用大学生见习岗吸引大学生兼职参与。这些方式都是值得鼓励的，但是仍然需要加强。妇联组织在构建人力资源网络时不能将视野局限于那些与和妇联组织及乡镇机关干部关系好、联系多的单位主体，要形成扩大“朋友圈”的能力，突破妇联组织人脉关系网络中的盲点和盲区。尤其是那些体制外联系较少但是具有广泛影响的社会主体，例如新经济组织和新社会组织女性负责人等。真正做到“不唯年龄、不唯资历、不唯身份”，广泛吸纳各方面优秀女性参与到妇联工作中来。为了实现这个思路，各个地方可以因地制宜，探索多元化的开拓方式。而且招募进入组织的优秀女性要确保根据其特长而形成任务分工与其进行对接。在考虑优秀女性参与妇联工作任务的同时要充分考虑如何调动其积极性的问题，发掘内在驱动力。

第三，在模式方面，需要探索区域化妇建的不同地域、不同条件下的特色运行方式，形成统一推进下的“百花齐放”“遍地开花”的局面。妇联组织区域化建设是妇联组织探索基层组织改革的重要举措，在一定程度上具有“自贸区”的意义，因而进行了较多的试点工作。妇联组织区域化建设在全国的推行过程中，全国妇联、各省级妇联都有一定的统一要求，但是“统一要求”并不意味着“统一模式”，为了达到“统一要求”，各乡镇妇联需要根据自身的经济社会条件、体制机制特色、产业布局形态、行业分工特点、妇女群体状况等具体情况，要形成不同的地方经验、类型经验、区域经验，探索适合本地区的区域化妇建模式。在全国范围内，全国妇联和各省级妇联也要积极总结类型经验，将不同类型的乡镇区域化建设先进经验在具有相同相似情况的地区进行推广，用改革中的经验指导改革，让区域化建设试点变为普遍现象。

（三）区域化妇建从局部性走向全局性资源动员的设想

妇联组织区域化建设在第一阶段是要实现乡镇街道层面的区域内资源盘整，但是这不应该是区域化建设的最终目的，区域化建设要解决的资源禀赋问题也不仅仅是打破区域内的体制内外区隔，还要打破“小区域”的狭隘概念，扩大资源的合理配置与流动。否则妇联组织区域化建设在打破体制内外双重区隔的同时，又会走向另一种地域化的区隔。

资源“局域网”在一定意义上增强了基层妇联组织的资源汲取能力和范围，但这种局部性资源动员模式也存在着结构性困境。目前看来，妇联组织区域化建设在局部性的资源动员尚未完成，在全局性资源动员方面尚未启动。在局部性资源动员方面，在街道乡镇内各单位组织、各社区村落、各行业领域之间的交流互动与共享合作的改革并未全面启动。在全局性资源动员方面，街道乡镇区域之间的资源共享机制、合作模式尚需建构。

因此，乡镇区域内和乡镇之间的“局域网”式的妇联组织的区域化建设完成之后，需要更进一步的建设，即全局性、“互联网”式的资源整合和配置模式的构建。区域化妇建的进一步发展要有“大区域”的概念，既注重妇联资源区域内空间整合与空间布局，也要推动区域间的资源共享与工作的交流，既要动员一切可动员的体制内资源，也要与一切可利用的社会资源联动合作，在社会服务中凝聚力量发挥“合力”作用。

“大区域”概念主要是基于区域发展不平衡带来妇联组织资源配置不平衡问题而形成的。虽然基层妇联组织区域化建设整合了县（市）域和乡（镇）域内的体制内资源，并为社会资源开放了一定的参与渠道，但在一个范围较小的有限“局域网”内，基层妇联的资源配置仍将面对区域发展不平衡带来的限制。目前，我国东西部地区、城乡区域经济社会发展仍很不平衡，各地方财政对妇联组织的资源支持必然也差距悬殊，甚至在同一地市的不同县域之间存在较大差距，中西部地区的一些国家级贫困县政府给予妇联工作的财政支持更是难以满足实际需求。此外，社会力量的发育也以经济发展为基础。在经济发达地区，妇联组织可以获得包括社会组织在内的丰富的社会资源，发展落后地区的妇联组织可能难以得到同水平的社会支持，而且随着妇联组织向着社会化方向的发展，其对社会资源支持会更加依赖，资源配置差距将进一步拉大。

全局性资源动员的设想主要体现在三个层面上。首先，在人才资源的全局性动员上，既要凝聚体制内人才，也要吸引体制外女性代表，实现区域内、区域间人力资源的整合和覆盖。在扩充基层妇联工作队伍、促进区域内各基层妇联之间的人才流动的基础上，进一步整合区域间的人力资源，吸收体制外有作为、有影响、有能力的妇女代表进入妇联组织，实现“大区域”的人力资源的整合。要打破区域间的资源壁垒，促进区域间不同妇联组织内部、妇联组织与社会组织之间的人才的交流和互动。其次，在物质资源的动员上来看，既要挖掘自身资源、争取体制内资源，也要整合社会资源。要突破目前妇联在空间上、思想上的阻隔，盘活区域内、区域间的物质资源，形成妇联组织内部的互动以及各组织间的纵横联动，加强各区域之间的组织合作，构建妇联组织与其他利益相关组织的联合互通的资源共享机制。纵向层级体系建设与横向合作网络建设并重，真正实现资源在区域、城乡实现全面覆盖和均衡覆盖。最后，在信息资源的全局性动员上，加强与信息部门和科技部门的沟通合作，搭建能够实现区域内、区域间横向共享的资源平台，实现信息资源的整合共享、均衡配置。利用新技术手段和新媒体等方式构建高效的纵向流动的资源沟通渠道，确保广大妇女群众能够通过该渠道实现个人利益诉求的表达以及服务信息的获取。

（四）大区域资源“互联网”与大妇建资源格局建构方略

体制性依附与信息不对称是造成资源流动壁垒的核心因素。因此，妇联组织打破“局域网”的资源整合局限，最重要的是要进一步突破行政体系的限制，扩大资源汲取网络，在整合利用区域内资源的基础上，统筹体制内与体制外资源，建构国家及省市县各层面的全局性资源互动机制与平台，实现资源的跨区域流动。简言之，妇联组织区域化建设下一步应将资源“局域网”发展成为资源“互联网”，将区域化建设推向进一步发展，具体而言可以在四个方面着力。

第一，要建构信息化资源互动平台。实现资源跨区域流动离不开全局性的资源交互平台，而基于互联网的高新信息技术为平台的搭建提供了技术支持。微信、微博等通信平台具有传播范围广、即时性强等优点，能够实现信息共享的目的，但其信息较为分散，且难以满足物力、人力等资源集中流动、分配的需求。因此，全国妇联和各省级妇联组织应开发建设妇女儿童服务资源互动网络平台（系统）。平台集中发布各地妇女儿童服务需求，并引入服务供给主体，特别是社会性供给主体，如具有较高服务意愿的企业、公益性社会组织、慈善群体等，通过将需求方与供给方直接对接，实现二者双向交流、互选。除信息发布外，物力、人力等资源同样可以在该网络平台上进行流动，资源使用监督和信息反馈等功能也能够嵌入该平台中。此外，平台也可以接入大数据精准服务分析系统，将服务需求与资源进行精准匹配，实现资源效益最大化和社会服务最优化。

第二，打通区域阻隔，突破城乡限制，构建“网格型”的区域联通的资源组织和配置模式，打造一种“大区域互联网”式的妇联组织。通过打造“大区域互联网”式的妇联组织系统，构建纵横结合、区域城乡统筹的空间辐射网络，突破城乡限制、打通区域阻隔，形成覆盖和联系各领域、各节点的妇联组织的资源连接通道，实现对区域内、城乡间的人力、物力、信息资源的统筹协调。“大区域互联网”式的妇联组织系统能够围绕服务妇女群众的共同目的，相互联系、通力合作、共享共建，从而发挥相互促进作用，产生集聚效应，形成整体合力，提高妇联组织的服务绩效。

第三，要推进行政化改革和工作方式的创新，构建一种“扁平化”的多方协同、合作互动的“大妇联”格局，加强资源组织整合力度，实现资源的全面有效覆盖，促进优质资源的下沉，从而实现妇联资源分配的均等化。

在组织体系上，既要深化纵向组织建设，也要扩大横向覆盖面，推动妇联组织向“扁平化”的资源整合机制转变，整合区域内的经济资源、人力资源、场地资源和组织资源等，通过妇联与其他各单位组织之间的协调，实现对各领域、各行业、各阶层妇女群众的最大限度的资源有效覆盖。要继续推动基层妇联组织的建设，不断扩充基层妇联组织的优质人才队伍，推动权力重心下移以及各类资源下沉，使街道、乡镇妇联组织真正成为社会服务承上启下的重要环节。激活妇联组织的社会整合功能，着眼整合性、共享性、包容性、开放性的妇联组织区域化建设，构建“条块互补”“纵横结合”的城乡、区域统筹的“互联网”妇联组织系统。在功能职责上，作为党领导的社团组织，妇联组织要充当政府助手的角色，但更应该将服务妇女群众放在首要位置。在工作方式上，要善于利用网络信息技术和新媒体工具来提高妇联组织的工作效率和群众影响力，新技术手段能够实现区域信息资源的高效整合和传输，通过信息资源的区域化建设带动人力资源和物质资源的区域化建设。

第四，妇联组织在向外拓展的同时依然要重视体制内资源的开发。区域化建设基本实现了对体制内资源的整合，但在推行体制内人力资源的组织化嵌入的同时，还应注重利用好既有的制度性资源。要理顺妇联组织与党政机关、社会组织之间的关系。既要保证党对妇联组织的有效领导，也要确保妇联组织的独立性和社会性。一方面，利用党建带妇建机制，将组织建设和妇女儿童服务工作嵌入区域化党建过程中，借助丰富的党建资源推动妇联工作开展；完善妇联组织与人大、政协的联系机制，将妇儿工作与二者的提案、议事、咨询、询问等职能相联系，使妇联工作获得更有力的政治资源支持。另一方面，进一步完善体制外资源进入机制、渠道，吸纳多元化的市场主体、社会组织、个体性社会主体参与妇儿服务事业。

结　论

妇联长期发展形成的体制在特定历史条件下曾经高效运转，为切实发挥组织功能提供了强有力的体制保障。然而，在新的历史条件下，妇联体制已经在一定程度上形成了阻碍自身发展的体制性区隔。造成了妇联资源整合的障碍，影响了妇联的资源动员。因此，全国妇联在中央群团改革的背景下提出了妇联组织区域化建设，迈出了妇联突破体制性区隔、打破资源整合困境、在基层重建资源网络体系的重要一步。这解决了妇联组织资源盘整的一个基础性资源——人力资源体系建设工作。但是这对于妇联组织区域化建设能够完全适应并有效满足当前新形势下基层妇联组织的资源诉求还有一段距离。主要是由于我国城乡区域条件差异、妇联行政化倾向、妇联工作平台创新不足等，妇联组织在区域化建设进程中虽然勇敢地迈出了改革的一大步，但依然面临诸多困难和障碍，而这些也恰恰是妇联组织在乡镇层面区域化建设进一步发展的空间。

通过研究分析可见，当前基层妇联组织区域化资源动员表现出了明显的“局域网”特质。在全国群团组织改革的背景下，构建资源“局域网”是妇联改革的初级阶段，这在一定程度上部分满足了广大妇女群众的诉求，需要进一步加强，将“局域网”“织密织牢”，与区域化党建、团建等工作形成一定程度的互动和呼应，这是妇联基层组织下一步发展的重要基础。而要更好地实现妇联组织的资源整合，最大限度地发挥社会服务职能，建设全局性的资源动员网络是妇联区域化建设发展的大方向，是实现大妇建格局的主要环节，需要妇联组织实现重点跨越，要求妇联组织打破地域和城乡的条块分割、建制束缚和行政壁垒，打造区域联动、城乡畅通的“大妇联”，进行多方面、全方位的资源整合和配置，实现妇女服务的高效资源统筹与空间分布模式，即从“局域网”到“互联网”式的互联互通、共建共享新格局的跨越，让区域化建设的“妇联网”从“局域网”走向“互联网”。

（执笔：汪艳、孙鹏）

专题五

基于制度性扩容的组织创新

——“会改联”与基层妇联改革的研究

任何政治性组织都有两项基本功能，即政治功能和社会功能。政治功能是社会功能的目标，社会功能则是政治功能的基础。作为国家治理体系的重要组成部分，妇联也同样拥有政治和社会双重功能。对妇联来讲，其中最重要的政治功能是政治联系，最重要的社会功能是社会治理。不论是政治性还是社会性功能的实现，都需要通过基层组织来与群众建立联系，而基层组织的有效运行就需要相应制度安排。妇代会就是一项长期以来妇联组织在基层的制度安排，但现实运作中，由于各种因素的阻碍，导致妇代会在制度上尚未达到妇联在基层的政治功能和社会功能的目的。因此在群团改革背景下，全国妇联决定推动“会改联”建设，以此弥补传统妇代会制度的缺陷，通过基层扩容和组织创新，取得基层妇联政治联系和社会治理功能的实现。

本文基于对四川省妇联的整体和自贡市妇联的深入调研，以妇联基层“会改联”工作为切入点，通过分析“会改联”的做法、问题和方向，探讨以制度性扩容为基础的组织创新逻辑及其对妇联整体改革的借鉴，供相关部门参考。

一　在政治联系与社会治理之间：基层妇联功能定位

结构功能理论认为，“社会是具有一定结构或组织化形式的系统；构成社会的各个组成部分，以其有序的方式相互关系，并对社会整体发挥相应的功能；社会整体以平衡的状态存在着”①。要在国家政治体制与治理体系中发挥应有作用，妇联组织就必须发挥其相应的政治功能和社会功能。

功能的实现需要相应的组织载体和组织网络作为支持。基层组织则是妇联有效嵌入社会、联系妇女群众的一种机制与载体。因此在关注基层组织发展中，需要首先对其功能加以理解。

（一）在政治联系与社会治理之间：妇联组织性质与基层妇联功能定位

全国妇联章程指出，“中华全国妇女联合会是全国各族各界妇女在中国共产党领导下为争取进一步解放而联合起来的社会群众团体，是党和政府联系妇女群众的桥梁和纽带”。“中华全国妇女联合会要团结、动员妇女投身改革开放和社会主义现代化建设，代表和维护妇女权益，促进男女平等。”② 由此可以看出，妇联作为国家政权的重要社会支柱和国家治理的重要一环，发挥了重要的政治和社会双重功能，其中政治功能主要表现在政治联系上，而社会功能主要体现在社会治理的投入上。

对妇联来讲，政治联系最重要的有以下三个方面：一是围绕公共权力而展开的思政工作、政策宣传等上情下达的内容；二是由下往上的妇女利益表达、利益协商；三是建立妇女对组织的情感联系，从而建构对组织的认同。社会治理则主要有两个方面：其一要推动国家和社会各方面力量来服务妇女发展、儿童发展和家庭建设；其二要起到团结和带领广大妇女并激励其发挥作用，服务她所在的共同体、社会以及国家。政治联系和社会治理相辅相成，在妇联建设的具体实践之中得以体现。

基层作为妇联的神经末梢，承载着将政治联系和社会治理功能落实到实处的重要任务。基层妇联的桥梁作用具体体现在，将上级妇联组织

---

① 谷亚华：《当前农村留存人口结构对社会发展的影响及其对策》，《中共山西省直机关党校学报》2014 年第 9 期。

② 《中华全国妇女联合会章程》，中国妇女网（http：//www. women. org. cn），2013 年 6 月 28 日。

的有效政治资源通过各类方式向妇女群众传达，也可以吸收来自基层妇女的不同声音，更好地服务各界妇女，让妇联组织更加具有凝聚力与吸引力。要取得这种效果，就要同时倚重政治联系和社会治理两种功能，实际工作中，两种功能并不割裂。落实上级工作要求，不是照本宣科式的机械完成，而是在依托本地区妇女的实际情况下，对其情况加以考量，将上层规范本地化而非教条化。同时，在落实过程中，本地区出现的阻力如在基层自身解决范围内即可内部消化，如具有普遍性或特殊性则可以案例形式呈交上级汇报，供其整体斟酌后做系统规划。为此，在信息输入和输出中，并非是直接推送，中间还隔了一层基层的工作态度。基层对自身定位越明确、越深刻，就越有利于平衡好政治联系和社会治理的关系。

（二）作为政治联系的组织网络：基层妇联政治功能的组织基础

妇联是推动国家与社会互动的有效载体，是联系政党、国家、社会三重维度之间的群团组织，它既是政党治国理政的基础性组织网络，又是参与国家治理现代化的重要力量。妇联的功能要得到有效实现首先必须解决结构的存在，结构的存在是以功能实现为目标，又随着功能和条件的变化而变化。对于妇联而言，当组织嵌入社会，延伸到社区、乡镇、家庭形成网络阵地，便有了基层组织。基层组织要发挥其功能需要织起一张行之有效的组织网络作为保障基础，这个组织网络则要涵盖起基层的广大妇女群体，成为联系妇女儿童的信息传递枢纽和引领认同的站点。

首先，传递信息和政策是基层组织要达到的基本目标。信息的输入和输出依靠基层的组织网络，这个组织网络又是以人为最终推动力量，这也不可避免地需要考虑到信息的变形和受众的接纳度。基层受限于地理空间因素呈现相对闭塞的特点，系统所派发的工作任务涉及经过基层组织中转站的二次传达，这既需要融入基层组织工作人员本身的理念，也要考虑妇女群众的接受度以及由此产生的排斥性。其次，寻求广泛的政治认同是基层组织要达到的深层目标。无论政策的传达还是信息的回馈，都力图在互动的过程中取得受众对组织体系的政治认同，它是“人们在社会政治生活中产生的一种情感和意识上的归属"①。组织的合法性基础要牢固，就需要在政治联系中嵌入进情感和价值，使广大妇女在政治社会化过程中将妇联的文化内化，进而建构起对组织的认同，这就需要基层承担起社会主义核心价值观的引导和培育工作。

（三）作为社会治理的组织载体：基层妇联社会功能的组织基础

社会治理是政府通过与社会合作协商、建立伙伴关系、确立各方共同认同的目标等方式实施对公共事务、公共生活的合作管理，基层妇联要想发挥社会治理的功能就要不断为治理汇聚资本。所谓社会资本是"实际或潜在的资源的集合体，这些资源与拥有或多或少制度化的共同熟识和认可的关系网络有关"（Bourdieu，1986），因此，基层妇联社会治理功能的实现需要借助组织网络载体予以落实。要打造组织网络的通畅，就需要从三个维度入手。首先要将基层妇联打造成为整合资源的平台，这是基层妇联发挥社会治理功能的先决条件。基层要提升服务能力就需要将资源的方方面面加以统合，从区域上讲这需要吸纳本地以外的物质资源，从对象上讲需要将妇女之外的资源涵盖在内，打通体制内外、组织内外、地区内外的区隔，使得资源获得的途径多样化，从而在资源配置的过程中有更多选择。

其次要将基层妇联打造成为输送资源的通道，这是基层妇联发挥社会治理功能的关键所在。基层除了资源禀赋有限外，还需要打通传送资源的通道。资源禀赋强调的是人员、物质和技术等条件，当基层妇联成为整合资源的平台后，下一步就面临将聚起来的资源盘活的现实要求。实际工作中，经常出现聚集后的资源找不到下家，需要服务的妇女拿不出资源的双重困境，从根本上看，信息的匹配度和通道的畅通度就成了关键因素。随着"会改联"工作的全面铺开，基层工作人员的基数增加，与之相对应服务工作的深度和广度也有了十足的提高，这为信息的匹配工作打好了基础。

最后要将基层妇联打造成为服务民众的最后终端，这是基层发挥社会治理功能的最终目标。这就要求将基层妇联作为一个端口来看，除了

① 马振清：《中国公民政治社会化问题研究》，黑龙江人民出版社 2001 年版。

为妇女提供更多服务外，还要推动妇女更多地参与到社会治理中来。既要鼓励个体妇女进行自我组织，通过融入其所在的小范围共同体内找到归属感，并在互动过程中形成奉献意识，服务社会并维护共同体的发展。又要对由女性发起或组成的群体性社会组织、社区中心、企业农场等组织共同体进行嵌入，引导妇女群众服务自身所在共同体。基层妇联要实现上述社会治理功能就需要相应的制度、价值、组织运行结构作为支撑，尤其以制度条件为重要基础。

二 “会改联”与基层妇联制度性扩容：组织创新与功能实现

基层妇联要想实现政治和社会性功能，就需要强有力的组织体系来维护，而组织的有效运转则依赖于一系列的制度规范予以保障。要实现上述功能的有效运行，则需要有制度、价值的嵌入，其中制度起了关键性的作用。长期以来，在制度层面上以“妇代会”为代表的制度规范，起到了重要作用，适应了当时社会发展和组织运作的要求。但同时“妇代会”制度也存在缺陷，特别是在新的历史条件下，传统妇代会制度与组织发展不协调的矛盾尤为突出，因此需要对其进行有效的扩容，通过制度创新实现基层组织运行的新机制。“会改联”就是这样一个扩容的成果。

（一）妇代会制度性局限与基层妇联制度性扩容诉求：基于功能实现的要求

妇代会制度是在妇联建立初期所形成的一项基层组织工作规范，它是在新中国成立之初，与当时把妇女群众初步组织起来的社会要求相匹配的工作方法，以向妇女群体传达政策要求为主要目的。通过妇代会的组织规范，力图对广大区域内的妇女进行有效团结，也维护住了一批社会主义事业重要建设力量的妇女群众。可以说妇代会制度是妇联成立初期，基层组织的必要工作手段，为基层的发展完善作出了重要贡献。

随着社会发展的前进以及妇代会制度在实践中面临的种种困难，其局限开始显现。妇代会制度是基层联系妇女工作的一个重要创新，它为基层妇女工作设定了基本规范。妇代会制度有着严格的选举制度，主要包括社区妇女直选、居（村）两委任命、上级妇联任命、妇女代表选举。而组织实际运作过程中，选举会议往往并未按制度要求的如期召开，妇代会主任直接由上级任命产生，脱离了民主选举的过程，其他代表又没有应有的名分，因此，逐渐演变成了由妇代会主任一人组成的妇代会。因此妇代会体系在现实中，就出现了主任身兼职多职、孤军作战、“黑发进白发出”、能力水平不足的现象，妇代会的政治联系功能也受到了限制。

由此可见，鉴于妇代会在工作中没有将应有制度规范落实到位，以人员短缺为掣肘的妇代会制度已逐渐成为制约妇联组织发展的制度屏障，急需要弥补体制空间内的人员不足。妇代会自身的局限直接影响其作为一项制度规范所起到的保障效用发挥，直接影响到基层妇联的政治联系和社会治理功能的发挥。妇代会制度在这一范畴内存在局限，是由其实际加入组织体量的不足导致的职能空转，要将职能真正发挥到位，需要相应的机制变迁，增强其实质性力量。

（二）制度性扩容诉求与“会改联”工作提出：基层妇联改革的逻辑

为了弥补妇代会制度的不足，全国妇联推出了“会改联”的改革要求。自 2017 年 5 月起，“会改联”工作进入试点阶段，2018 年深入推进，2019 年年底省内将全面实现“会改联”的做法。“会改联”工作要坚持区域化党建带妇建。借助区域化党建的有利态势，开展区域化妇建，使妇建与党建在工作内容和工作空间上紧密结合；同时加强乡镇（街道）妇联班子队伍和组织建设、乡镇（街道）妇联制度建设、乡镇（街道）线上线下妇联阵地建设。

根据“会改联”工作要求，第一，要成立村（社区）妇代会改建妇联工作领导小组。第二，制定改建工作实施方案。第三，确定代表和执委名额。村（社区）妇女代表根据村（社区）的人口数量、妇女数量、经济社会发展状况和实际工作需要确定。村（社区）妇联设主席 1 名，由村（社区）“两委”中女性成员担任，专兼职副主席、执委委员人数不限。第四，选好代表。村（社区）妇联由农村妇女民主选举若干代表组成，要增强妇女参与意识，提倡由妇女直接投票选举妇女代表，把整体素质好，热爱妇女工作，在妇女群众中有较高威信的妇女代表选出来。第五，召开大会。村（社区）妇女代表大会要在同级党组织领导下组织召开。第六，总结上报。改建工作完成后，及时做好改建工作总结以及村（社区）妇联基本情况的汇总上报。第七，建章立制。各级妇联要指导村（社区）妇联组织建立和完善活动组织、代表联系、资料归档等工作制度，制订工作计划和措施。第八，组织培训。要及时对当选的村（社区）妇联主席进行岗位业务培训，使她们尽快熟悉情况进入角色，提高服务妇女儿童的工作能力。

“会改联”的做法打开了基层妇联的工作格局，既扩大了组织基层的工作力量，又延伸了组织服务的目标群体。“会改联”的做法，为服务妇女群众提供了一种新的思路，是在原有制度的基础上的一次成功扩容。

（三）“会改联”工作与制度性扩容的绩效预期：基层妇联改革的机制

“会改联”工作针对原先妇代会做法的不足做了进一步的完善。首先，“会改联”让选举程序更加规范。“会改联”以民主推荐和直接选举两种方式先选出妇女代表大会代表，继而以代表无记名投票选出执委，再以执委投票推选出主席和副主席，通过层层协商推选完善基层妇联领导队伍。其次，“会改联”让参与工作的力量增强。原先仅靠妇代会主任一人去做联系工作，如今转为以执委去联系妇女，把最广大的妇女同志变成了妇女工作的干部，形成了以执行委员会辅助力量的人员群体。最后，“会改联”让服务范围上更加广泛。原先妇代会所发挥的联系作用仅限于本区原居民，对外来人员并不重视。随着人口之间的迁徙往来，这部分女性人数不断上升，“会改联”把这部分女性也囊括在内，是对组织服务边界的突破。

过去妇代会只发挥了政治联系的功能，基层作为政治表达的输出端口，扮演着上层妇联的喉舌角色。而现代社会的培育离不开治理体系和治理能力的提升，需借此来反哺政治功能的实现。社会发育不足，组织治理功能受限，就会丧失基层发挥政治功能的基础。而社会要有效发展，需要以治理为依托，给予妇联政治联系以合法性的地位，这就依赖于有一批推动社会主义发展的人才储备力量。因此，为了给基层的政治联系基础打上坚实的烙印，首先要在治理层面予以突破。“会改联”调整的是基层人员的队伍数量，与之相适应，基层妇联作为服务妇女群众端口的容量也随之扩大。

如上所述，“会改联”制度下基层人力资源的充足给了基层以社会治理的空间。组织的运行有赖于制度、价值、组织三个方面的支撑，而“会改联”的做法就是在制度层面对组织进行了扩容。这就需要建立强有力的基层支柱，不断改进社会治理方式，用“会改联”式的制度改革对基层扩容。基于“会改联”的做法联系与治理之间的关系得以深化，只有强化政治功能，才能更好地发挥治理功能，也只有强化治理功能，才能使政治功能发挥更充分有力。

三　观念认知错位、基础资源困境与创新成效受限：“会改联”工作中的问题

基于妇代会制度上的扩容是为了解决基层工作中人手不足的难题，将不完善的政治联系和缺失的社会治理功能统一于基层妇联中来，推进组织的功能提升。在实际操作中，基于对基层组织的建设进行创新性突破的“会改联”的做法，得到了各地的认同。而在对“会改联”工作中的调研过程中，也发现了一些消极因素，并有可能对创新成效造成负面影响。

（一）徘徊于有效与停滞之间：“会改联”之后基层妇联的问题

2015 年党的群团工作会议召开，习近平总书记强调群团工作要面向基层，2016 年《全国妇联改革方案》对此进一步明确，妇联工作重点要向基层下移，2017 年妇联系统全面推进深化基层改革，“会改联”便是推动妇联组织改革创新，也是落实党的群团工作会议精神的重要举措。目前，从预期来讲也取得了丰富成果，全国已基本完成“会改联”工作，实现了村（居）委班子中 100% 有女性、村（居）妇联主席 100% 进村（居）两委的目标。

但在对“会改联”工作的调研中，我们也听到了一些情况。“会改联”工作是打开基层组织容量的有效做法，从目前的进展中看行之有效，

但也反映出有不利于组织稳定性的因素存在。有效性主要是基于对基层工作中表现出来的现象加以描述，产生了短暂的解释力，它可以解决现实性问题，但对于本质性问题往往解释力不足。部分妇女干部以先验性的理解出发，对“会改联”工作浮于表面，而在改革推进过程中，对工作的布置力度欠缺，改革落实遇到阻碍性因素。长此以往，有可能导致改革呈现换汤不换药的情形。

因而，“会改联”后基层工作状态有可能处在有效性与停滞性之间。对现象性问题的有力解决使组织取得了十足的有效性，而抓工作没有从本质性入手就埋下了停滞的隐患。基层工作要取得进一步突破，如果仅仅对某一具象问题作出调整，回答其如何产生，还是不够的。有效性尽管能很好地解决某一治理具象，但是并没有从根本上对在运行过程中同时存在的相矛盾的多方面问题进行解答。这就导致我们既看到基层为群众做实事这种高效工作行为，如“妇儿之家”建设，又看到基层在发挥自身的政治联系和社会治理功能时遇到的阻碍。而“会改联”后这些矛盾有可能进一步呈现，使基层的工作进展在有效性和停滞性之间徘徊。

（二）观念认知错位与创新成效受限：影响“会改联”效果的关键因素

对事物的理解需要从观念认知上入手，认知准确才能取得相应的预期成果。特别是“会改联”这种新出现的尝试，容易导致人的认知受限。其中观念认知错位尤将以主体性和内容性两方面呈现。

第一，在认知主体上，将基层妇联工作与整体妇联系统相分离，轻视基层妇联在整个妇联系统中重要一环的作用。这既有分管党政领导的认知，也有妇联干部的理解，也包含了大部分妇女同志的想法。党政领导干部由于工作的排放重点，把妇联工作当成附属于政党工作的分支来抓，往往忽略了妇联组织在新的国家治理中的重要性，从而缺少对妇联组织的定位把握，相应的，对基层妇联的关注则更加不足；对妇联干部来说，解决基层工作只靠基层自己解决，缺乏对工作的整体性思考，以致其对基层的认知也不到位。基层的参与并非一砖一瓦式，而应在事物整体中把握自身定位，否则便是将自身与组织脱环。

第二，在工作内容上，妇联工作人员对“会改联”后妇联组织形态、工作方法理解不到位。一些妇联干部在改革后仍保有一定的思维与行为定势，在日常工作中机械运作。还有些妇联干部对改革的文件精神，“会改联”要达到的深层目标、行为动机等一系列问题，缺乏深刻分析思考，以致在工作中以自我理解等同于改革要求。从本质上说，这体现了妇联基层工作人员观念意识上与实际工作要求的脱节。“会改联”本身是次全新的尝试，上级有完善的考虑和整体的构想，而在落实中有可能被实际操作者的不同观念、行为引入未知深水。基层工作者应将此作为一场革命，而不只停留在改革的层面，是从触动事物本质着手，而非停留在对表象变化的满足中。

（三）基础资源困境与创新成效受限：影响“会改联”效果的基础因素

对基层来说，资源是做好工作的基础。以资源为支撑，便建起了基层对接群众的桥梁，资源如果缺失，基层也就少了服务群众的资本。从现实来看，基层的资源主要包括人力、资金、技术。

如前所述，“会改联”力图将基层妇联打造成为整合资源的平台、输入资源的通道、服务民众的终端，整合资源是基层组织运行的先决条件。否则，即便有了“会改联”的改革，也仅是对组织进行了扩容，从制度层面扩大了组织的容纳性，但仅仅如此很难使组织从整体上得以有效运转，这也是导致换汤不换药的关键原因所在。

基础资源是一个地区赖以发展的先决条件，而基础资源的分布从上层到基层呈倒三角式状态，基层物质资金短缺、技术方法落后、人员流动频繁等方方面面受到局限。“会改联”的做法从观念上加强了人员服务意识，从制度上对组织进行了扩容，打开了基层工作的新局面。“会改联”后基层妇联发展需要基层资源做支撑，在基层层面基于自身特点的约束，无法获得充分基础资源支持，以致越是基层有意愿、有能力、也有制度保障来履行自身的双重功能，基础资源短缺带来的掣肘性就越明显。

要能够使“会改联”效果有效得以实现，就必须通过进一步制度创新和整体组织形态重构来使基层基础资源获得成为可能。从根本上说，“会改联”制度涉及的只是单一层面的制度创新，而对整体组织形态的创新没有加以建构，尤其基层资源禀赋条件更是决定了基础资源要依靠妇联整体予以统筹配置。如果没有配套以整体改革来重塑，不从组织形态重构的思维出发，没有利用互联网思维，那只是就“会改联”而改革，而无从改变实质。

四　组织整体性重构与提升制度性扩容成效：“会改联”后基层妇联发展新战略

基层作为组织整体的一部分离不开组织的支持予以保障，基层妇联的发展就需要以妇联的整体性支持作为支撑。“会改联”的做法便是将基层视为组织整体重构大格局中的其中一环，将组织的整体性和局部性进行有效连接。但“会改联”制度只是基层迈向改革的第一步，最终基层发展还要靠多方力量予以融合，不断探索基层发展的可能性。

（一）需要从整体性角度来把握基层发展困境：妇联发展的新思路

基层妇联是与妇女群众连接最为紧密的组织，是其切实感受到组织的关怀并产生认同感的一线地带，这也赋予了基层组织重要的职能使命。但在实际工作中，基层也因为在观念上存在滞后性，在资源上缺少有效补充，成为妇联组织最为薄弱的一环，巩固不好基层建设，就谈不上为党的执政巩固妇女群众基础。而把握基层问题，需要将其放到妇联组织的大框架下思考，而“会改联”后基层妇联要得到进一步发展也同样需要在观念和基础资源上获得妇联组织的支持。

妇联要想在观念上和基础资源上对基层组织进行支持，就必须进行自身的组织形态重塑。妇联作为一个占全国一半人口的庞大组织体系，其本身也存在观念发展和资源整合的问题。其中在观念问题上，既需要把握妇联在群团组织中的定位，把妇联视为群团组织不可或缺的重要一环，又要打通妇联组织科层制的垂直体制，消除和基层的沟通屏障。而在资源整合上，既要有内部体制之内的资源整合，也有打破体制内外区隔，获得社会资源的需求，同时在机制上，还要让整合后的体制内外的资源能够有效对接到基层。

“妇联改革是党领导下的群团改革的重要组成部分”，这就意味着，解决妇联问题实际上也应纳为群团改革整体性思考框架。要解决基层问题就要寻求立体的解决方案，从整体的组织重塑入手来把握，而整体重塑的目标就是以解决基层问题为考验标准。继而，组织的整体和基层之间便建构起一种相互依存的生存状态。“会改联”的做法便是从整体性的组织重塑和局部性的制度扩容相结合的角度出发取得的改革成效，而“会改联”后，基层妇联在具体运行中也仍要贯彻群团改革的整体逻辑思路。

（二）组织整体性重构与提升制度性扩容成效：“会改联”后发展的新路径

基层想要在观念认知和基础资源上获得支持，必须依靠组织的整体重塑。这就要求，各地区要根据《全国妇联关于贯彻落实〈中共中央关于加强和改进党的群团工作的意见〉实施方案》和《全国妇联关于加强服务型基层妇联组织建设的意见》坚决贯彻执行。从省级层面来看，需贯通妇联组织和社会组织之间的联系渠道，以全国妇联的要求为立足点，围绕攻坚痛点，形成有妇联特色的解决方案。建立起以社会组织为定点的对接平台，以智库咨询为外围合作平台的多层次辅助半径的妇联工作模式。只有以圆心作为指挥中心，以半径作为工作范畴，才能形成体制内外的贯通，从而实现以机制指导实践，以实践推动机制的良性循环；从市、县级层面来看，需从重组资源角度着手，打通资源配置障碍的最后堡垒。市级层面是妇代会后工作推进的中间枢纽，它承接着全国妇联指导性方案的接收和下发工作。市级层面率先打通资源的流通，并在薄弱的地方要注入社会组织或相应力量，既要有通过内部整合可以获得的体制内资源，又要有通过网络层面筹到的社会资源。此外，市县层面还要对于下级组织在各方面遇到的问题进行整合，制定相应的解决办法，形成指导性工作手册；从乡镇层面来看，首先，乡镇要建立起完善的项目清单。乡镇的工作与省市有一定的区别，项目清单要符合本乡镇的实际情况，并对区域内妇女儿童群体的需求做长期的跟踪调研，才能建立起既有特色又可操作的清单。其次，乡镇要做好资源输入的衔接工作。不仅要将上级组织的资源对接到下面，还要对其内容进行扩张，使其更具有可操作的特点，也更符合乡镇层面的组织要求。此外，乡镇还要把其在从妇代会到“会改联”的具体做法进行案例汇编，并加以深化。

基层要想获得组织的整体性支持还必须在制度性层面进行扩容。不人为设定基层的框架和服务边界，跳出科层制的机制设立干部队伍，以开放包容的心态将最大多数的妇女群体吸纳到组织工作中来都是基层工作应考虑的内容。同时，还要把基层服务的范围不断朝更深处延伸，以制度性手段作为机制性保障，以此使基层概念得以重新定义。“会改联”作为用来弥补基层组织有效性不足的制度安排，是对基层采取的局部性扩容，在当前阶段取得了有效的成果，但随着基层的不断发展，“会改联”的制度也可能需要扩容，基层便要在不断的改革推进中实现有效性重组。“会改联”后，组织建设进入一个新的形态，相应的，需要借助各方的力量融合，使组织形态得以完善。这其中就需要组织的各个层级围绕“会改联”后基层的活跃状态进行制度扩容，并与组织整体性重塑同步进行，双管齐下保障组织的运行效率，这也应是“会改联”后基层发展所要遵循的新路径。

（三）在“从 0 到 1”与“1 到 N”之间：基层妇联发展的新战略

作为充当了维护组织和群众紧密关系黏合剂的基层，由于能力和资源的限制，难以以其本身的力量满足多维度服务妇女、塑造妇女的需要。传统妇代会结构制度在人手上的短缺，和服务范围的局限，也导致基层的功能没有得以有效运转。针对基层中存在的这些问题，暴露的是基层组织在制度上的不足，不能适应社会发展的方向，也难以完成组织功能的实现，为此，需要以扩容的手段打破基层容量的边界，“会改联”便是其中行之有效的一个方法。

通过“会改联”的改革，不仅实现了从制度层面“会改联”组织从运行效率低下到有效运作的转变，也夯实了基层制度扩容的“从 0 到 1”的发展。随着改革的推进，“妇改联”工作有可能表现出与组织不相适应的一面，各地在实际操作进程中也会不断遇到困难、不断涌出好的经验做法，这就要求基层工作者要对“会改联”的做法继续补充，丰富其内涵、细化其做法。这些作为“会改联”后基层组织制度的创新，也是基层制度扩容“从 1 到 N”的深化。

妇联推动从制度层面扩容的“会改联”改革，是从制度层面对组织进行有效扩容，解决的是“从0到1”的工作，而要加强基层工作的有效性，仅仅依靠“会改联”是远远不够的，还需要从价值和组织层面进行扩容，用更多“会改联”式的组织创新方法来将基层工作向前推动。这就要求我们要将基层妇联的发展从“1”推向“N”。“会改联”后，基层妇联既要应对人员干部频繁流动带来的系统内部组织困难，又要补给妇女同志多样化、差异性的需求空缺；既要形成根深蒂固的改革新思维，又要保证工作开展的有效性推进；既要把基层的高度提升到整体组织框架中的重要一环，又要在具体实践中克服资金不足、方法过时的制约。这就意味着，“后会改联”时代，基层的发展要依靠更加多样化的手段去推进，需要以整体重构下的一揽子解决方案来激活基层的潜能，只有这样才是真正开启“从1到N”的路径。

五　制度性扩容与妇联组织发展新路径：“会改联”工作的启示

基于解决基层妇联问题提出的制度性扩容，在完成了其使命后应走出基层的视角，在妇联整体组织架构中，融入整体性重构和局部性扩容相结合的工作方法，既从短板上直接补位，又从系统中综合考量，以此走出一条有妇联特色的组织工作新尝试道路。而“会改联”的机制便可以为妇联改革提供重要借鉴。

（一）制度性扩容与组织功能开发：妇联组织创新的一个重要路径

“会改联”是一场对组织制度的扩容。经过改建后，妇联成功地把服务客体转换成为服务主体，在人员身份的调转背后隐藏的是打通连接服务主体与客体桥梁的可能性，这便是对“会改联”制度对组织潜在功能的开发。随着改建的完成，后改建时期还将要面对新工作要求与旧工作观念之间的诸多矛盾，也需要把更多组织功能的可能性予以挖掘。对“会改联”来说，制度性扩容是在现有内容的基础上吸纳更多的热心、有能力的妇女群众参与妇联工作，以此形成对制度的改革，扩容后的组织延伸了服务妇女的深度和广度。

对“妇联”来说，制度性扩容则是要求在现有内容的基础上不断吸纳有利于组织发展的革新性举措，以此完善不足，而扩容后，组织修缮了短板也有利于组织功能的有效发挥。妇联工作在实际运行中，也需要将其放在整个群团改革的大背景下，放在国家治理体系现代化的大框架下去考量，以为妇联的整体性重构寻求后备支撑。而妇联本身的组织特色，则需要在具体操作中不断发现、不断解决，以此良性循环的过程将实务工作落实，以为妇联的系统改革寻求现实依据。这就意味着，制度性扩容不仅是“会改连”的机制，也同样可升华应用于整个妇联系统的建设。以组织创新的观念为指导思想，以组织功能的开发为目的，以制度性扩容为手段，形成三者的“合力”，走出下一步妇联创新的路径。

（二）组织整体性重构与局部制度性扩容的结合：组织功能开发的系统工程

妇联以妇女、儿童、家庭为服务对象，无论从人数还是意义上来说，都举足轻重。妇联事业的开展有赖于组织起来的妇女干部，也有赖于待组织起来的妇女群众。归根到底，妇联最终是要以组织的形式呈现，也就离不开组织自身的建设和组织功能的开发。组织的建设需要在秩序与发展中寻求平衡。秩序与发展是一对矛盾，但这对矛盾可以统一于组织建设中来。其中，实现整体性重构和局部制度性扩容的结合，是组织建设的一项系统工程。整体性重构，是指原有组织形态已不能适应社会发展形势和满足妇女群众需求的需要，为此，顶层设计全面深化，失去妇联组织提升治理能力现代化的需要；而局部制度性扩容则是指组织系统整体与社会发展步伐相适应，在具体实践当中出现阻碍组织发展的因素，为此，需要对这一部分内容重新定义。由此可见，整体性重构需搭配局部制度性扩容的调整，局部制度性扩容需以整体性重构为统领，二者相辅相成，统一于组织建设的内容中。

维护妇联内部秩序和寻求外部发展是妇联组织不可绕过的一对张力，要从根本上解决妇女问题必须依靠组织发展，而组织要发展需要内部的有序来创造良好氛围，但由此也常伴随着组织机构僵化、工作效率低下、干部人浮于事的问题。因而在秩序与发展间寻平衡，既是组织发展的必然要求，也是对各级妇联干部的一项考验。对妇联组织来说，这就要求，既要着眼于组织整体性重构又要不忽视局部制度性扩容，以两者相结合维护秩序和发展的平衡，从而生成适宜妇联生存的生态环境。整体性重构是在为组织的发展寻求创新性的突破，局部制度性扩容则是为组织秩序的稳定提供保障，在秩序和发展之间，妇联也完成了整体重构与局部扩容的诉求。

（三）在观念发展、制度创新与组织重构之间：妇联组织形态发展的内在机理

如前所述，要把基层妇联提升到妇联整体建设重要一环的高度去理解，那妇联组织建设就要从全局和战略的视角去审视。作为党的群团组织重要组成部分的人民团体，妇联工作也是党的建设新的伟大工程的重要内容，更是党密切联系妇女联众的骨干力量。这就要求，妇联组织内部需要生成良性运转的生态发展空间，需要在观念与制度双重维度上突破。

首先，以发展的视角重新定义思维是组织形态得以发展的重中之重。唯物辩证法认为，事物处在不断发展之中。互联网的应用和人工智能的到来，也决定了妇联工作的开展要与时代合拍，妇联干部的思维要与社会发展相匹配。妇联的工作性质要求其要与广大的妇女同胞打交道，这部分庞大群众因其教育水平、年龄差距、技能条件等都呈现差异化分布，因此，就要以差异化的思维方式和工作理念对待不同层级的组织工作。其次，通过制度确定系统形态，通过制度创新不断完善其形态，成为组织重塑的重要保障。在解决了人的思想观念问题后，组织的有序发展还离不开对制度的依赖。然而，对于相对固化的制度来说，其本质是给予组织一定的参照准则，而方式并不以守旧呈现。相反，组织整体的工作格局是扬弃和超越原有制度规范的弊端，以独创适应妇联工作模式的制度化标准，将妇联的工作思维理念、方法制度推向网络社会，为妇女营造更大的普惠环境。

通过组织重构，自觉将妇联建设融入群团建设的环境，将群团建设放在党的建设的大环境，统一于社会主义核心价值体系的构建中。妇联要不断加强自身的主体性、能动性，调动各层级妇联组织的积极性，围绕妇女工作生活中的问题，倾听妇女声音，解决妇女难题，从而获得妇女群众的信任与支持，实现妇联组织的政治使命。

结 论

基层要实现其政治联系和社会治理的双重功能就需要以组织网络的形式来保障，而组织网络的有效运转则依赖于一系列的制度规范加以落实。妇代会作为一项传统的基层制度安排适应了当时社会发展的要求，然而新时期中妇代会在制度上的局限也进一步显现，这就需要对制度加以扩容以适应新形势的工作要求。“会改联”的做法便是妇联推行的一种从组织扩容的角度对基层工作规范进行调适的制度，“会改联”后无论在基层人员的队伍建设还是服务群众的对象范围上都有了深度与广度的延伸。然而“会改联”在实际运作中也存在只解决问题本身而没从问题实质入手，导致“会改联”成效受限的矛盾。而要解决基层观念的落后和基础资源短缺的现状，仅从局部入手仍然是治标不治本的做法。这就要求我们要从整体性的高度把握基层的困境，将整体组织重塑和局部性制度扩容相结合，这是顺应基层组织发展的重要路径。基于制度性扩容的“会改联”做法不仅为基层妇联，也为整个妇联系统下一步的发展提供了重要借鉴，为组织形态发展了提供了内在机理参考。当然，以制度性扩容来实现组织创新的做法还将进行进一步探索，在实践中不断丰富其内涵。

（执笔：郑长忠、许莞璐）

专题六

打造妇联基层组织的“APP”

——妇儿之家建设的逻辑、机理与对策

中国国家治理体系是在中国革命与建设中不断形成和发展的，是历史与逻辑统一的结果。在中国共产党的领导下，妇联的建立使妇女作为一种制度化的社会力量和政治力量登上了历史的舞台，基于妇女、儿童和家庭要素将政党、国家、社会有机联系起来，是中国政治体制中重要的联结性结构。因此，妇联组织也成为中国国家治理体系的重要组成部分，围绕妇女发展而形成了其特有的政治功能和社会功能。而妇联的政治功能基于社会功能实现的，由此可见妇联的社会功能尤为重要。而在妇联的社会功能中，社会治理功能在中国现阶段是国家治理现代化的重要推动力。但是，从现状来看，基层资源禀赋和需求不对称的状况削弱了妇联的整体功能有效性。因此，要解决妇联的功能有效性问题必须将基层组织困境放在首位。而要帮助基层妇联组织脱离功能上的局限需要对基层组织形态作出调整，以结构变化带动功能的有效发挥。妇儿之家作为基层妇联组织的创新型组织形态，成为集中和反映基层群众需求，整合与配置妇联组织整体资源的“APP”，对于解决妇联资源禀赋匮乏以及资源与需求不对称问题有着至关重要的作用。

一　妇联治理功能与妇儿之家建设：妇联基层组织创新的逻辑与探索

妇联同时具备政治功能和社会功能，社会功能是实现政治功能的基

础，因此社会功能尤为重要。[①] 在妇联的社会功能中，社会治理功能是推进国家治理体系的主要功能，因此社会治理功能成为当下妇联组织需要实现和拓展的重点功能。但是，在计划经济体制的影响下，妇联的基层组织无法支持社会治理功能的有效发挥，因此多地妇联组织依据市场经济体制特点，遵循新时期互联网时代逻辑，探索了妇儿之家的做法，以期从改变组织形态出发，实现妇联的社会治理功能。

（一）社会治理功能与妇联组织形态发展：一个基本理论视角

全国妇女联合会的简章明确指出，妇联的基本职能是代表和维护妇女权益，促进男女平等。从职能上来看，"妇联"具备双重含义：首先，妇女是妇联的主要工作对象，是妇联组织的构成的主体，因此解决女性问题，满足女性需求是妇联的根本任务。其次，妇联是各类妇女组织联合后的整体组织，同时也是国家联系妇女的重要纽带，因此妇联也是联合各界共同为妇女服务，联合妇女投身于社会国家建设的重要组织。要实现妇联的社会治理功能，妇联必然配有相应的组织形态。

社会学家帕森斯认为，社会结构分化会带来社会系统内部的不平衡与紊乱，而这就是社会系统需要变革的原因。要适应社会变迁，调整社会系统内部各子系统的关系，必须给予各子系统分化的速度与水平。不同的变化速度往往导致子系统间的边界和协同效应发生变化，这便大大增加了社会整合的难度。政治组织作为子系统中的重要成员，同样需要在社会变革时期调整自身的分化发展速度，配合社会整体变化，减小各子系统之间摩擦和效率减损。也就是说，在社会变迁的过程中，社会系统中的子系统需要通过调整自身的结构，发挥适应于当下社会的功能，才能使社会变革在平稳的变化中度过，杜绝社会变迁引发大范围的冲突和混乱。

这样的解释范式不仅适用于社会变迁的大环境，同样可以解释子系统内部的变化模式。妇联组织作为中国重要的政治组织之一，国家治理体系中的要素之一，在社会变迁的过程中同样需要对自身的组织形态和功能发挥作出调整。

---

① 李仕强：《妇联组织社会功能研究》，《四川省社会科学院》2013 年第 4 期。

结构功能理论认为，结构是实现某一机构的各种目标的手段，为了确保组织某种功能的有效性，必须使组织结构与其要实现的功能相适应。而组织结构中的构成单位承担着相应的业务活动与功能，因此要实现整个组织的某种功能，需要对承担这一功能的具体构成单位的组织形态进行调整，刺激特定功能的发挥。由此可见，要实现妇联组织的社会治理功能必须从承担着这一功能的组织单位入手，通过调整它的组织形态实现社会治理功能。在历史中，妇联也遵循着这一逻辑调整自身结构，发挥其政治社会功能，以适应时代的变迁。

在中国现代国家生成的过程中，妇女们随着民族解放与社会革命从家庭的桎梏中走出来，以妇女团体的形式作为一种社会性力量登上历史舞台。为将女性纳入社会建设和国家建设中来，中国共产党推动建立了中华民主妇女联合会，使分散的妇女团体成为一种制度化政治力量。① 对于妇联来说，每个阶段的组织形态始终都是为了推动自身政治功能和社会功能有效实现，是根据当时的社会状况及国家治理体系中各要素的关系进行不断调整的。而在新的时代历史条件下，妇女儿童的生存状态、家庭结构、集体需求、认知观念已然发生了巨大改变，为持续发挥妇联组织的社会治理功能，需要对妇联进行一系列调整。

从机理上看，妇联组织作为党的群团组织，实际上就是国家治理体系各要素之间的联系中的一个重要组织性机制。因此，要让妇联组织适应现代化的要求，发挥其社会治理功能，需要从结构、制度与价值等方面对组织态进行创新。

彼得·德鲁克认为，战略往往决定结构。② 据此，对妇联组织形态的创新必须根据其目标来制订行动计划。所以，在对妇联组织进行组织创新的过程中，明确新时期群众需求，深入分析组织存在的困境，制定相应的组织创新目标，构思组织未来形态都是必要的步骤。不少地区的妇联组织已经走在创新的前列，拥有了较为丰富的组织形态创新经验，为妇联组织创新注入了新的活力。本文也将对这些新生组织形态进行理论

① 郑长忠：《国家治理现代化与妇联组织发展》（上）（https：//v. qq. com/x/page/w0152246y62. html）。

② ［美］彼得·德鲁克：《非营利组织的管理》，机械工业出版社 2009 年版，第 56 页。

阐述和分析，从当下妇联组织的创新中汲取新时期群团组织转型的经验。

（二）传统组织有效性不足与组织形态创新：新时期妇联发展的新命题

妇联正式组织形态始建于新中国成立初期，为响应党的号召，搞好工、农业生产和祖国各方面的建设，妇联组织采取了具有极强组织和动员能力的科层制组织形态。在以国家政权为主导的计划经济体制的背景下，妇联的资源主要依靠国家的统一调配，组织资源有着可靠的来源。而科层制能够帮助妇联高效地贯彻国家建设目标，组织妇女一同参与国家建设中来，分享国家发展带来的福利。在很长一段时期中，妇联的传统组织形态不仅能高效完成目标，其严密性也确保了决策制度的可靠性。同时，在国家资源的支持下，妇联又具有较强动员能力，使妇联迅速发展成为中国共产党领导下的群团组织。

日益丰富的物质生活和更加快速便捷的互联网交往方式催生了妇女儿童更多的需求。传统组织的运行机制和工作观念在市民日益多元化、多样化、多层次的社会服务需求面前，逐渐捉襟见肘。与此同时，市场经济改革导致社会资源快速释放，社会中蕴藏着大量新生社会组织与社会资源。但是，大多数资源集中于发达和较发达地区，具有很强的区域性。而空间的距离和层层上报所耗费的时间也使得偏远地区的基层妇联组织难以及时地获得自上而下的组织资源满足群众需求，加之当地社会资源不丰富，偏远地区的妇女儿童可获得的帮助相比之下少之又少。由此可见，妇联的组织形态在一定程度上阻碍了其社会功能的发挥。

由此可见，妇联当下急需解决的问题主要有两点：一是克服自身组织局限，打破组织内部层级间的距离，加强资源的内部流；二是整合以及盘活妇联组织内外资源，突破组织与社会间壁垒，加强组织内外资源与信息流动。只有率先解决这两个问题，才能重新激活妇联组织的社会治理功能。

要解决当下妇联面临的难题，持续发挥妇联的社会治理功能，归根结底还是要调整妇联自身组织形态，适应新时期的新环境。这并非是对传统组织形态的否定，而是在科层制的基础上进行组织形态的创新，持续发挥其优势，同时又要解决妇联面临的难题，克服组织自身局限。

（三）妇联基层组织形态创新与妇儿之家建设：妇联发展的新探索

正所谓“工欲善其事，必先利其器，国欲兴其势，必先固其本”，国家发展其根本就在基层，一旦脱离了基层这一能向“上”输送“养分”，向下狠狠抓牢的壮硕“根茎”，国家之“树”势必日益枯萎。对于妇联组织而言同样如此，妇联组织要了解当代妇女儿童的需求及认知观念必须通过基层妇联组织进行了解。此外，基层妇联组织也是妇联服务和组织动员群众的一线组织，与群众有着密切的联系。

但是，妇联的基层组织却面临着资源匮乏，难以及时有效获得妇联组织内外资源的困境。基层妇联组织与妇联外的社会组织与社会资源缺乏有效联系，也可能困于驻区内社会资源匮乏，无法将社会力量与自身目标结合。加之妇联内部资源多集中于上层，基层妇联要获得自上而下的资源需要很长的等待时间，甚至上级妇联也缺乏基层所需要的时间，将耗费更多时间进行资源调配，这样单线程的内部联系方式使妇联基层组织的工作效率受到严重影响，无法及时对群众需求作出反应。

妇女儿童之家的建立便是妇联对于基层组织形态创新的一次大胆尝试。妇儿之家由内而外地区别于传统组织形态，致力于成为妇联组织放在基层的“APP”。现代人使用的APP有着完备的后台支持和分门别类的种种资源，其面对使用者的界面往往也拥有清清楚楚的各类资源清单，使用者能够按图索骥，通过清单快速定位自己所需求的资源。此外，APP是互联网逻辑的具象化载体，其资源来源不再限于某时某地，面对的使用者更是可以跨越大江南北。从资源的角度来看，APP模式将各地的各类资源整合成为一个可以有效且快速调动的网络，即使本地的资源库没有该类资源，在其资源网中也能够快速检索出拥有该资源的其他地区，及时进行资源的调配。从使用者的角度来看，APP将各种不同的需求集中在一个平台中，明晰的分类模块的清单让需求和资源能够在这个平台中快速匹配，减少了中间时间。从整体来看，使用者的需求可以及时得到APP整个后台网络化资源的回应，盘活了APP背后的整个资源库，克服了单一地区资源禀赋不足的问题。同时，这样扁平化的交流模式减少了其他层级对交易所需时间的影响，更是方便了APP经营者掌握顾客需求，及时作出回应。

妇儿之家便是效仿现代 APP 的运行策略，在基层为妇联组织设下物理空间中的“APP”。例如，南京台城花园社区妇儿之家联合南京市婚姻家庭服务中心、江苏红娘等力量为社区家庭提供文化、教育、维权、家政等多项服务。江油市官渡村的妇儿之家结合当地的旅游特色，将党政机关、优秀企业的资源与妇女就业创业的需求对接起来，吸引外出务工的居民返乡，构建和谐文明家庭。内蒙古土右旗乡镇妇儿之家在组织联建中将大批高校、企业的女能人纳入区域化妇联组织，为中西部农村妇女搭建致富平台，在技术、资金方面推动区域内妇女之间互帮互助。[①] 广州海珠区推出的“掌上妇女之家”将各区各县的妇儿之家通过互联网技术联系在一起，打破了原有的地域共同体，动态地将更大范围内所有的服务需要和服务供给都展现出来。还有许许多多的地方也已经开始从妇儿之家的创新型组织形态建设入手，为克服基层妇联组织的不足提供了许多经验之谈。[②]

综上所述，可以发现妇儿之家的创新总的来看主要体现在两个方面：搭建平台整合资源与需求；实现妇联组织一体化，打造服务终端。

二　平台化整合、终端化服务与妇联基层组织创新：妇儿之家的功能与机理

市场经济体制的建立刺激妇女儿童形成更多样化、分散化的需求。与此同时，妇联依然以其在计划经济时代十分高效的传统科层制为主要组织形态。科层制所带来的体制区隔让基层妇联组织一方面难以整合外部的妇女儿童需求，另一方面内部信息和资源流通的效率也十分低下。妇儿之家的建立是妇联解决基层困境的一次尝试。

（一）妇儿之家建设与社会治理功能实现：妇联基层组织创新的诉求

一直以来，满足妇女儿童的需求是妇联社会治理功能的一大重要任

---

① 《内蒙古土右旗乡镇妇联改革破解“倒金字塔”结构》，2017 年 4 月 7 日，人民网（http://acwf.people.com.cn/n1/2017/0407/c99057-29195736.html）。

② 《广州海珠妇联首创“掌上妇女之家”》，2016 年 1 月 25 日，《中国妇女报》（http://paper.cnwomen.com.cn/content/2016-01/25/024296.html）。

务。因此，妇女儿童的需求是指导妇联开展工作的方向标。

在物质资源不丰富的年代，群众的需求更为单一，传统妇联组织并没有收集群众需求的困难，因此采用集中化的组织形态是行而有效的。但是市场经济体制的改革促使妇女儿童的需求不断分散，“碎”到无法“集中”，互联网时代的到来又放大了妇女儿童需求的多样性，传统的价值创造方式为此变得焦头烂额。

此外，在妇联组织内部，资源难以有针对性地快速流动，基层妇联组织难以获得足够的体制内资源，再加上基层妇联的驻区内社会资源比较有限，资源禀赋匮乏的基层妇联组织不可能面面俱到地满足多样化、分散化的群众需求。如果每一类妇女儿童需求都要基层妇联组织向决策层反映，等待调配资源，或是为某类需求特意去寻找社会资源，那么基层妇联组织的工作量和工作难度是难以负荷的。当各种各样需求同时出现，大多数需求从需求量和迫切角度来看不相上下的时候，基层妇联组织集中力量办大事的传统工作作风必然是低效的。因此，妇联组织的创新诉求从基层来看就是要解决传统工作方式、工作观念与当今群众需求特征不匹配的问题。

面对这些问题，妇儿之家的建设方向一是搭建平台，集中体制内外的各类资源以及妇女儿童的各种需求，对接散落在不同空间的需求与供给；二是打造妇儿之家的终端化服务特色，以妇儿之家为端口，全妇联组织资源为后备支持，盘活组织资源，打破妇联组织中的地域区隔与体制及管理区隔。妇儿之家的建设让妇联重新焕发出活力，为更好地服务妇女儿童提供了可靠的后备力量。此外，妇儿之家的新型组织形态将政府力量，妇联本身和各类社会组织共同纳入社会治理，为实现妇联组织的社会治理功能提供了广阔的平台。只有实现了妇联组织的社会治理功能，才能进一步发挥妇联的政治联系功能，推动国家治理体系建设。

（二）在平台化整合与终端化服务之间：妇儿之家功能实现的机理

由上可知，传统的妇联组织形态难以适应新时期的社会状况和群众需求，因此需要对基层妇联组织的组织形态进行创新。这样的创新形态根据妇联当下面临的问题分别是妇儿之家的平台化整合与终端化服务。

妇儿之家平台化的搭建主要为了解决两个问题：基层妇联组织资源禀赋匮乏以及群众需求分散难以集中。基层的资源主要有两类来源，体制内与体制外。体制内部存在着“倒金字塔”形资源结构，基层要从妇联上层获得足以满足大多数群众需求的资源由于传统组织形态缺乏灵活性变得非常困难。体制外部的社会资源则存在着区域间的资源禀赋差异，其中城乡差距就是最为普遍的区域间资源差异。

妇儿之家的平台能够整合体制内外资源，为妇联累积更多组织资源。妇儿之家的平台一方面集中了驻区内妇女儿童的各类需求，另一方面可以将各种来源的社会组织，优秀的企事业单位吸收到妇联的资源储备中来。将需求和攻击对接之后，妇儿之家便可以将资源输送到妇代会、村镇妇联，借由它们将资源输送到每家每户。

但是地区间差距，组织内的“倒金字塔”形资源结构往往意味着基层妇联组织仅仅利用驻区内的各类资源是难以满足群众需求的。城市中的优秀资源由于地理上的区隔让农村的妇联组织和妇女儿童难以获得，这部分资源即使在城市中过剩也很难进入到基层妇儿之家的平台。但是，一些妇儿之家为解决这一问题在平台化模式的基础上更进一步，有效地解决了这一问题。平台化模式的进化再就是所谓的“生态圈”，妇儿之家据此发展出了具有网络化形态的终端化服务。譬如广州市海珠区便通过互联网技术，建立网络化的妇儿之家“虚拟社区”，打通了不同地区间妇儿之家的交流通道，形成了一个广泛区域内的妇儿之家平台共同体。① 此外，妇儿之家的终端化服务还能有效克服妇联组织内部的“倒金字塔”形结构，以妇女需求、兴趣爱好、技能特长为纽带，促使上层妇联积极领取满足妇儿需求的资源调配任务，使乡镇妇联从乡镇机关走向全区域。

这样妇联便能成为一个有机的整体，一方面吸收和整合组织内外资源，另一方面组织内部资源流动迅速，进入基层平台流转，交由基层妇代会或基层妇联进行操作，切实满足群众需求。

---

① 《广州海珠妇联首创“掌上妇女之家”》，2016 年 1 月 25 日，《中国妇女报》（http://paper.cnwomen.com.cn/content/2016-01/25/024296.html）。

（三）平台化整合与妇儿之家建设：社会治理功能实现的前提

平台化模式注重将外部环境和组织自身资源能力条件结合，为组织自身以及合作伙伴和服务对象之间的活动提供多样化的组合方式。同时，平台化整合打造的社会组织生态圈也为妇儿之家提供了盘活各类社会资源的能力，使社会资源能够在不同地区、不同群体、不同需求间高速流动，使妇儿之家成为整合横向散点力量的重要平台。因此，妇儿之家的平台化整合不是单一对外的，而是同时整合内外的资源和需求。

妇儿之家的平台化整合主要有两个方面，一是妇儿之家内部的平台化整合，二是妇儿之家外部的平台化整合。内部的平台化整合即将整个组织内部变成众多的平台，在组织网络中实现内部资源的流通。所谓的外部平台化整合就是将妇儿之家所能联络到的社会资源，社会组织进行整合，使之成为一个相辅相成的生态系统，提升妇儿之家在政治组织和社会组织中的竞争优势。

平台化整合的第一步是内部平台化，内部的资源整合主要分为横向网络资源整合与纵向组织资源整合。横向资源整合即不同地区间妇儿之家之间的资源整合，如山东开展“妇女儿童家园＋”建设，引导各地家园整合社会资源、社会资金、社会力量，促进阵地建设可持续发展，共同服务妇女儿童。[①] 纵向整合即组织上层资源向基层流动，如四川充分利用党群服务中心等公共服务资源，融入妇女儿童元素，建立了融家长学校、巾帼维权站、读书阅览书屋、儿童绿色网吧等为一体的妇女儿童之家，并编印了《妇女之家工作案例》，指导基层妇女之家强化服务效能。[②]

而外部的平台化转型使妇儿之家能够最大化地将接触到的社会组织、企事业单位、各行业优秀人才吸收到妇联组织中来。譬如，四川省南充市高坪区走马乡金凤山区妇儿之家便邀请了南充市职业培训学校家政专业老师来授课，培训结束后，想从事家政服务行业工作的村妇，可以通

---

① 《“妇女儿童家园＋”——时代的选择》，2016 年 8 月 15 日，网易（http：//sd. news. 163. com/16/0815/14/BUH2HHAF039318IG. html）。

② 《我省首次发布依法维护妇儿权益十大案例》，2016 年 12 月 7 日，《四川日报》（http：//epaper. scdaily. cn/shtml/scrb/20161207/150199. shtml）。

过该学校对接的家政服务中心，向南充市和广州市输出劳务。这一活动不仅提升了妇女的家政能力，更为当地农村妇女提供了更多就业的机会。绵阳市涪城区西河路社区妇儿之家联合春天社工组织，在社区内开展了古筝培训班，丰富了妇女儿童的闲暇时光。

从种种实例来看，平台化的整合不仅能满足妇女们的各类需求，也能推动妇女加入到社会建设中来，提高自己的同时将自身力量回馈社会。

因此，实现平台化整合是践行妇儿之家社会治理功能的前提，只有当妇儿之家内部与外部完成了平台化整合，形成妇联组织对内统筹，对外聚合的快速通道，再借由妇代会将整合后的资源提供给基层有需求的群众，才能更大程度地发挥妇儿之家的社会治理功能。

（四）终端化服务与妇儿之家建设：社会治理功能实现的落实

现实中，城市中往往聚集着更为优秀的医疗资源、法律援助资源和教育资源，而这些恰恰是农村妇女儿童迫切需要的资源。如果基层妇联组织的社会资源局限于驻区范围，那么农村基层妇联组织在从事排查两病、保障妇儿健康，反家暴援助，以及普惠性教育资源覆盖的工作时，工作难度和工作量要大于城市妇联组织，工作成果却收效甚微。由此可见，资源在城市的富集和地域上的隔离也同样会造成广大乡镇基层妇联组织社会资源难以利用，基层资源禀赋匮乏。因此妇联组织内部的资源调配就成为这些基层组织的主要资源来源。再加上妇联组织内部的区域化隔离和层级隔阂，妇儿之家不仅仅需要整合各方资源，更是成为整个妇联组织向基层妇联组织输送资源的端口。也就是说，要将妇联的社会治理功能落实到基层，就需要将整个妇联打造成一体化的终端，让整个妇联资源成为基层治理的庞大后台。

妇儿之家的建设承接了整合妇联组织内外资源的平台功能，在整合和流转各类资源的同时，也要将相匹配的资源转出到在基层真正落实治理功能的妇代会或村妇联。也就是说，妇联需要同时实现整合和对接的功能，方能将妇联由下自上化为一个整体。

要实现这样的功能妇儿之家必须遵循互联网时代逻辑，建设成为一个整合资源与需求，并能够将它们列为清单的“APP”。正如顾客可以在购物 APP 上选择自己所需要的商品一般，妇儿之家要将整体妇联和基层妇联紧密联系在一起，同样需要为妇联所能整合到的资源列出清单，根据基层的群众需求为落实操作的基层妇联组织匹配需要的资源，实现基层和妇联整体资源的无缝对接。上海长宁区妇联与区域内企事业单位、社会组织、大学和研究所密切合作，整合资源建立服务项目资源库，形成文明风尚、科学家教、健康关怀等10个类别服务项目。通过基层妇联组织成员了解汇总妇女群众和家庭需求，经妇儿之家整合列为清单后，向区妇联提交服务项目订单，区妇联从资源库中选取适合项目配送落地到街道、社区妇女之家，实现“片区点单、供需对接、按需配送、服务到家”的机制，将有针对性的服务送到全区妇女之家。① 可以说，长宁区妇联就是一个典型的将基层妇联和上层妇联有效一体化的典型案例。

总而言之，妇儿之家并不是直接落实操作的组织，因此它的主要工作也不是组织和策划具体活动。许多地区的妇联组织将妇儿之家建设成图书馆、少托班等策划社区妇女儿童活动的组织，事实上妇儿之家的社区治理功能的创新之处在于，在组织空间内部将组织资源充分调动，并整合组织外资源，将妇联基层和上层一体化的平台，而非一个从事实际操作的基层组织。

三　基层组织局限与资源禀赋匮乏：妇儿之家建设的现状与困境

工业化时代催生的传统组织形态在一定时期内发挥了提高生产效率、加速组织运作的功能，有利于工业化时代不断自我扩张。但是，信息化时代的到来，市场需求碎片化的现状让工业化时期出现的组织形态遭遇了相当大的局限，科层制的组织形态造成了妇联组织不同层级间资源禀赋差异巨大，使其基层组织有效性大打折扣，阻碍了妇联社会功能的发挥。妇儿之家在现实中的有效运作让我们看到了克服组织局限的方法，平台化整合与终端化服务将互联网思维运用到组织形态建构中来，是妇联摆脱基层组织局限的重要突破口。

① 《上海长宁“妇女之家”成温馨“娘家”》，2012年10月9日，人民网（http：//acwf.people.com.cn/n/2012/1009/c99013－19206527.html）。

（一）科层制逻辑与基层组织局限：妇儿之家建设尚未走出妇联组织的传统困境

在工业化生产方式的背景下，科层制的组织形态成为达到高效、可靠目标的首选组织形态，时至今日科层制依然发挥着其重要的作用。在以国家权力为主导配置资源的计划经济体制下，妇联的资源调配不成问题，但是随着计划经济体制逐渐被市场经济体制取代，基层妇联组织越发受到资源禀赋的桎梏，群众的多样化需求使妇联组织内部资源聚集与决策层，向基层流动速度很慢。另外，群众与基层妇联组织的利益相关度逐渐被其他社会组织转移，妇联的社会整合功能及政治联系功能受到了极大的影响。

究其原因，为适应市场经济和互联网时代的到来，科层制的组织模式需要创新，避免给基层组织带来资源禀赋匮乏的问题。科层制的组织内存在严格的等级制度，形成“金字塔”形的权力结构，但是在资源配置上却呈现“倒金字塔”形的结构。现有的妇联组织中有许多层级，不同层级都有其流程控制点，许许多多的流程控制点延缓了资源再组织内部的流动。其次，计划经济的管理体制造成与其相匹配的妇联组织中存在着条块的区隔性，不同地区之间的资源也存在着区隔。因此，妇联也就难以实现不同层级和不同地区间妇联组织的一体化，基层的妇联组织没有后备的组织资源，仅靠地区资源难以维系组织运转和功能的发挥。

面对妇联组织的基层困境，妇儿之家建设并非是要雪上加霜再加上一个层级，而是要借由新的组织形态弥补科层制组织形态的不足。因此，妇儿之家的功能必然是区别于传统基层组织的。妇儿之家建设的目的不再是单纯的一线操作，而是更多在组织空间内将资源和需求进行匹配，解决基层妇联组织资源禀赋匮乏的问题。

（二）基层妇联组织局限与资源禀赋匮乏：妇儿之家建设的现实状况

一般来说，基层组织往往被理解成各个组织中最靠下的层级，在城市以街道为基层核心，在农村以乡镇为核心单元。在地域空间中，基层组织呈现散点式分布，并形成自己的水平化网络结构，同自上而下的科层制存在差异。而科层制的一个重要特征就是等级制，等级制的组织框架与基层的散点分布形成了上下分治的格局。这样的格局造成了基层妇联组织难以获得上层妇联组织的资源，要调动体制内资源存在相当的阻力。随着大量劳动力流入城市，许多农村、乡镇的基层妇联组织所在区域内的社会资源和社会组织严重不足，妇联基层组织面临着资源禀赋匮乏的窘境。

要克服妇联基层组织面临的资源禀赋匮乏问题，整合和调配妇联组织整体资源成为首要问题。妇联组织资源的“倒金字塔”形结构使妇联资源高高地悬在组织顶上，难以向基层流动。要解决这一问题，光靠建立一个基层的妇儿之家是明显不够的。要解决基层妇联组织的资源禀赋困境，整个妇联对于妇儿之家的功能定位便要与以往不同。

时下许多基层妇儿之家依然致力于建设具体的活动中心，参与一线活动的组织策划，如其他基层妇联组织一般苦恼于资金场地人手的不足。事实上，妇儿之家并非简单的一个层级，而是沟通各类资源与需求的重要平台，更是将妇联上层与基层一体化的终端。也就是说，整个妇联都要将妇联当作解决基层资源匮乏，满足群众需求的重要平台，各级妇联都要积极地领取妇儿之家上交的需求订单。正如长宁区妇联所做的，在收到来自妇儿之家的群众需求订单后，调配一切可用资源注入基层妇儿之家。

（三）资源匮乏与治理功能实现形式创新：妇儿之家建设的内在要求

在自身资源匮乏的前提下，基层妇联组织需要从体制内外两个方面吸收资源。因此，基层妇联组织必须联合多个社会治理主体，创新自身治理功能实现形式。从理论上来说，妇儿之家的创新就是向平台化组织形态的转型。具体的运作方式和运行逻辑已经有妇儿之家开始了尝试。

不少基层妇儿之家，如四川江油市官渡村的妇女儿童之家，与当地党政机关联手，将官渡村的种植业和旅游业的发展成果分享给村内妇女儿童。为妇女创造当地就业岗位和创业便利，吸引外出务工人员回乡，同时为父母在乡务工的儿童提供图书馆等去处，让务工妇女无后顾之忧。在此过程中，妇儿之家成为整合当地企业资源，政府资源的重要平台和向妇女儿童提供服务，满足就业和托儿需求的终端组织。官渡村妇儿之家借助地区内党政机关力量和产业资源，满足了当地家庭的妇女在家就业创业的需求，创造了美好的家庭氛围。妇儿之家成为整合政府资源和社会资源的平台，根据基层群众的切实需求，将整合后的资源用在了刀刃上。

因此，妇儿之家作为基层的重要平台，有统筹各方资源，精准调配满足基层实操组织的能力。但是，并非所有妇儿之家驻区都拥有如官渡村那样丰富的政府资源和社会资源，同时恰好能够满足当地妇女儿童的需求。事实上，对于许多地方而言，当地所固有的资源禀赋可能与妇女儿童的需求并不相称，或者当地的资源禀赋匮乏。妇儿之家身为一个基层组织，让所有基层的妇儿之家仅仅依靠自身资源解决基层资源匮乏是不现实的。广州市海珠区建成的区域内妇儿之家网络能够有效整合区内散落的资源，上海市长宁区妇联积极回应妇儿之家的需求订单，打破不同层级间隔阂，加强妇联内部资源流动。

由此可见，重新定义妇儿之家，转变传统的基层组织观念是改善基层资源禀赋的首要任务。妇儿之家作为妇联的基层组织，其平台化作用不仅仅是发挥在驻区，即不能只是整合当地的体制内外资源，而应该扩大视野，成为基层妇联组织与整体妇联组织的重要纽带，疏通上层妇联组织向基层的流动，使不同地区间的妇联组织资源交流，让妇联整体成为妇儿之家调动资源满足基层需求的后备补给。

四　重建妇联整体性与实现基层有效救济：妇儿之家发展的逻辑与路径

在市场经济体制的条件下，传统科层制组织导致的上下分治格局破坏了妇联组织的整体性。基层妇联组织在资源呈“倒金字塔”形的妇联组织中面临着资源禀赋匮乏的困境，又因为妇联组织整体性的缺失导致基层难以获得上层资源，而决策层也难以了解基层的需求。因此，重建妇联整体性，整合妇联内部资源以实现基层有效救济便成为妇儿之家的主要工作任务。

（一）组织形态整体性重构与基层有效救济实现：妇联组织的新命题

由上可知，科层制是导致妇联组织内部层级资源差异加大，组织整体性缺失的主要原因，因此，妇联组织的病灶同样要从改变组织形态做起。只有改变妇联组织内部的传统科层制形态，打破不同层级间的资源禀赋差异，为妇联组织建立整合各类资源与群众需求对接的平台，才能实现对基层的有效救济。

首先，构建这样的新型组织形态，基层妇联组织必须能够吸引、聚合和联系尽可能多的体制内部资源和社会资源。市场经济体制条件下，妇联组织的资源不再具有包分配的优势，基层妇联组织的资源匮乏困境迫在眉睫。因此，妇联组织必须能够整合到足够多的资源。这样的资源不限于党政机关的技术、资金、人员，还要整合社会中的各类社会组织，企事业单位，建立数量可观的社会资源储备库。

其次，妇联能联系和整合到的各类资源必须拥有流入基层妇联组织的畅通通道。这就要求妇联能够实现一体化，基层与基层之间，基层与上层之间的资源都可以通过妇儿之家这一平台实现有效流动，解决不同地区、不同类型的妇女儿童需求。

最后，在重构组织形态，发挥妇儿之家整合能力的同时，不能忽视日益多样化、碎片化的群众需求。对妇联基层组织的有效救济必须建立在驻区内群众需求依然十分明确的条件下。因此，妇儿之家还要整合驻区内的各类群众需求，让资源能够有目的性地流动，提高基层救济的有效性。

（二）打破体制性区隔与实现资源全社会整合：平台化整合与妇儿之家发展

为了克服中国传统社会一盘散沙的状态，新中国成立之后，中国共产党在公有制的基础上建立了以国家权力为资源配置机关的计划经济体制，和以政党组织为社会结构核心的单位社会体制。出于管理的需要，所有单群组织都有相应的行政级别和条块归属。这就导致计划经济的管理体制与其相匹配的党群组织格局存在着严重条块区隔特性，市场经济体制建立之后，多元所有制结构的形成又使管理上和党群建设上出现了所有制区隔现象。双重体制性区隔使妇联组织不论是工作范围还是资源整合都受到了严重制约，从而削弱了妇联的社会整合能力。为适应社会发展，提升妇联组织能力，妇联试图决定创新妇联组织形态，重构组织形态整体性，以期通过发展基层妇儿之家，实现基层妇联组织的平台化整合能力，打破现实中的双重区隔。

传统基层妇联组合不论是在物质性资源还是人员性资源方面都局限于工作范围内的供给，再加上基层妇联组织工作人员数量较少，导致其可整合的资源受到严重限制，影响了基层妇联的工作能力。发展妇儿之家的平台整合功能，不仅是要整合体制内资源，更要整合来自体制外的社会组织资源、企事业单位资源。妇儿之家要建立起庞大的整合到的社会资源库，将社会组织，企事业单位收录到储备库中。这样的社会资源整合一定要广泛而深入，当基层妇联组织需要调配资源满足群众需求时，一两个社会组织或企业提供的资源不一定能恰好对应群众需求。因此，妇儿之家应当尽量多地整合社会资源，也为他们提供服务群众获得营收的机会。

此外，妇儿之家的平台化服务还应用于打破体制内部门间的资源区隔。妇儿之家不仅要整合妇联组织内部的资源力量，还应当与其他党群部门建立合作与联络，将其他部门的资源也纳入基层妇联组织可获得资源的清单，为基层妇联组织提供更加广泛的体制内部资源。

可以说，妇儿之家的平台化整合是要举全社会之力，将资源注入资源禀赋匮乏的基层妇联组织，盘活本地资源，激活妇代会和基层妇联组织的实际操作能力。广泛纳入多样化主体，共同参与到妇女儿童的社会治理中来。

（三）运用互联网思维与实现对基层有效救济：终端化服务与妇儿之家发展

整合了妇联内外的资源后，从整体上看妇联组织已经拥有了丰富的资源。要将妇联组织内部丰富的资源用在救济资源禀赋匮乏的基层上，还需要建构标准化的流程和路径，实现妇联组织资源在组织内的流通。这要求妇联运用互联网思维，打造妇儿之家一条龙的终端化服务。

要建构一体化的妇联组织，实现妇联组织内部资源的网络化流动必须盘活不同地区、不同层级间的妇联组织资源。妇儿之家便可以提供这样的平台。妇儿之家不仅是整合党政资源力量和社会资源力量的平台，更是整合基层群众多样化需求的场所。妇儿之家可以对基层群众的需求进行整合和分类，列出驻区群众的需求清单。这便方便了上层妇联组织把握不同地区间基层群众的需求。上层妇联组织也应当转换思维，提高认领和解决基层群众需求的主动性，将相匹配的资源经整合后借由妇儿之家的平台精准地投入在一线落实社会功能的妇代会、基层妇联组织等。

此外，妇儿之家的平台不仅能够打通妇联内部不同层间之间资源沟通和流动的通道，也能够破除不同地区之间妇联组织的资源壁垒，在基层妇联组织建设横向的资源流动网络。妇儿之家在整理了各自驻区的基层群众需求和驻区内的社会资源，党政机关力量清单后，可以与相邻的妇儿之家进行沟通和联络，在更大范围内实现多方位的资源的流动和补给，盘活区域内所有妇代会基层妇联组织的资源。

据此，妇儿之家使不同区域和不同层级间的妇联资源实现了扁平化，使妇联组织资源呈现网络化流通。妇儿之家的终端化服务不仅要借用互联网技术，更要遵循互联网思维，将妇联整体资源盘活，实现妇联资源的一体化，为满足不同地区间各类群众需求提供了有效的支持。

五　妇儿之家建设与重新定义妇联基层组织：平台化整合的启示

基层妇联组织所面对的困境在许多组织中都有存在，解决方案还要从组织形态的创新中去发现。组织功能的发挥取决于组织形态是否能够统一组织内部的功能需求和组织外部环境变化。妇儿之家虽然只是对基层组织社会治理功能的一次激活，但是组织形态创新的背后凸显的是互联网的组织思维逻辑，对所有基层组织的创新有着重要意义。

（一）在结构与功能之间：妇儿之家建设与妇联基层组织发展的逻辑

在任何时期，妇联组织的建设都是以有效与存在并重推进的。结构的存在以功能的存在为前提，如果功能不存在，结构便无法持续。然而，市场经济体制的确立让社会结构以及社会成员的交往方式与生存形态发生了巨大变化，使妇联组织的运行方式和组织形态都出现了不适应。要实现妇联基层组织功能有效与结构存在并举，是需要通过系列过程重塑组织形态实现的。

首先，妇儿之家的建构逻辑遵循了互联网逻辑，扬弃了工业化时代流行的科层制组织形态。在互联网思维的引领下，创新型平台化组织形态帮助妇联灵活把握妇女儿童日益多样化、碎片化的需求。其次，妇儿之家的建设结合了市场经济建立后与互联网背景下的社会结构与社会运行逻辑，为妇联组织打开了整合社会资源的缺口，将社会组织、企事业单位整合进入妇儿之家的平台，纳入多个主体共同参与妇联的基层治理。最后，妇儿之家为基层和上层妇联组织的对接提供了平台，使上层资源能够快速对基层妇联组织进行资源补给。可以说，妇儿之家将整个妇联都变成了基层妇联组织的资源后台，为基层妇联组织提供终端化服务，帮助妇联实现了组织形态整体性重构的目标。

对于当下的众多组织而言，妇联的创新型组织形态是具有重要的启发意义的。工业化时代留存下来的各类政治组织大都如妇联一般沿用着科层制的组织形态，因而面临的组织化困境也与妇联非常相似。妇儿之家解决的最大问题是基层妇联组织工作中遇到的难题，这样的组织形态对解决政治组织的基层困境会有同样的效果。也就是说，平台化、终端化的组织形态能够有效克服基层组织资源禀赋不足，难以把握群众需求的困境。

处于科层组织底端的基层组织都面对着外部环境变化和内部体制区隔的双重压力，结构功能理论认为，要实现组织的社会功能需要在组织形态上作出改变，从而激活组织的功能发挥。妇儿之家的组织形态无疑是对基层组织的一次创新，为基层组织的未来发展开拓了新的方向。这样的创新不仅对妇联，或某一政治组织有意义，还对整个组织体制有着重要意义。

（二）在体制创新与组织创新之间：妇儿之家建设与妇联基层组织创新的机理

面对现实政治和社会生活中所有制差异和管理权限形成的双重体制性区隔，妇儿之家的建设推动了妇联内部不同层级间一体化，加强了妇联与其他部门之间的合作与联系。这样的组织创新不仅能够为妇联聚集到更多的资源，更能够为现有的国家治理体系提供联结性要素，使各要素间通过妇联进行资源流通和互动，加强体制内部有机化。

首先，妇联组织以妇儿之家为平台，打破了上层与基层之间的区隔，来自基层的需求和来自上层的资源可以在妇儿之家这里得到有效对接，加速了妇联组织内部的资源配置能力。其次，妇儿之家整合社会中的不同主体共同合作，缓解市场经济发展带来的社会分化问题，推动社会内部各类权力有机化和资源共享性，这打破了党群部门与社会间的区隔，加强了社会与党群部门之家的资源流动。最后，妇儿之家还整合了来自党政机关等其他部门的资源优势，打破不同管理权限下的资源配置壁垒，联合体制内部其他力量一同向基层妇联组织注入活力。

由此可见，妇儿之家在这一过程中不仅起到了为妇联吸收外部资源，凝聚内部力量的作用，还间接实现了对整个体制的组织形态创新，将不同部门通过一个平台化的组织联系在一起。

平台化和终端化的基层组织创新对整个体制而言都是一种一体化的催化剂。平台化的组织形态特征能够有效疏通不同部门间的资源和业务的交流渠道，在加强与其他部门的联系与合作时，终端化的基层组织形态将各自部门的整体性再次激发出来，使整个部门成为基层向外对接的后台储备力量。如果体制内的各个部门都将自己的基层组织向平台化和终端化的组织形态转型，那么在整个体制的底端就能够织成一张大网，成为国家治理社会、支持社会的脉络。因此，基层组织形态的平台化、终端化创新不仅发挥了政治组织的社会功能，更为整个体制结构迈出了创新的步伐。

据此，基层组织的组织形态创新不仅仅是单个组织的问题和需求，也是实现国家治理体系内部要素有机化，体制形态创新的重要举措。

（三）在平台化整合与终端化服务之间：妇儿之家建设与妇联基层组织形态发展的方向

要实现妇联组织结构与功能的有效存在，使妇联组织发挥出真正的社会治理功能，妇儿之家选择的道路是实现平台化整合和终端化服务的叠加共建。

平台化整合功能能够有效整合组织内外资源，为基层组织创造多维度资源供给通道，遵循互联网逻辑，建立优势互补的平台化生态圈，为发展多元化策略提供可能。具备平台化整合功能之后，也就拥有了有效精准地服务各类群众的基础。而要将平台组织乃至整个组织可整合的资源注入基层妇联组织，解决基层组织的资源匮乏问题，需要终端化服务充当重要的润滑剂。正如妇儿之家在整合本地资源的同时会要列出本地的需求清单，帮助其他层级掌握妇女儿童的需求，有针对性地注入资源。其次，不同地区间的基层组织平台也可互通各自的需求和现有资源，这就将基层组织织成一张联络网，实现了地区内基层组织的高效互动。

因此，平台化整合能够为基层组织储蓄庞大的资源库，而终端化服务则盘活了来自不同层级、不同地区的资源，缓解了基层组织资源禀赋匮乏的棘手难题。这样的组织形态发展路径对于当下各类组织的基层组织而言，都是解决工作难题的有效手段，妇儿之家的尝试在组织形态转型方面为各类基层组织起到了示范性作用。

结　论

为适应时代发展，适应日趋多样化、分散化的社会需求，政治组织必须在适应和服务需求的过程中找到正确且有效的组织发展路径。妇儿之家的建设是妇联通过创新基层组织形态以实现其社会治理功能的载体。结合市场经济和互联网思维，妇儿之家的平台整合能力及终端化服务行之有效地帮助妇联解决基层资源禀赋匮乏困境，整合全社会力量共同参与妇女儿童的社会治理。这样的做法打破了群团组织中层级间的区隔，打破了不同地区间由于所有制造成的组织资源区隔，打破了体制与社会间资源流动的区隔。妇儿之家虽然身在基层，服务于基层，但是发挥出了超越基层的作用，成为妇联组织资源与基层群众需求之间的对接“APP”，在改善妇联组织形态的基础上，发挥出了更大的社会治理能力。

（执笔：郑长忠、李心仪）

专题七

基于企业和女性需求有机统一的妇联建设

——新经济组织中妇女组织创新研究

妇联组织作为党的群团组织，一方面承担着对妇女群众联系和组织动员的功能；另一方面从组织架构上来说，需要形成全覆盖的组织体系。由于两新组织在经济和社会体系中的体制外特征，使得传统上以体制内单位为主要组织策略的群团组织建设遇到了较大挑战。因为“改革前，我国是一个总体性社会，总体性社会是‘强国家—弱社会’的模式。在这样的社会中，社会结构分化程度很低，国家垄断着绝大部分稀缺资源和结构性活动空间，社团必须从体制内渠道获取资源，以维持其生存”①。而在体制外领域，新经济组织和新社会组织是最为重要的领域。与新社会组织相比，新经济组织是国民经济发展的重要方面，在组织上更为稳定，吸引了全社会超过50%的人员就业。因此，妇联组织需要高度重视在新经济组织中的组织建设。

一　妇联建设与企业建设的双向需求：新经济组织妇建的重要意义

加强新经济组织中的妇联建设，首先要在新经济组织中找到妇联工

---

① 孙立平、晋军等：《动员与参与——第三部门募捐机制个案研究》，浙江人民出版社1999年版，第6页。

作的意义。从某种意义上，新经济组织中的妇联建设，不能够沿用传统的自上而下的建设方式，而必须从企业需求出发，寻找妇联建设和企业发展之间的契合点，从而为进一步的妇联建设奠定基础。

（一）现代女性在企业中的分布：新经济组织对妇联的重要意义

1978 年党的十一届三中全会决定实行改革开放，开始实施中央向地方、政党向国家、国家向社会、政府向市场的分权。随着市场经济体制的深化和国有企业的结构性转型，以往承担全能型角色的单位制功能开始衰微，新经济组织逐渐成为一种新生力量并且不断扩大自己的影响力。新经济组织是指在发展社会主义市场经济过程中新出现的经济组织形态，由我国内地公民私人、港澳台商、外商全部所有或绝对控制。根据相关统计，目前非公有制经济已经占到我国经济总量的 40%，对我国经济增量的贡献率高达 60%。在这一背景下，越来越多的现代女性因生活理想和择业观念的变化而选择在新生成的市场空间内就业，与此同时，工作也逐渐占据了现代女性社会生活和社会交往的大部分时间。因此，如何服务新经济组织中的女性也就成为妇联在后单位制时代下的主要工作目标。

（二）女性的组织、凝聚与认同：妇联联系新经济组织的需求

当下中国正处在社会转型时期，妇女成员内部在其教育程度、职业岗位、收入水平、生活背景和社会地位等方面出现了分殊化，形成了具有多种特征和利益诉求的不同群体。与此同时，现代职业女性渴求自主、自治、自愿的意识也在逐步增强，使得妇联建设面临着更大的挑战，例如服务对象数量激增和妇女成员内部利益结构的多元化、复杂化等新现象和新问题。更为重要的是，妇女群体流动性的提升，也对妇联工作提出新的要求。宓瑞新指出，“作为妇联组织工作、服务对象的女性人口大规模地迁徙流动，使得计划经济体制下建立起来的妇女组织网络必须进行相应的调整，在非公经济组织建立妇联组织就成了妇联组织建设的一个必然的方向”[①]。这就迫切需要妇联采取多样化的渠道，多方位、多层

① 宓瑞新：《关于非公经济组织建立妇联组织的思考》，《全国妇女论丛》2003 年第 6 期。

次、多角度去服务和解决妇女群体的多元化需求。妇联可以通过精细化、差异化的服务来凝聚新经济组织的现代女性，这样也有助于加强她们对妇联的认同。除此之外，妇联的组织建设始终面临着资源方面的困境，离不开体制外各方面资源的支持。新经济组织作为市场经济空间中的新生产物，在人力、物质、信息等方面掌握了一定数量的资源。妇联组织需要通过联系新经济组织，建立特定的组织机制，才能加强资源盘整的能力和力度。

（三）企业的问题、认同与发展：新经济组织寻求妇联支持的需求

从相应的角度来看，新经济组织也需要妇联组织的支持：新经济组织在企业发展壮大的过程中始终要处理企业文化建设、员工认可度维系等内部问题。在这里以企业文化为例，它由三部分构成：企业物质文化、企业行为文化和企业精神文化。其中企业精神文化是企业在生产经营中形成的一种企业意识和文化观念，它包括企业价值观、企业精神和企业道德。通过寻求妇联组织的支持，新经济组织可以与之合作开展一系列活动，潜移默化地影响女性员工的价值观，塑造出积极的工作伦理和健康的工作心态，从而推动企业精神文化的质的提升。目前我国的新经济组织不仅数量众多、体量庞大，还遍布各个行业领域，横跨多个行政地理单元。在这些新经济组织中，主打女性品牌或围绕婴幼儿需求生产商品的企业通常对妇联组织的认同程度较高，因为它们需要妇联组织的支持来拓展企业的业务、挖掘企业的特色、提升企业的知名度。新经济组织的核心目标是实现经济效益的最大化，而妇联组织能为新经济组织提供一定的政治和社会资源，间接地促进其经济效益的增加。同时新经济组织通过与作为党的群团组织的妇联建立联系，不仅能获取体制内独有的政治荣誉来提高企业的信誉，还能够参与妇联打造的枢纽型平台组织，从中获取一定的社会人力资源、资金资源等。此外，值得注意的是妇联组织还具有参与决策、立法和监督功能的特殊优势，“妇联在政府、人大、政协各级决策过程中施加影响力，推动有关妇女的法律和法规的制订和实施，可以在资源配置和重新配置中发挥作用，并为妇女发展、妇女组织的建立提供具有强制性的法律政策环境，从而规范非公经济企业

行为”①。

二　服务企业与服务女性的有机统一：新经济组织妇建的基本定位

新经济组织中的妇联建设，一方面需要从企业需求出发寻找组织建设的切入点；另一方面需要从妇联组织的组织特点出发寻找妇联工作可能的实现方式。从这两点出发，从而确定妇联组织在新经济组织中的基本定位。

（一）非会员制的弱组织结构：妇联在新经济组织中的组织特点

工青妇是群团组织中最重要的三个政治单位。与工会和共青团一样，妇联有其特定的工作对象，同时作为党的延伸工作手臂，在社会中承担着联系组织服务、凝聚特定社会对象的功能。因此，与工会和共青团一样，从组织性质上讲，妇联是具有显性政治性的群团组织，一方面在政治层面，妇联是党的组织体系的一个重要组成部分；另一方面在社会层面，妇联以做好妇女工作为目标，主要是在社会工作中组织群众、联系群众、服务群众，即实现“妇联工作群众化”②。因此，从制度架构上来说，妇联与工会和共青团都有着相似的制度安排。在政府机构的序列中，工青妇的人员，组织和资源的配备基本相同；在党的组织体系中，工青妇的定位和功能基本相同；在国家的制度安排中，工青妇都在人大和政协中作为一定的界别，选举产生相应群体的代表并参政议政。但从组织架构上说，妇联与工会共青团却有着至关重要的差别。从组织章程上看，工会和共青团都有个体成员，工会以工会会员作为组织基础，共青团以团员作为组织基础。而从妇联的章程看，妇联没有以个体成员为基础的会员，而是以团体会员为主要的组织基础，这种非会员制是妇联组织的基本特征。非会员制的组织形式，使得妇联相较于工会和共青团，在组

① 宓瑞新：《关于非公经济组织建立妇联组织的思考》，《全国妇女论丛》2003 年第 6 期。

② 孙正娟、田蓉：《挑战与应对：妇联工作群众化的新态势》，《江海学刊》2003 年第 2 期。

织体系上组织化的程度较弱。这种组织特征，使得妇联在建立组织时，不能简单的找个别积极分子就去建立妇联组织，而是必须有相对广泛的妇女代表，通过相对正式的程序选举产生。

（二）组织化整合的新兴领域：妇联组织对新经济组织的需求

尽管新经济组织对于妇联组织工作来说，是一个工作难度较大的领域，但是通过新经济组织中加强妇联工作，对于妇联组织却有着非常特殊的意义，因此我们还是需要将新经济组织纳入妇联的管理体系，充分发挥它对妇联组织工作的促进作用。从妇联的章程来看，妇联主要以团体会员作为主要的组织成员。在企业中妇联主要是以女职工委员会作为其主要的团体会员。但是从既往的工作经验来看，女职工委员会在企业中同时也是工会的下属组织，并且与工会的联系更加紧密。因此在经济组织中，特别是在国有企业中，群众工作主要是工会的传统领域，工会在企业中的影响较强，妇联的影响相对较弱。这对于妇联的组织资源来说，有着至关重要的影响。在任何一个社会体系中，资源主要是与经济组织的分布密切相关。而在中国的政治体系中，国家资源也与国有企业的地位和分布密切相关。妇联在经济组织中是相对弱的组织形式，妇联的组织资源主要依靠地方政府的支持，而没有国企等经济组织的支持。因此要解决妇联组织资源薄弱的问题，就必须要重视企业等经济单位中的基础组织建设。在国有企业的阵地，以传统的工会为主，强调新经济组织中的群团建设，对于妇联在经济组织中的组织延伸是一个十分重要的机遇。从这个意义上说，新经济组织的妇联建设对于妇联的组织体系的完整性和妇联组织资源的丰富性都具有十分重要的意义。

（三）弱组织化面对弱政治化：新经济组织妇建的主要困难

从以上两个方面的分析来看，妇联的新经济组织中的组织建设就有两个方面的重要特征：一是从妇联的组织体系和组织新建程序来说，妇联有着弱组织化的重要特征。由于没有个人会员，妇联的组织建设就必须以妇女代表为基础。这使得妇联在任何一个领域中的组织建设，相对来说都比工会和共青团更为艰难。二是新经济组织与传统的组织建设领域有所不同。作为体制外的经济组织，新经济组织有着弱政治化的重要特征：一方面，在新经济组织中党组织覆盖的工作比较困难的前提下，妇联在新经济组织中很难获得党组织的资源支持和政治支持；另一方面，新经济组织天然地对带有政治性的组织有一定的不信任和排斥倾向，妇联作为党的群团组织体系中的一个部分，也不太容易获得新经济组织的支持。妇联组织的弱组织化和新经济组织的弱政治化，两相结合使得新经济组织中的妇联基层组织建设遇到了比较大的挑战。这一挑战的核心之处在于，一方面由于妇联的弱组织化，妇联在章程的规定上没有个人会员，使得妇联组织不能够仅仅依靠个别积极分子就迅速建立起组织，因此妇联在新经济组织中的建设，比工会和共青团更依赖于新经济组织管理方的支持。而另一方面新经济组织的弱政治化，使得新经济组织不会轻易支持企业中的妇联组织建设。这就使得妇联在新经济组织中的工作，既具有非常重要的必要性，同时也面临着非常严重的困难。

（四）回归联系、服务和吸引：新经济组织中妇建的基本方向

妇联的弱组织化和新经济组织的弱政治化，以及妇联在新经济组织中遇到的种种工作困难，都表明了妇联组织建设的现状：一是无法依靠于政党政治资源的支持，二是不能依靠传统的强行政方式推进。换句话说，妇联与新经济组织中的各种对象间的关系，与妇联在体制内单位的工作对象的关系不同。新经济组织中的工作对象与妇联组织没有传统意义上的依赖关系，因此妇联在新经济组织中，必须重视自身组织和工作的吸引力，加强对工作对象的吸引，并以此为基础开展妇联的组织建设工作。易言之，妇联在新经济组织工作中，必须变传统的依赖关系为新的吸引关系。吸引的基础是资源和需要关系的对接。若想在新经济组织中建立一种吸引关系的基础，妇联组织必须能够梳理清楚自身的各类资源，并将这些资源与新经济组织的各类需求相对接。在此基础上，妇联要运用好各种组织形式和工作手段，将妇联自身的资源与企业的需求相对接，形成稳定的供求对接关系。也只有如此，在新经济组织中妇联工作才能够具有持续不懈的生命力。

三　城市、农村和园区：目前新经济组织妇建在三个场域的创新

在目前的新经济组织妇联建设中，各地妇联也根据党和国家的要求，通过各种形式的工作创新和组织创新，加强在新经济组织中组建妇联的工作。从当前的工作经验看，新经济组织妇联在三个领域取得了比较好的成绩，并在某种意义上形成了一种妇联建设的新模式。

（一）妇联建在小微企业：城市场域的新经济组织妇建

从既有的工作创新来看，企业的规模和企业成立时间的长短对于新经济组织中的妇建工作具有比较重要的影响。在经济实力不强和成立时间不长的小微企业中，它们会更加主动地寻求与妇联等群众组织的连接，对于在企业中建设妇联组织，这些小微企业也会持有更加开放包容的态度。这是因为小微企业更加希望通过妇联组织，来拓展自身的经济资源，政治资源和社会资源，从而在激烈的市场竞争中能够站稳脚跟，并取得一席之地。这一趋势在新建企业中更加明显。而在那些大型企业中，由于其政治意识较强，往往也并不排斥企业内部妇联组织的建设，但是体制外的大型企业是否支持妇联组织在企业中活动和开展工作，对此仍然持不明朗态度。而处于这一大一小两处的中间，即那些体制外的中型企业，特别是在合资和外资企业中，只有较少企业是支持妇联组织进行企业中基层组织建设的。在这种情况下，妇联组织建设就遇到了较为严峻的挑战。

（二）妇联建在农业合作社：农村场域的新经济组织妇建

农村是妇联组织建设的传统强势领域。这主要是由于在农村妇女和妇女关系密切，并且儿童在数量和分布上相对比较集中。因此传统的妇联工作，更加重视农村领域。但是与此同时，并不能忽视农村领域妇联工作所面临的严峻挑战，特别是随着近年来改革开放事业的推进，农村居民在农村和城市之间的流动范围越来越大，流动频率越来越高，这就使得许多农村虽然建有妇联的组织，但是妇联组织与工作对象之间的联

系并不紧密。这就出现了基层组织空心化与边缘化的倾向和问题。面对这一现实问题，各地在实际工作中也作出了一定的创新性探索。各地通过实践活动发现，除了与村两委相结合建立妇联的基层组织之外，妇联的组织还可以在农村经济合作社中间去延伸组织体系。随着经济建设的发展，很多农村特别是与城市接壤的农村，都开始有了越来越多的农业经济合作组织，这些农业合作社一般是集体所有集体经营，或者是集体所有个人经营。但无论是哪种经营方式，由于农业合作社在所有权和股权上的集体经济性质，使得妇联在农民合作社中建立组织相对比较容易。相比较既有的在村两委中建立的妇联基层组织，在农业合作社中的妇联组织活力更强，更容易得到妇女的认同和支持。这其实也是我们党的组织工作的一个重要经验，就是将党和群团的基层组织延伸到社会既有的经济细胞中间去，这些组织往往更加强而有力。

（三）妇联建在产业链：园区场域的新经济组织妇建

随着社会中经济发展和经济单位的变化，妇联的基层组织建设还出现了第三种全新的形态。犹如在城市中出现了越来越多的开发区、科技园区、创业园区等功能性地域单位，基层妇联组织也出现了园区妇建这种新的形态。从某种意义上来说，园区是新经济组织的地域集合，即新经济组织处于更大的集合体上，这样可能就会使得妇联针对新经济组织进行一对一的组织建设变得较为困难，因此通过在园区中组建妇联，既有利于推动妇联组织的从无到有，也有利于扩大妇联组织的工作覆盖面，为完善妇联组织的进一步建设提供了前提条件。而在国家的政府体系中，由于园区拥有共同的党政机构和管理机构，因此妇联组织更容易获得园区中体制内组织体系和机构的政治支持，获得较好的组织建设基础，组织资源也相对更加丰富些。同时有的园区中含有一定数量的国有企业，体制内企业和体制外企业在一个地域中共同存在的特点，使得妇联组织也更容易建起来，先在体制内而后体制外，最终形成了以体制内妇联建设带动体制外妇联工作的全新模式。但需要重点指出的是，园区中的妇联建设，并不是强行政化的，而是建立在园区管理方、企业和妇联组织三方共同需要的基础之上。园区管理方通过妇联组织能够加强职责区域内的群众工作；企业作为新入驻园区的一个经济单位，也能够通过妇联组织加强对员工的吸引和教育；而妇联组织则延伸了自己的组织和群众工作体系。从某种意义上说，功能性园区新经济组织这种分布集中、建立时间较短的特点，使得妇联组织、企业和园区管理方找到了三方需求对接的基础。

四 基于吸引的组织联结：妇联在新经济组织中的建设方向

如前所述，在弱政治化的领域中，妇联若想在新经济组织中开展工作，必须将基于行政依赖为基础的组织建设，转变为基于相互吸引的组织建设。这种相互吸引从理论上说包含两个方面：一是对工作对象的吸引，即对企业女性的吸引。妇联是基于妇女工作的群众组织，因此妇联组织和妇联工作必须对作为工作对象的企业女性具有吸引力。二是对作为组织对象的企业管理方的吸引。妇联组织在组织体系中具有弱组织化特征，由于没有个人会员，使得妇联在企业中建组织，不能仅仅依靠联系几个妇女、发展几个积极分子，而是必须按照妇联章程，有一定的妇女代表，有一定的民主程序才能建立。这种工作难度就意味着妇联在组织建设上需要更加依赖与企业管理方建立一定的联系，获得企业管理方的支持。

从基于吸引的组织建设来说，对妇女的吸引和对企业的吸引是妇联工作的两个方面。对企业管理方的吸引，关系妇联的组织成立问题。对企业女性的吸引，关系到妇联组织建立以后的活力以及妇联工作的成效问题。从妇联在两新组织工作中首先需要建立妇联组织的角度出发，本部分主要讨论妇联加强对企业组织和企业管理方吸引的资源和策略问题。从资源禀赋上说，妇联对新经济组织的吸引主要有以下四个方面。

（一）基于项目的相互吸引

项目吸引是群团组织与经济组织联系的传统方式。妇联组织作为党的组织体系中的一个组成部分，自身通过项目方式推进妇联工作和各类活动的开展。因此，妇联利用自身拥有的各种各样的项目，可以通过成为项目开发方的方式与两新组织建立起一定联系。在妇联的各类项目中，一部分可以由妇联基层组织承担，一部分可以由各类社会组织承担，还有一部分由于涉及社会治理和公共物品的供给，可以由新经济组织来承担。从目前情况来看，妇联项目主要由小微企业承担较多。从四川的情况看，妇联组织服务妇女儿童的项目许多是由文化创意型小微企业来承担的。

（二）基于品牌的相互吸引

除项目外，妇联组织作为党的群团组织，还有一个特别重要的资源禀赋是品牌，即妇联本身有表彰、评比和荣誉授予的资格。既包括对于先进人物的表彰，也包括对示范基地的命名和保障。从成都市妇联的情况来看，目前各级妇联拥有的表彰评比项有六项。对于新经济组织来说，妇联组织的表彰评比对其有一定的吸引力，特别是对于小微企业吸引力较强。但是在发挥品牌吸引力的同时需要注意到一个问题，即在目前的评比表彰中，部分企业作为典型获得表彰次数和种类的机会较多，而更多希望能够参与评比的企业却没有真正参与进来。评比表彰相对集中带来的一个明显问题就在于出现了边际效用递减的效应，已经获得妇联表彰和评比的新经济组织，并没有因为获得更多的表彰而对妇联工作更加认同和支持。因此，对于妇联来说，需要慎用、巧用自身拥有的命名权和表彰权，充分发挥妇联联系和凝聚新经济组织的集群效应。

（三）基于平台的相互吸引

妇联组织的第三个至关重要的资源禀赋是其组织体系的优势。党的最重要优势是形成了全覆盖的组织体系。这种全覆盖的组织体系塑造了中国共产党作为执政党的执政能力，最大限度地调动了资源，使得人员、资源能够在全国各个系统和行业中流动和整合。妇联组织作为党组织的延伸手臂，在组织体系上有着和党组织相似的特点，有着相对完备的组织体系，同时还可以通过党组织的体系扩展资源和开展工作。因此，对于新经济组织来说，与妇联组织进行连接同时就意味着与党的工作体系和组织体系的大连接。因此妇联以其政治体系的高信用，对新经济组织有一定的吸引力。调研发现，新经济组织倾向于参加妇联组织的各类培训、展示等各类活动，其原因就在于妇联作为政治体系中的一环，各类活动就不仅仅是活动，而是一个资源聚集的平台。妇联组织可以发挥资源聚集平台的吸引效应，对新经济组织加强影响。

（四）基于文化的相互吸引

在长期的组织工作和群众工作中，妇联组织在如何联系、服务和凝聚妇女方面，积累了非常丰富的工作经验。更为重要的是，妇女作为妇联组织的工作对象，同时也是企业中的女职工。因此，在妇联和企业相互吸引的模式下，妇联在联系和凝聚妇女方面的作出的努力，同时也能够为企业服务和凝聚女职工作出重要贡献。特别是在一些中小企业，没有人员和精力加强企业文化建设时，妇联在新经济组织中的妇女工作，能够同时为新经济组织加强企业文化建设提供支撑。因此，从企业文化建设的意义上来看，妇联的组织建设与企业建设能够实现互补和相互支撑。

五　新场域中的新困境：新经济组织妇联工作的具体问题

基于项目、品牌、平台和文化四个方面资源禀赋的连接，妇联与企业之间的关系可以由单向介入转变为相互吸引，由相互隔离到相互需要。对于妇联来说，它在新经济组织中建设的未来方向就是通过自身的组织建设和工作经验，同时在梳理和运用自身资源禀赋的基础上，实现对新经济组织的吸引型关系的构建。但是在新经济组织妇建的具体工作中，妇联组织建设还面临着几个方面的具体问题有待解决。

（一）如何进行选举：妇联组织在实际运作中的选举问题

妇联在新经济组织中的建设，究竟应该建成何种组织形式？这是一个至关重要的问题。一般来说，妇联在新经济组织中建设下属组织也应该是妇联。但是，妇女联合会作为既有政治性又有社会性的群众组织，特别是作为没有个人会员的群团组织，在新经济组织中建立妇联面临着一定的限制条件。其中，最主要的问题在于，从章程的规定来看，妇联的领导机构是一个由若干委员、执委组成的集体性机构。这个集体性机构，不论是从章程上看，还是从法理上看，都需要通过妇女代表的选举。但是，在新经济组织中尚未有任何妇女组织时，妇女代表无法有效地选拔和组织起来，因此组织选举的困难很大。那么，新经济组织中建妇联的主要问题就在于，妇联组织的最初建立究竟要不要选举。

（二）何种组织形式：妇联以何种形式嵌入新经济组织

由于在新经济组织中通过妇女代表选举的方式来建设妇联组织的难度很大，因此就出现了在新经济组织中可以建妇联但无法遵守章程的现象。在这一情况下，在新经济组织中建设妇联下属组织，如果要不违反章程，就不得不考虑其他的组织形式。事实上，在过去多年的工作经验中，妇联在基层存在着多种组织形式。一是妇委会，即妇女委员会，作为在不适合直接由妇联开展工作的条件下，由构成相对简单的妇女委员会作为其下属组织开展工作。二是女职工委员会，作为主要由妇女进行联系的以女职工为成员的社会组织，同时也是妇联的团体会员。三是妇工委，本来是在党和国家机关中，作为派出机构开展妇女工作的工作委员会，在实际工作中也承担着推进妇联基层工作的职能。四是各类以女性为基础的社会组织，也在妇联的指导下开展工作，与妇联关系紧密的也就成为妇联基层组织的延伸。在直接建妇联条件不成熟的情况下，上述四类组织都是上一级妇联可以利用推进妇联基层组织工作的重要方式。

（三）何为工作力量：妇联工作人员的兼职化与流动问题

2013 年新修订的《中华妇女联合会章程》第二十三条规定：乡镇、街道社区妇女代表大会，每三至五年举行一次。妇女代表大会闭会期间的领导机构是执行委员会。执行委员会全体会议选举主席一人、专兼职副主席若干人。执行委员会全体会议，一般每年举行一次。基层妇联组织开始设有兼职副主席和兼职执委来应对人少事多的问题。但现在全国多个地方的现象表明，基层妇联的兼职副主席或者执委来自在体制内的党政部门、国有企业、事业单位工作的女性，也有相当一部分来自体制外的优秀企业。由于她们在妇联组织中只是承担兼职性质的工作，妇联无法使用编制、工资、考核等行政手段对她们下达命令，所以兼职副主席和兼职执委的主要精力仍然放在其本职岗位上，做不到对妇联工作的完全投入。而一旦兼职人员的本职工作出现了调动，则其对妇联工作的重视程度也会相对应地大打折扣。而这一现象正如美国学者萨拉蒙所认为的那样，"政府资助、公民社会组织提供服务的模式存在三个方面的危险：（1）民间组织失去自主独立性；（2）在追求政府服务资助的过程中扭曲了自己的使命；（3）在过度职业化的过程中变得科层化，失去了项目设计的灵活多样性"①。妇联组织干部的兼职化现象如此普遍，是否会导致妇联失去自主独立的品质，仍然值得我们给予重视并进行认真思考。

（四）如何由点到面：妇联对新经济组织的两个覆盖问题

目前，妇联也越来越重视在新经济组织中的妇建工作。特别是注重妇联建设中的工作和组织覆盖工作的推进。目前的新经济组织妇建在很多方面都形成了创新模式，但主要仍然是在发挥一部分重要企业的典型示范作用，还没有实现新经济组织妇建在面上的大范围推进。如何进一步探索在弱组织化和弱政治化的条件下，全方位推进新经济组织妇建仍然是一个十分重要的议题。在此方面，我们认为，一方面要运用妇联基层组织的不同形式，在工作基础不同的企业中选择不同的组织形式以推进妇建工作；另一方面，在直接建妇联组织比较困难的情况下，要注意吸收党组织过去多年来在基层党建中积累的经验和模式，即在直接推动党组织建设尚有一定难度的情况下，可以先建立相应的群众组织，为将来党组织的建设奠定基础。对于妇联组织来说，就要在新经济组织中建设各种各样的女性社会组织，为下一步妇联组织建设提供组织基础。

---

① 王名、刘培峰：《民间组织通论》，时事出版社2004年版，第78页。

六 基于资源禀赋的工作创新：加强新经济组织妇建的具体建议

为了解决上述实际工作中的若干困境，本研究就以上问题对新经济组织妇建工作提出若干具体的意见建议，以供参考。

（一）延长组织手臂：在新经济组织中加强女性社会组织建设

女性社会组织数量较少的情况对于妇联扩充团体会员、加强组织建设带来了困难。针对此问题，为了加强女性社会组织的建设，建议新经济组织妇建可以从以下几个方面展开。

盘活存量：建立妇女社会组织信息库。按照职能、性质、服务方向等，对全市妇女儿童类社会组织进行调查摸底，建立市、区、镇（街）、村（社区）四级妇女社会组织信息库，实施动态管理，进行分类指导。

激活增量：作为妇女社会组织的业务主管部门，妇联组织应适当降低组织登记的准入门槛，在工作中主动发现并支持鼓励为妇女儿童服务、具有发展潜力的各级各类社会组织，引导这类组织通过孵化成长为正式登记注册的社会组织。

平台服务：一是建立定期联系机制。建立了社会组织联席会议制度，妇联干部联系社会组织制度，在坚持“自我服务、自我管理”的原则下，通过密切联系对其进行科学引导，主动帮助社会组织解决实际困难。二是注重友好往来。主动打破级别关系，与各社会组织友好往来、相互尊重，安排有影响力的女性社会组织负责人进入妇联执委会。三是搭建展示平台和阵地。组织策划各种主题活动，为社会组织展示爱心、发挥才干提供机会。

引领带动：一是项目激励。鼓励女性社会组织，例如支持成都市妇联女性公益项目的顶层设计、项目申报、投票竞争等。二是品牌带动。指导成都市女性社会组织形成具有特色的品牌活动。通过活动把她们凝聚起来，挖掘其智慧和潜能，为成都经济发展建言献策。鼓励并扶持各类民间妇女组织，通过流动妇女组织、单亲母亲组织、妇女创业组织等，以姐妹恳谈会、读书会等为载体凝聚各层面女性。

（二）发挥枢纽功能：充分发挥妇联组织作为枢纽型组织的功能

社会转型的不断加快，新生组织元素的日益壮大，使得社会组织尤其是自组织呈现了爆发式增长，公民“自组织化”生存状态明显增强。基于对社会的整合和社会组织的凝聚，枢纽型社会组织应运而生。枢纽型社会组织是在同类型社会组织中发挥桥梁纽带和聚集服务功能的联合性社会组织。枢纽型社会组织的主要职能是对社会组织进行聚集、管理和服务，通过项目化、社会化和专业化运作的方式形成枢纽型服务管理。从国家与社会关系的视角来看，构建枢纽型社会组织是国家与社会关系协调发展的有益尝试。妇联构建枢纽型社会组织的意义，就是要充分利用组织的社会中间角色与社会整合功能，将国家对社会的治理和培育有机统一起来，推动女性群体参与国家和社会的和谐发展。妇联组织的枢纽功能体现在以下四个方面：

第一，妇联所支持的针对妇女创业的孵化器要与大的、知名的网络平台和产业链相对接，让它们在更大空间范围内获取广泛的影响力，成为大产业链中的一个节点，从而为企业的发展提供更多的机遇，也能反向推动孵化器走向专业化、精细化。

第二，妇联在推动建立或者自主建立孵化器的过程中，要更多地扮演“给予政策，搭建平台”的角色。吸引和整合多方经济社会力量，形成一套经济组织、社会组织和妇联合作的可操作、可推广的模式。

第三，未来妇联对女性创业就业的支持应当走向专业化。妇联应当整合各类已有的孵化器，让孵化器在推动不同类型、不同行业的女性创业就业工作中更加精细化。

第四，协助有潜力、有资源、有意向的企业打出服务女性的旗号，借助互联网短视频和音乐平台，打造出以女性为核心的企业产品、文化特色，让企业服务女性的特色影响力辐射全国。

（三）积累组织基础：加强区域化女性代表组织的建设

体制壁垒和信息不对称为妇联组织设置了资源整合的障碍。建构一个面向成都市的全局性资源互动机制，就要打破行政体系的限制，统筹利用体制内和体制外资源，扩大资源汲取网络。

第一，建构信息化资源互动平台。利用互联网信息技术打造一个资源跨区域流动的全局性的资源交互平台。通过开发微信公众号平台或者专业 APP 应用，既能发挥网络传播范围广、及时性强等优点，又能克服单一的微信群信息来源较为分散，且难以满足物力、人力等资源集中流动、分配需求的劣势。因此，全国妇联和各省（区、市）级妇联组织应开发建设妇女儿童服务资源互动网络平台。

第二，打通区域阻隔，构建“网格型”的区域联通的资源配置模式，打造一种“大区域互联网”式的妇联组织。通过打造“大区域互联网”式的妇联组织系统，构建纵横结合、区域城乡统筹的空间辐射网络，突破城乡限制、打通区域阻隔，形成覆盖和联系各领域、各节点的妇联组织的资源连接通道，实现对区域内、城乡间的人力、物力、信息资源的统筹协调。

第三，要推进行政化改革和工作方式的创新，构建一种“扁平化”的妇联组织形态。既要加强纵向组织建设，又要重视扩大横向覆盖面。加强资源的横向整合力度，实现资源的全面有效覆盖，促进优质资源的下沉，使人力资源、经济资源、场地资源能够跨区域流动，从而实现妇联资源在各个阶层、行业妇女群体间平等分配。

（四）加强工作力量：挖掘两新组织中妇女领袖和兼职委员

国家治理或社会治理的核心内容是在国家主导下的社会多元力量参与合作治理的过程。从两新组织中挖掘妇女领袖担任兼职副主席或者兼职委员顺应了当下国家、社会、市场多元共治的思路。成都市妇联在新经济组织中要从个人能力、个人履历、从事行业、工作意愿等方面通盘考虑，发现、挖掘合适的妇女领袖担任兼职委员。此外在工作策略上要从政治供销走向政治营销，利用双赢的逻辑激发兼职人员的积极性。因兼职副主席、执委不占编制，不发工资，不配专门办公室，只领取少量的补贴，使得如何调动其工作积极性便成为一个难题。目前较为有效的方法就是要从过去单位制下的政治供销，走向市场经济时代的政治营销。妇联要让兼职副主席、兼职委员通过参与妇联工作获得在荣誉、企业知名度、社会人脉等方面的满足感，从而让她们能够主动、积极地配合妇联展开工作。

（五）实体化阵地建设：外部阵地是加强新经济组织妇建的重要保证

妇联改革需要一种创新精神，这样才能够将女性有效地组织起来，克服各类资源和机制的不利因素，朝着一个奋斗目标前进。具体而言，新经济组织妇建要以灵活新颖的方式开展工作，同时需要在阵地建设中注意以下四个问题。

一是定位困难。从组织性质来看，妇联是一个具有中国共产党领导的政治色彩并且属性鲜明的群团组织。而新经济组织主要是在市场内运作，以获取经济效益为目标的经济组织。在现实情况中，新经济组织的负责人出于企业实际效益、思想认识等方面的考量，可能会拒绝妇联在企业内部直接建立阵地。而妇联作为群团组织没有强制性的行政权力，无法以行政命令的方式在企业内部建立基层组织。

二是地点选择。面对上述困难，妇联需要改变传统体制内的工作惯性和思维方式，可以另辟蹊径选择在新经济组织之外的空间建设外部阵地。外部阵地建设首先要考虑影响的地域范围和女性人数，因此妇联要选择新经济组织较为密集的区域作为外部阵地建设的地点，才能达到应有的预期效果。

三是突出特色。外部阵地的活动内容和方式要充分结合新经济组织女性员工的价值观念和工作特点，充分调动其参与外部阵地的积极性和能动性，让参与外部阵地的妇联活动成为其生活中不可或缺的一部分。

四是建立联系。当有相当数量的女性员工持续、长久地参与外部阵地开展的活动时，妇联就可以把外部阵地带来的这种积极效应作为一个示范，或是通过这种正向吸引使得新经济组织反过来与妇联建立联系，充分实现妇联与新经济组织的这种相互补充、相互促进作用。

结　论

总体而言，新经济组织中的妇联建设不能够再通过传统的行政方式自上而下地推进，而是必须能够从企业和企业中女性自身的需求出发。因此，妇联在新经济组织中的建设主要是基于相互吸引的组织联结。这就需要妇联组织一方面摸清企业需求；另一方面梳理清自身能够提供的资源禀赋。从某种意义上说，这种“资源—需求”对接，是推进新经济组织妇联的核心机制。对于妇联来说，从资源吸引的角度，妇联组织主要有项目、品牌、平台、文化等方面的资源。在实践工作中，妇联要不断创新工作机制，用好资源对接的“组合拳”，从而解决好妇联组织怎么进入、怎么组织、怎么活动、怎么覆盖等一系列问题。

（执笔：李威利、李笑宇）

专题八

在关系重塑与组织重构之间

——社会组织发展与妇联组织创新研究

在2015年7月举行的中央党的群团工作会议上，习近平总书记强调，要加快新领域新阶层组织建设，积极联系和引导相关社会组织。① 如今，随着中国改革开放和社会转型的持续深入，社会的自主性逐渐生成，随之涌现出大量不同类型的社会组织。妇联作为党的群团组织，如何在社会组织蓬勃发展的背景下，通过重建妇联组织和社会组织的关系，实现妇联组织创新，从而加强妇联组织的政治性、群众性和先进性，已经成为此轮妇联改革的一项重要命题。可以说，只有将社会组织纳入妇联的工作体系中，才能在促进社会组织发展的同时，提高妇联组织的工作能力，从而更好地联系群众、服务群众、引导群众，并将多元的社会力量汇聚到党和国家的事业中。本研究结合四川省德阳市妇联的实践经验，对重建妇联组织与社会组织关系的目标、意义和困境进行了理论阐释，并探讨了实现妇联组织创新的路径。

一 在政治、社会与组织之间：社会组织发展与妇联组织创新的逻辑

社会组织是指社会成员为了实现特定的目标而有意识地组合起来，

① 《习近平出席中央党的群团工作会议》，2015年7月7日，新华网（http://news.xinhuanet.com/politics/2015-07/07/c_1115847839.htm）。

形成的稳定的合作关系与组织形式。社会自主性的生成和社会组织的蓬勃发展，意味着一种新的社会主体的出现，也意味着包括妇女群众在内的人民群众的生活方式和交往方式的转变。妇联既是党的群众组织，也是国家治理体系的重要组成部分，既要实现政治联系的功能，也要实现社会治理功能。为此，妇联就应在联系和引导社会组织的同时，转变工作方式，实现组织创新。

（一）在政治、社会与组织之间：国家治理视角下社会组织与妇联的关系

改革开放近四十年来，中国的经济体制和社会组织形态都发生了深刻变化。随着市场经济体制的确立，原先计划经济体制下的“单位制”逐渐解体，原先“单位”中的成员逐渐成为社会中“原子化”的个体。为了适应这种转变，同时也为了满足各类社会化的需求，社会开始寻求“再组织化”的路径，由此，针对不同群体、具有各自功能的社会组织应运而生，它们既是“原子化”社会重新整合的新生组织形态，也已经承担着社会自我调节、自我发展的部分功能，是社会自主性生成的重要表现。与此同时，随着互联网的普及，网络社会已经提前到来，这也使得人们的社会交往不仅有物理空间，还有网络空间，而网络空间中的社会组织（包括潜在的社会组织）也正在迅速成长。

社会组织的蓬勃发展意味着一种新的社会主体的出现，它们也应成为国家治理体系中的重要组成部分。党的十八届三中全会提出，推动国家治理体系和治理能力现代化；同时指出，要激发社会组织活力，适合由社会组织提供的公共服务和解决的事项，交由社会组织承担。[①] 此轮群团改革是在国家治理现代化的背景下展开的，由于社会的转型以及人们生活方式和交往方式的改变，如果继续沿用原先科层制和单位体制下群团组织与人民群众的联系机制，显然不足以满足联系群众、引导群众、服务群众的需要；只有将各类社会组织纳入群团组织的工作体系中，才能更好地实现群团组织的政治性、群众性、先进性。

---

① 《中共中央关于全面深化改革若干重大问题的决定》，2013 年 11 月。

就妇联改革而言，重建妇联组织与社会组织之间的关系，主要是为了实现两项功能，一是联系妇女、引导妇女群众的政治功能，二是服务妇女、发展妇女、儿童和家庭事业的社会功能。为此，妇联就必须转变工作方式，实现组织创新，使妇联能够通过吸纳社会多元力量的共同参与，最终壮大妇联队伍，做强妇联自身。可以说，基于社会组织发展的妇联组织创新，是一项站在政治、社会和组织之间的任务。

（二）社会组织发展与妇联组织创新的政治逻辑：基于政治联系的考察

包括妇联组织在内的群团组织与其他社会组织最大的区别就在于，群团组织具有显性的政治性，肩负着党联系各群众群体的政治功能。妇联组织的根本任务就在于发挥好桥梁纽带作用，巩固党的群众基础，把广大妇女群众聚拢到妇联组织周围，既要引导妇女群众，也要汇聚妇女群众的力量，最终实现把党的各项事业与基层妇女群众的生产生活结合起来。加强群团组织的政治性是此轮群团改革最为重要的任务之一，而无论是政治引导还是汇聚力量，都以政治联系为基础。

在原先的单位体制下，每个人都是“单位”的成员，党组织和群团组织通过对每个单位的覆盖，就能实现政治联系的功能。但由于社会转型之后人们之间的“再组织”方式日趋多元化，社会组织凭借其专业功能也具有一定程度的社会聚合作用。社会组织的发展意味着在原有体制之外新生成了一类互动主体，妇联只有通过与相关社会组织建立稳定的合作、互动关系，才能通过社会组织更好地实现政治联系的功能，从而有效地引导妇女群众，汇聚妇女力量。

为了将各类社会组织纳入妇联组织联系妇女群众的工作体系中，妇联应积极引导、支持社会组织的发展，使这些与妇女发展、儿童发展和家庭建设相关的社会组织能够聚拢到妇联组织周围，从而实现对妇女群众的政治联系。在这一过程中，原本在体制之外建立起来的社会组织又被重新有机地整合进国家治理体系中，使得社会的自主性和国家治理的整体性结合起来，因此，在国家治理层面，基于社会组织发展的妇联组织创新是在以社会化的方式解决一个政治性的命题。

（三）社会组织发展与妇联组织创新的社会逻辑：基于社会治理的考察

对于任何组织来说，只有持续有效地发挥现实功能，组织才能保持活力。妇联组织不仅承担着政治联系的功能，还承担着社会治理的功能。所谓社会治理功能，即妇联组织要为广大妇女群众提供及时有效的帮助，帮助她们解决现实困难，维护合法权益，推动妇女发展、儿童发展和家庭建设事业。只有当妇联组织能够解决妇女群众的现实困难，贴近她们的实际需要，才能真正扎根于基层妇女群众之中，从而通过社会治理带动政治联系。

然而，社会治理功能的实现单靠妇联组织自己是不够的。一方面，社会治理的工作十分庞杂，如果仅仅依靠妇联组织和妇联干部的力量，往往人手不足、资金不够；另一方面，无论是女性维权还是女性帮扶，各项社会治理的工作都需要专业化的服务能力，各具体项目也都需要专业的规划与运营，妇联干部尤其是基层妇联干部未必具备这些专业能力。如今的社会组织不仅能够动员大量的人力、物力资源，在专业分工精细化的背景下，各类社会组织在各自领域都能提供专业化的服务。因此，只有充分利用社会组织的治理资源和专业能力，才能提高妇联组织的工作能力和工作成效，针对妇女群众的实际需要提供专业化的服务。

从类型上看，社会组织既包括公益性组织和志愿服务组织，也包括互益性组织，即基于共同的群特特征或兴趣爱好而形成的组织。不同类型的社会组织针对的是人们的不同需求，它们固然具备各自领域内的专业服务能力，但社会组织中的治理资源往往都是散点状的、局部性的、碎片化的，都无法像妇联那样从整体上推动妇女发展、儿童发展和家庭建设事业。因此在社会治理层面，基于社会组织发展的妇联组织创新就是要把妇联的整体性和社会组织的专业性结合起来。

（四）社会组织发展与妇联组织创新的组织逻辑：基于组织变迁的考察

政治功能和治理功能的发挥都需要组织建设的保障。就妇联而言，由于妇女群众生活方式和交往方式的转变，如果妇联继续沿用原先单位体制下的工作方式和工作思维，往往会导致“妇联找不到妇女，妇女找不到组织”的情况。同时，单靠妇联组织和妇联干部的力量也不足以为妇女发展提供全范围且专业化的服务和支持。基于社会组织发展的妇联组织创新，从组织的维度来讲，就是要积极吸纳社会组织及其管理者、带头人加入妇联的组织体系，并在此基础上推动妇联尤其是基层妇联的组织重构、组织扩容，充分发挥妇联“联”的作用，从而在妇联组织与社会组织合作的过程中，壮大妇联队伍，做强妇联自身，提高妇联的影响力和号召力。

对于相关的社会组织而言，在它们提供专业服务、实现各自功能的过程中，也需要依托妇联组织的支持，而妇联的组织重构就是其中重要的一环。首先，社会组织固然都有自己的组织体系，但与妇联所具有的完备的组织体系相比则显得单薄。如果能将社会组织的资源对接到各级妇联，尤其是对接到基层，既能弥补基层资源不足，也能帮助社会组织对接到更多受众。其次，原先的妇联干部队伍往往是在妇联和行政体系内部培养的，社会组织及其管理者和带头人往往缺少参与妇联队伍和决策过程的制度化的机制。此轮妇联改革就是要通过组织扩容，为社会组织融入妇联组织体系提供更多参与渠道，激发它们的参与积极性。最后，尽管各地的不少社会组织已经与妇联组织建立起合作机制，但围绕在妇联组织周围的各相关社会组织彼此之间往往并不熟悉，因而无法实现资源的充分利用与有效整合。这就要求妇联组织建立社会组织之间的交流协作机制，形成以妇联为中心的组织化网络。

总之，社会组织是在社会转型的背景下发展起来的新的社会主体，将社会组织融入妇联组织的工作体系中，能帮助妇联组织更好地实现政治联系和社会治理的功能，而这就需要妇联组织通过组织创新来重建与社会组织的合作互动关系，从而实现群团改革所提出的政治性、群众性、先进性的要求。

二　在观念滞后与体制区隔之间：社会组织发展与妇联组织创新的困境

妇联组织与社会组织之间合作互动关系的建构固然能够增强妇联的工作能力和工作成效，但在实际推动关系重构和组织创新的过程中，许多地方的工作往往难以深入，甚至陷于停滞。究其原因，主要是受到观念滞后和体制区隔这两方面的制约。这两项制约因素又是相互联系的，因为身处于特定体制下的人们的观念会受到体制的制约，而观念的滞后又使得体制性区隔难以破除。因此，妇联组织创新的困境就在于观念滞后于体制区隔之间的相互建构。

（一）观念滞后与体制区隔：社会组织发展与妇联组织创新的两大问题

妇联建立与社会组织之间的合作互动关系，既是顺应社会转型之后社会组织形态的变化，顺应妇女群众生活方式和交往方式的变化，也可以借社会组织之力，增强妇联自身的工作能力。同时，各相关社会组织也希望能够加入妇联的工作体系，既获得政治背书，也能依托妇联的组织体系深入基层，更好地发挥自身功能，把各类资源带给基层妇女。在此轮群团改革中，支持和引导社会组织发展也是一项重要工作，正如中共中央在《关于加强和改进党的群团工作的意见》中所指出的："要支持群团组织加强对有关社会组织的政治引领、示范带动、联系服务；要推动政府治理和社会自我调节、基层群众自治良性互动，促进多元治理主体协同协作协调、互促互补互融。"可以说，基于社会组织发展的妇联组织创新，既有顶层设计，又有内在动力，也有现实需求。

但就实际成效而言，不少地方的妇联组织与社会组织之间的联系往往流于形式，浮于表面，甚至陷于停滞。究其原因，观念滞后和体制区隔是两大主要制约因素。所谓观念滞后，就是一些妇联干部尤其是领导干部对社会转型后妇联组织创新的重要性认识不够，对在传统体制之外成长起来的社会组织存在认知偏差，仍然沿用机关化、行政化的工作方式，既没有充分挖掘社会组织中的资源，也没有为社会组织融入妇联工作体系创造便利的渠道。所谓体制区隔，是由于妇联组织受行政化的影响，其人事体制和运行机制都与当前群团工作的实际需要存在一定的差距。基于社会组织发展的妇联组织创新是为了让妇联更好地发挥"联"的作用，但现有的基于公务员体系的人事管理体制阻碍了组织扩容的进展，而实际工作中又缺少与传统体制外的社会组织相衔接的制度化机制，导致大量社会组织的资源无法到达基层妇女群众中，妇联往往还是在依靠自身的人力、财力来联系妇女、服务妇女。

（二）对社会组织发展与妇联创新认知不足：观念滞后的表现与原因

妇联组织创新落实到具体工作层面，是要由“人”来推动的，因此，观念滞后，即“人”的因素是制约妇联组织创新的直接原因。观念滞后主要表现在以下三个方面。

首先，没有跟上社会组织的发展步伐和妇女群众社交方式的转变，仍然把社会组织当作体制外的、边缘化的小众群体，甚至视社会组织为对抗性的力量，因而没有走近社会组织，没有深入了解它们的社会影响力，也就制约了妇联发挥对社会组织的整合功能。

其次，缺少深入挖掘潜在的社会组织以及其中可供利用的资源的意识。社会组织既包括在民政部门注册的民非组织，也包括没有注册的潜在组织，还包括网络空间内的各类群组。在一些地方，虽然注册登记的相关社会组织不多，但这并不代表这些地方就一定缺少社会组织的资源，潜在的社会组织也可能十分活跃。此外，与妇联相关的社会组织不仅可以包括以女性为主体的组织，也可以是服务女性发展、儿童发展和家庭建设的社会组织，照此标准，妇联可以联系的社会组织甚至可以说是没有边界的。

最后，妇联与社会组织的合作往往被当作一项单独的工作，很少上升到妇联组织创新的高度。事实上，所谓重建妇联组织与社会组织之间的合作互动关系，不仅要在微观工作层面上实现对社会组织资源的有效整合，更是要借此建立一个开放、包容的合作平台，使各类社会组织都能参与妇联的工作体系。

造成观念之后的原因主要有以下三方面：一是如今大部分的妇联干部尤其是领导干部都是在传统体制下成长起来的，尚未完全转变工作思路，尤其是与年轻女性存在一定的代际差异。二是缺少对社会组织的深入了解，由于缺少与社会组织管理者和带头人的沟通交流，不少妇联干部对社会组织的目标和诉求并不了解，妇联与社会组织的合作也就难以深入。三是由于一些党政领导同样存在观念滞后的问题，导致妇联在开展与社会组织的合作互动的过程中，有时也得不到充分的支持。

（三）在人事体制与运行机制之间：体制区隔的表现与原因

体制区隔是制度环境的问题，由于各项具体工作都要在现有制度环境下进行，体制区隔也会阻碍具体工作的开展，具体表现在人事体制和运行机制这两个方面。

就人事体制而言，由于妇联干部队伍参照传统的公务员管理体系，人员编制、录用提任等都有明确的规定，这样的人事管理体制固然保证了科层制下妇联组织的有效运转，但却构成了组织扩容的体制性壁垒。妇联组织只有通过广泛吸纳社会自治的管理者和带头人，才能发挥好“联”的作用，这就要求通过认识体制的改革，为体制外人员参与妇联中的决策和协商过程创造渠道。此轮群团改革中正在探索的兼职副主席（执委）制度，就是通过改革人事管理体制来打破体制区隔。

就运行机制而言，无论是妇联还是党政系统，一方面，由于部门分工，各类资源，包括资金、人员、政策等，都分散在各个部门，若没有建立起制度化的部门协同机制，就难以实现体制内资源的有效整合和部门之间的高效衔接。另一方面，各类资源经过层层划分，对于每个基层一线工作单位而言，可供利用的体制内资源往往是十分有限的。对于妇联而言，妇联内部各部门之间，以及妇联与相关党政部门之间的往往存在衔接不畅，不利于体制内资源的有效整合，尤其是基层妇联普遍存在资源不足的情况。另一方面，体制区隔还阻碍了体制外资源（即企业和社会组织资源）的接入，现有的对接机制更多是针对体制内单位，对于非公经济、民非组织等“两新组织”往往缺少制度化的对接机制，对于那些没有注册的、潜在的社会组织更是缺少正式的合作机制。在妇联的实际工作中，有许多围绕在妇联周围、实际参与妇联工作体系的社会组织都受到运行机制的制约，这既不利于社会组织的发展，也不利于妇联组织充分利用体制外资源。

造成体制区隔的根本原因在于体制机制改革没有跟上社会转型的步伐，具体而言，就是在社会组织蓬勃发展的背景下，妇联工作的运行机制并没有完全兼容这类体制外的新兴社会主体，从而阻碍了工作方式创新和妇联组织创新。

（四）观念滞后与体制区隔相互建构：社会组织发展与妇联组织创新的困境机制

观念滞后与体制区隔并不是两个彼此独立的制约因素，而是互相建构的。一方面，体制区隔尽管源于计划经济和单位体制的制度惯性，但制度的制约因素也不是外在给定的；正是由于党政领导、群团干部（包括妇联干部）中存在的观念滞后，削弱了体制创新的内在动力，导致人事体制和运行机制的设计仍然停留在传统思维中。另一方面，妇联干部也都是在现有体制规范下工作的，尽管不少妇联干部也都认识到体制区隔的问题，但体制的制约又削弱了她们改革创新的意识，最终加剧了观念的滞后。

正是由于“人”的因素和制度的因素之间的相互建构的关系，二者会自发寻求彼此之间的平衡。对于一个观念滞后的妇联干部而言，她当然也意识不到体制区隔的存在，相反，她或许非常“适应”现有的工作机制。因此，要想破除妇联组织创新的困境，就必须同时推动观念和体制的与时俱进，使二者达到新的平衡，即观念革新推动体制创新，体制改革推动观念转变。

然而，如今有关社会组织发展和妇联组织创新的困境分析，往往是将观念滞后和体制区隔分立开来讨论的，因此如果站在妇联干部一边，则会着重强调体制区隔制约了组织创新，而如果站在体制一边，则会着重强调观念滞后导致妇联干部缺少创新精神。事实上，一个富有创新精神的妇联干部一旦身处存在体制区隔的环境中，也会难有作为；一套富有活力的工作机制一旦交到存在观念滞后的妇联干部手中，也会鲜有成效。因此，只有站在观念滞后于体制区隔之间，才能把握社会组织发展与妇联组织创新的困境机制。

三　在机制、载体与结构之间：社会组织发展与妇联组织创新的路径

为了顺应社会组织发展的背景和趋势，各地妇联都在积极探索组织创新的路径，以此来吸纳社会组织的力量，提高妇联工作成效。这些创新探索各有亮点，也为下一步的妇联改革积累了经验，但现有的创新探

索往往是偶发的、局部的，而全面的组织创新应该包括机制创新、载体创新和结构创新，从而更好地实现妇联的政治联系功能和社会治理功能，并在此过程中实现关系重建和组织重构。

（一）在机制、载体与结构之间：基于社会组织发展的妇联创新机理

如前所述，基于社会组织发展的妇联组织创新是一项站在政治、社会和组织之间的任务，因此妇联组织创新的路径也相应地具有机制、载体和结构三个层面。它们既针对各自不同的目标，又彼此联系、相互支持，只有同时在这三个层面上推进创新，才能建立起妇联组织与社会组织之间全方位的合作互动关系，并从整体上提高妇联组织的工作能力。

首先，要通过机制创新，提高妇联组织联系群众、引导群众的能力，发挥好妇联的政治功能。在这个层面上，社会组织作为组织化网络的构成主体，提供了新的联系机制。一方面，妇联组织应通过社会组织来加强对妇女群众的政治联系，从多个角度了解基层妇女儿童的实际需求；另一方面，妇联也应发挥好对社会组织本身的政治引导，既要支持社会组织发展，也要引导社会组织沿着有益于国家整体发展战略、有益于妇女儿童事业的方向发展。

其次，要通过载体创新，提高妇联服务妇女群众、推进妇女发展、儿童发展和家庭建设事业的能力，发挥好社会治理的功能。在这个层面上，社会组织作为各类治理资源的聚合平台，是多元治理体系中的重要参与者。社会治理功能的承载者不应仅限于妇联组织和妇联队伍，而应该是由以妇联为中心的工作体系来承担；这一工作体系将不仅具备远超妇联组织所能提供的资金、人手等基础性资源，还具备妇联干部所不具备的各项专业服务能力，从而实现治理资源的充分利用、合理配置和效益优化。

最后，要通过结构创新，促进妇联组织与社会组织合作互动关系的与时俱进，发挥好妇联“联”的作用。妇联不仅要建立起与单个社会组织之间的合作互动关系，还应促成相关社会组织彼此之间的资源整合，使得以妇联为中心的组织体系同时成为妇女群众多元需求的汇聚点和各类服务资源供给的汇聚点。这一组织体系具有立体式的结构，能够通过各类资源的组合自主生成完备的服务力量，为妇联组织注入新的活力和

效率。

（二）作为组织化网络的社会组织与妇联联系妇女儿童机制创新：社会组织与妇联政治功能实现

如前所述，社会组织是在社会转型和“再组织化”的过程中生成的，而社会组织的蓬勃发展意味着它们保有着与各自受众之间的广泛而稳定的联系机制。妇联与社会组织的合作互动首先是要整合社会组织联系受众的机制，使之融入妇联组织联系妇女儿童的机制，在实现妇联组织的政治联系功能的同时，将社会组织的力量经由妇联的渠道汇入国家治理体系之中。

首先，要盘活体制内资源，为妇联在整合社会力量时创造更为有利的条件。社会组织之所以愿意围绕在妇联周围，参与妇联的组织体系，也是基于妇联能够帮助社会组织对接相关党政部门，为自身发展争取更多体制内资源。在调研中，德阳市妇联积极为相关社会组织争取政策扶持、财政资金、场地、配套设施等各类资源的支持，团结了一大批为妇女儿童事业服务的社会组织。但现实中，许多社会组织仍然是在靠各自的社会关系来联系有关部门，因此，帮助社会组织对接体制内资源，可以有效地实现团结、引导社会组织。

其次，要积极支持并团结互益性组织，建立更加多样化的联系基层妇女群众的渠道。目前妇联组织往往更重视公益性组织和志愿服务组织的作用，以此提高服务妇女群众的能力和成效，但互益性组织也同样重要，它们对应着妇女群众的实际需求和兴趣爱好，尽管大多数都是非正式组织，但交流互动往往非常活跃。妇联组织应积极支持其发展，妇联干部也应通过参与其中，从而走进群众，倾听群众诉求，与妇女群众打成一片。

再次，要建立科学完备的评比奖励机制，在激发社会组织参与积极性的同时，引导其健康、有序地发展，尤其可以激励那些与妇联当前工作重点相匹配的社会组织快速成长。随着社会分工的精细化，妇联组织在将许多具体的专业化工作交由社会组织承担的同时，也应发挥好管理者、监督者的角色。调研中，德阳市妇联通过设计评比奖励方案，吸引更多社会组织参与，激励它们创先争优，并宣传那些表现先进的组织。

评比奖励机制可以通过科学设定评比标准，合理运用物质和荣誉激励，引导社会组织将自身发展与妇联的各项事业联系起来，使社会组织之间既有相互竞争，又能形成优势互补。

最后，要重视对网络空间中的组织和群组的联系与引导，在网络空间中发挥好联系妇女群众的政治功能。为了顺应妇女群众，尤其是年轻女性的社交习惯的转变，妇联不仅要在网络空间中建立起自己的宣传互动平台，还要通过联系那些有影响力的网络群组来联系、引导女性网民，从而凝聚更多共识，扩大妇联在网络空间中的影响力。

（三）作为治理性资源的社会组织与妇联服务妇女、儿童与家庭载体创新：社会组织与妇联社会功能实现

妇联组织除了肩负着政治联系的功能，还承担着社会治理的功能，即服务妇女群众，推动妇女发展、儿童发展和家庭建设事业。为此，同样需要吸纳并整合社会组织的力量，充分挖掘、利用社会组织中蕴含的治理性资源，为妇女群众提供专业化的服务。这就需要实现载体的创新，即承担社会治理功能不能单靠妇联组织和妇联干部，而是要建立一个以妇联为中心、汇集多方力量共同参与的社会治理体系，妇联既是其中的实际工作者，也是这个多元治理平台的运营者。

首先，要广泛动员社会组织提供专业的服务，与妇联的各项工作项目相对接，提高妇联工作体系的服务能力。面对庞杂的社会治理工作和妇女群众多样化的需求，妇联组织和妇联干部的人力、财力都是有限的，也难以在各项具体服务项目上都具备专业能力，因此就需要社会组织的参与。所谓妇联组织的先进性和群众性，并不是要求妇联干部具备承担每项服务和治理工作的能力，而是通过借助社会组织的力量，提高妇联整体工作体系的先进性，只有这样，妇联才真正发挥了“联”的作用。同时，既要寻找已有的社会组织，也要推动新的社会组织发展，尤其不能只看到那些已经注册的社会组织，要充分吸纳新兴的、潜在的社会组织，并着力培育它们的运营管理能力，充分挖掘社会组织中蕴含的治理资源。

其次，要把社会组织的资源对接到妇联的基层组织中，“妇儿之家”的平台中，把“妇儿之家”打造成为统一向基层妇女群众输出服务资源

和项目的坚实的基层载体，从而做大、做强妇联自身。“妇儿之家”不仅是一个物理空间，还是基层妇联联系妇女群众的关系空间，是汇聚体制内和体制外各类资源的连接点。调研中，德阳妇联积极支持社会组织发展妇女儿童事业，聘请专业的社会组织承接“妇儿之家”中的服务职能，社会参与度很高。由此，社会组织具有提供专业服务和公益服务的正式渠道，成为妇联工作体系中的重要一环，“妇儿之家”也因体制外资源的汇入而更具活力，更受欢迎。

最后，要积极运用互联网平台，充分运用互联网平台扩大信息辐射面，实现资源的跨地区、跨行业对接。网络社会的提前到来给社会治理提供了全新的技术手段，这就要求妇联组织和妇联干部具备互联网思维。尤其是对于基层妇联而言，尽管自身资源有限，但在互联网平台背后，是全国乃至全球的受众，也有全行业的供给者和消费者，当然也有依托互联网而组织起来的社会组织，这些互联网上的治理资源往往因为缺少一个接入端口而无法到达最需要的基层一线。因此，妇联组织既要重视通过互联网平台汇聚治理资源，也要重视新媒体宣传，积极推广妇联的项目，吸纳更多社会力量共同参与。

（四）关系重塑与妇联组织创新：社会组织发展与妇联组织重构

为了实现通过吸纳社会组织的力量而更好地发挥妇联组织的政治联系功能和社会治理功能，妇联就必须通过组织创新来重塑其与社会组织的关系。

首先，要建立开放、包容的联系平台，让更多社会组织能够参与平台，实现协同合作。与妇联相关的社会组织不仅包括以女性为主体的组织，如女企业家协会等，也可以是服务女性发展、儿童发展和家庭建设的社会组织，因此，妇联可以联系的社会组织甚至可以说是没有边界的。妇联在联系社会组织、开展项目合作的同时，应重视建立一个组织储蓄库，对围绕在妇联周围的社会组织进行统一的梳理，既充分整合社会组织所蕴含的联系机制和治理资源，同时也发挥妇联组织的引导作用。

其次，要积极探索兼职干部机制，吸纳社会组织的管理者和带头人加入妇联队伍，提高决策的科学性、民主性。社会组织的管理者、带头人，以及女性群组中的精英和积极分子，都是实际承担联系群众和公共服务的参与者，但却缺乏参与妇联组织的正式机制。此次群团改革中着力推动的兼职干部机制，就是要通过组织扩容吸纳更多体制外人士共同参与群团工作，既激发社会组织的积极性，同时壮大群团组织的队伍。如今各级、各地妇联都在以妇联换届改选为契机，吸纳更多的兼职副主席、兼职执委，不少原先长期与妇联组织合作的社会组织管理者已经参与其中。

最后，既要发展妇联组织与社会组织之间的合作关系，也要推动社会组织彼此之间的合作，形成各类资源的组合利用。如今的许多公共服务和社会治理项目往往需要多种类的专业能力和资源，社会组织（或企业的公益服务部门）的专长不同，资源的稀缺程度不同，因此就需要彼此配合，才能共同完成综合性项目。现有的联系机制往往是妇联与社会组织的单线联系，但同样是围绕在妇联周围的社会组织，彼此之间的联系往往很少。因此，要加强社会组织彼此之间的联系、沟通和协商机制，建立以妇联为中心的资源交互平台，促成社会组织彼此的配合，这不仅能克服基层妇联资源不足的问题，还使社会组织能够自主生成推动综合性项目的解决方案；妇联不仅充分吸纳了社会组织的力量，还大大提高了工作效率和工作能力，将原先与社会组织的单线联系网络转变成彼此互通的立体式的组织体系。

四　在一项工作、一个维度与一套观念之间：社会组织发展与妇联组织创新的意义

基于社会组织发展推动妇联组织创新，这既是群团改革大背景下涉及妇联各具体部门的一项具体工作，也是妇联整体工作维度的提升，更是一套思维观念的革新。一方面，妇联组织要发挥好“联”的作用，发挥好政治联系功能和社会治理功能，就必须密切联系并充分利用社会组织这一新生社会主体的力量，从具体项目和微观机制入手，探索组织创新的路径，这是妇联改革的一项重要工作；另一方面，具体部门和实务工作中的组织形态创新组合起来则会推动妇联组织整体组织形态维度的提升，从而为新的具体工作的创新提供更有力的组织基础。目前，妇联组织创新并没有现成的经验和模板，无论是具体的路径还是未来的规划

都需要不断探索，因此，转变思想观念，敢于推动创新，这就是一个维度的提升。正是在一项工作和一个维度之间，妇联组织创新才能不断积累经验，不断走向成熟。

（一）关系重塑与群众工作新阶段出现：社会组织发展对妇联发展的意义

社会组织的蓬勃发展意味着群众工作进入了一个新的阶段。社会组织是在原有体制之外新兴生成的社会主体，既有其独立的受众联系机制，也有其专业的服务能力。在人们的生活方式和社交方式都发生转变的背景下，原有的群团组织如果仍然沿用基于单位体制的联系机制，如果仅仅依靠自身的资源禀赋，那么既会找不到群众，也会服务不好群众。妇联组织与社会组织的合作互动关系，不仅要求妇联组织积极吸纳社会组织的力量和资源，还要求妇联在这一过程中实现组织创新，从而真正建立起汇聚多方合力的妇女群众工作体系。

社会组织的发展给妇联组织创新带来了新的机遇。要实现创新，关键在于要有新要素的汇入，并与原有的要素相融合，形成新的组织方式。如前所述，社会组织既蕴含着联系群众的渠道，也蕴含着服务群众的治理资源，尤其是在社会治理层面，社会组织事实上承担着许多与妇联类似的服务职能。妇联要发挥好“联”的作用，就需要同时为整合体制内和体制外资源而进行组织创新，社会组织的发展使得妇联得以在与社会组织合作的具体工作中，建立起开放、包容、协同的组织体系。未来，社会组织还会根据经济社会的发展和人们生活方式的转变而不断推陈出新，而组织创新则能使妇联始终紧跟时代发展，始终保持先进性。

社会组织的发展也对妇联组织创新提出了更高的要求。如果妇联无法通过组织创新来充分吸纳并汇聚社会组织的力量，那么一方面，妇联组织就难以充分借助社会组织来更好地联系群众，服务群众，从而出现找不到群众、服务不好群众的问题，甚至导致妇联组织被边缘化。另一方面，缺少组织创新将导致妇联难以发挥对相关社会组织的引导作用，难以使其融入国家治理和社会治理体系中，于是部分社会组织或将演变为对抗性的社会力量，甚至一些宗教势力、境外势力都会联系到这些社会组织。因此，社会组织的发展使得妇联组织创新更具紧迫性。

（二）作为一项工作的社会组织发展与妇联组织创新

基于社会组织发展的妇联组织创新首先是此轮妇联改革中的一项具体工作。正如全国妇联在此轮妇联改革的实施方案中指出的，要支持具有专业优势的社会组织通过项目招聘、公益创投等方式参与政府购买服务，集聚包括社会组织等在内的社会力量发挥其优势特长，为妇女群众提供专业化服务；要联系和引导女性社会组织健康有序发展，把服务于妇女儿童和家庭、条件成熟的女性社会组织吸纳为妇联团体会员，把有一定影响力的社会组织女性负责人吸收到基层妇女工作队伍中来；增强各级妇联组织的广泛性代表性，增加妇联执委会成员中来自女性社会组织负责人的人数和比例；要把有本领、有经验的优秀妇女人才充分吸纳到妇联干部队伍中来，增加女性社会组织负责人兼职妇联领导干部的人数和比例。[①]

组织创新作为一项涉及面广、时间跨度长的工程，最初也是从具体、微观的工作开始的，妇联改革方案提出的各项创新路径如何在基层落地，这还需要妇联干部不断探索，不断尝试。为此，妇联干部首先要走进社会组织，尤其要走进那些潜在的、未注册的社会组织，了解它们的发展理念和专长优势，倾听社会组织负责人的意见建议和诉求，为社会组织参与妇联工作牵线搭桥。其次，要立足当地妇女群众的实际需求，立足当地社会组织的实际资源禀赋，选择最有条件、最有需求的方面先行先试，以具体项目为切入点，引入社会组织力量，打通各个环节，探索机制创新。最后，要对照妇联改革的要求，把改革任务落实到各具体部门的实施方案上；要充分了解各口具体工作中涉及的社会组织发展情况，努力为社会组织参与妇联工作体系服务，讲求工作机制和组织形态创新的实效性，在具体工作中形成亮点特色和品牌效应。

（三）作为一个维度的社会组织发展与妇联组织创新

基于社会组织发展的妇联组织创新不仅是各部门具体分头负责的具

---

① 《全国妇联关于贯彻落实〈中共中央关于加强和改进党的群团工作的意见〉实施方案》（2015年11月）。

体工作，更是一个维度的提升，一个塑造面向“后群团改革时代”的妇联组织的维度。当各部门、各条线的创新实践汇聚起来，当组织创新的工作机制逐渐累积起来，最终贯穿于整个组织中，就形成了整体维度的提升。

为此，妇联组织首先要加强内部各部门间的通力合作，不断交换各自在实务工作中的经验、进展、问题和困难，形成服务于基层、服务于实务部门的工作态势，在打破妇联工作整体的体制区隔之前先打破妇联组织内部可能存在的体制区隔，以实际需求为导向，将一线工作中的机制创新汇聚起来，串联起来。其次，妇联领导干部和各级党委的分管领导也要充分重视并积极支持基层妇联正在进行的组织创新，为社会组织及其负责人参与妇联工作协调出一套可行的机制。最后，各地妇联也要加强相互学习交流，借鉴其他地方妇联的好点子、好做法，探索符合本地区实际需要的妇联组织创新形式，使那些有条件、有能力的社会组织及其负责人能够真正参与妇联的工作和事业，能够真正惠及妇女群众。

维度的提升并不是具体工作所直接要求的，但它却关系到组织创新能否持续、深入地推进。此轮妇联改革可以说只是迈出了第一步，而要进一步拓展改革的成果，就需要把组织创新置于更长远、更具战略性的维度上，使创新贯穿于各项具体工作中，形成整体合力。

（四）作为一套观念的社会组织发展与妇联组织创新

基于社会组织发展的妇联组织创新不仅是一项具体工作和整体维度的提升，还需要思维观念的转变与更新。它固然需要认真负责的工作态度，但不能仅仅把它看作一项工作，它还需要创新的勇气和智慧。

首先，要转变对社会组织的传统印象，要在深入了解当代女性，尤其是年轻女性的社交习惯和实际需求的基础上，重新认识社会组织发展对妇联改革的意义，从而更加积极地吸纳社会组织的力量。其次，在推动组织创新的过程中会遇到各种体制性制约因素，不少妇联干部往往因此就停滞不前。组织创新固然要考虑合适的实现方式，但其最终目标是要打破不适应时代发展的体制壁垒，是一个不断调适、磨合的过程。再次，不少妇联干部往往会觉得本地区社会组织的数量少，可供利用额资源不足，但这往往是由于没有充分挖掘潜在的社会组织，而只是把眼光盯在注册登记的正式组织上；事实上，许多非正式的社会组织远比正式组织更为活跃。复次，既要善于从实践中提炼出可复制、可推广的经验，善于把零散的、孤立的工作亮点串联成系统性的工作机制，同时也要在大量实践的积累中提高对社会组织的甄别能力、引导能力和管理能力，这也是组织创新对妇联干部素质的新要求。最后，要着力提升互联网思维，一方面要积极运用互联网对接更多社会组织，实现资源的跨地区、跨行业集聚与整合；另一方面也要在发展妇联自己的新媒体宣传平台的同时，充分借助社会组织的传播渠道来拓展妇联的影响力。

组织创新最终还是回归到“人”的因素，即要求妇联队伍具备与妇联改革相匹配的工作状态。未来社会组织的发展还将不断推陈出新，只有通过思维观念的转变和更新才能使妇联组织能始终紧跟时代发展，形成真正面向未来的组织创新。

（五）在一项工作、一个维度和一种观念之间：社会组织与妇联组织发展

组织创新是一个长期的过程，其中具体工作的推进、整体维度的提升和思维观念的转变往往是相伴而行的，这正如局部和整体、理论与实践的关系一样，理论从实践中产生，又反过来指导新的实践。基于社会组织发展的妇联组织创新首先从具体工作起步，在推进具体工作的过程中会遇到各种问题和困难，但正是在解决问题和困难的过程中，逐渐摸索出创新路径，积累起经验，提高工作能力，最终具备战略眼光。当然，妇联干部在以往的长期工作中已经积累了丰富的实务工作经验，已经积累了基于具体条线工作的不少创新机制；只是由于面对社会组织发展与妇联组织创新这项新工作，需要新的工作能力和经验，也需要新的观念意识。这种维度的提升又会从整体上促进具体工作的推进，使各项具体工作能够相互协同，使基于社会组织发展的妇联组织创新是一次全面、深入、具有实质性的组织创新。

此轮群团改革是面向未来的，可以预见，未来会不断有新的社会组织生成，妇联组织需要不断通过汇聚新生社会力量来实现组织创新，因此组织创新将长期处于一项工作和一个维度之间。唯有这样，妇联组织才能始终适应时代的发展和群众工作的需要，实现政治性、先进性和群

众性。

结　论

经过改革开放四十年的发展，伴随着经济领域中市场经济体制的确立，社会领域的转型集中表现为单位体制的瓦解和社会自主性的生成，社会组织作为一种新兴的社会力量正呈蓬勃发展之势。社会组织既有联系各自受众群体的联系机制，也有专业化的服务能力和各类服务资源。妇联组织作为党的群团组织，既肩负着联系、引导妇女群众的政治功能，也承担着服务妇女群众，促进妇女儿童和家庭事业发展的社会治理功能。因此，妇联要与社会组织建立起全方位的合作互动关系，在国家治理层面要借助社会组织的联系机制更好地联系基层妇女群众，同时引导社会组织健康有序发展；在社会治理层面，要积极吸纳社会组织的专业化服务能力和治理资源，以此弥补基层妇联资源禀赋不足，从而更好地服务妇女群众。为此，妇联就必须推动组织创新，从而形成以妇联为中心、以社会组织为重要参与者的新的工作体系和组织体系，其中既包括对社会组织的汇聚与整合，也要把相关社会组织的负责人和积极参与者吸纳进妇联的队伍中。

然而，基于社会组织发展的妇联组织创新也会因观念滞后和体制区隔而遇到困境。因此，组织创新既需要妇联干部和党政领导能转变观念，与时俱进，也需要打破体制壁垒，探索出适应社会组织发展的妇联工作机制。妇联组织创新首先是此轮妇联改革中的一项重要工作，使妇联能够通过汇聚社会组织的力量增强妇联自身的工作能力和影响力，发挥好政治功能和治理功能；同时，组织创新也是一个维度的提升，是基于社会组织发展的契机，使妇联能够在群众工作新阶段中，实现政治性、先进性和群众性。

（执笔：郑长忠、赵小斐、沈大伟）

专题九

构建西部崛起背景下女性发展的新载体

——推动女性电商组织化与妇联组织创新研究

随着网络社会的生成，人们的交往方式和市场经营方式都发生了巨大变化。其中，电商模式就是这种变化直接而具体的体现。电商的出现打破了人们地理区域上的距离、物理空间上的限制以及信息获取和沟通上的障碍。这为传统上处于相对弱势地位的西部地区尤其是西部地区女性的发展创造了新的条件，使其可以借助于电商平台不必远离故土即可实现兼顾照料家庭和谋求个人发展的意愿，从而为西部女性的发展注入了新的生机和活力，提供了经济性和社会性的有效支撑。妇联作为联系妇女的桥梁和纽带，推动西部地区女性电商的发展就成为其的重要工作内容和有力抓手。妇联对西部地区女性电商发展的推动和介入，关键在于培育女性电商和提升女性电商的组织化程度。然而，在这一过程中，难免会遇到各种困境，必须用新逻辑和新探索来应对解决。这就要求充分发挥妇联自身的组织优势和社会性与政治性的双重功能和属性，在推动女性电商组织化的过程中，实现妇联组织自身的形态创新。本文遵循上述逻辑对女性电商组织化与妇联组织创新之间的关系展开研究，以期待探寻构建西部崛起背景下女性发展的新载体，把握其内在逻辑，供有关实际部门参考借鉴。

一　电商出现与女性发展：西部妇联工作的新命题

网络社会和电商出现之前，基于地理空间的劣势和信息传播渠道的限制，使得西部地区女性在不离开本地的情况下难以获得更多的发展机会，照顾家庭和谋求个人发展成为难以克服的矛盾。随着网络社会的出现尤其是电商平台的发展，人们交往方式和市场经营方式的新形态开始形成，打破了西部女性在传统社会和在市场经济背景之下所固有的一些劣势，使其可以充分和直接地利用本地的资源和条件，通过网络的方式实现远距离、跨区域的销售往来，为自身的发展带来了新的有利条件。这为西部地区妇联的工作带来了新挑战，提出了新命题，要求妇联充分发挥自身的社会性和政治性双重功能和属性，不断提升女性电商的组织化程度。

（一）电商出现与交往方式、经营方式的新形态生成

2000年之后，随着信息网络技术的迅猛发展和移动智能终端设备的广泛使用，中国社会逐步进入网络社会。在早期网络社会阶段，城市相对农村所具有的技术优势以及青年人相对于中老年人所具有的年龄优势和信息获取优势，使得城市尤其是大城市和青年人成为网络技术运用的主要地域空间和网络社会的行为主体。但随着信息技术的推进尤其是包括手机在内的移动智能终端使用的快速普及，使得互联网的使用迅速打破了农村与城市之间以前存在的地域技术差异，更抹平了年龄对于互联网运用和信息获取的差别。据最新数据显示，截至2017年6月，中国网民规模达到7.51亿人，手机网民规模达7.24亿人，网民使用手机上网的比例由2016年年底的95.1%提升至96.3%。这表明，中国社会已经稳步进入网络社会阶段，互联网和移动终端已经成为人们不可或缺的日常基本配置。

在技术支撑和规模受众的支持下，以阿里巴巴、京东等为代表的电商平台强势崛起并日益走向成熟，借助于在线购销、移动支付、快速配送、精准促销等新颖的方式和手段，电商成为人们销售和购买的主要载

体和方式，一个有别于传统商业运营模式的新型电子商务运营模式已基本形成。日益成为人们交往和市场经营的新的话语平台和交易平台。电商平台所获得的这种整体性发展和对中国社会的深刻渗透，正在消解人们一代代积累沿袭的传统生活习俗和交往习惯，使整个社会的交往方式和市场的经营方式发生了巨大的变化。

这种变化主要表现在，人们线下物理实在空间的交往方式逐渐为线上网络虚拟空间的交往方式所延伸和扩展，传统市场面对面的经营方式逐渐为网络上的电子商务往来所延展和取代。这种交往方式和经营方式的变化是颠覆性的。借助于电商，人们可以实现远距离信息沟通、物资流动、人机互动、精准配置，从而大范围大幅度深层次地克服区域性和时效性的限制，必将催生出新型的人际关系和社会诚信体系，从而最终形成一种基于网络社会和电商平台而形成的交往方式和经营方式的新形态。

（二）交往方式与经营方式的新形态与西部女性发展

交往方式和经营方式新形态的出现，不仅对广泛的区域和普遍的民众产生了深刻影响，更对于曾经和当下在地理空间位置、经济发展水平、观念开放程度等方面仍然处于相对弱势地位的西部地区具有特殊的意义。电商平台的产生和发展，交往方式和经营方式的创新，使得西部地区可以摆脱远离中心城市导致的交通不便、销售网络不健全导致的产品滞销、优势产品知名度不高导致的资源浪费等传统制约因素，获得发展的新的公平起点，甚至实现弯道超车的机会。电商平台有利于西部地区打破人们交往方式上存在的先天性不足和经营方式上存在的区域性障碍，实现商品销售方尤其是小规模或者家庭式的商品销售方和购买方之间的直接关联，在原产地的销售者和城市里的消费者之间建立起直接联系，大大减少了中间交往的环节和成本。这种交往方式和经营方式的变化对社会中人的发展和经济运行模式都产生了巨大影响。近年来，借助于电商平台，许多来源于西部原产地尤其是西部农村的地域性，纯天然，有特色的优势产品，例如各种无污染的优质水果和农产品，各种精美传统的手工制品等销售到全国各地乃至世界各国，广受市场追捧，印证了“越是地方的，就越是全国的，也越是世界的”的道理。

电商平台出现导致的交往方式与经营方式的新形态更加直接影响到西部的女性群体。由于家庭环境和自身教育条件等的约束和限制，相当一部分西部女性群体要么离开故土远赴其他地区艰难谋生，要么被束缚在乡村和家庭中，无法在国家和社会整体经济发展中通过有效的渠道和途径提升自己的地位，无法实现兼顾照料家庭和谋求个人发展的意愿。电商模式的出现为西部女性解决这种两难的处境提供了一条有效的渠道。其所带来的交往方式和经营方式的改变，使得西部女性可以在不离开故土的条件下，开展有效的经营活动，实现照顾家庭教育子女与谋求个人发展提升经济地位之间的平衡和愿望。打破了不论是在传统社会还是在市场经济背景之下西部女性所固有的一些劣势，为西部女性的发展注入了新的生机和活力，提供了经济性和社会性的有效支撑。

（三）在社会与政治之间：电商出现与妇联工作的新命题

作为中国共产党的群团组织，妇联发挥着联系妇女群众的桥梁和纽带作用，是国家政权的重要社会支柱，这决定了妇联在联系群众、联系女性方面具有社会性和政治性的双重属性和功能。妇联的社会属性和功能主要表现在推动国家和社会各方面力量来服务妇女发展、儿童成长和家庭建设，同时也引导、团结和激励广大妇女群体发挥自身作用，积极参与和服务所在共同体以及国家和社会的发展建设。妇联的政治属性和功能主要表现在使党和国家的方针政策在妇女群体中能够得到有效的宣传、落实和实施，在妇女群体中建立起有效的利益表达和利益协商机制，以增强其对组织的情感依托和思想认同。

电商的出现和人们交往方式与经营方式的变化对妇联的社会性和政治性属性与功能提出了新挑战，为妇联工作带来了新命题。电商平台的出现，促使妇联不能再使用传统的组织方式来开展西部女性工作和推动女性就业，而应与政府相关部门形成合力，通过积极介入推动女性电商发展和组织化程度，充分发挥妇联的社会性和政治性属性与功能，并在此过程中实现妇联自身的组织创新。

在社会性上，妇联一是可以充分利用自身的组织平台和组织力量优势，推动女性参与电商培训，帮助其克服电商发展过程中的障碍，不断提升其参与电商的竞争能力和经济收入；二是不断推动女性电商的组织化水平和程度，使其具有组织性的沟通功能和支持成效；三是充当女性电商组织和政府相关部门联系沟通的桥梁和纽带，为女性电商的发展争取更多的政策导向和资源支持。

在政治性上，妇联介入推动女性电商的发展，主要发挥两方面的功能：一是贯彻落实党和国家关于推动女性发展的相关政策和指导意见，彰显和发挥党的群团组织的政治功能和政治属性，推动女性群体发展；二是使女性电商存在的问题和利益诉求可以通过妇联这个组织平台通道得到及时表达和有效协商，在推动女性电商发展和组织化过程中，密切女性电商与妇联之间的组织联系和情感认同，为其政治认同奠定基础。

二　培育女性电商与推动女性电商组织化：妇联工作的新任务

女性电商的发展推动新的交往方式和经营方式在西部女性群体中的形成，成为网络时代背景下妇联工作的新命题。因此，女性电商的发展与当地中心工作和妇联工作密不可分。由妇联推动女性电商发展，要注重发挥妇联的组织优势，通过推动女性电商的组织化，如建立相应的女性电商社会组织等方式，扩大女性电商的培育，形成具有妇联特色的培育方式和路径，包括自组织化和他组织化的方式。

（一）在服务中心工作与推动女性发展之间：培育女性电商与妇联工作新任务

推动西部经济和民生发展，是西部工作的重中之重。电商遍地开花，为西部经济发展提供了新的动力和新途径。很多贫困户通过做电商实现脱贫；以阿里巴巴、京东、苏宁为代表的电商企业的农村电子商务计划已成潮流，推动了数十万计的农村居民加入电子商务创业和就业大军。由于留守农村的人口结构中，女性居多，因此在西部农村的电商大多是女性。推动女性电商的培育和发展，就成了服务西部中心工作的重要任务。而团结带领妇女群众，服务中心工作本来就是妇联的基本要务。因此，将着力点放在培育女性电商，让其发挥作用以推动当地经济发展，就成为妇联新时期的工作任务。

电商在西部的发展，不仅能够为当地经济效益带来切实的提升。同时，由于女性大量参与电商工作，直接带来了她们在经济收入、家庭地位、服务中心、对外交往等方面的全面发展。女性的发展既关系到经济发展，也关系到社会和女性整体的发展。因此推动女性发展是妇联工作的核心。妇联章程第一章提到，团结、动员妇女投身改革开放和社会主义经济建设、政治建设、文化建设、社会建设和生态文明建设，在中国特色社会主义伟大实践中发挥积极作用，是妇联当前的重要任务。妇联要营造有利于妇女全面发展的社会环境，教育和引导广大妇女践行社会主义核心价值观，发扬自尊、自信、自立、自强的精神，提高综合素质，实现全面发展。

中心工作需要电商推动，女性不断诉求全面发展。以上两方面的发展变化，构成了新时期妇联工作在西部，特别是西部农村地区的女性工作的新任务和新的增长点。

（二）推动女性电商组织化：具有妇联特色的培育女性电商发展的新方式

推动女性电商的培育和发展，传统路径可以发挥的作用日趋有限。传统路径层面，鼓励、培育女性电商的做法主要有依靠政府自上而下的行政性工作布置，或是妇联简单的参与，成为单向提供信息的渠道，或是直接让女性电商在市场中自谋出路，或是在出现成功案例后进行政府表彰等。实际上，种种传统做法中的女性电商，存在发展不稳定、持续性不高、涉及面不广等特点。妇联在传统的培育方式中无法起到主导性作用。

妇联的最大优点在于其组织优势，不仅仅是自身的组织优势，而且还能够推动女性电商进行组织化。从事电商的女性来自各个方面，有留守妇女、贫困妇女、种养业能手、女农场主、返乡创业妇女、待业女大学生等，如何凝聚这些女性、如何引导发展，是妇联组织面临的新课题。以南充市西充县妇联的做法为例，西充妇联利用互联网思维，发挥电商优势，分类建立了各种微商群，有电商战队群、返乡创业者群、种植养殖能手群等，让各类女性找到自己认可的归宿感，搭建了她们可以自由交流的有益平台，通过网上凝聚、网下活动的途径，推动女性电商社会组织建设。

妇联通过推动女性电商的组织化，建立相应的女性电商社会组织，来服务女性的发展。女性电商被有效组织起来后，新形成的女性电商组织的功能也日益凸显。妇联将女性电商组织起来进行科学、系统的培训，让运行电商过程中集中存在的问题通过妇联组织平台实现利益表达，使女性电商能够有对接政府的可靠通道，获得尽可能多的政策支持。国家的政策也能通过妇联在女性电商中传播和落实。同时，通过妇联将女性电商组织起来后，也能够增进彼此情感认同、对妇联的认同，从而为政治认同打下基础，让女性在发展中服务共同体的治理需求，从而实现她们的价值。

（三）在自组织与他组织之间：妇联推动女性电商组织化的主要途径

许多地方案例表明，电商群体已经开始了自我组织化：一是基于“生产销售链”所形成的自组织化；二是电商们在互动中基于地缘、趣缘所形成的自组织化；三是基于相同的经历，如一起参加过某培训班而形成的自组织化；四是基于从事电商前的女性类型，如种养业能手、女农场主、返乡创业妇女、待业女大学生等所形成的自组织化。以上几种就是目前各地呈现出的女性电商自发性自组织化方式。

事实证明，女性电商有意愿被组织起来，且需要被组织起来。妇联应该重视运用妇联的组织力量、或借助政府的组织力量来推动女性电商的组织化。具体做法可以是，通过大量对女性电商的培训、或在电商培训工作中针对女性学员有意识地将她们组织起来。规模可以尽可能的多元化。从一般小型的 QQ 群，到相对固定的电商协会，或者将已经组织起来的小型电商组织在更大层面上实现整合，或者与传统企业家协会进行对接等。

妇联应该充分发挥“他组织”对“自组织”的吸纳。既要尊重自组织的主体性，以保证它的灵活、有机，更要充分发挥他组织的功能，使自组织的力量被整合起来，更好地与妇联工作，政府力量，电商内部，以及其他社会组织力量进行对接。通过他组织对自组织的有效吸纳，形成女性电商的组织化力量，一方面可以和政府力量对接，获得政府提供的信息、资源、培训渠道；另一方面，在女性电商被组织起来以后，她们自己内部的信息和资源就能实现无壁垒的共享。为了增加产品来源，销售产业链上的每个环节都是潜在对象，女性电商协会可以跟各类销售方直接对接。女性电商的组织化力量也可以利用妇联既有的平台和网络与销售地或者其他城市的女性企业家组织，以及其他经济和社会力量进行对接。使女性电商打通销售渠道，扩大供给来源。

三　认知性缺失、制度性瓶颈、资源性局限与推动女性电商组织化困境：妇联工作的新问题

由上可知，培育女性电商组织生成、推动女性电商组织化可以帮助妇联更加充分地发挥社会功能，促进政治功能的进一步实现，因此，女性电商组织化无疑是妇联的新任务。但是在现实工作中，这一新任务的落实面临着诸多困境。其中，认知性缺失、制度性瓶颈和资源性局限是阻碍妇联推动女性电商组织化和自我发展的主要困境。要发挥妇联组织政治社会功能，促进西部女性发展，这些困境是妇联组织必须要积极面对和解决的问题。

（一）认知性缺失与推动女性电商组织化困境之一

在女性电商组织化的过程中，妇女和妇联的自我定位是非常重要的，只有认清自己在电商组织化发展中的作用和地位，才能充分发挥自身能动性推动女性电商组织的生成与发展。但是，在定位女性地位的过程中，妇联乃至女性个体电商在组织化的过程中都出现了认知性缺失。

首先，一些女性电商缺乏准确的自我认知。有许多人认为，在市场经济的体制中，经营活动都是各主体自由行为，它们在获取利润的目标下经营主体与其他经营者发生交易与合作行为。但是，这样的行为在变化迅速的市场中往往都是短暂的，因此这样的合作难以被固化为相应的组织，个体经营电商需要独自承担市场中的风险，并且不得不凭借个人能力获得市场信息。因此，对于初生的女性电商经营者而言，现实经营中往往面临着诸如信息不对称、销售渠道有限、产品供给不稳定等难题。这类问题在组织化的力量帮助下是可以有效解决的，如销售渠道的拓展

和开发，电商组织化力量可以打破地域的局限性，将各地的销售渠道信息汇聚到女性电商组织内部来。所以，对女性电商而言，弥补对于组织化力量的认知是提升电商生存环境和竞争能力的重要步骤。此外，除了电商构成自组织具备这样的能力，妇联乃至政府也是能够帮助女性电商经营者的重要力量。因此，妇联和政府的力量能够催化女性电商组织化进程，为女性电商组织的成长不断注入各类资源，因此，妇联也需要对女性电商组织化有积极的认知。

其次，在现实工作中，不同部门职责不断分化，工作目标和内容也各有特色，所以如今的体制内部存在着不同部门间的区隔。女性电商组织包含着作为妇联工作对象的妇女群众，而电商则是政府部门的重要工作对象，帮助当地政府实现经济发展、提高就业机会的目标。两个部门在女性电商组织问题上的职责重叠可能导致妇联将推动电商发展的主体责任归为政府。此外，妇联组织的许多工作人员也会觉得，妇联自有的互联网商业资源不足，因此电商发展不应该是自己的工作。但是，女性电商组织力量的生成和壮大是有益于女性提高社会经济地位，改善女性尤其是西部女性的生存环境，生活条件的有效方法。从这个角度来看，推动女性电商组织化发展与妇联组织的工作目标是高度一致的。因此，即使妇联没有自有条件和资源帮助女性电商组织发展，也要创造条件和机会解决女性电商们的诸多问题。

一些女性和妇联对女性电商组织化的认识有所缺失，也有一些是对于自己的能力也存在认知偏差。一些女性个体电商和妇联知道要加入和推动电商组织化的进程，但是电商组织化具体应该去做，从何处去了解电商组织化的信息与方法，对于个体女性电商和妇联而言都是放弃电商组织化任务的原因。

这三种认知性的缺失不仅分别阻碍着女性电商组织化的发展，还会互相建构，使女性和妇联的能动性成倍数降低。比如说，女性和妇联对自我能力认知的偏差可能会导致女性失去加入电商组织的动力，也会导致妇联对女性电商组织化的工作产生消极情绪。而妇联对电商组织化的消极态度也会导致女性因缺乏政治组织支持和官方的认同而丧失女性电商组织化的动力。因此，对于这三种认知性缺失需要予以相等的重视，将三种问题一同解决。

（二）制度性瓶颈与推动女性电商组织化困境之二

女性电商和妇联的认知性缺失归根到底是现实工作中的一系列难题反映在意识层面导致的。从妇联的角度出发，制度瓶颈是导致妇联组织对女性电商组织化产生消极情绪，忽视众多可推动对象的重要原因。

许多人对于社会组织往往有这样一种偏见：要推动建立女性电商组织化或者促成这一类社会群体的组织化，需要在当地出现既有的此类社会组织。因此，会对许多未登记的电商组织，或者女性电商社交群体产生排斥心理，不认同这些组织的合法性地位。但是，这些社会组织、电商群体自组织事实上已经以非营利、非募捐的方式完成了一部分女性电商的组织化进程。

因此，许多人在制度层面对电商组织认识不清，以为只有登记注册的电商组织才是需要推动组织化，加大帮助力度的对象。这会导致许多规模较小，组织松散，但具备区域组织化潜力的电商类社会组织，如电商们的 QQ 群、微信群等，被排除在妇联帮助的对象之外。

此外，许多妇联工作者认为，在推动这些女性电商组织化的过程中，一定要将这些组织纳入妇联的组织内部，使它们成为妇联的团体性会员。这可能是因为妇联组织本身的组织制度导致许多人产生一种惯性思维：要帮助这样的社会组织一定要给予一个妇联内部的正式身份。事实上，女性电商组织是不是妇联的会员不重要，重要的是在推动女性电商组织化的过程中，西部女性的各方面生存条件得到提升，这就达到了妇联工作的目的。而且，女性电商组织就是妇联展开工作的载体，可以成为妇联整合互联网商务的平台，有利于拓宽妇联的信息收集渠道，帮助妇联加强与社会和市场的联系。

因此，妇联要推动女性电商组织化需要突破体制的制度瓶颈，将工作的范围扩大到市场与社会，以整合联系的方式推进女性电商组织化。

（三）资源性局限与推动女性电商组织化困境之三

制度瓶颈是妇联在体制内部遇到的障碍，缩小了妇联组织可帮助和介入的工作范围。在现实工作的落实中，妇联也遇到诸多障碍，这对妇联工作人员的热情是一个很大的打击。

首先，许多妇联在推动女性妇联组织化的过程中经常会遭遇没有资金的困难。尤其是基层的妇联组织的工作中，资金来源非常有限，上层的资金资源经过层层申请与传递也无法及时到达基层妇联组织。其次，妇联组织作为一个以妇女为工作对象的组织，并不具备天然的市场与社会的资源，这类资源对于妇联而言也较难汇聚。许多妇联组织在推动电商组织化的过程中发现自己能帮助的方面非常有限，主要原因就是妇联没有广泛的消息获取渠道。一些女性电商发现进入电商组织后并不能对自己的电商事业有所裨益，加入和推动组织化的热情就会消退。再次，妇联要推动女性电商组织化需要投入一定的人力资源对接电商组织中的妇女们。但是，在许多妇联中，既有的工作任务对妇联的工作人员而言就已经比较繁多，要拨出更多人手投入电商项目对于妇联组织，尤其对于基层妇联组织而言不免强人所难。

资金、信息、人手的缺乏实际上在许多妇联组织中都是较为普遍的资源性局限问题。这些困难都会削弱各妇联的工作热情，间接导致女性电商们不愿意加入女性电商组织。

资源性的困境是妇联组织必须要面对的问题，在今后的妇联工作中妇联总归需要进一步发挥自身能力，资源困境不能成为滞碍妇联前进步伐的拦路虎。从电商组织化的工作中来看，妇联需要从两种不同的路径解决这一问题。第一，妇联可以借助驻区内既有的女性电商组织力量推动女性电商组织化进程，对于驻区内既有的非官方的分散女性电商自组织，妇联可以积极培养和孵化这类小型社会团体。在这类组织的整合与组织化过程中，如果自组织本身具备足够人手和资金，那么妇联只需要通过自己群团组织的渠道推广女性电商组织，帮助自组织成长和组织化即可。如果自组织没有相应人手推进女性电商组织化工作，妇联便需要安排人员与电商组织深入接触，帮助落实组织化工作。当电商组织可以自主运转起来，妇联便可以退出自己的人手。第二，妇联组织，尤其是基层妇联组织要积极向市县级妇联组织乃至党政机关寻求基层救济。基层资源局限的困境不是基层靠自己能独立解决的，上级妇联组织需要对基层妇联组织积极投入资源，这一过程需要妇联进行组织形态上的创新，将互联网逻辑运用到妇联工作中来，以更高效的工作方式，更广泛的资源网络帮助推动女性电商组织化。

可以说，妇联需要克服认知层面、制度层面和资源层面的三重困境。那么，在网络时代探索新的工作空间与组织形态将是妇联消除工作障碍的重要措施。

四　在网络空间与物理空间之间：推动女性电商组织化的新逻辑

推动女性电商的组织化是妇联工作的重要途径，自组织和他组织化是目前推进的主要方式。而在具体进程中诸多困境开始凸显，需要有效结合互联网思维和传统思维，通过发挥物理空间和网络空间两大维度中的各自优势，来彰显妇联组织自身的特点，这也将为女性电商走出组织化的逻辑奠定发展基础。

（一）在网络空间与物理空间之间：推动女性电商组织化的空间维度

女性电商在具体的运转过程中往往是借助于互联网的平台来实现其经营工作和交往方式，而同时又离不开线下与买家、卖家、产商的沟通与互动。因此女性电商的组织化既存在于网络空间中也暗含于物理空间内，其运作和发展须在两个空间内并行推动。这就意味着，电商建构的整体化运作逻辑也同时在两个空间维度内进行。其中线上的空间维度是女性电商发展的必由之路，线下的空间维度是女性电商发展的基础保障，两者相辅相成，共同统一于女性电商发展的内涵。

首先，建构女性电商的组织化工作，须在网络空间内加以实现。女性电商利用互联网手段，已走出了一条在网络空间层面上实现与各方对接的道路。从组织来看，女性电商要与妇联对接，借妇联之势，对电商整体产业予以支持，让妇联成为组织女性从事电商产业的连接轴；从自组织来看，女性电商要彼此对接，打造以女性为特征的南充电商平台的整体形象，同时通过经验分享、资源共享达到电商之间的共赢；从他组织化来看，女性电商还要考虑与其他社会力量进行对接，借助其平台优势或资源性优势，建立起为女性电商所用的流通性资源。

其次，网络空间上的对接终究要在物理空间内落地，组织化的建构归根结底还是要维护人与人之间情感认知，信息沟通，价值分享等面对面的互动因素。只有这种互动因素相互重叠作用，才能形成人与人之间的情感联系纽带，反过来这种产生出的化学反应又会对女性电商在网络运行空间的行为加以约束和助推，从而形成物理空间和网络空间内的共同发展，有利于女性电商在多维度并进。

（二）互联网手段与推动女性电商组织化：网络空间的逻辑

网络空间的组织化为女性电商的发展提供动力。女性电商通过与妇联对接，电商间自我对接，与其他社会力量对接的三重维度奠定了发展的基础。而从具体的工作手段来看，QQ 群、微信群、电商平台、“女性之声”成为推动女性电商发展的三种具体做法。

其中 QQ 群、微信群是最基础的网络组织方式，也是最方便、覆盖面最广的组织形式，目前来看业已达到 QQ 群、微信群连万家的模式。而与像阿里巴巴的电商平台的对接，可借助其营造的链接全球的海量虚拟市场，完成小众型商品的就地产业化，并利用互联网的长尾效应，将原有的电商商品做成高附加值的集聚产业，推动南充整体电商产业的发展。而在推动网络手段方面，《全国妇联改革方案》明确提出，打造“网上妇女之家”，实施妇联上网工程。畅通网上联系妇女渠道，建好用好全国妇联旗舰网站特别是“女性之声”微信、微博、移动客户端，充分运用网络和新媒体建立与各族各界、各行各业妇女群众的广泛联系。建设妇联网上工作新平台，指导各级妇联普遍建设网络终端，构建联系网、工作网、服务网整体合一的“互联网 + 妇联”工作新格局。此外妇联也可借助于共青团的“青年之声”的力量，实现群团组织之间的相互融合，以及其他社交性平台来进行组织化。

（三）传统工作手段与推动女性电商组织化：物理空间的逻辑

物理空间的组织化为女性电商的发展提供支持性保障。要形成一个庞大的电商生态系统，就需要对涉及电商运行的主客体、产业、资源等相关因素进行整合，这就有赖于一个强有力的组织体系的建立，这种组织体系便是物理空间内的组织化逻辑。而组织体系的有效运转关键在于价值和制度的有效嵌入。从价值角度来讲，价值的实现是以人的聚合为基础，只有人通过自组织或他组织化凝聚成整体性的力量，价值理念的传递才有输送渠道。妇联充当了团结妇女、服务妇女的角色，也成为天然的沟联妇女与电商之间的联系的平台。无论是借助妇联的资源整合力量对女性电商的经营主体加以整合再培训，还是定期由妇联牵头举办女性电商之间的互动活动，都是将社会化的分散个体进行再组织化的重要途径。

实现了人的组织化后，就需要借助各方力量将资源和信息在组织内畅通。女性电商与妇联对接，与政府对接，与产业链对接，与其他社会力量对接是女性电商要迈出的重要一步。其中既包括与其县、市一级的妇联对接，借助妇联的组织化力量打通供求信息的渠道闭塞，借助妇联的整合对已潜在女性电商进行技能培训，对现有女性电商进行多方文化提升，对资源的短缺进行流动补位；又包括各类电商之间的彼此对接，其中相似经营范围的电商之间可通过经验分享、上下游产业链衔接扩展该领域的条件，而不同经营范围的电商之间则可通过在海关、支付等信息集成方面，在零售、代销等供应链核心方面，在物流、广告等电商基础方面加以信息对冲，提升商业价值。此外，与其他力量的对接也不容忽视。例如借助阿里巴巴的开放组织化平台，借助其平台掌握的众多生产厂家，原材料、采购、工业品、零件源头供应商和服务商等相关信息，构建女性电商一体化服务的庞大生态系统。而这些都有赖于以政府背书来提供给女性电商更多的支持。

由此可见，网络空间和传统空间的组织化逻辑并不矛盾，它们作为组织化的不同手段，服务于组织化的最终目的，因此在实际工作过程中并不需要对此加以区分，而应将关注点放在如何加强组织的逻辑功能上。如前所述，认知性缺失、制度性瓶颈、资源性局限是推动女性电商组织化的症结所在，也是妇联工作要解决的重点问题。实际上它暗含了在传统物流中，对接手段如何突破困境，也因此要放到新的网络空间内加以考量，借助互联网的平台优势，变认知性缺失为认知性到位，变制度性瓶颈为制度性支持，变资源性局限为资源流动。

五　女性电商组织化与妇联组织形态创新：网络时代妇联发展的新探索

女性电商的组织化工作是妇联组织的重要工作性任务与内容。妇联在推进女性电商的社会组织及其组织化的过程中，完成的是女性自组织或同其他社会力量相关联的组织化进程，实现了女性电商在网络空间和组织空间这双重空间之下的组织建构。更为重要的是，在推动女性电商组织化的这一过程中，也是对妇联组织自身的组织工作创新的完成，体现了网络时代背景下妇联组织发展自身组织的新途径和新探索。

（一）在服务女性发展与创新组织形态之间：推动女性组织化与妇联发展

从上述分析中可知，在推动女性电商组织化的过程中往往容易出现三类困境：认知性缺失、制度性瓶颈和资源性局限。实际上，出现这种困境的原因就在于仅仅把对女性电商的培育当作是单纯促进服务女性发展的狭隘认识，忽视了推进其组织化的过程本身也是妇联组织形态的一次创新。

诚然，女性电商的组织化发展有利于西部女性群体结合其自身资源来实现自我内部的资源的对接、共享，同时有助于其作为一个整体同其他社会力量进行外部性的整合、对接。在这一进程中，对女性个体而言则有着财富上的创收及其社会交往方式上的重大转变，在推进新时代女性的全面发展和全面解放方面有着重要意义。然而，仅仅停留于这样的认识难以解决在此过程中出现的种种诸如认知、制度和资源上的困境。这种荆棘丛生的困局实际上反映的是对实现女性电商组织化这一进程背后的主要推动力量的忽视。在这一逻辑下，所需要考虑的就是，在女性电商组织自身的培育上，在引导女性积极参与的进程中，以及同其他力量之间如政府、社会之间完成顺利对接的努力下，如何发挥和更好实现妇联组织在培育、引导和整体谋划中的作用力、创造力和推动力。可以这么说，在一定程度上，妇联组织推进女性电商从无到有、从分散到聚集、从自组织建设到同他组织合作等工作，就是在服务女性发展的同时对自身组织形态的一次改进、创新与重塑。实现对女性群众的广泛性安排、主导性领导和组织性统筹，正是妇联组织的群众性、政治性和先进性这“三性”的具体体现。

因此，需要把服务女性发展和创新妇联组织形态这二者有机统合起来加以看待。无论是从促进女性发展的个体全面发展的角度，还是从推进妇联组织形态创新的群团工作改革的视角，均不能孤立地得以实现。脱离了妇联组织形态创新这一背后推动力的女性发展是势力单薄不可持续的；同样地，离开女性个体发展谈妇联组织形态创新也容易沦为不切实际的形式化工程和空谈。唯有将二者有机结合起来，才能破解女性特别是西部女性的电商组织化所面临的种种困境，促进服务女性发展的可持续性，同时也才能真正实现妇联组织形态的创新发展和群团改革工作取得实质性进展。

（二）基于女性电商组织化的妇联组织形态创新：机理与对策

基于上述分析，在女性电商组织化的推进过程中实际上实现了妇联组织的平台化、通道化和枢纽化的组织形态转型。在此之下，形成了妇联联系女性的组织化手段，并由此实现妇联的组织形态创新。如何实现这一目标，主要应从下述三个方面来具体落实。

首先，女性电商组织化需要完成在三个维度上的对接。这种对接不仅是女性组织力量的自我对接，如自组织内部对接或同其他社会力量和资源的外部对接，更需要妇联组织在这些对接过程中发挥其相应的重要推动作用。女性电商组织化的进程不能单凭其自身的野蛮生长，更需要妇联组织在背后分别作为平台、通道和枢纽来起到重要的把控、引导和推动。

其次，妇联组织需要分别作为平台、通道和枢纽来对接和完成推动女性电商组织化过程中的三种困境。具体来看，第一，妇联组织需要扮演平台的角色来解决认知性缺失的难题。在旧有的思维中妇联很难发现社会和女性群体中存在的电商资源、力量及其潜在组织。为此需要通过妇联作为平台来吸引和号召潜藏于社会当中的女性电商既有力量或潜在女性电商组织，为她们搭建统一的相互联系的平台，形成百花齐放的良好开局，由此破解认知性缺失的困境。第二，妇联组织需要打造通道的功能来解决制度性瓶颈的困境。受制于传统制度框架，妇联组织缺乏直接主动联系女性群众的常态化制度安排。而其作为通道的理念有助于妇联组织在对接女性各类力量和各社会力量的过程中拓宽其原有的制度体系下所赋予的硬性工作，使之能够直接同女性群众和社会力量建立扁平化的联系，能够站在相对平等的基础上保持体制内外的对接，从而激发妇联组织工作活力和女性群体的参与热情。由此就破解了推动女性电商组织化工作中妇联的制度性瓶颈。第三，妇联组织需要锻造枢纽的核心来解决资源性局限的困境。在推动女性电商组织化特别是在其工作的中后期，常常出现因不能很好同社会其他资源与力量的衔接而难以令电商组织持续稳定地发展壮大的困局。为此，当妇联组织作为枢纽出现后，能够对社会资源、人员以及相应力量产生虹吸效应。通过前期作为平台和通道的基础性打造，妇联组织逐渐成为勾连女性和其他社会力量的核心组织形态。此时，妇联组织手中不仅具备政治性资源，还拥有大量其他一般性社会组织或政府组织都不具备的社会性资源，由此就成功破除了女性电商组织化工作中的资源性局限。

最后，当完成妇联组织在上述三方面的对接，成功破解当前所面临的各项困境之后，妇联组织形态的整体重塑就从总体上被提上议程。不确保这项工作的完成，此前所进行的工作和努力也就无从巩固和实际运作和被落实。这要求在组织形态的重塑上不能仅仅局限于街镇层面，而是需要市县层面上的相应资源都要对此有所倾斜。只有这样，才能从整体上实现妇联组织在推动女性电商工作中的资源对接、制度突破和认知能力上的提高。

（三）女性电商组织化与妇联组织形态创新：对网络时代妇联发展的一般启示

女性电商这种社会经营形态的出现，反映出当前社会交往方式上的深刻变化。而这种变化就迫切需要相应的组织在组织方式和运行机制上作出相应的调整，由此倒逼组织关系上的全面重塑。随着社会的快速变革，从一般性上来看，所出现的不仅仅是女性电商的组织化，更是所有基于互联网的其他行业的组织化。无论是经营性还是社会性的女性电商组织，在其组织化的过程中均需要妇联组织在形态上的整体创新。而妇联组织也就通过对女性电商组织化的推动，达成了在群团改革的宏观要求下建立起其微观机理。

结　论

电商经营形态的出现为西部女性的发展提供了重要技术条件。妇联组织通过自组织和他组织的方式来推动女性电商的组织化，就成为培育女性电商组织化的重要途径和手段。但是，在现实实践过程中，往往会面临以认知性缺失、制度性瓶颈和资源性局限为代表的推动女性电商组织化的三种问题带来的困扰，这就阻碍了妇联组织推动女性电商组织化的进一步发展。为了破解上述困境，需要妇联组织立足于新的现实要求，立足新的逻辑，探索新的发展途径，提出相应的解决策略。为此妇联组织应当充分把握网络空间和物理空间两种逻辑，灵活使用传统手段和互联网两种手段，来破解乃至根治上述三种困境带来的理论难题和现实考验，探索出推动女性电商组织化的新逻辑及其指导下的新道路。

在上述过程中，一方面妇联组织通过推动女性电商组织化进程，在服务女性发展的同时也促成了妇联组织自身的组织形态创新与发展。另一方面，这一做法不仅对西部地区的妇联发展女性电商组织化探索出一条道路，而且也为整个妇联组织在适应新的历史条件下推动组织创新工作上，探索出一套微观上的创新机理与机制。

（执笔：郑长忠、赵小斐、许莞璐、赵晓惠、栗潇远、李心仪）

第三编

专题案例

推进妇联组织形态创新专题案例

案例一　发挥妇联组织优势　参与社会管理创新

——泸州市古蔺县妇联工作案例

一　案例背景

在当今社会，政府与非政府组织合作共同管理公共事务的局面正在形成。随着政府由管理型向服务型的职能转变，社会组织和公民个人在社会管理和公共服务中的作用日益显著。妇女组织在社会管理和公共服务领域越来越起着更大的作用。古蔺县妇联立足妇女与家庭两大重点领域，积极探索新形势下加强和创新社会管理的对策措施，在参与社会公共管理与服务中发挥更大的作用，为实现古蔺县的经济社会事业发展贡献力量。

二　做法与成效

（一）助推经济发展，在参与社会管理创新中发挥教育引领作用

一是把准政治方向，引领广大妇女听党话跟党走。用好全媒体，利用各级“妇女之家”宣传阵地及微信平台等新媒体，及时把党的方针政策传达给群众、落实到基层；丰富主题活动，开展以“巾帼心向党”为主题的“重温入党誓词”“重走长征路”“送党课下基层”等主题活动，引领广大妇女念党恩、听党话、跟党走。

二是坚持思想引领，提高妇女综合素质。古蔺县妇联始终将教育引导、团结带领广大妇女群众坚定不移听党话、跟党走作为首要政治任务，通过座谈会、宣传活动、讲党课等方式深入学习党的理论基础知识、十八届历届会议精神、习近平总书记系列讲话精神，不断提高妇联组织依法履职能力和水平，为我县社会经济事业发展发挥妇联组织的作用。

三是大力宣传各行各业为社会建设和发展作出积极贡献的行业女性带头人，发挥示范引领作用，进一步推进“巾帼建功”活动向纵深发展，引导和激励广大妇女立足岗位、创先争优、建功立业，开展了“服务创一流、巾帼展风采”的争创活动。近几年来，我县成功创建国家级“巾帼文明岗”1个、省级“巾帼文明岗”1个、县级“巾帼文明岗”10个，获得省、市“三八”红旗手等荣誉称号的妇女15名。

四是教育和引导下岗失业妇女自立自强，创业就业，大力实施教育培训工作，教育引导妇女转变择业观念，树立正确的择业观。同时，积极拓宽就业途径，提供就业信息，利用政府出台的优惠政策，发挥妇女特长，帮助妇女实现家门口灵活就业，在推动妇女就业中体现人生价值。

（二）强化维权职能，在参与社会管理创新中发挥维护妇女权益的作用

一是注重源头维权，从根本上维护妇女合法权益。把维权工作作为妇联组织的立身之本，反映妇女诉求，完善维权机制，拓展维权网络，维护妇女儿童合法权益的基本职能。全县已建立“巾帼维权岗”7个、巾帼维权工作站（点）319个、妇女之家293个，培养“巾帼维权律师”2名，成立婚姻调解委员会27个，形成了以妇联为核心，社会各界共同参与的循环维权网络，为广大妇女儿童提供法律援助和帮助。

二是注重宣传，营造维权氛围。充分利用各种有利契机向广大妇女宣传有关法律法规，使妇女知法、懂法、守法，并能运用法律武器维护自身合法权益。在“三八”妇女节期间专题开展维权周活动，抓住综治宣传日、6·26国际禁毒日、预防艾滋病日等开展宣传。同时，通过法律宣讲团、开展“送法到身边”巡回知识讲座，利用社区宣传栏、网站和短信平台等载体，把普法知识送进千家万户。

（三）关注民生，在参与社会管理创新中发挥服务妇女作用

一是实施贫困妇女、留守妇女、孤寡老人关爱行动。大力开展“暖冬行动”“走基层”“三下乡”活动，在“三八”妇女节、三月学雷锋实践月、“母亲节”“重阳节”等时节开展关爱贫困母亲、贫困（特困）妇女、留守妇女、孤寡老人等慰问活动。整合社会资源，为困难妇女提供健康查体服务，宣传妇女健康知识，为妇女健康保驾护航。

二是关注困难和残疾儿童。积极开展帮扶困难家庭儿童活动，把党和政府的温暖送进孩子心中；抓住“六一”儿童节契机，走访慰问困难儿童和残疾儿童，和他们共度快乐节日；广泛开展家庭教育讲座、亲子互动等活动，帮助家长树立正确的家庭教育观念，让孩子健康快乐成长，成为德智体美劳全面发展的接班人。

（四）健全基层妇联组织，在参与社会管理创新中发挥团结凝聚妇女的作用

一是夯实基础、建强组织。古蔺县妇联把基层基础作为一项重要工作来抓，着力、重点解决无人办事，无阵地办事的问题。以换届选举为契机，完成村社区妇联改建，配齐配强乡镇妇联组织。进一步优化了妇联干部年龄结构，整体文化水平得到了提升。全县 269 个行政村、24 个社区妇联改建工作已全面结束，已选举村、社区妇联主席 293 名、兼职副主席 317 名、执委 2125 名、妇女代表 8142 人。

二是强化阵地建设。古蔺县妇联结合工作实际，充分调动社会资源，借助各种社会力量，按照资源共享、阵地共建、合力服务群众的要求，采取示范带动，突出特色，以点带面的工作方式，推进“妇女儿童之家”创建工作。目前，全县已成功创建古蔺镇崇文社区、德跃镇红光村等 5 个村（社区）市级“妇女儿童之家”示范点；2017 年，在古蔺镇东新街社区、永乐镇麻柳滩社区、水口镇密腊村、二郎镇文明村 4 个村社区争创市级“妇女儿童之家”示范点。

三是搭建妇女参与社会管理的平台。突破行业条块分割的局限，在“两新”组织、非公企业、妇女创业示范基地、女子专业合作社里、广场舞队伍和各类兴趣小组建立一批创业服务、健康生活、文化引领型特色妇女组织，延伸妇女工作手臂，实现有妇女的地方就有妇女组织，把基层妇女组织和凝聚起来，使她们有归属感，更好地发挥她们的积极性，为社会发展作出更大贡献。

三　经验与启示

一是要积极构建多维、立体的组织网络，组织引导各类社会工作人才和志愿者参与妇女儿童工作，巩固和扩展基层妇女组织，加强与各类妇女社团、团体会员间的联系和指导，扩大妇女工作的覆盖面。

二是要完善妇联基层组织工作机制，建议设置乡镇（街道）妇联主席的行政编制，由妇联干部专用，对乡镇（街道）妇联主席、副主席出现空缺的，行政编制不能占用，以解决无固定编制问题；择优录用妇联干部，可通过竞争上岗等形式录用优秀女干部、女大学生担任，以解决乡镇妇联主席兼职过多或没人干的问题；提高妇联干部待遇，把落实基层妇联干部的政治、经济待遇问题制度化。

三是要加强妇联干部服务大局的能力、服务妇女的能力、学习的能力、创新的能力和协调的能力建设，引导妇女干部树立社会工作者的意识和责任，不断提高妇联工作群众化、社会化、专业化的水平，努力把妇联建成政治坚定、思想解放、作风扎实，深受妇女群众拥护和信任，充满生机与活力的妇女组织。

（案例材料来源：泸州市妇联，执笔：赵蔺红）

案例二　助力脱贫攻坚 构建“N+1”广元模式

一　案例背景

广元地处四川北部，总人口311万人，妇女人口152万人，农村留守妇女30.6万人，为全省劳动力输出大市。如何在全市脱贫攻坚大局中统筹城乡妇女发展、破解产业发展难题，市妇联结合广元实际，探索创建“城镇女企业家发展互助会、农村妇女创业致富互助会、留守妇女儿童关爱互助会”三大巾帼建功互助会，以“三大互助会”为载体，成立广元市巾帼脱贫促进会，把农村致富女能人、城镇女企业家及有爱心的各界人士吸引进来成为互助会会员。充分依托各级妇联组织、三大互助会和促进会、社会各界，全面构建起巾帼脱贫攻坚“N+1”广元模式（N为“妇联+互助会暨促进会+社会各界”，1为精准脱贫户），受到广大农村妇女的热烈欢迎。

二 做法与成效

（一）主动作为，全面搭建巾帼脱贫攻坚新平台

市妇联采取培训、联合、示范、服务等措施为城乡妇女开展技术传播、信息沟通、联结农户、开拓市场、组织营销等服务，使互助会和促进会成为城乡妇女创业者信息共用、技术共享、风险共担、利益均沾的共同体。通过组织会员以土地流转、增资扩股、就地务工、技术服务、产业帮扶等手段和方式，新建巾帼扶贫基地、巾帼合作社、巾帼科技示范基地和四川省居家灵活就业示范基地共100个、培育各级各类巾帼致富带头人600余名，采取“合作社+贫困户”“市场+贫困户”“协会+贫困户”等形式开展产业结对和扶智扶贫，引领她们并带动全市广大妇女助力脱贫攻坚。积极参与剑阁县广坪乡前途村，青川县瓦砾乡乌龙村、建峰乡，利州区冠山村精准扶贫，就地发展山珍、生猪、蔬菜、水果等种植养殖产业50个类别，助力全市18个乡镇52个特困村1000余名贫困妇女实现产业脱贫，成为广元巾帼助推脱贫攻坚的生动缩影和亮丽风景。

（二）立足规范，全面创建巾帼脱贫攻坚新机制

市妇联切实强化互助会和促进会的引导、孵化功能，协助制定管理制度，实行统一宣传、商标、质量、包装、销售的“五统一”，促进自力更生、规范管理、健康发展。协调农业、林业、文化、商务、人社等相关部门将“三大互助会”纳入行业发展建设规划，出台妇女居家灵活就业、财政贴息妇女小额贷款、职业农民培训等促进妇女经济发展的扶持政策和措施，在政策、项目、资金等方面给予倾斜和支持。构建“市县（区）妇联+互助会（女企业家、女能人）+贫困妇女（留守妇女儿童）”的联动机制，推动银企、校企及“三大互助会”之间的深度合作；组建城乡发展巾帼互助队，组织会员骨干与新创业妇女群众结对帮扶，搭建起产业发展互助机制，先后组织创业现场参观、金融扶贫对接会等活动。

（三）互助共赢，典型引领巾帼脱贫攻坚新路子

市妇联按照培育典型、示范引路、全面推进原则，积极引导互助会和促进会走“创业同行、互助共赢”路子，广大会员全力聚焦脱贫攻坚主战场，涌现出金明、周淑香、王淑娟等先进典型。2016年，周淑香积

极响应青川县委、县政府“精准脱贫”和市妇联“巾帼脱贫行动”号召，主动承担帮扶青川县瓦砾乡乌龙村等64户精准识别特困户脱贫的重任。通过“专合组织+集体经济+贫困农户”的形式，创新建立“三资入股分红（国家扶贫项目资金、土地资产及林木资源、专业合作社或互助会资金）+按劳获酬强技”的精准脱贫机制，筹资90余万元注册青川乌龙食用菌专业合作社，从事食用菌栽培新技术和新品种开发，进一步盘活农村存量资产，实现贫困户与资源、技术、市场、资本的高效对接，以及资源变资本、资金变股金、农民变股民的“三个转变”，使帮扶的64户贫困户有了稳定经济来源。当年合作社实现盈利145万余元，64户贫困户户均分红2万余元，成为巾帼脱贫攻坚“N+1”广元模式在助推全市决胜脱贫攻坚、同步全面小康中的生动实践。

三　经验与启示

妇联组织要带领贫困妇女群众发展致富，就要保持和增强工作的政治性、先进性、群众性，要找准工作定位，强化责任担当，积极主动作为，推动贫困妇女脱贫致富工作更加精准科学。抓女性致富典型的培养带动尤其是关键，通过典型的组织发动和引领示范，“一级带着一级干，一级做给一级看”，形成“多帮一、多带一”的工作合力，促进贫困妇女得实惠、普受惠、长受惠，共享社会和谐和改革发展成果。

（案例材料来源：广元市妇联，执笔：杨晓娟）

案例三　“三力”并发　巾帼挺拔

——绵阳市涪城区妇联组织改革率先完成“两个全面”

“高效整合，提升服务”，这是绵阳市涪城区妇联在深入贯彻中央、省委、市委群团改革文件精神，创新实施、率先全面完成乡镇（街道）妇联区域化建设，全面完成村（社区）妇代会改建妇联工作（以下简称“两个全面”）的真实写照。

涪城区妇联推进“两个全面”改革工作，在全市一路领跑。2017年3月，全区183个村（社区）100%完成村（社区）妇代会改建妇联工作；2017 年 8 月，涪城区 17 个乡镇（街道）100% 完成妇联区域化建设。目前，一支支复合化、知识化、专业化、网络化的妇女工作队伍，正活跃在涪城基层妇女工作一线，创造性地为不同领域、不同地域妇女群众提供多元化的服务。

一　靶向发力，催生组织新活力

（一）强保障

“建组织，强队伍，优服务”是“两个全面”改革瞄准的工作“靶心”。涪城区整合组织、妇联、民政等相关部门的工作职能，精准施策，靶向发力，以“两个全面”改革项目为核心，形成全力推进改革工作的合力。区妇联成立了以主席为区域化建设改革领导小组组长，区妇联办公室、儿工部的中层干部、各乡镇（街道）妇联主席为成员的领导小组，并明确了各自工作职责和目标任务，为改革的顺利推进奠定了坚实的组织保障。

（二）定方案

在广泛深入调研并组团赴重庆市开州区专题考察学习外地经验的基础上，区妇联先后制定并出台了《关于开展村（社区）妇联组织改建工作的实施意见》《关于推进乡镇（街道）妇联区域化建设改革的意见》，明确了工作目标、工作节点和工作程序。确定产业发展好的农业村——杨家镇万和村、群团工作基础扎实的城市社区——南山街道西河路社区、城镇化转型发展有代表性的村改居社区——石塘镇古井社区作为试点村、试点社区。

（三）快启动

“两个全面”改革既是新生事物，又是系统工程。涪城区妇联抓住全区乡镇（街道）妇联换届、村（居）换届的契机，统一思想，全区一盘棋，以“绣花”功夫精致周到推进“两个全面”改革工作。召开工作启动会，对妇联区域化建设工作做了具体安排，要求各乡镇街道妇联在 7 月底前全面完成区域化建设工作任务。

（四）造氛围

全面宣传，形成良好氛围。区妇联充分利用“涪城区妇联”微信公众号、标语横幅、LED 显示屏等方式，加强宣传力度，调动基层妇女群众参与妇联改建的积极性和主动性；在改革过程中，区妇联从召开动员会、妇女代表产生、候选人的推荐到召开妇女代表大会均全程指导。

（五）勇创新

创新的思维方式和精致的工作方式，让涪城区妇联在全市率先启动并完成了“两个全面”改革工作，实现了哪里有妇女哪里就有妇联组织和妇女工作。2017 年 8 月初，涪城区妇联率先在全市全面完成换届选举和区域化建设改革任务。各乡镇、街道选举产生了新一届妇联领导班子，其中主席 1 名，专兼职副主席至少 3 名以上，兼职副主席中有 1 名村（社区）妇联主席。每个乡镇、街道选举产生妇联执委 25 名。区域化改革后，乡镇、街道新当选主席 18 名，专兼职副主席 49 人，其中吸纳企业界女性精英 4 人、村社区妇联主席 17 名，广泛吸纳 405 名卫生、教育、企业、“两新”组织、巾帼创业带头人，巾帼科技致富标兵、机关女干部、村（社区）妇联主席等行业女性精英担当重任，初步建成了一支与区域环境、社会条件、产业布局、行业分工和妇女流向变化相适应、最广泛联系服务妇女群众的基层妇联工作队伍，为推动妇联工作再上新台阶奠定了坚实的组织基础。一个开放性、社会化、创新型的妇联组织体系在涪城大地上蓬勃生长。

二　平台聚力，提升体系服务力

（一）聚力量

涪城区“两个全面”改革顺利完成后，积极利用执委的优势，发挥其链接资源的作用，拓展了妇联工作领域和资源，创新工作平台，汇聚妇女力量，人尽其才，才尽其用。杨家镇万和村 1 名副主席是该村大型农家乐鑫港湾休闲庄的负责人，1 名执委是龙头企业——鸿宇葡萄基地的办公室主任，她们的加入对万和村开展妇女文体活动、妇女创业就业培训等工作起到了积极的推动作用。西河路社区的 9 名执委吸纳了医院、信用社、物业、超市、绵阳卷烟厂、汽车销售等各行业、各领域的优秀女性，执委们还根据各自工作领域和自身特长，划分了妇女健康、妇女创业、文艺娱乐、公益服务等不同的工作领域，合力推动社区妇女工作的开展。古井社区妇联改建后选出了 5 名执委，吸纳了社区文艺骨干、种植养殖大户等热心社区公益事业的妇女进入社区妇联，充实了工作力量。

（二）优服务

充分利用好“两个全面”改革后创建的新的妇联平台，切实做好妇女服务工作。杨家镇万和村妇联改建后将妇女文体活动纳入工作日程，组织开展广场坝坝舞活动。南山街道西河路社区妇联策划了亲子阅读、古筝公益培训、社区瑜伽课堂等工作项目，为社区妇女儿童提供量身定制的服务。石塘镇古井社区妇联结合社区实际，计划组建社区双拥文化艺术团，成立腰鼓、舞蹈、合唱和小兵文艺队 4 支队伍，丰富社区妇女儿童文化生活……

（三）强阵地

“两个全面”改革工作完成后，将进一步加强妇联组织阵地建设，充分发挥好全区 51 个示范妇女儿童之家的服务功能，探索建立长效机制，让妇女儿童之家真正成为深受广大妇女儿童喜爱的“温暖之家”。

三　优化给力，增强发展生命力

（一）重引领

为使改革后妇联组织在基层妇女工作一线扎下深根，不断壮大，涪城区妇联从优化制度与资源配置入手，引领妇女群众参与基层公共服务、基层民主自治，切实发挥基层妇联组织联系凝聚妇女群众的作用。

（二）建制度

涪城区妇联牢牢牵住建制这一工作“牛鼻子”，在执委分工合作、建立长效运行机制方面着力，促进基层妇联组织改建后长期发挥作用。建立和完善组织网络、代表联系、资料归档、学习培训、激励表彰等工作制度，制订工作计划和措施，明确工作目标和任务，完善社会化动员机制、多元化资金保障机制、品牌化活动、信息化交流机制等。探索发挥专兼职副主席和执委作用的有效途径和方法，做好好区域化妇联工作联席会议制度和区域化妇联轮值主席制度，明确主席、专兼职副主席、执委的工作职责，形成推动妇联工作的整体合力。建立党组织领导、村（居）民民主议事决策、社区妇联引导妇女群众广泛参与的新型基层妇联工作机制和运行体系，明确社区妇联组织工作制度、组成人员职责，探索建立执委联系代表、代表联系妇女工作制度。下半年，涪城区妇联将对新当选的乡镇、街道村、社区妇联主席、副主席，进行业务培训，提高履职能力。

（三）增活力

“问渠哪得清如许？为有源头活水来。”涪城区妇联在畅通渠道、搭建平台上着力，不断优化基层妇联资源整合，增添组织活力。8 月 13 日，全市首家产业协会妇联——涪城区蚕业协会妇联成立。该组织按产业相连、行业统筹模式，为全区 8 个乡镇的 1 万多户养蚕妇女创业创新提供针对性的服务。区妇联针对现有组织网络和妇女工作骨干进行深入分析，建立工作台账，制定工作方案，列出时间表。通过各级妇联的执委、兼职副主席，联系更多的妇女群体，链接更多的资源。种植养殖大户、社工组织负责人、企事业单位中高级管理人员、专业技术人员等各类女性精英进入了妇联队伍，有效地整合政府和社会资源，搭建起了党委政府、妇联、企业、社会组织和志愿者的沟通平台，以兼职、购买社工服务、招募志愿者等多种方式激发基层妇女组织活力、调动社会力量做妇女工作，让妇联真正成为服务妇女群众的群众组织、温暖之家。从妇女儿童及家庭实际需求出发，主动培育、引进女性社会组织、公益服务机构、巾帼志愿团队等，为广大妇女儿童和家庭提供个性化、专业化、精准化服务。

（案例材料来源：绵阳市妇联，执笔：何娟、陈正）

案例四　做好加减乘除　激发组织活力

——南充市高坪区石圭镇壁山村会改联成效明显

南充市高坪区石圭镇壁山村共有 472 户、1692 人，其中妇女 631 人。壁山村妇联自改建以来，探索运用“加减乘除”工作法，团结带领全村妇女为脱贫攻坚、幸福美丽新村建设作出了积极贡献。村妇联获得四川省妇联系统先进集体、南充市“巾帼文明岗”等荣誉称号。

一　案例背景

2016 年 9 月，中共中央办公厅印发的《全国妇联改革方案》明确指出："要重心下移、工作下沉，创新基层组织设置，壮大基层工作力量。"村（社区）妇联组织作为妇联工作最基层的一环，承载着联系、服务基层妇女群众的神圣使命。村（社区）妇代会改建妇联（以下简称"会改联"），是贯彻落实中央党的群团工作会议精神，推进妇联组织改革创新的重要举措，是团结各行各业优秀女性、汇聚更多社会资源、把工作触角延伸至更广泛领域的现实需要，直接关系到妇联改革的成效，关系妇联组织桥梁纽带作用的发挥。

二　做法与成效

（一）优先做"加法"，妇联改革添活力

在村"两委"换届期间，同步推进村妇代会改建妇联工作，为基层组织增加新成员、注入新活力。一是汇聚优秀女性。吸纳女党员、女致富带头人、热心公益人、先进典型等加入妇联组织，选举产生主席 1 名、副主席 2 名、执委 6 名，聘请兼职副主席 1 名。建立了 1 名执委联系 1 个村民小组和 4 名妇女代表的工作机制。二是发动妇女骨干。带动 67 名妇女骨干组建了巾帼维权服务队、巾帼文明健身队、巾帼互助服务队、巾帼健康服务队、巾帼维稳服务队和巾帼关爱服务队 6 支队伍，由队长带队开展工作。三是引入社会力量。协调阳光家园社区服务中心、心公益大学生志愿者协会 2 支社会组织与村妇联的工作相融合，协助成立了全省首个脱贫攻坚社会力量帮扶服务中心，形成了妇联组织、社会组织、志愿者共同服务妇女儿童的工作合力。

（二）精准做"减法"，助力脱贫拔穷根

通过整合资源引企业、举办实用技术培训、妇女创业贷款等方式实施"巾帼脱贫行动"。一是龙头带动。引进高坪竹编龙头企业建立壁山村生产基地，逐步形成就地生产、企业收购、线上线下销售的竹编产业链，20 多名妇女变身"产业工人"，每月增收 800 元左右。二是能人示范。妇联执委、致富带头人粟华珍成立壁山鸽业专业合作社并建立养殖基地，带动 24 名贫困妇女养殖肉鸽、蛋鸽近 5000 对，年均增收 3000 元以上。三是企业合作。由兼职副主席引进川北凉粉、四川黑嘎嘎、南充老村长等企业，与贫困妇女签订保价收购协议，发展以种植"二荆条"辣椒、柑橘和养殖黑香猪、土鸡为主的庭园经济。

（三）创新做“乘法”，文明乡风促和谐

紧紧围绕“养成好习惯、形成好风气”的要求，以“共享美丽壁山”为主题开展活动，形成以家风促乡风的倍增效应。一是注重思想引导。先后邀请市区妇联领导、勤劳致富典型、“最美家庭”代表等，举办家风、道德、法律三大讲堂12期，参与村民600余人次。每晚由巾帼文明健身队组织的坝坝舞吸引了近100人参与，村里打麻将的人越来越少，文化生活越来越丰富了。二是注重典型引领。通过召开妇女代表会、院坝会等，开展寻找“最美家庭”“最美孝星”，评选“壁山好人、脱贫之星”等活动，推选先进典型20人，制作“光荣榜”，宣传先进事迹，传递正能量。三是注重习惯养成。以“摆顺扫干净·建清洁农家”为主题，通过广播、标语、讲座、宣传画等形式，广泛宣传个人和家庭卫生知识，巾帼健康服务队定期督导环境卫生，每月评选“清洁农家”。巾帼关爱服务队每周为留守老人和儿童洗头一次。

（四）善于做“除法”，维权关爱保稳定

全力维护妇女儿童合法权益，做到小矛盾有人化解、大问题有人维权。一是借助外力。联系四川罡兴律师事务所在村设立“巾帼维权普法点”，定期开展维权大讲堂、女童安全知识讲座等服务，不断提升妇女自我维权能力。二是挖掘内力。将群众信任的热心人村医时玉珍培养成为妇联执委、调解纠纷的暖心人，建立了“时大妈调解室”，随时接待妇女群众的来信来访。三是凝聚合力。实施省妇联“农村巾帼互助队”项目，兼职副主席带领志愿者在“妇女之家”每月开展一个主题活动，为留守妇女儿童和老人提供学习、娱乐、咨询、互助等服务。端午包粽子、中秋打糍粑、春节包饺子、劳动技能大比拼等活动深受群众喜爱。

三　经验与启示

（一）建好队伍是关键

以前村妇代会仅有1名主任，改建后有1名主席、2名副主席、1名兼职副主席、6名执行委员，新增了9人。当选的都是女党员、女致富带头人、热心公益人、先进典型等热衷妇女工作的优秀妇女。“会改联”让基层妇女组织的力量覆盖到每家每户，进而解决妇联工作力量上多下少的“倒金字塔”问题，形成“群众工作群众做”的生动局面。

（二）夯实阵地是基础

“妇女之家”是妇联组织凝聚妇女、服务妇女的重要阵地，也是向广大妇女传播知识的课堂、传递信息的纽带。“会改联”后的基层妇联充分利用扩容后的执委队伍，推动“妇女之家”服务对象向非公经济组织、社会组织等延伸拓展，真正把“妇女之家”建设成为让妇女群众认同、信赖、热爱的“温暖之家”，从而加强基层阵地建设，实现服务妇女零距离。

（三）完善服务是目的

“会改联”的过程中，坚持党建带妇建，不断改革基层妇女组织设置形态，围绕助力脱贫攻坚、文明乡风建设、居家灵活结业、维权关爱保护等妇女儿童最关心、最直接、最现实的问题，延伸妇联工作“手臂”到组、户和妇女儿童中，为妇女姐妹做好全方位的服务工作，真正当好妇女姐妹的“娘家人”。

（案例材料来源：南充市妇联，执笔：潘翔）

案例五　立足专业　促进妇女儿童事业服务发展

——德阳市经开区妇联工作案例

一　案例背景

德阳经济技术开发区成立于1992年，2010年升级为国家级经济技术开发区，面积78.2平方公里，人口20万人，下辖2个街道，18个社区，有规模以上工业企业123家，限上商贸流通企业56家，4个产业园区。

在省、市妇联的指导和支持下，德阳经济技术开发区妇联积极探索社区妇女儿童活动阵地长效运行管理机制，运用“妇联+社会组织+志愿者”的工作模式，通过购买社会组织服务方式推进社区“妇女儿童之家”建设，有效地解决了社区“妇女儿童之家”建设中的一系列瓶颈问题，为促进妇女儿童之家可持续发展，切实发挥好社区妇女儿童之家的作用作出了有益的探索。德阳市培力社会工作服务中心通过评选有幸获得了八角井街道宝凤社区妇女儿童之家示范点建设项目。

二　基本情况

（一）项目目标

建立健全妇女儿童之家管理运行制度，负责日常管理；开展社区妇女儿童需求调查，建立台账；结合妇联工作要求和妇女儿童需求，组织开展最美家庭寻访、父母课堂、亲子活动、法律法规宣传和妇女就业培训等活动；发掘和培育社区热爱妇女儿童和公益事业的骨干力量，开展关爱困境儿童和贫困妇女活动等。

（二）项目管理

项目实行分级管理，分级负责。由德阳市妇联和德阳经开区妇联负责提供项目运行管理经费、设施设备投入、项目总协调和督导评估；八角井街道妇联负责协调社区“两委”和整合辖区资源，为项目实施提供支持；宝凤社区负责提供场地，指派一名专人负责与社会组织对接，协助做好相关协调、配合工作，为社会组织开展工作提供基本情况和支持；社会组织负责“妇女儿童之家”的管理、日常运行、队伍建设和组织开展服务。

（三）项目内容

1. 规范内部管理

一是健全管理制度，先后制定了妇女儿童之家《职责分工制度》《安全责任制度》《活动制度》《设备管理制度》《档案管理制度》等，以制度规范管理。二是完善工作流程，制定工作目标，做到工作有计划、有总结，活动有方案、有分析。坚持每周一次工作例会，每月一次工作小结和案例分享。三是建立工作台账，深入开展走访调查，建立社区妇女儿童档案和工作台账，做到家底清、情况熟。

2. 开展常规服务

按照每周不少于40个小时的对外开放时间，免费为社区妇女儿童提供娱乐、游戏、阅读、绘画、“母亲课堂”等服务、组织开展交流沟通，孩子们可以在家园找到玩具和玩伴，家长们可以在家园互通有无。一年来共开展各类小组活动12次，提供对外开放服务1900个小时以上，接待妇女儿童5000余人次。

3. 培育社区骨干

在社区“两委”的支持下，我们组织志愿者深入群众家中开展走访，发掘热心公益事业的骨干，招募积极分子，分别组建了社区“家长委员会”“儿童委员会”和巾帼志愿者队伍，采用小组活动的方式分别对他们进行了团队培训，为社区开展公益活动培育了骨干力量，促进了社区妇女儿童自我赋权、自助互助。

4. 举办主题活动

项目实施期间，我们链接国内公益组织，举办了两期“禾趣计划”乡村儿童夏令营活动，以“寻找家乡美”为主题对社区儿童进行了“热爱家乡”主题教育，100 余名社区儿童参加了活动；组织开展了“弘扬传统美德、建设和谐家庭”——金婚庆典活动，征集金婚家庭 85 个，现场为金婚老人拍摄了婚纱照、举办了重温婚礼仪式、讲述 50 年婚姻家庭故事等，对社区年青一代如何经营婚姻家庭起到了积极的引领和教育作用；组织开展了“情暖中秋”“孝老敬亲”、新年趣味运动会及“庆六一”等主题活动，围绕和谐社区氛围的营造，逐步让社区居民意识到“妇女儿童之家”是做什么的，能为社区做些什么。一年来，我们利用重大活动和节假日，先后组织社区群众开展了 6 场大型主题活动，参与群众 1300 余人次。

5. 培育本土人才

为确保项目服务过程中的专业性和“妇女儿童之家”的可持续发展，项目实施期间我们立足培育本土社工人才，建立了人才培养督导机制和成长计划。一是由中国青年政治学院社会工作学院教授、国务院妇女儿童工作委员会办公室/联合国儿童基金会国家级项目专家陈涛和国务院妇女儿童工作委员会办公室儿童智库专家王小兰组成的机构督导，以定期微信团队交流和不定期现场团队督导的方式对家园开展工作进行指导。二是吸纳具有社工专业知识的本地妇女为志愿者，加入社工学习坊，组织她们外出学习考察和参加社会工作专业培训，有针对性进行培养，为妇女儿童之家储备人才。如具有社工专业学历的社区本土志愿者江雪丽通过在家园的学习锻炼，不仅取得了助理社会工作师证书，而且 2017 年 3 月在社区两委换届时进入了“两委”班子，成为妇女儿童之家的管理者和专业社工。

三　成效与反响

一是探索建立了“妇联 + 社会组织 + 志愿者”的“妇女儿童之家”长效运行管理模式，为全面推进“妇女儿童之家”建设积累了经验，有效带动和促进了其他社区“妇女儿童之家”的建设进度。2017 年德阳经开区妇联在全区大力推广宝凤社区妇女儿童之家的建设经验，先后有 4 个社区启动了妇女儿童之家示范点建设，运行管理模式各有千秋。

二是该项目得到了当地党政和德阳市妇联、德阳经开区各级妇联组织的充分肯定，得到了辖区妇女儿童及广大群众的高度评价和认可，德阳电视台、德阳日报社、四川新闻网等媒体先后多次对宝凤社区妇女儿童之家活动进行了报道和宣传。

三是起到了引领辐射作用。妇女儿童之家举办的各类丰富多彩活动，不仅为当地群众建立了沟通交流平台，搭建了展示自我的舞台，还宣传了社会主义核心价值观，弘扬了社会正能量，引起了当地群众的极大反响，从而激发和带动了其他社区，在各地掀起了组织开展群众活动的热潮。

四是为社区培养了本土社工人才和骨干队伍。项目结束后，在经开区妇联和八角井街道的支持下，妇女儿童之家已成功移交宝凤社区管理，我们培养的社工人才和骨干队伍已成为今后工作的主力军，确保了妇女儿童之家的可持续发展。

四　经验与启示

一是各级党政和妇联组织的支持，是社会组织开展工作的有力保障。同时，在项目实施中也要积极、主动地与当地相关部门和工作人员加强沟通和对接，才能迅速地获取第一手信息和资源，确保项目顺利实施和取得实效。

二是社会组织在服务妇女儿童和家庭领域中大有作为。妇女和儿童占了总人口的三分之二，家庭又是社会的细胞，作为开展社会服务的社会组织理应将妇女、儿童和家庭作为重点服务对象，加强与妇联组织的合作，深入挖掘服务项目，才能充分体现社会组织的作用，展现社会组织的能力。

三是社会组织要以高质量的服务才能赢得生存和发展的空间。近年来，购买社会服务工作已成为政府和群团组织改革探索的重要内容之一，这为社会组织的生存和发展提供了有利条件。特别是妇联组织，近年来与社会组织的合作越来越密切，项目资金也在不断加大，但要求也越来越高，同时，广大妇女儿童的需求也越来越多。作为社会组织，我们要运用专业的知识和高质量的服务才能争取各方面的资源，赢得各级组织的支持。

（案例材料来源：德阳市妇联，执笔：张建平、王茜）

激发女性参政议政活力专题案例

案例一　内江市资中县龙结镇米粮村妇联改革案例

为凝聚巾帼力量，助力精准扶贫，内江市资中县龙结镇米粮村妇联作为妇联改革的推动者、实干家，在促进妇女居家灵活就业，为破解留守妇女兼顾家庭并实现就业，尤其是脱贫探索出了可寻之路。

一　案例背景

工作力量不足一直是困扰基层妇联的瓶颈，在龙结镇米粮村，有留守妇女500余人，她们渴望充分就业，米粮村传统产业为血橙和柑橘类种植，要求相对宽松，加之就业方式灵活，可以吸纳大量的女性就业。看似基础良好，但在“会改联”之前，米粮村妇代会却未开展起工作，村妇女也没有更多地参与产业发展。当时米粮村仅有一名妇代会主任，人少资源少，心有余而力不足，带动留守妇女脱贫致富更是无从谈起。资中县妇联在推进“三网建设”改革中，着力织好工作网解决体系覆盖问题，织好联系网破解依靠力量难题，织好服务网探究工作载体新课题。要让三网连起来、动起来、活起来，深化妇联改革就必须向基层发力，通过“会改联”，来激活基层妇联组织的神经末梢，打通联系和服务妇女群众的“最后一公里”，激发基层妇联组织带领妇女群众脱贫致富的内生动力。

二　做法与成效

作为“会改联”的缩影，龙结镇米粮村妇联于2016年10月建立，吸纳了一批热心热爱妇女工作、在群众中有影响力和号召力的优秀妇女代表进入基层妇联工作队伍。致富带头人、专业种植大户秀咏农场的陈秀英任妇联主席，“居家灵活就业”示范点负责人张利华、林俊等任副主席，王群、吴正群等28名农村幼儿园老师、网格员、巾帼志愿者、种植养殖技术骨干、电商卖家、热心大姐任执委，她们是妇女群众中的带头人、热心人、能人，有威信、有热情、有特长。在留守妇女众多、以血橙为产业的米粮村，执委直面妇女群众，反映社情民意，提出对策建议，解决了妇联工作力量“倒金字塔”形问题，充分依靠妇女群众做好妇女工作。为进一步提高组织的吸引力和凝聚力，村妇联积极扩大妇联工作有效覆盖面，因地制宜采取有效措施创新妇女工作，打造区域妇女工作特色。

建设“妇女之家”，拓展服务阵地。通过建立“米粮村妇女之家”和以兴趣爱好、劳动生产、公益服务、文化活动（倡导“幸福家庭”等新风新俗）、矛盾调解等为纽带的功能性妇女小组，做到哪里有妇女，哪里就有组织，服务更多元化，进一步把基层妇联组织建设成为党开展妇女工作的坚强阵地和受广大妇女信赖和热爱的温暖之“家”，解决妇联工作载体问题，扩大了基层妇联组织的覆盖，引领和谐、团结、向上的村风民情。

建设网上妇联，延伸工作触角。引导建立“群”组织。依托互联网，建立了“米粮村妇女”QQ群、“缝纫姐妹”“秀咏农场血橙分销”等微信群，拓宽成员间联系渠道，及时了解妇女思想动态和诉求，在微信上集中召开家庭致富交流会，“和谐一家亲”谈心、谈话会。此外，村妇联还组织大家在网络平台上学习先进农业技术，分批次学习电商知识，组织妇女同胞参与农民“微”夜校，学习更多的法律法规及相关政策。尽可能地调动多方力量为困难妇女提供帮助、凝聚人心，服务更贴心，构建出新型的“服务网＋联系网”网上妇联。

注重能人引领，带动互助脱贫。以陈秀英为主的巾帼脱贫“领头雁”，带领着大家打造出妇女居家灵活就业示范基地“秀咏农场”和“米粮村妇女之家”，探索出“协会＋基地＋电商＋妇女”的产业发展模式，推动形成集培训、研发、生产、销售于一体的妇女产业链，提高了市场竞争力。米粮村血橙种植规模达1100余亩，产量达300万斤，按批发单价 1.5 元计算，年产值有 400 多万元，其中“秀咏农场”带动村里 100 余户电商农户通过网络销售血橙，销售单价高达每市斤 8 元，人均增收 4 万元以上，使米粮村成为名副其实的“电商村”。同时，动员留守妇女利用农闲时间在缝纫厂上班，月工资也在 1500 元以上，“米粮村妇女之家”充分地发挥了示范基地的引领作用，带动农村留守妇女实现居家灵活就业、脱贫致富。

多措并举，竭力开拓市场。在陈秀英的带动下借助现代电子商务手段，将产品在“淘宝网”“内江甜城团购网”等网络平台上线，将产品广泛铺货到县内水果店、超市等实体店铺，参加农产品展销会推广产品，广泛接受机关事业单位、私营业主、家庭个人订单，真正实现了让“米粮村血橙”走出去的目标，经济效应与社会效应初显。

三　经验与启示

龙结镇米粮村妇联改革形成了“广泛性覆盖、立体式联系、区域化服务”的基层妇联工作新格局。勇于创新，亮点频频，基层妇联组织的神经末梢得以激活，真正实现了“上面千条线、下面一张网，身边一个家”。在这个组织中，妇女同胞们充分发挥各自的特色技能，利用先进的思想理念，共同学习、互相勉励、团结友爱、积极行动，为米粮村的发展和致富增砖添瓦，体现了“妇女能顶一片天”的真正价值。妇联改革，任重道远，我们将继续坚持查漏补缺，加大改革力度，牢记妇联工作就在田间、社区的要求，扎根基层，服务好妇女群众，切实发挥桥梁纽带作用。

（案例材料来源：内江市妇联，执笔：何艳、张兰英、李佳娟）

案例二　妇联组织积极主动作为　着力推动妇女群众参与基层民主政治

——四川达州大竹县城乡社区妇女参政议事情况

妇女参与民主政治建设是人民当家做主、社会主义本质的体现，是男女平等基本国策在最高层面的贯彻落实，是实现妇女政治权益的具体内容，是普及社会主义民主政治观念、加强公民意识教育的实践，是增强社会自治功能的必要条件，是衡量妇女事业发展和经济社会发展的一根标尺。

一 案例背景

近年来，大竹县妇女参与民主政治建设的广度和深度都有所加强，但是基层妇女群体在参与民主政治建设中的比例仍然偏小。主要原因如下：一是受自身发展限制，妇女参政议事能力不强。虽然经济社会飞速发展，但由于妇女自身综合素质和实用技能普遍不高，绝大多数妇女仍处在传统的生产生活模式中，位于生产劳动的初级环节，经济收入和社会地位不高，妇女自身发展与经济社会发展并不协调，直接削弱了女性参政的能力。二是受家庭责任牵绊，妇女参政议事的机会不多。长期以来，妇女承担着较多的家务劳动和家庭责任，为了养育孩子、支持丈夫、赡养老人，不少女性甘于奉献，自愿放弃了某些自我发展的机会和权利；也有不少女性虽有参与民主政治的意愿，但由于很难在工作、家庭之外抽出时间和精力，因而大大削减了妇女参与民主政治建设的机会。三是受社会传统观念影响，妇女参政议事的环境不优。长期以来，受“男尊女卑”“男主女从”“男主外女主内”等传统观念的影响，妇女从事民主政治活动的实践并不多。例如社会上对女干部走上领导岗位的现象存在非议和不切实际的揣测；不少村（社区）妇联主席待遇不高，工作压力大，村民、家人和社会多方面的不理解等，严重影响了妇女参政议事的热情。

二 做法与成效

针对以上原因，大竹县妇联主动作为，着力推动妇女群众参与基层民主政治建设，取得了一定成效。

强化教育培训，提高妇女参政议政的意识和能力。加强女性人才培养，把女性人才培训纳入地方人才培训规划。面向妇女开展宣传培训，不断提高妇女民主参与意识和能力，鼓励和引导妇女积极参与决策和管理。加强对女干部的教育培训，在各级各类干部培训中明确提出女干部的比例，不断提高女干部的政治素质、科学文化水平和决策管理能力。

通过提高妇女的综合素质增强妇女进行政治参与的热情和能力。

争政策搭平台，拓宽妇女议事的途径和方式。在制定涉及公共利益和妇女权益的重大方针政策时，充分听取人大女代表、政协女委员、妇联组织和各阶层妇女群众的意见和建议，大力开展多形式的参政议政活动，为妇女参与决策和管理提供机会；发挥妇联组织推荐优秀女性人才的组织优势，重视妇联组织在培养选拔女干部、推动妇女参政议政方面的意见和建议，把妇联组织的妇女人才库作为组织部门培养选拔女干部的重要来源；落实妇女参与基层民主管理的权利，完善村委会、居委会等基层民主选举制度，为妇女参与基层民主管理创造条件。完善以职工代表大会为基本形式的民主管理制度，保障企事业单位职工代表大会女代表比例与女职工比例相适应，促进女职工参与企业管理，为女职工参与民主管理提供必要的条件和经费保障。鼓励各种民间团体和妇女组织自愿合作参与社会管理与创新，培育优秀妇女从民间志愿者等群众队伍中产生代表、委员等为民代言，参与民主政治建设。加强女性人才的选拔任用。抓住县、乡镇（街道）和村（社区）“两委”班子换届契机，贯彻各项法律政策，多措并举，推动妇女参政议政，突破在各级领导班子中选配女干部的重难点问题。

高度重视，妇女参与基层民主政治成效明显。近年来，大竹县委、县政府高度重视，各职能部门密切配合，采取有效措施，积极推进妇女参与基层民主政治建设，取得了明显成效。县级四大领导班子和乡镇（街道）党政领导班子中女干部配备率按要求均达100%。51个乡镇（街道）中有10名女性担任党政正职，县、乡两级党政部门领导班子中女干部配备率分别达到22.98%、31.17%。乡镇（街道）党政正职是女性的占12.6%。县级人大代表中女代表比例为34%；县级政协女委员比例为28.6%。

三　经验与启示

第一，党政重视是根本。第二，妇联组织引领很关键。

（案例材料来源：达州市妇联，执笔：康莲、廖君）

案例三　巾帼建功展风采　凝心聚力促发展

——高坪区妇联大力推进“百·千·万”巾帼建功活动

2017年，南充市高坪区妇联深入实施“百·千·万”巾帼建功系列活动，通过宣传发动、典型带动、评比促动和授牌推动等手段，不断强化妇联组织的服务力、妇女工作的创新力和妇女群体的发展力，在助力脱贫攻坚、推动经济发展、构建社会和谐等方面取得了显著成效，赢得了社会的广泛赞誉。该区斑竹乡小康竹编农民专业合作社等5个集体和个人被国、省妇联表彰。

一　案例背景

为全面贯彻落实全国妇联“岗位建新功、喜迎十九大”和省妇联“巾帼建功行动”的决策部署，高坪区妇联提出了在广大城乡妇女中大力开展“百名示范带动，千岗服务推动，万户家庭联动”的“百·千·万”巾帼建功系列活动，组织带领广大妇女为助推高坪脱贫摘帽攻坚战、经济健康发展和社会文明进步建新功、立新业。

二　做法与成效

（一）实施百名创业致富能手带动，助推巾帼脱贫行动

以打赢脱贫攻坚战、促进农村妇女增收致富为目的，通过重点培育100名女创业致富能手，创办女性经合组织，带动更多妇女增收致富。一是对15个乡镇3000余名贫困妇女开展了畜牧养殖、果树种植、月嫂家政、竹艺编织、农村电商、卫生保健等实用技术培训，对300余名妇女开展了SYB创业培训，对60余人发放了8万—30万元不等的妇女创业贷款，为44名创业女性申请创业补贴44万元。二是围绕柑橘、竹编、乡村旅游等优势产业和新农村建设，建立妇女居家灵活就业示范基地10个，成立22个以女性为主体或领办的经合组织，引领和带动更多农村妇女增收致富。三是新华社、中央人民广播电台、光明日报社等25家中央、省级主要媒体对我区妇女居家灵活就业、巾帼脱贫行动等进行了专题报道，吸引了上万人次点击，上千人次讨论，形成了强大舆论宣传效应。

（二）实施千岗优质服务推动，引导妇女建功立业

以“巾帼文明岗”创建和“巾帼建功标兵”评选活动为载体，开展以“学先进、比贡献、创一流”为主题的岗位培训、练兵、建功等活动，不断提升女性干部职工服务水平，努力营造“比、学、赶、帮、超”的氛围。一是立足本职建新功。按照诚信、规范、便捷、高效的优质服务要求，以爱岗敬业、廉洁奉公、限时服务等为重点内容，开展岗位实践活动，打造巾帼文明岗优质服务品牌。二是提升素质建新功。结合行业特点，广泛开展岗位技能培训，学习交流等活动，2017 年以来，组织女性行业技能培训 50 余次，选送优秀女干部职工高校学习 3 批次。三是开展竞赛建新功。以增强竞争意识，提高行业技能为目的，开展了妇幼健康技能竞赛、教师竞教活动、国税演讲比赛、龙运鞋业“针车鞋面”女职工技能大赛等竞赛活动，促使妇女奋发图强，岗位建功。四是热心公益建新功。开展城乡互动手牵手活动，鼓励女科技工作者、女企业家、女干部职工与农村贫困妇女、创业妇女结对子，积极投身各项公益事业、慈善事业，参与“爱心妈妈志愿服务”“圆梦助学”“敬老爱亲”等爱心活动。五是转变作风建新功。鼓励广大妇女干部职工带头贯彻落实关于改进作风，密切联系群众的规定，深入基层，深入一线，了解广大妇女所需所想，为她们分忧解难，切实做好联系服务妇女儿童“最后一公里”。

（三）实施万户家庭联动，树立社会文明新风尚

一是开展寻找“最美家庭”“最美农家”活动，评选表彰“孝老爱亲”“勤劳致富”等各类“最美家庭”75 户，“最美农家”35 户，其中石圭镇壁山村潘桂芳家庭获“南充市最美家庭”称号。二是开展“好公婆”“好儿媳”“好儿女”“好夫妻”“好邻居”评选活动，评选表彰各类先进典型 1000 名。三是举办“好家风好家训”征集评选活动，收到家风家训 80 余篇。四是开展“脱贫攻坚 · 巾帼先行——好习惯好风气进乡村”巡讲活动，成立了科学家教、文明礼仪、致富技能等六支宣讲队，印制了宣传环保袋，发出了“养成好习惯，形成好风气，建成好家园”倡议，在江陵、龙门等乡镇开展活动 20 场次 2000 余人参与，最大限度地激发了贫困妇女参与脱贫攻坚的内生动力，同时带动家人养成好习惯，涵养好家风，支撑好社风。

三 经验与启示

（一）各级领导重视，参与氛围浓厚

各地各部门把巾帼建功活动纳入单位整体规划，成立活动领导小组，明确工作计划和目标，细化工作标准，制定切实可行的学习、管理和岗位责任制度，规范行业服务标准和达标要求。

（二）活动覆盖面广，内容与时俱进

高坪区巾帼建功活动范围逐步拓展，已从最初的窗口行业拓展到了党政机关、企事业单位、新经济组织、民营企业，从城市单位走向乡村社区，形成了各行业各系统互动的大格局，呈现出了集体争创“巾帼文明岗”，人人争当“巾帼建功标兵”的可喜局面。

（三）品牌效应明显，社会影响广泛

各级妇联组织、各行各业把“百·千·万”巾帼建功系列活动作为实施巾帼脱贫行动、提高城乡妇女素质、促进行业文明建设的有力抓手，不断加大宣传力度，全力打造“百·千·万”巾帼建功品牌，真正起到“建一个岗、挂一块牌、树一面旗、带一批人”的作用。

（案例材料来源：南充市妇联，执笔：周铧）

案例四 合力共管 规范建设让儿童保护理念根植社区

——绵阳市安州区沸水镇儿童之家案例

沸水镇儿童之家始建于2008年6月，是汶川地震后，由国务院妇儿工委办公室与联合国儿童基金会合作建立的全国首批儿童之家之一。近年来，儿童之家遵循“快乐一个儿童、幸福一个家庭、和谐一个社会”的原则，积极调动各方资源和力量，开展丰富多彩的活动，成为社区儿童的幸福家园。我们的主要做法是：

一 加强隐患排查，打造“安全之家”

最初儿童之家建立在板房安置小区。2012年4月，沸水镇党委政府

高度重视，将儿童之家纳入社区重建规划，搬迁至永久房屋。该院落共3层，建筑面积约800平方米，室外场地约500平方米，设有图书室、亲子活动室等10间功能室。室外安装有儿童蹦蹦床、滑滑板等大型玩具及健身器材。为确保安全，我们成立了由镇党委书记、镇长任组长，相关部门、社区负责人以及儿童委员和家长委员为成员的安全工作领导小组，定期通过广播、电视、会议、标语、宣传栏、宣传单等形式加强安全宣传，主动邀请交通、医疗、消防、食品等专家来儿童之家进行宣讲培训。每月组织儿童制作发放安全知识手抄报和安全调查问卷，开展走访座谈，对发现的安全隐患及时报告，并联合相关部门排查整改。这些工作为打造“安全之家”奠定了坚实基础。

二　面向全体儿童，共享“温暖之家”

儿童之家服务覆盖全镇1483名儿童，其中留守儿童900余名，占总数的60%以上。残疾儿童21名，特困家庭儿童107名，单亲家庭儿童41名，辍学儿童16名，孤儿5名。流动家庭678户，流动人口1343人。9年来，累计服务儿童175200余人次，2500余人（含临近乡镇儿童），家长累计100400余人次，6730余人。

儿童之家结合实际开展丰富多彩的服务和活动，尽最大可能覆盖全体儿童及其家长。例如，针对留守儿童，我们组织开展联欢、才艺展示等丰富多彩的活动，每逢春节、“六一”和中秋等节日来临之际，为他们送去慰问品和慰问金，与他们欢聚一堂，共度佳节。同时，我们还走访慰问困境家庭和儿童，通过多种形式为他们送去温暖和爱心，使他们感受到党和政府的关心，社会各界人士的关怀。

三　提升服务能力，铸造“品牌之家”

儿童之家现有两名工作人员，多年来她们参加各级各类培训50余次，交流学习40余次。前往云南、浙江、江苏等地指导当地儿童之家建设，并在项目会议上介绍交流工作经验。2016年，两人被推选为社区妇联主席、副主席，更有利于协调政府进行家园建设。两名工作人员工作能力水平不断提升，为儿童之家开展服务和活动提供了坚实保障。儿童之家还广泛招募高校学生、公务员、教师、医生等不同领域热心人士加入志愿服务队伍。目前，儿童之家有家长委员 10 名，巾帼志愿者 20 名，登记志愿者 200 余名。志愿服务队大大提高了家园的服务质量和效率。

四 争取经费保障，共助“发展之家”

一是解决经费，确保运行。经区政府常务会研究，安州区 4 所儿童之家于 2011 年 5 月起移交政府管理，每年由区财政预算 3 万元日常运行经费。二是解决岗位，稳定人员。儿童之家工作人员纳入政府公益性岗位，给予日常生活补贴。三是多方支持，加大投入。镇政府投入 30 万元建成户外场地、添置设施设备及户外滑梯、蹦床等大型玩具；市妇联添加 4 万元的儿童设施设备；区妇联、团委、残联等单位增添了 15 万元的设施设备；教育部门捐赠了价值 8 万元的户外运动器材等。

五 完善管理制度，共创“规范之家”

我们加强管理组织体系建设，明确各自职责分工，建立健全了《人员管理制度》《物资管理制度》《评估制度》等 10 项工作制度，配套完善了《儿童登记表》《工作日志》等日常运行文献记录，做到儿童来园有登记、工作人员有考勤、财务有审计、物资有记录、安全有保障、服务有实效。省、市、区三级政府妇儿工委办和省级儿童工作资源中心定期来园督导指导，帮助家园发现、解决问题，促进了儿童之家工作规范化、制度化、效能化。

六 满足服务需求，共建“幸福之家”

家园在开展儿童和家长需求调查基础上，因地制宜、创造性地开展各具特色的活动。9 年来，开展各类活动 220 次。

（一）关爱特殊群体，开展儿童保护

沸水镇共有留守儿童 900 余名，困境儿童 140 余名。针对这部分儿童，儿童之家一是建立爱心档案，深入家庭摸清情况，实行动态监管；二是组织志愿者送辅导、送陪伴，并长期开展家庭教育、青春期自我保护、安全教育、科学育儿等大型主题活动；三是将信息上报区政府妇儿工委办，争取政府的关爱和慰问。特别是针对亲情缺“慰”、生活缺“助”、心理缺“疏”、学习缺“导”、安全缺“护”的特需儿童开展个性

化帮扶活动。9年来，我们成功帮扶特需儿童45名，成功转介特需儿童4名。还促进安州区委、区政府于2016年将儿童保护工作纳入深化改革项目，形成了安州区儿童保护“2+5”工作机制。

天文，一个14岁的山村女孩，其父亲“多子多福”的封建思想作祟，十多年时间他们家生了五个孩子，日子过得捉襟见肘，超生的4个孩子没有户口。生活的困顿、心理的自卑让天文沉默寡言。我们及时向区政府妇儿工委反映情况，启动儿童保护多部门协调机制，解决了天文姐弟的户口，使他们得以继续学业。天文在日记中写道：“7口之家，算是大家庭了，但是儿童之家则是更大的家庭，这个‘家’很温暖!”

（二）丰富日常活动，促身心健康成长

一是坚持开展日常活动，确保儿童来园率。儿童之家每周坚持开放至少40个小时，周一至周五主要针对学龄前儿童开展卫生保健、营养配餐、宝宝健身操等亲子活动；周末主要针对7—18岁青少年开展保护知识、青春期自我保护知识、法制教育、安全教育等宣传教育活动。二是多方支持，提高家园活动量。儿童之家得到当地政府、公安、教育、卫生、民政、团委等部门的大力支持，例如：公安、交警部门来园开展禁毒知识、安全常识宣传讲座；卫生院教授儿童如何急救与包扎；区教育局来园开展预防校园暴力和家庭暴力宣传培训会。

（三）坚持延伸活动，让星星之火燎原

我们始终坚持向外延伸服务，拓展服务领域。除不定期送活动到其他乡镇和学校外，每月23日我们定期到各个村（社区）儿童之家及边远村组开展上门服务，同孩子们分享快乐。近年来，开展各类活动90余次，惠及儿童2万余人次。

下一步，我们将充分发挥骨干作用，打造安州区儿童工作本土专家和志愿者队伍，支持安州区儿童之家建设；整合各部门资源，深入各乡镇、村（社区）开展活动；继续争取项目，突出品牌建设，让沸水镇儿童之家成为儿童之家建设的一道亮丽风景线!

（案例材料来源：绵阳市妇联，执笔：唐晓萍）

案例五　精准化服务积极助推“人的城镇化”

——自贡市妇联“新家园、新女性、新生活”项目创新案例

近年来，随着全国新型城镇化进程的加快，我市新型城镇化区域、新型社区、农民集中区得到迅速发展，一大批“农民”也由此变成了“新市民”。虽然“农民”变成了“新市民”，但他们的生活习惯、生活状态、文明素养却不能随着生产方式的变化尽快实现由“乡”到“城”的转变。自贡市妇联针对农转非集中安置区妇女群众需求，量身设计、创新实施“新家园、新女性、新生活”项目，服务妇女和发展大局，在社会上引起强烈反响，受到广大妇女群众的欢迎。

一　案例背景

自贡市妇联围绕“党政所急、妇女所需、妇联所能”，积极争取省妇联项目资金30万元，实施了“新家园、新女性、新生活”项目，创新做“人的城镇化”工作，促进“物的城镇化”和“人的城镇化”协调发展。2014年3月，此项目在沿滩区板仓社区试点铺开。板仓社区是以沿滩新城开发建设、高新板仓工业园区建设农转非集中安置居民为主组成的城市社区，全市首批18个创新社会管理综合试点社区之一。社区成立于2008年9月，面积0.8平方公里，目前辖区有5个居民小区，11个居民小组，2284户居民，常住人口6852人，户籍人口3564人，育龄妇女1986人，儿童1608人。

二　主要做法

该项目通过“学习培训—实践体验—引领提升”系统工程，尤其是通过“五子、五提升”活动（即“换好脑子”，提升思想意识；“当好学子”，提升素质修养；“谋好路子”，提升发展能力；“教好孩子”，提升家庭教育；“过好日子”，提升生活品质），持续提升“女新市民”综合素质，形成了以“妇女市民化—家庭城镇化—人的城镇化”助推“新型城镇化”的发展模式。

（一）换好脑子，实现思想意识提升，做创新思维的新女性

为加强对“女新市民”城镇化意识的引导，增强她们的“市民”意识，市妇联编发了《幸福新起点》宣传册，发放到每一个“女新市民”家庭，教授城市生活技能。积极开展“城镇化”生活体验，搭建城市生活融入平台。成立了由法律、就业、养生保健、家庭教育、服饰礼仪等方面专家组成的“幸福紫薇顾问团”，为“女新市民”提供最专业、最贴心的指导服务。组织“女新市民”参观女性艺术作品展、体验数字城市等城市生活体验活动，让她们切身感受“城镇化”后生活的巨大变化，对“女新市民”适应城市生活进行观念启迪，引导她们以新的姿态、新的形象融入城市生活。

（二）当好学子，实现素质修养提升，做秀外慧中的新女性

通过开设“幸福女性大讲堂”，引导“女新市民”意识到只有“当好学子”，加强学习，才能更快、更好地融入城市生活，不断增强其学习意识。先后开展了法律法规、健康保健、婚姻家庭、就业技能、消防安全、女性格局等知识讲座及美容、舞蹈、礼仪、坝坝舞培训，不断提升女性素质。

（三）谋好路子，实现才能发展提升，做自强自立的新女性

项目注重引导“女新市民”牢固树立“自强自立”观念，通过扎实开展各类就业培训，提升“女新市民”创业就业能力。共开展彩灯技能、美容美发、插花艺术、电脑培训、家政服务等技能培训3500余人次。通过举办“让爱回家·守护成长——援助留守儿童父母返乡创业就业”专场招聘会以及其他就业推荐活动，对“女新市民”及家庭进行有针对性的就业推荐，推荐就业达2400多人，有效推动了“女新市民”在城镇就业。

（四）教好孩子，实现家庭教育提升，做引领家庭的新女性

项目注重增强“女新市民”的家庭教育意识和水平。通过举办隔代教育、留守儿童心理教育、青春期教育等系列家庭教育讲座，引导“女新市民”树立“教好孩子”、培育好“城二代”的意识。通过各类全家总动员的家庭教育活动，使“女新市民”不断提高家庭教育水平，成为引领家庭的新女性，达到了“孩子牵手母亲、母亲引领家庭、家庭奉献社会”的效果。

（五）过好日子，实现生活品质提升，做幸福生活的新女性

项目以引导“女新市民”适应城市生活，“过好日子”为目标，让“女新市民”感受到“城市，让生活更美好”。通过开展“争做文明新女性”等系列活动，倡导文明健康的城市生活新方式。针对“女新市民”的各类需求，开展了舞蹈培训、健康讲座、厨艺大赛等提升生活品质的活动，进行了“最美阳台”“最美家庭”等评比，有效带动了“城市新家庭”生活品质提高。

三　项目实效

截至目前，“三新”项目开展了思维启迪、家庭教育、就业技能、公益主题等各类特色活动共计 100 余次，服务群众 10000 余人次，“女新市民”“城市新家庭”以及社区都发生了很大变化，取得了良好的社会效果。

（一）妇女整体素质得到提高

通过系列培训、体验活动的开展，“女新市民”普遍反映，“脑子”转变了，“学子”当好了，“路子”宽阔了，“孩子”变乖了，“日子”更好了，真正过上了“城里人”的生活。

（二）家庭幸福感得到提升

通过项目的实施，很多家庭更加注重家庭教育，注重处理好夫妻关系、邻里关系，注重提升生活品质，主动学习文明礼仪，时常带着孩子做公益。对城市生活，由开始的不适应到基本适应，再到自然融入，“女新市民”发自内心地感受到了城市生活的美好，真正提升了家庭幸福感。

（三）妇联凝聚力得到增强

通过“三新”项目的实施，各级妇联组织为“女新市民”及家庭提供针对性强的精准化服务，有效地解决了“女新市民”及家庭“尽快融入城市生活”的重要问题，妇联组织在基层的凝聚力和号召力得到极大提升。

（四）社区治理得创新加强

项目所在社区成立了“幸福紫薇互助队”，巾帼志愿者们带着家人开展各类公益活动，积极为需要帮助的家庭服务。群众的自我教育、自我管理意识增强了，社区治理更加顺畅，实现了“三下降、两增强”。“三

下降”：在2014年的基础上，邻里纠纷下降了30%，妇女维权和家庭纠纷下降了35%，小区社会治安案件下降了30%。“两增强”：一是农转非居民的自信心得到极大增强，坚定了“我是城里人”的信念，真正感觉到“城市，让生活更美好”。二是政府工作得到群众的支持力度增强。一些不配合政府工作的现象得到了很大程度的改善，群众更加自觉支持和配合政府的开发建设。

此项目受到全国妇联副主席焦扬的肯定。在四川省委党的群团工作会议上进行了交流。北京大学中国经济研究院的《农本》《自贡改革专报》《自贡改革动态》，自贡《学习与调研》《自贡日报》对此进行了专题宣传。省社科院（省城镇化研究中心）对此项目进行了专题调研和评估，认为该项目具有“低成本、造血式、普适性”的特点，开启了妇联组织参与社会创新治理的新路子，并以《自贡聚居区农民城市融入探索和实践》为题，把该案例纳入了《2016年四川城镇化发展报告》。2016年1月被四川省委政策研究室《调查与决策》采用。2016年6月19日《中国妇女报》头版头条进行了专题报道。

四　经验与启示

（一）围绕中心、服务大局是开展妇联工作的根本和关键

在推进新型城镇化进程中，形成大量的农民集中居住区，“新市民”在城市融入中的不适应、就业机会的相对不足、生产生活方式的大转变等矛盾和问题叠加出现。自贡市妇联创新开展“三新”项目，在农民集中居住区提供微公共产品，填补了政府供给基础型公共服务和市场供给商品服务之间的空白，调整了社区关系，重塑了社区秩序，在城镇化进程中实现了创新和突破。

（二）创新载体、转变思路是开展妇联工作的动力和源泉

自贡市妇联通过“三新”项目实现主动转型，通过搭建“党政群团—专家联盟—公益组织—基层妇联”四位一体的“女新市民”发展服务平台，将传统的纵向型组织结构向横向联合的组织结构发展，成为转型期社会治理与公共服务的“枢纽型”组织，在国家现代治理体系中，培育社会组织激发社会活力，作出了有益尝试。

（三）问需于民、精准服务是开展妇联工作的出发点和落脚点

“让群众当主角”，变“我要做”为“要我做”。“三新”项目组织活动请妇女群众一起设计，部署任务请妇女群众一起参与，表彰先进请妇女群众一起评议，敞开大门请妇女群众提意见、出主意、做评判，形成妇女群众工作由妇女群众共同做的生动局面。作为家庭的中流砥柱，妇女的城市适应和情感融入显得尤为重要。“三新”项目抓住了问题的关键，以妇女为切入点，走出了一条“妇女市民化—家庭城镇化—新型城镇形态”的发展新路径。

（案例材料来源：自贡市妇联，执笔：柳荫）

拓展妇联组织参与社会治理的机制专题案例

案例一　创新工作手段　推动科学家教

为切实贯彻习近平总书记关于“注重家庭、注重家教、注重家风”的重要批示精神，推动科学家庭教育进万家，形成正确引导、有效服务、教育科学、规范管理的家庭教育工作局面，广元市妇联发挥职能优势，整合资源、培育力量，采取多种方式普及家庭教育知识，取得了良好成效。

一　案例背景

广元市地处川北，人口 311 万人，其中女性人口 152 万人，17 岁以下未成年人 33.6 万人。广元为农业大市，外出务工人口多，据统计 2016 年年底仅农村留守儿童就有 29251 人、留守老人 104807 人、农村留守妇女 54133 人。随着经济社会的发展、教育水平的提升，越来越多的家庭意识到改善原生家庭环境、提升家庭教育水平的重要性以及紧迫性。当前，处在改革深化期，各种思想碰撞，也还存在部分家长对家庭教育的认识不够，有的还沿用传统观念教育子女，特别是留守儿童家庭教育问题显得尤为突出，如何普及科学家庭教育知识，提供规范系统、操作性强的家庭教育服务，显得尤为迫切。

二 做法与成效

（一）搭建平台，整合家庭教育资源

市妇联发挥孵化引导功能，主动搭建资源平台。一是成立“广元市家校合作联盟”。牵头联盟，以“家校共育”为核心，通过建立一个广元网上家长学校、建立一支家庭教育工作队伍、建立一批家庭教育示范阵地、建立一个广元家庭教育大讲堂、建立一个交流学习平台，开展了“百场家庭教育报告会”，召开“广元市首届家庭教育高峰论坛”、第三届广元园长论坛、广元市家庭教育会议，整合部门力量。二是成立广元市家庭教育学会。学会拥有心理咨询、法律、科普、文明礼仪等知识特长的会员100多名，市妇联加强学会庭教育研究指导和课程开发，承接了省妇联“科学家教进万家”教学项目，组织会员到社区家长学校教学180余场。三是打造家风家教微课堂矩阵。依托省妇联家风家教微课堂资源，建立广元家风家教微课堂矩阵，组建微课堂群20余个、成员近万人。

（二）强化协作，常态化推动“家校共育”

着力构建学校、家庭、社会“三位一体”的教育网络，分领域、分行业常态推进“家校共育”。一是营造良好家庭文化氛围。把家庭教育融入幸福家庭行动，以“母言母行母爱成就最美家庭，家庭家教家风构建和谐社会”为主题，广泛开展最美家庭、晒幸福家庭照片、讲最美家庭故事、议家训家规、“传家训、立家规、树新风”系列活动等文明家庭创建活动，引导家长见贤思齐，营造家庭教育良好氛围。二是开展示范家长学校创建活动。把家长学校建设纳入学校目标考核，力促400余所家长学校建设及作用发挥，创评市级示范家长学校50所，省级示范校10余所，朝天区成功创建为“全国规范化家长学校实验区”，覆盖朝天15所学校、近三分之二的学生。三是打造家庭教育品牌。培育“孝爱亲和廉”“幸福亿家”“智慧父母”“母亲课堂”等系列化、品牌化课程，在各类家长学校开展家庭教育讲座千余场次，30余万学生和家长受益。同时开展“小手牵大手”争做文明广元人、廉洁小卫士、小交警、小志愿者、环保小卫士、“我爱我家　同悦书香”亲子阅读等亲子活动，增强参与性、丰富家庭教育内容。

（三）突出重点，着力解决薄弱环节

着力解决农村特别是贫困地区家庭教育知识匮乏问题，培育文明新风，养成好习惯、形成好风气。一是开展好风气、好习惯培育宣讲。在贫困村妇女和家庭中培育好习惯好风气助力脱贫攻坚工作，编印科学家教读本，组织家庭教育讲师、幸福使者等组建120余人宣讲团，深入农村传播优良家风、科学家教和文明礼仪、卫生健康、节能环保等知识，帮助贫困妇女和家庭提升文明素养，养成好习惯好风气。二是丰富农村家庭文明创建载体。启动“巾帼脱贫攻坚行动”——培育好习惯好风气活动，开办“母亲课堂”讲座、“孝爱亲和廉”巡回宣讲活动，评选各级最美家庭、文明家庭960余户，“好公婆”“好媳妇”“好婆婆”“廉内助”“贤内助”“好儿女”290余人。三是线上线下开办家庭教育课堂。根据农村外出务工人口多的特点，依托微课堂矩阵线上组织专家解答家长问题近200个，组织省市专家开展系列家庭教育课堂40余场。根据农村三留守人群多的特点，组织讲师深入739个贫困村宣讲家庭文明建设、家庭教育、普法宣传等课堂近2000场次。

三　经验与启示

孩子是祖国的未来，是家庭的希望。而家庭又是孩子的第一所学校，家长则是孩子的第一任和终身老师。在开展家庭教育知识宣传、提升家长素质、改变原生家庭环境工作过程中，我们也得到了一些启发。一是加强对家庭教育重要性的宣传。广元市妇联通过多种手段普及科学家庭教育知识、提升家长素养、开展家庭文明建设都是对科学家庭教育知识的宣传。通过宣传让广大群众意识到家庭教育是一门科学以及它的重要性，意识到以往存在的问题和不足，意识到原生家庭环境的重要性，并且通过系统的宣传培训，广大家庭开展家庭教育有法可依、有径可循。二是整合资源形成工作合力。家庭教育涉及千家万户，必须调动家庭、学校、社会等力量积极参与，通过建立“家校合作联盟”、家庭教育学会，有效整合教育、妇联、科协、关工委等妇儿工委成员单位职能，调动了社会组织、民间机构的教育资源为各阶段学龄的学生和广大家庭家长提供家庭文明建设、家庭教育讲座、科学知识普及、法律知识宣讲、亲子教育活动、健康育儿培训等教育资源。三是创新手段开展工作。通

过创新整合部门职能、调动各方资源，把家庭教育融入精神文明建设之中，从家庭、社会、学校三个方面同时入手开展工作，建立部门合作机制，打造了家庭教育工作三个平台，培育了家庭教育专业力量，较好地满足了广大家庭的需要，提升了广元家庭教育整体水平。

（案例材料来源：广元市妇联，执笔：董祥）

案例二 “紫薇花家庭微公益”探索社会治理新途径

——自贡市妇联参与社会治理创新案例

妇联组织作为党联系妇女群众的桥梁和纽带，创新是其发展的重要基础和恒久动力。近年来，自贡市妇联以项目为抓手，不断创新参与社会治理，按照“服务家庭、提升家庭、引导家庭”的思路，于2014年3月在全国首创以家庭为单位的“紫薇花家庭微公益”志愿服务项目，通过父母“带着孩子做公益”，以“公益家风”带动“社会新风”，以家庭为单位践行社会主义核心价值观，开启“全家总动员”的“家庭微公益”志愿服务新模式，达到了“帮扶困难人群、促进家庭和睦、改善社会风气、创新社会治理”的社会效应。

一 案例背景

自贡市贡井区老街子社区属于典型的城市老旧社区，现有60岁以上老年人1800多人，80岁以上老年人260余人，人口老龄化严重，也没有新型城市社区规范的物业管理，社区管理更多地依靠居民自治。2014年，市妇联“紫薇花家庭微公益”志愿服务项目首先在贡井区老街子社区先行试点。项目运转3年多来，通过“带着孩子做公益”的“全家总动员”志愿服务模式，已组织开展志愿服务活动910多次，派出志愿者4800余人次，服务人群14500余人次。紫薇花是自贡的市花，“紫薇花”家庭微公益项目，旨在充分发挥妇女对家庭的“公益”引领作用，通过整合社会资源，组织和培育一批以妇女引领、家庭参与为主的社会公益组织和项目，开展各类特色活动，培育妇女及家庭成员良好的社会责任意识和公益精神，“倡导家庭微公益，传递社会正能量”，加强和创新社会管理，解决“服务群众最后一米”的问题。

二　经验做法

（一）创新载体，建立社区互助志愿服务模式

一是项目在块上，以社区（村）为支点，以“五助五坊”为活动载体服务基层特殊人群。“五助”：即助老人、助儿童、助妇女、助家庭、助社区；“五坊”：即吾老暖心坊、儿童希望坊、巾帼手工坊、家风读书坊、社区公益坊。二是实行“每天志愿服务”的志愿服务模式。项目每天都为社区居民提供不同服务，如“儿童希望坊”设立了“中国文字”“四点课堂”；“吾老暖心坊”设立了“叩响心门”“矍铄巡诊”等服务项目。三是倡导“全家总动员”的志愿服务模式。通过“带着孩子做公益”的“全家总动员”的志愿服务模式，目前项目共招募了巾帼志愿者家庭628户2346人。

（二）创新机制，建立公益互助管理机制

一是创新服务方式，购买社会组织服务。项目以“社工+义工”“外部力量+内部力量”相结合，购买社会组织服务的方式推进。二是创新《紫薇家风录》，建立“互助公益”机制。创新设计了《紫薇家风录》，发挥其记录志愿服务、鼓励互助互益、传承“公益家风”的功能。三是孵化“社区社会组织”，注重“内部造血”。着重通过“社区公益坊”，在社区孵化本社区特色的“社会组织”，提高社区群众自我服务管理功能。

（三）拓展领域，成立“巾帼家庭志愿联盟”

项目在条上，成立了自贡市巾帼志愿者家庭联盟——全国首个以家庭为单位联合实施公益项目的志愿联盟。实施“4+N”模式，通过成立绿色环保、文明传播、关爱互助、科普体验4个支队，每个支队带动N个小组实施公益活动。通过发挥妇女对家庭的公益引领作用，普及志愿服务理念，培育家庭社会责任意识和公益精神。

三　主要成效

项目通过条块结合、连锁互动的家庭微公益发展模式，充分利用“家庭”这一最基础的社会细胞和妇联最重要的工作载体，在全社会“倡

导家庭微公益、传递社会正能量”，达到了“帮扶困难人群、促进家庭和睦、改善社会风气、创新社会治理”的效果。

2015 年 1 月，新华社、中央电视台、《光明日报》《中国妇女报》对此项目进行了专题报道；6 月，在全省群团工作培训班上做了交流发言，并在省妇联“家庭微公益”启动仪式上全省推广；10 月，新华社《内参选编》2015 年第 41 期以《四川自贡以家庭微公益为载体传递社会正能量》为题，对项目运行情况进行了报道。全国妇联机关期刊《中国妇运》、省委办公厅《每日要情》、四川妇联机关期刊《四川妇女》对此项目也进行了专题报道；此项目还荣获“四川省十佳志愿服务项目”称号。2015 年、2016 年两次入围由中央宣传部、中央文明办等部门联合开展的“四个 100”先进典型活动中 100 个最佳志愿服务项目候选项目。

（一）发挥公益扶助作用，搭建助人自助平台，帮扶困难人群

以“儿童希望坊”“吾老暖心坊”为载体，服务社区困难老人、留守儿童，为他们带去实实在在的帮扶和温暖，得到了大家的充分认可。同时项目志愿者带动了一大批社区居民、受助者加入巾帼志愿队伍，让大家既感受到了社会的温暖，也体验到了“赠人玫瑰，手留余香”的快乐。

（二）发挥公益示范作用，搭建亲子互动平台，促进家庭和睦

通过父母带着孩子共同参与公益活动，把做公益作为一种言传身教的家风家教，和谐了夫妻关系、亲子关系、家庭关系，让热爱公益的家长能做到陪伴孩子和参与公益两不误，解决“公益难题”。

（三）发挥公益引领作用，搭建服务大局平台，改善社会风气

通过条块结合倡导家庭带动社会的公益新理念，结合党委、政府中心工作，着力于“两小”，即“小活动” + “小朋友”，如“亲子手工—变废为宝”“把环保袋回家”、暑期“悦读家”、“我们的节日”系列活动等，以小朋友参与小公益活动入手，意在由小及大，带动家庭、带动社会，汇聚社会正能量，推广公益精神文明。

（四）发挥公益带动作用，搭建社区交流平台，创新社会治理

项目的实施提供了社区家庭公益社交和互助的机会，目前社区已呈现出“一减少三提升”趋势：一是邻里纠纷同比下降了 30%，且调解成功率达到100%；二是提升了家庭幸福感和城市文明指数；三是养成了孩子热心公益的品性；四是建立了社区自助互助的“内部造血”机制，激发了群众的自我管理意识。

四　经验与启示

（一）家庭公益模式是社会公益可探索的重要领域

“紫薇花家庭微公益”项目旨在以家庭为单位撬动更多的公益资源，形成多元化的巾帼志愿者队伍，打造自贡市巾帼志愿服务品牌，有针对性地提供群众迫切需要的志愿服务，弥补了我市志愿服务队伍存在的“服务社会需求不明显、志愿者结构单一、品牌建设不足”等问题。通过“引导妇女、带动孩子、影响社会”，充分发挥社会效益，同时从根本上解决了家庭、孩子和公益难以兼顾的问题。

（二）借力社会组织是妇联工作项目化运作的重要趋势

工作项目化推进和社会化运作是推进妇联组织转型发展的有效手段。“紫薇花家庭微公益项目”通过探索如何借力社会组织，如何培育和孵化社会组织，最终达到借力社会组织的目的，形成了向社会组织购买服务，社会组织承接政府职能转移，充分利用社会资源、社会手段、社会力量开展工作，培育和壮大社会组织，最终实现“让专业的人做专业的事”，达到社会资源利用效益最大化的效果。

（三）社区公益是创新社会治理的重要载体

社区是社会管理的基石，“紫薇花家庭微公益”项目将社区与公益结合，探索如何借力社会组织，联合社区群团工作中心，孵化社区公益组织，通过外力输入转化最终形成社区内部互助的公益内生机制，既能实现公益行动最终落实到社区，也能充分发挥社区公益组织面对基层需求针对性和快速反应能力强的优势，最终形成低成本、高回报的社区公益运作模式，满足社区公益需求，创新社会治理，建设和谐社会。

（案例材料来源：自贡市妇联，执笔：张琴）

案例三　南充市万名“幸福导师”走基层传播幸福理念

为深化“幸福家庭行动”，唱响“我爱我家·共创幸福”主旋律，传导“尊老爱幼、男女平等、夫妻和睦、亲善教子、邻里互助、廉洁文明”的家德家风。南充市妇联通过开展万名“幸福导师”走基层活动，充分发挥“幸福导师”队伍的示范引领作用，广泛传播幸福理念，引导广大妇女和家庭认知幸福、追求幸福、创造幸福、传递幸福，深入基层为妇女群众办实事、做好事、解难事。

一　案例背景

南充是四川省第二人口大市，总人口760万人，其中妇女儿童583万人，家庭251.59万户。家庭是社会的基本细胞，承载着重要的社会功能，它是社会和谐稳定的基础。家庭的幸福和睦，关系到社会和谐，关系到下一代健康成长。南充妇联创新开展“我爱我家·共创幸福”——万名“幸福导师”走基层活动，广泛培训妇女群众基层骨干，并通过导师进校园、进村（社区）、进戒毒所、志愿服务等活动的持续开展和延伸，不断提升南充广大女性及家庭成员的综合素质和文明素养，带动更多的家庭成员，增强责任感和追求幸福的意识，提高建设幸福家庭的能力，营造浓厚的建设幸福家庭文化氛围，让“幸福家庭行动”真正温暖到基层，温暖到家庭，产生建构和谐社会的整体效应。

二　做法与成效

（一）确定工作思路

结合实际，在充分调研的基础上提出了“12239”工作思路法，即：培训一支幸福导师骨干队伍，针对女性、儿童两大群体，抓住“三八”妇女节、“国际家庭日”两个时间节点，依托专业机构、妇女之家、新闻媒体三大宣传阵地，成立9支万名“幸福导师”走基层小分队。及时下发文件，要求每个县（市、区）成立1支小分队，全年深入农村、社区、学校、机关、企业等不少于5次，广泛开展以“传递幸福理念、传播文明家风、传授婚姻知识；送文娱、送健康、送法律；帮扶困难妇女群众、帮扶困难留守儿童、帮扶困难空巢老人”为主要内容的“三传、三送、三帮”活动。

（二）组建壮大队伍

市、县两级妇联在全市范围内招募妇联干部、机关女干部、文体骨干、法律工作者、医疗专家、家庭教育专家、心理咨询师、婚姻家庭指导师、各类巾帼志愿者和“最美家庭”代表近2000人，组成“幸福导师”团队，将“幸福导师”团队分为9支小分队，每支小分队在乡镇（街道）、村（社区）分级下设小组。统一设计制作了“幸福导师”标识、旗帜、挂牌，并造册登记，清楚掌握每名“幸福导师”的专业特长、擅长领域、参与活动等情况。

（三）培训导师骨干

采取“请进来、走出去”的方式对幸福导师骨干进行培训，使她们成为幸福理念的传播者、幸福技巧的指导者。联合专业培训机构开发“幸福导师”婚姻家庭、亲子教育研究培训课程，分批从上海、成都、高校等地邀请专家教授，为400名“幸福导师”骨干讲授了如何经营幸福婚姻、培养教育孩子以及当一名合格的幸福导师等方面的技艺和方法。重点推荐10名骨干参与了省妇联“幸福使者·母亲课堂骨干讲师”培训班，学成归来后担任了培训基层“幸福导师”的任务。

（四）传播幸福理念

9个“幸福导师”小分队先后在顺庆区果山街社区、杜家嘴社区等地，以孝老爱亲为主题，与1000多名社区妇女面对面地讨论交流；在西充县多扶镇凤凰山村、高坪区马家乡之字拐村等地，针对农村妇女以“孝道文化”为主题举办了坝坝课5场；在川北医学院等高校开展文明家风传承教育，与500多名在校女大学生互动交流；在市委党校，向女干部宣传了男女平等基本国策；在南充康源水务公司等机关企业，与女职工们共同分享了10户“最美家庭”的故事；在市强制隔离戒毒所，针对60多名女性戒毒人员以“走出阴霾，创建属于自己的幸福”为题举行专题讲座，并开展了心理与法律咨询互动活动。

（五）创新活动形式

南部县建立的“关爱留守儿童幸福导师”小分队定期深入农村开展

“读一本好书、写一封家信、受一次爱的教育”主题活动，“幸福家庭导师”小分队在农村家庭中开展了“‘最美家庭’故事分享会、幸福婚姻坝坝会、法律维权小课堂”主题活动，“健身锻炼幸福导师”小分队在农村留守妇女、空巢老人等群体中开展了“学学健身操，听听养生课，美美我生活”主题活动。各级“幸福导师”小分队还联合巾帼志愿服务队开展了爱心助学、慰问关怀、扶贫济困、健康体验、法律援助、舞蹈编排等活动100余次，受益妇女儿童达5万余人。

三　经验与启示

（一）上下联动是关键

各级妇联积极将“万名幸福导师走基层”活动作为深化“幸福家庭行动”的重要内容，作为全年工作重点列入议事日程，作为年终目标任务进行考核，同时将工作触角延伸到基层，初步形成了市、县、乡、村四级联动的工作格局，为活动开展提供了有力的组织保障。

（二）队伍建设是重点

通过发挥报刊、广播、电视、网络等新闻媒体和妇联舆论阵地作用，迅速掀起“万名幸福导师走基层”的热潮，将具有专业知识、热心公益、事迹典型、善于做群众工作的女性骨干纳入“幸福导师”队伍，充分发挥她们的组织、引领、示范作用，真正使其成长为传播幸福理念、传递正能量的骨干。

（三）务求实效是目的

各级妇联在深入开展妇情民意调查工作的基础上，真正掌握和了解基层妇女群众的需求后，不断丰富活动内涵，创新活动形式，周密部署安排，因地制宜，精心设计出适合于当地的主题活动。常态化、长效化组织开展“万名幸福导师走基层”为基层妇女服务，如同星星之火一样，点亮了南充的每一个角落。

（案例材料来源：南充市妇联，执笔：潘翔）

案例四 矢志不渝献爱心 竭尽所能助脱贫

——李白诗意蜀绣基地脱贫攻坚纪实

李白诗意蜀绣基地创建于2012年11月，位于江油市青莲镇粉竹楼，占地面积约1500平方米。2013年6月，被江油市妇联授予“江油市妇女居家灵活就业示范基地”，2016年6月被四川省妇联授予“四川省妇女居家灵活就业示范基地”，基地集旅游产品研发、设计、生产、销售和蜀绣培训为一体，通过“免费培训、灵活就业、产品回购”的一条龙帮扶服务模式，已成为帮助带动贫困、下岗失业和失地妇女实现家门口就业和脱贫致富增收的重要基地。

一 案例背景

江油市位于四川省西北部，是伟大诗人李白的故里，是中国优秀旅游城市、全国卫生先进城市、全国生态示范市、四川省首批对外开放城市和四川省历史文化名城。全市总人口88万人，贫困人口22354人，其中贫困妇女10279人，占贫困总人口的45.98%。妇女既是脱贫攻坚的工作对象，也是脱贫攻坚的重要力量，帮助妇女摆脱贫困是代表和维护妇女生存权与发展权的一项重要的基础性工作。面对如期脱贫摘帽、全面建成小康的重任，江油市妇联按照全国、省、绵阳妇联“巾帼脱贫行动”要求，坚持把实行万名贫困妇女解困行动作为推动妇女发展的重要内容，充分发挥桥梁与纽带的作用，组织动员以省级妇女居家灵活就业示范基地——李白诗意蜀绣基地为代表的“妇”字号社会组织，采取多种措施，聚焦精准扶贫、精准脱贫，创新脱贫举措，搭建妇女经济发展的大平台，带动了贫困妇女脱贫致富的步伐，确保打好江油巾帼脱贫攻坚战。

二 做法与成效

（一）强化技能培训，提高能力脱贫

授人以鱼不如授人以渔。为切实做好脱贫攻坚工作，帮助更多贫困人群早日脱贫奔康，在江油市妇联的指导下，李白诗意蜀绣基地及时对

接各乡镇了解贫困村产业发展需求及贫困户个人情况、技能水平和培训需求，为下一步精准扶持、精准发力提供可靠依据。自2014年以来，基地先后投入30余万元，在二郎庙、敬元、雁门、六合、铜星、云集、青莲、九岭、新安等乡镇免费举办蜀绣、草编、手工编织等适宜妇女居家灵活就业技能的培训班，不断增强妇女脱贫致富本领和自我发展能力。据统计，四年来，基地共举办各类培训班达20余期、受训1500余人次。为确保培训效果，基地从师资入手，长年聘请四川省工艺美术大师、成都非物质文化遗产传承人邬学强、杨华利等专家人才教授蜀绣理论知识和操作技能。与此同时，基地还在马角镇沉水村等地设立“李白诗意绣妇女居家灵活就业扶贫基地”12个，常年提供居家灵活就业岗位300余个，采取“免费培训、灵活就业、产品回购”的经营模式，签订《刺绣承揽加工合同》200余份，定期统一检验回收产品，并在李白纪念馆、太白碑林等地开办实体店和线上开设网店扩大销路，助力山区绣女的绣品销售，使困难群众人均年增收1万—2万元，实现居家就业两不误，有效缓解了留守儿童、空巢老人无人照看问题，更为脱贫攻坚战增加新战术、地方经济社会发展增添新亮点。2017年5月，基地负责人朱裕随市政协主席李平赴布拖县参加对口帮扶工作，看到彝族同胞有刺绣和织布的传统，但生活环境条件差的时候，当即决定为布拖县举办蜀绣培训班，助力当地群众脱贫致富。

（二）开展志愿帮扶，推动爱心脱贫

多年来，基地积极参加社会公益活动，连续多年在六一期间深入太平三小，为该校留守儿童、困境儿童送书包、送文具等礼物，与他们共度六一儿童节；多次组织基地员工利用业余时间为河口镇敬老院老人洗衣做饭、清扫庭院；参加青莲镇城乡环境综合治理、太华山植树等义务劳动，把志愿公益作为基地责任、作为提升员工品德的抓手、作为树立核心价值观的载体。2016年10月，基地得知家住江油市青莲镇邀月村四组的王贤兵是个独居盲人，已有五十多岁，家庭十分困难。基地立即投入1万余元，同时组织员工及家属，对王贤兵的卧室、厨房、卫生间进行改造，硬化凹凸不平的路面，修建了盲人通道，请人翻修屋顶、粉饰墙面，不到一个月时间，王贤兵住进了焕然一新的房子。除了帮扶王贤兵外，公司与其他志愿者为三合镇高压电意外烧伤的陈金婕、太平镇癌症患者冯兰兰等捐款近20万元治病，并为冯兰兰丈夫宴强找到工作，助其脱贫致富。

（三）发挥自身优势，助力智能脱贫

在扶贫的过程中，基地了解到，贫困群众中有一部分是因残致贫的学生后，基地迅速调整思路，主动联系江油米其林特殊教育学校，为学员开设了残疾人免费刺绣培训课程。在培训中，针对残疾学生智能参差不齐，接受新事物缓慢的情况，基地培训老师主动学习手语与学生沟通交流，手把手一针一线地指导，在长期的耐心教学下，多数学生能独立掌握蜀绣技能，完成刺绣作品并凭此就业。目前，米其林特殊学校已将蜀绣纳入日常授课课程。2014年以来，基地共拿出10个岗位解决部分残疾学生就业之忧，他们中有的已成为基地业务骨干。如基地绣娘“哑妹”肖莹雪多次参加绵阳市“巾帼风采”、四川省母亲艺术手工作品、艺术创作等大赛获得殊荣，现“哑妹”绣出的绣品件件不愁销，她不仅靠这门技术过上好生活，而且成为绣娘中的佼佼者、残疾朋友的励志榜样。在基地，类似“哑妹”这样的残疾人还有好几位，有的肢体残疾、行动不便，有的手脚畸形、生活困难，有的智障、聋哑占全，来此后都学得了一技之长，以传承的独特方式实现自己脱贫奔康的梦想。

三 经验与启示

（一）做大做强基地

紧抓四川省妇联“李白诗意蜀绣”手工作品展示建设项目机遇，加大对基地展示中心的改造升级，吸聚更多贫困、下岗失业和失地妇女，帮助她们提高就业技能，促进基地在服务妇女、帮助妇女脱贫致富和实现以产业带动就业、就业促进产业的社会效益中发挥更大的作用。

（二）做精做优产品

深挖李白文化，加大技术研发，不断扩大“李白诗意蜀绣”品牌影响力。

（三）建立健全政府购买扶贫服务机制

建议政府按照公平、公开、公正的原则，出台各类优惠政策，支持各类市场主体和社会组织通过公平竞争来承接适合市场化方式提供、社会力量能够承担的公共扶贫服务，提高社会组织参与社会公益事业的积极性。

（案例材料来源：绵阳市妇联，执笔：刘鑫）

案例五　“果城和事姐”调解婚姻家庭纠纷促和谐

南充市妇联在参与社会治理中充分做好“家”字文章，探索出婚姻家庭纠纷调解有效机制，培养了一支“果城和事姐”队伍，找准了创新社会治理的有效方式和载体，充分彰显了妇联组织在化解基层矛盾纠纷、促进社会和谐、推进法治南充建设中的独特优势和积极作用。2014 年，南充市被省妇联确定为“四川省婚姻家庭纠纷调解示范基地”。

一　案例背景

有效遏制婚姻家庭纠纷，是构建和谐婚姻家庭关系、创建平安家庭的迫切需要，是促进社会稳定、构建“法治南充”的必然要求。近年来，我市家庭关系出现婚姻家庭矛盾纠纷数量增多、内容多样、成因复杂、调处难度加大的情况，为切实把妇联牵头的责任履职到位，真正把预防和调处婚姻家庭纠纷工作做好，发挥妇联在参与社会治理工作中的独特作用，南充市妇联结合“幸福南充 · 巾帼风采”品牌创建，围绕“巾帼维权行动”，通过实施“果城和事姐”——婚姻家庭纠纷调解工作项目，以点带面，着力打造南充婚姻家庭纠纷调解工作的新品牌。

二　做法与成效

（一）借力推进树品牌

一是积极协调建立机制。2013 年，市妇联被市大调解工作领导小组明确为全市婚姻家庭纠纷调解工作牵头单位后，主动作为，将其作为妇联维权工作重点，与市大调解办和市司法局对接，向分管联系领导汇报，听取意见和建议，确立了“妇联主导、部门借力、社会参与”的工作机制。二是率先出文明确要求。通过调研和借鉴其他地方经验，结合南充实际，2013 年 10 月，市妇联与市大调解办、市司法局在全省率先联合出台《关于推行婚姻家庭纠纷人民调解工作机制的意见》，对调解工作组织机构、人员队伍、经费保障提出了明确要求。三是项目运作形成品牌。采取点面结合的方式，按照“五有”（有机构牌子、有人员队伍、有职责制度、有完善档案、有典型案例）工作要求，开始在部分村（社区）开展“果城和事姐”项目试点，编制了“果城和事姐”——婚姻家庭纠纷调解工作项目，从内容、对象、启动、实施、总结等各个层面进行细化，使工作项目化、品牌化。

（二）培养队伍重赋能

一是选好人员建立队伍。按照有热心、有影响、有威望、有经验等标准，市妇联在项目试点地的村（居）“两委”女性负责人及优秀妇女典型、女致富带头人、妇女骨干等妇女群体中物色“果城和事姐”，组成3名以上的当地“果城和事姐”队伍，具体从事婚姻家庭纠纷调解工作。二是“土”专结合相辅相成。市妇联面向社会公开招募成立了“巾帼维权志愿服务队”，下设法律、心理、帮扶救助三个分队，吸纳了社会各界志愿者200多人参与婚姻家庭纠纷调解工作。志愿服务队将项目试点村（社区）作为“巾帼维权志愿服务联系点”，有针对性地对当地“果城和事姐”进行培训指导，形成了当地“果城和事姐”与维权志愿者相辅、土办法与专业技能相成的婚姻家庭纠纷调解模式。三是强化培训提升能力。始终做到强化“果城和事姐”的业务培训，提升纠纷化解能力。与大调解办、司法局联合举办“建法治南充·展巾帼风采”——“果城和事姐”婚姻家庭纠纷调解培训班，坚持每年邀请婚姻家庭调解工作经验丰富的法官和“金牌调解员”为“和事姐”代表进行培训。

（三）挖掘典型强示范

一是开展“金牌调解员”评选和“果城和事姐”示范点命名。注重对“果城和事姐”优秀典型的挖掘、培养和选树。与市大调解办联合开展南充市首批婚姻家庭纠纷“金牌调解员”评选活动，通过层层推荐审核，表彰了全市首批婚姻家庭纠纷“金牌调解员”10名。2014年，李琼瑶等4名同志被省妇联命名为四川省婚姻家庭纠纷“金牌调解员”称号。每2年市司法局、市大调解办按照成熟一个申报一个的原则，组织相关人员检查验收合格后命名了2批共计24个婚姻家庭纠纷调解示范点，确保了示范点建设规范，示范带动效果明显。二是开展典型案例评选。每年在全市开展有影响、有示范的婚姻家庭纠纷典型案例评活动，其中《农村再婚妇女张蓝土地补偿款案件》获评“四川省维护妇女儿童合法权益十大案例”称号。将通报全市各地供借鉴学习，极大地激发了“果城和事姐”的工作积极性。三是重视民间调解组织的扶持和培养。在对各地提出“五有”标准化建设的基础上，市妇联还积极挖掘和培养有特色的婚姻家庭纠纷调解组织，全市涌现出了“袁婆婆调解室”“李二嫂聊天室”“陈大姐聊天室”“杨大嫂民情热线”等一批深受妇女群众信赖、具有广泛影响力的民间调解组织。“袁婆婆”还多次在全省妇联工作会议上进行经验交流。

三　经验与启示

（一）多部门支持配合是打开工作局面的重要基础

市妇联牵头婚姻家庭纠纷调解工作后，得到了大调解办、司法局的大力支持和配合，民政、法院、公安等部门按照自身职能在推进婚姻家庭纠纷调解工作中发挥了应有的作用。

（二）社会组织和志愿者是调解员队伍建设的中坚力量

除了基层妇联干部、优秀妇女典型、女致富带头人、妇女骨干外，“巾帼维权志愿服务队”以及部分志愿者所在社会组织是推进婚姻家庭纠纷调解工作的主力。它们除了常态化开展法律宣传和心理抚慰等活动外，还有针对性地对当地“果城和事姐”进行培训指导，形成了土办法与专业技能相辅相成的婚姻家庭纠纷调解模式。

（三）项目制定和资金保障是提升工作态势的核心要素

无论妇联组织还是社会组织，项目化运作是推动各项工作的必然趋势，市妇联在编制运行“果城和事姐”——婚姻家庭纠纷调解工作项目的同时，积极向社会组织购买服务，规范监督社会组织项目化运作全过程。

（案例材料来源：南充市妇联，执笔：任荷蓉、王晓辉）

案例六　仪陇多部门“撑腰”　向家庭暴力说“不”

家庭是社会的细胞，家庭平安是社会稳定的基石，南充市仪陇县妇联以全国妇联、联合国妇女署反家暴项目试点为契机，立足维护妇女合法权益基本职能，坚持先行先试，勇于创新实践，在全县建立起了防范、救助、处理、打击和矫治家庭暴力行为的多部门合作与转介机制，探索出适合本地的“一二三四五”反家暴工作模式。两年来，共办理家暴案件 134 件，为 93 名受害人提供了转介服务，让受害人免于遭受家暴的折磨和打击，脱离暴力环境，有力促进了仪陇的和谐稳定。

一　案例背景

仪陇县现有总人口约 113 万人，其中妇女儿童约 70 万人，全县共有家庭 32. 47 万户。随着经济社会的发展，尽管妇女地位逐步提高，妇女维权意识有所提升，但仍有部分妇女及儿童在遭受着不同程度的家暴伤害，在妇联近两年的信访统计中，家暴案件占比呈上升趋势，家庭暴力是一个复杂的社会问题，需要多部门多机构合作共同防治。

二　做法与成效

第一，一支反家暴工作队伍总人数近 500 人。由县妇联牵头，各相关部门和乡镇协助，组建了一支主要以县乡妇联干部、派出所所长、村（社区）负责人和相关领域志愿者为主，人数达 300 余人的反家暴工作队伍，业务范围全面覆盖了与反家暴工作相关的医疗、法律、公安、民政和心理咨询等领域，并通过聘请专业人士开展反家暴培训、借鉴外地先进经验、定期总结全县反家暴工作成效和存在问题等方式，不断提升反家暴队伍业务工作能力。

第二，反家暴网络覆盖县乡两级。在县级层面上，首先通过成立相关部门的服务中心，搭建了县级反家暴维权网络。依托妇联成立妇女儿童维权中心，依托公安局成立家暴投诉中心，依托卫生局成立家暴医疗干预中心，依托司法局成立妇女儿童法律援助中心，依托法院成立反家暴合议庭，依托民政局成立反家暴庇护中心等议事协调机构。在乡镇层面上，采取挂牌方式，在全县23个乡镇派出所、935个行政村（社区）均建立预防和制止家庭暴力投诉站（点），构建了覆盖县乡的两级反家暴网络。同时，两级网络以服务家庭暴力受害者为切入点，联动协作，构建社会化维权格局，形成反家暴工作合力。

第三，三种机制形成防治合力。一是建立政策引导机制。推动县委政府出台了《关于切实做好预防和制止家庭暴力工作的通知》《关于建立儿童家庭暴力强制报告机制的意见》《仪陇县预防和制止家庭暴力工作考核办法》，明确各级各部门的职责任务，并纳入年度目标综合考核。二是建立党政领导统筹机制。成立由县委、政府分管领导为正、副组长，妇联、公安、司法、卫生、民政等13个单位负责人为成员的预防和制止家庭暴力工作领导小组，建立联席会议制度，定期组织成员单位召开会议解决家暴工作中的问题和困难。三是建立部门合作机制。推动县委、政府出台了《仪陇县多部门合作干预家庭暴力实施意见》，明确了部门职责分工，规范了案件处理流程及方法，明确县妇联、妇儿工委办牵头做好各成员单位的综合协调工作，指导各乡镇、县级相关部开展反家暴工作；县公安局负责家暴投诉接警处理，执行家庭暴力告诫；县法院负责对家庭暴力案件进行审判，执行人身保护令，对符合条件的受害者及时提供人身保护等司法救助；县民政局负责家暴庇护，依托救助站为受害者提供临时性庇护救助；县司法局负责为符合法律援助条件的受害者提供法律援助；县卫计局负责对受害人进行及时救治，并收集和妥善保管相关医疗证据；县教育局负责将反家暴内容纳入各级学校法制教育范畴；县总工会、团委、老龄办、残联要接受女职工、未成年人、老龄人、残疾人中家庭暴力受害人的投诉和求助，参与家庭暴力问题调解工作。联合县公安局、县人民法院出台了《仪陇县家庭暴力告诫制度实施办法》，通过告诫制度的实施，最大限度地维护家庭和谐稳定，最大限度地促使反家暴职能部门积极履职，最大限度地防止家庭矛盾激化升级。

第四，四项处置流程实现规范高效。规范案件“受理—转入—转出—回复”四项流程，“受理规范”就是严格落实首问责任制，接案部门是第一责任人，负责了解家暴基本情况，如果可能还应该为家庭暴力受害人做好需求评估、伤害评估、危险评估等记录。属于本部门职责范围内的服务，应该及时进行处理和提供服务，需要处理和转介的，但仍要继续跟踪，直至案件处理完毕。“转出规范”，就是对超出本部门职责范围的需求和服务的案件，应该及时转介到有权处理的部门，并做好相应记录和登记。转出工作一定要在确认转入部门已经接受的情况下才算结束。有些情况下，在转出以后，有些服务工作可能还在继续。“转入规范”，就是对其他部门转介来的案件，在确定属于本部门职责范围后，及时办理转入手续，填写转介接收单。“回复规范”，就是对于其他部门转介来的案件，确认确实不属于本部门职责范围内的，需要向转出机构和县妇联书面回复情况并注明理由，避免部门之间相互推卸责任。在案件处理过程中的每个阶段，既有全程跟踪监控的部门，也有阶段上主要负责的部门，充分强化了多部门之间的合作和联动，使案件在处理过程中环环相扣不脱节。

第五，五种方法提高办案效率。在工作中用量表工具评估危险方法、用表格文书进行部门之间转介方法、引导家庭暴力受害人自我成长“五步法”、预防处理轻微家庭暴力调解方法和召开联席会议解决高危个案五种方法来处理解决家暴案件，有效地提高了案件办理的办结率和成功率。其中，召开联席会议解决高危个案是最有效的手段。通过危险评估筛查出的高危家庭暴力案件，需要召开联席会议。对待这部分案件，按照常规的受理转介流程，可能会错过干预的最佳时机，使案件得不到最有效的处理。联席会议由妇联（或者首问单位）发起，召集公安、法院、司法、民政、卫生、教育等相关部门人员参加，共同讨论，力争在最短时间内解决问题。

三　经验与启示

（一）党政重视支持是反家暴工作顺利开展的保障

在工作中，县委、政府领导不但亲自安排部署反家暴工作，还坚持定期不定期地听汇报，组织召开协调会议，帮助解决具体问题。各部门也积极配合支持，均落实了专门的工作人员。两年来，县委、政府领导先后组织召开协调会、联系会4次，参加各种项目活动6次，解决工作经费3万元。领导的重视、部门的支持，确保了反家暴工作顺利开展。

（二）部门联动合作是反家暴工作高效开展的保证

反家暴是一个复杂的社会问题，任何一个部门或机构的力量均不足以预防和制止家庭暴力，必须由各个部门或机构合作、配合，才能共同完成干预家庭暴力工作，为家暴受害者高效地提供法律、情感、心理、物质等方面的支持，同时对施暴者进行教育、惩处、矫治。

（三）反家暴工作者专业规范的操作是反家暴工作有效开展的基础

反家暴工作者是直接面对受暴对象，为受暴者提供服务的，只有专业而规范的维权操作，才能给受暴者提供切实有效的维权服务，从而鼓励受暴者说出真相，依法为受暴者维护权益。

（案例材料来源：南充市妇联，执笔：杨静）

案例七　内江市市中区实施汉安夏布绣案例

为凝聚巾帼力量，助力精准扶贫，内江市市中区妇联结合工作实际，找准突破口，实施了汉安夏布绣培训项目，促进妇女居家灵活就业，为破解妇女兼顾家庭并实现就业尤其是脱贫探索出了可寻之路。

一　案例背景

内江市市中区具有实施夏布绣项目发展的有利条件：一是有深厚的群众基础和广阔的市场前景。汉安夏布绣具有投入少，就业方式灵活，传承文化，绿色环保，绣品品种繁多，色彩丰富等特点。同时随着居民生活水平的提高和消费观念的改变，无论是居家装饰，还是友情馈赠、艺术收藏，汉安夏布绣都将成为市场的热选产品。二是文化产业的兴起和发展为汉安夏布绣发展拓展了空间。市中区是国画大师张大千、晏济元等文化名人的故乡，有着厚重的文化底蕴，汉安夏布绣是融绘画、刺绣于一体的艺术品，并且是两个“非遗”融合，其艺术感染力强，价值高，这些有利因素为在全区发展汉安夏布绣拓展了空间。三是发展汉安夏布绣符合统筹城乡发展的要求，可以带动相关产业，特别是旅游、餐饮、娱乐等行业的发展。市中区将按照“新产业、新农民、新村镇、新面貌”的目标，积极探索建设商务休闲、度假、休憩、生态农业体验、高尚居住于一体的综合性区域，着力打造一流的农旅生态休闲体验区，发展汉安夏布绣不仅有利于统筹城乡发展，特别对旅游、餐饮、娱乐等第三产业的带动作用明显。四是丰富的人力资源是发展汉安夏布蜀绣的基础。据调查市中区有农村留守妇女3万余人，“4050”女性5万余人，她们渴望充分就业，而汉安夏布绣作为特殊的劳动密集型行业，除了对绣工的技艺有严格要求外，其他要求相对宽松，加之就业方式灵活，可以吸纳大量的女性就业，有效解决妇女的民生问题。

二　做法与成效

自2013年10月起，区妇联探索出“政府扶持、妇联组织、部门合作、专合社运作”的发展模式。

（一）整合资源，部门协作推进工作

邀请商务、旅游、财政、人社、招商、经信、工商、农业园区办等相关部门献言献策；协调区计生局、区残联、区永安镇人民政府、区乐贤镇人民政府、区就业局等有关部门寻求资金支持，先后投入资金150余万元用于“汉安·夏布绣”培训及宣传。

（二）大力宣传，大浪淘沙遴选绣娘

充分利用电视台、微信公众号等新媒体反复宣传，采取设立宣传栏、发放宣传单、参加各种展会、招聘会等形式遴选“绣娘”。先后开展夏布绣培训32期，培训学员2000余人次，已形成一支约30人的具备初级技能的稳定绣娘队伍，其中，包括返乡女农民工5名、大病妇女6名，残疾妇女12名，人均月收入1500元以上。解决了妇女就业与照顾家庭之间的矛盾，促进家庭幸福以及社会和谐稳定，树立起市中区妇女居家灵活就业的样板工程。

（三）提升技艺，千锤百炼完善产品

长期聘请来自中国蜀绣之乡成都市郫县安靖镇的专业技师现场教授学员实务；邀请内江师院、内江职院、内江女子书画学院专业教师为学员教授美学、构图等理论；邀请知名画家、张大千再传弟子冯祥伦莅临内江进行指导；同市文联、区文化馆保持长期联系合作关系，同中国夏布画创始人、夏布画专利作者王少龙教授达成战略合作协议，将夏布画与夏布绣有机结合；选聘优秀学员10人次先后赴成都郫县安靖镇蜀绣基地、成都纺织高等专科学校学习提升技艺；积极协调国家一级美术师，中国美术家协会会员邱笑秋授权其获奖作品作为夏布绣品底稿；在绣娘

当中开展技能比赛，在全区范围内开展征集廉政绣品比赛；经过两年多的不断探索与实践，逐步形成了以大千荷花图、大千牡丹图，晏济元荷花，邱笑秋熊猫图等知名画家作品为夏布绣底稿的成熟产品线。

（四）深入挖掘，千方百计树立品牌

邀请专家完成“汉安·夏布绣”绣印、商标等一系列标识设计，定制绣品宣传卡、单、包装盒、包装袋，初步完成产品形象识别；邀请专业公司制作完成夏布绣宣传主题片；成立汉安夏布绣专业合作社、打造永安尚腾新村“汉安·夏布绣”展厅，与内江职业技术学院、永安镇进行深度合作，签订汉安夏布绣三方校地合作协议，成立了产学研合作示范基地；为成功申请四川夏布画绣之乡奠定了基础；绣品“仿张大千山水图”获四川省民间艺术作品展优秀奖。作品获得全国旅游商品奖、省旅游商品金奖，绣娘张文琼获得内江工匠优秀奖。先后代表内江市、内江市市中区作为特色产品参展第十五、十六届中国西部博览会、农博会、第五届中国成都国际非物质文化遗产节、全国妇联妇女手工品博览会、中国西部进口展及国际投资大会、四川省旅游产品博览会等国家级展会 7 次、省级展会 5 次、市、区级展会 11 次，受到了来自中央电视台、四川电视台、华西都市报社的广泛关注和报道，引起强烈反响，受到市区主要领导的高度评价。与此同时，我们始终将“汉安·夏布绣”定位成为一个具有明显地方特色的旅游文化产品，定位为市中区乃至内江市对外文化交流、风采展示的特色产品，定位为廉政文化氛围渲染、机关事业单位、企业软环境提升、私人家庭装饰的特色产品。

（五）多措并举，竭尽全力开拓市场

借助现代电子商务手段，将产品在“天府云商”“内江甜城团购网”等网络平台上线，将产品广泛铺货到特色礼品商店、王少龙夏布画工作室、夏布绣展厅等实体店铺，采取“绣娘现场作绣 + 产品展示”的方式在各大展会、新交付使用楼盘、成熟院落等地点现场展示，广泛接受机关事业单位、私营业主、家庭个人订单。部分单位已将“汉安·夏布绣”作为馈赠的地方特色文化产品，经济效应与社会效应初显。

三　经验与启示

内江市市中区妇联实施该项目以来，历经千辛万苦，锤炼了妇联干部的工作能力和参与经济发展的意识，同时也树立了妇联为民务实的良好工作形象，改变了群众眼里妇联只管家务事情的传统意识，意义深刻。我们从中得出体会：一是领导重视是基础。在妇联牵头实施夏布绣培训项目中，区领导十分重视，多次召开协调会议，积极协调场地、资金，为夏布绣的发展提供了物质基础和精神动力。二是部门配合是关键。区内相关部门积极出谋划策，支持发展，区计生局专门划拨妇女培训资金启动培训工作；就业部门免费提供场地实施培训；工商部门简化程序办理合作社执照；人社部门积极协调为符合条件的绣娘评定职称；残联为参加的残疾妇女发放补助，鼓励她们参加培训创业；永安、乐贤等镇也制定优惠政策积极鼓励辖区妇女参加培训，正是有了各部门的配合支持，汉安夏布绣才能得以顺利发展实施。三是妇联系统上下齐心全力以赴是保障。市中区妇联领导干部有一个共识："说一千道一万不如干一件实事"，因此自决定发展夏布绣以来，从领导到职工，都投入了大量精力和财力，全程参与管理培训和合作社的各项事务，从绣品的生产、销售及宣传协调等前三年都是妇联工作人员在落实，所以没有职工的牺牲和付出该项目也是无法实施的。

（案例材料来源：内江市妇联，执笔：张会萍）

推进妇联组织区域化建设专题案例

案例一　夯实基层基础　拓宽服务领域

——四川达州渠县三汇镇妇联组织区域化建设纪实

作为妇联组织体系中承上启下的重要一环，乡镇（街道）妇联组织如何在妇女群众中做到"一呼百应"，实现在区域内不拘一格建组织、打破藩篱纳人才、突破条框扩服务，成为基层妇联组织持续提升工作活力的内在需求，更是妇联改革的重要突破口。达州渠县三汇镇妇联先行先试，积极探索区域化建设改革，为基层妇联组织创新提供了可复制的改革模式。先后受到中央、省、市媒体的广泛关注，迎来了德阳、乐山、广元等 10 余个市州同行传经送宝。

一　改革背景

三汇镇位于古賨国都·汉阙之乡——四川达州市渠县东北部，因巴河、州河交汇流入渠江，故名三汇镇，是千里渠江第一镇，距今已有 900 多年历史，拥有中国民间文化艺术之乡、全国重点镇等殊荣。下辖 11 个行政村、8 个社区、142 个村（居）民小组，总人口 7.8 万人，女性 3.8 万人，儿童 1.4 万人。

三汇镇妇女联合会成立于 1954 年，成立后的 30 来年活动较为频繁，在市场经济和改革开放浪潮中，妇联系统逐渐薄弱，开始走向有妇联组织、无妇联活动的境地。随着打工潮的兴起，留守老人、留守妇女、留守儿童成为农村生产生活的主力军。三汇镇是传统工业大镇，改制前有大小工业企业 100 余家，后逐渐衰落，大部分企事业单位的隶属关系不在镇上，妇女工作缺乏组织参与，镇妇联存在组织机构薄弱、管理徒有其表、服务参与面窄等问题。

二　改革过程

为有效破解妇联组织建设难题，激活妇女工作神经末梢，三汇镇妇联率先在全省进行了妇联组织区域化建设改革，通过组织联建、人员联管、活动联办等方式，使三汇镇妇联形成了广泛性覆盖、立体式联系、区域化服务的妇联工作新格局。

（一）妇联组织区域化统筹联建

一是织密组织网络。做好镇妇联组织换届和村社区妇代会改建妇联工作，推动妇联组织向非公有制经济组织、两新组织等新群体延伸，将能力强、素质高、能创新的女教师、女医生、女能人、女致富带头人等优秀女性，选拔到镇妇联、村社区妇联担任兼职副主席或执委。共计改建了 19 个村（社区）妇代会为妇女联合会，新建 15 家企事业单位和社会团体妇联机构，其中学校妇联 9 个，医院妇联 2 个，企业妇联 3 个，社会团体妇联 1 个，在 34 个妇联组织下分设 173 个妇联小组，吸收巾帼志愿者、社会工作者、种植养殖能手、企业优秀女干部等 2860 人加入妇联组织。全镇通过妇女大会选出 103 名妇女代表，从 103 名代表中选出 37 名执委，从 37 名执委中选出镇妇联班子 9 人，其中主席 1 人，专职副主席 1 名，挂职副主席 1 名，兼职副主席 7 名，分别来自政府机关、派出所、学校、医院、企业、彩亭协会，在妇女儿童维权、教育、医疗、就业、文化等领域开展妇联工作，提高了妇女在各种事务的话语权。三是强化保障到位。采取专用、共建、多站合一等模式，将“妇女之家”建设成为党开展妇女工作的“坚强阵地”和广大妇女信赖的“温暖之家”。乡镇妇联工作经费按照辖区妇女儿童总数以每人每年 3 元的标准纳入县妇联年初预算、村社区妇联主席工资按每人每月不低于 300 元的标准预算在村社区工资中。三汇镇妇联于 2016 年在全省率先实现“六个 100%”：即乡镇妇联主席 100% 进乡镇党委领导班子、村妇代会 100% 改建成村妇联、村妇联主席 100% 进两委、基层妇联组织 100% 有工作经费、村妇联主席工资待遇 100% 解决、妇女之家 100% 覆盖到村社区。

（二）妇联干部区域化统配联管

加快推进两个“联管”，确保基层建设规范有序运行。一是建立联席会议制度。根据各妇联副主席的工作性质进行分工：镇妇联主席统筹，专职副主席具体实施。专职副主席负责协助主席主管妇联全面工作；派出所1名女干警任挂职副主席，负责信访、婚姻家庭纠纷调解、家暴案件处理，妇女儿童权益保障。三汇二院兼职副主席负责计划生育、爱国卫生、妇女健康检查。渠州酒业兼职副主席负责劳动保障、就业技能培训。自来水公司兼职副主席组织发展女个体工商户。镇一小兼职副主席负责留守妇女、留守儿童、家风家教等工作。三汇中学兼职副主席负责青春期少女身体、心理健康成长工作。彩亭协会兼职副主席负责各类文化活动的宣传、组织及演出。在此分工基础上，按区域集中、联系便捷等原则，探索建立妇联轮值主席制度，各企事业单位、各村社区由妇联小组组成轮值主席团，轮值主席按月发起轮值会议，宣传党的政策、谋划开展相关活动、解决具体问题。二是加快探索联结模式。妇联工作实行预决算制，各级妇联所有班子成员及其联系单位实行一岗双责挂包。通过“1+4+10+N”的联系模式（1名常委联系4名执委，每名执委联系10名妇女代表，每名妇女代表联系N个妇联小组，每个妇联小组成员联系10—20名妇女儿童），确保妇联工作乡不漏村、村不漏户、户不漏人，对全镇近5万名妇女儿童实现了全覆盖，兼职副主席和妇女代表在届期内真正做到了联系好妇女、服务好妇女。三是严格管理创先争优。建立妇联干部星级定档、分类考核制度，层层签订量化考评责任状，将各级工作目标细化为促进发展、维护权益、组织建设、活动开展、对外宣传等五项任务，并将考核结果纳入党建工作考核中，有力推动了区域化妇联干部队伍主动作为、创先争优。

（三）妇联活动区域化统规联办

强化整合妇女战线的丰富资源，发挥“半边天”的优势作用。一是强化宣传教育体现时代性。通过会议、“宕渠妈妈家”微信平台等新媒介和“妈妈家”“妇女儿童之家”及“家长学校”等妇女儿童活动阵地，加大中国特色社会主义和中国梦、社会主义核心价值观及家风家训等家庭美德建设的主题宣传力度，让妇女群众在日常生活中潜移默化受到时代主旋律熏陶。组织开展“家风家训”作品征集活动、寻找“最美家庭”

活动、“平安家庭”和“五星”（和睦友善星、诚信守法星、环境优美星、热心公益星、勤劳致富星）创建评比活动，传播正能量，各妇联活动开展得有声有色，吸引了大批妇女能人加入妇联组织。二是服务中心工作提升参与性。积极引领全镇妇女踊跃参与镇党委政府的中心工作，引进渠县邦基服装贸易有限公司到贫困村建“乡村车间”，解决60余名妇女灵活就业。渠州酒业、三汇特醋吸收女职工60余人，其中贫困女性20余人。渠州酒业妇联与大洞村妇联和官田村妇联联系，资助3名贫困儿童从小学一直到大学，吸收30余名妇女就业，帮助3户贫困家庭解决居住问题。自来水公司妇联联系二院妇联看望慰问医院女精神病患者42人。二院、三江医院妇联组成“脱贫攻坚医疗服务队”，为贫困女性免费体检、义诊、发放药品，受益妇女达400余人。与此同时，开通女性就业的绿色通道，鼓励女性自主创业，目前已发展女种植养殖能手170户625人，女个体工商户352户413人。三是壮大家长学校拓展示范性。率先在全省建立第一个乡镇家长学校。通过办好“三个课堂”，实现了学员全覆盖。“大课”渲染造势，定期在家长学校大课堂举办教学活动，开放式邀请基层各界家长代表参加，邀请省市专家主讲，运用专题报告、讲座、参观、体验、互动等多种模式，全程电视录播，每次达300余人，着力引导了家庭教育的舆论导向，提升带动了广大家长参与的积极性和主动性。“小课”针对性强，通过走访问卷收集意见建议，由学员点题、点单、点将，从家长学校讲师团队中派出小分队，更有针对性地开设各种小课堂。先后在医院开讲“脱贫攻坚与幸福天使”，在学校开讲“如何应对青春期”“提升效率轻松学”，在社区开讲“母亲课堂”“关爱三留守”等。“微课”跨越时空，突破时间空间限制，建立家长学校微信课堂，省市专家既当家长、又当老师、更当学员，每天在微信朋友圈更新课程、交流心得、分享感悟，用系列典型案例教育影响家长学员。部分学员也积极分享自己在家庭教育中的经验教训，让微友家长们觉得先进榜样就在身边，在无声润物中受到最大的感染。

三　改革启示

通过近一年的探索实践，镇妇联的改革模式逐渐成形，主要启示有四点。一是领导重视是前提。坚持党的领导是加强和改进党的群团工作的根本保证。我们坚持“党建带妇联、妇联促党建”原则，争取党委将妇联工作纳入党的基层组织建设整体格局，把对妇女工作的检查考核纳入党建工作的检查考核之中，一同研究、一同部署、一同落实，保障了妇联组织的办工场所、器材、经费等，确保了改革的各项目标任务、工作措施落到实处。二是健全网络是基础。全镇打破原有妇联结构圈子，通过减上补下，改变“倒金字塔”形工作力量分布，以镇妇联为核心，以专、兼、挂职副主席、社会工作者和巾帼志愿者为依托，以村（社区）妇联为基础，以妇女之家为平台，推动妇女组织建在学校、企业、单位及各类妇女兴趣组织中，实现了组织与群众的无缝对接，把全镇妇女儿童凝聚到镇妇联这个中心来。三是构筑平台是关键。坚持公益属性，强化妇联组织基层阵地服务功能，把妇女群众紧密凝聚在基层组织周围，让群众能时时感受到妇联组织的温暖。依托家长学校，与农民夜校相结合，把各层级的家长凝聚到一起，扩大了妇联工作影响力。依托门户网站、公益网站，建立网络妇联，着力打造受妇女欢迎、政府支持、社会认可的互联网服务品牌。四是培训提能是核心。区域化改革的核心，是把基层妇女人才资源转化为基层妇联的工作资源，用好家长学校这个品牌，创新妇联干部和家长教育培训模式，通过专业性、实务性培训，不断提升妇联干部和广大家长的理论素养，调动妇女干部的工作积极性、家长的教育能力，携手共建社会、家庭、学校关心重视妇女儿童工作的良好格局。

（案例材料来源：达州市妇联，执笔：康莲、渠县妇联）

案例二　妇联组织区域化建设研究

——泸州市龙马潭区妇联工作案例

一　案例背景

基层妇女组织是妇女工作的基础和源泉，是党联系妇女群众的桥梁和纽带，为更多更好地联系和服务妇女群众，泸州市龙马潭区着力“制度建网、组织联网、人员聚网、工作活网”“四网＋”妇联组织区域化建设，让妇联组织真正成为广大妇女的温暖之家和坚强阵地。

二　做法与成效

（一）制度建网，促规范运作

坚持“党建带妇建”，制定了街镇妇联组织区域化建设工作意见，建立妇女组织组建制度、妇联组织班子配备制度、妇联主席轮值工作制度、妇联组织阵地共享制度、妇联组织工作特色品牌等区域化建设系列制度，有效地促进街镇妇联区域化工作规范化建设。

（二）组织联网，促全面覆盖

为顺应新时期女对妇联组织工作的要求，区妇联采取突破传统行政组织架构，打开大门建妇联，纵向向妇女生活的最小单位扎根，横向向女性集中的领域拓展，把妇联组织建在合作社，建在生产基地，建在妇女群众集中的每一个地方，用一张密实的基层组织网，进一步延伸妇联触角、传播妇联声音。目前全区打造了以街镇妇联为中心，村（社区）妇联为基础，协会、专合社、行业、企业妇委会为重点，妇女骨干为纽带的工作框架，做到了有妇女的地方就有妇女组织，将妇联工作做到镇不漏村、村不漏户、户不漏人，打造形成了“全覆盖、无缝隙”的妇女组织架构，为实现服务妇女群众全覆盖奠定了坚实基础。截至目前，全区新建专合社、协会、行业组织等妇女组织89个，有效地实施了妇女组织全覆盖。

（三）人员聚网，促精英云集

通过严格程序标准，将居住在各村社区的女党代表、女人大代表、女政协委员、女党员、女致富带头人、女文明新风带头人、女公益事业热心人、女大学生村官、“两新组织”女负责人等巾帼精英会聚到妇联组织领导班子中，兼任副主席、执委常委和执委，有效地增强了妇联组织的影响力、凝聚力，促进了妇联干部队伍精英化。据统计，通过村社区妇代会改建妇联工作，在社会组织中建妇委会等方式，吸收女党代表等各类精英近1000名，直接或间接从事妇女工作，促进了妇女工作队伍精英化。

（四）服务活网，促特色品牌

第一，强阵地，实现资源共享。一是通过新建、改建、扩建、共建的形式，对各级“妇女之家”等阵地提档升级，丰富阵地功能，实施精准服务，并引进社会组织等建立规范、致富、普惠、活动、服务之幸福和谐家。目前全区已拥有高标准的市、区级示范性妇女儿童之家 20 余个，每个街镇至少 1 个。二是依托辖区优质妇女儿童之家活动阵地开展活动，实现阵地共享。如罗汉街道化工苑社区依托驻区单位泸州北方公司等大型国有企业丰富和优质的阵地资源，联合开展篮球赛，文化艺术节，乒乓球、羽毛球等丰富多彩的活动。

第二，聚资源，实现项目推动。一是强化协作，充分发挥“联”的作用，联合就业局、民政局、卫计局等相关职能部门，共同实施服务妇女创业就业、弱势妇女儿童关爱等项目，惠及近 1000 名妇女儿童。二是整合群团以及社会资源，争取并发布服务妇女儿童项目，近两年共争取服务妇女儿童创业就业、健康、关爱等项目经费 200 余万元，惠及近万名妇女儿童。

第三，重特色，打造服务品牌。一是打造“爱心妈妈”关爱困难、留守儿童品牌。各妇联组织均招募了“爱心妈妈”队伍，全区近 1000 名爱心妈妈为困难留守儿童撑起了一片蓝天。二是打造“家庭文化节”幸福家庭展示品牌。各级“妇女之家”每年一次的“家庭文化节”活动，集中展示“寻找最美家庭”“五好文明家庭”“廉洁文化进家庭”、平安家庭创建等各类家庭创建活动成果，助推全区幸福家庭建设。三是打造街镇特色工作品牌。如：罗汉街道妇联结合该辖区内大中型企业下岗失业妇女，征地失地妇女较多特点，打造“龙马潭区巧手姐妹家”省级妇女居家灵活就业基地品牌，为她们搭建了手工制作就业创业平台。

第四，建平台，实现信息互通。一是建立“群”组织，依托互联网新媒体，建立全区妇联、街镇妇联、村社区妇联微信、QQ 等各类“工作群”和“社交群”网络工作平台，构建新型的“服务网 + 联系网”网上妇联。二是建立“会”平台。各街镇采取定期、不定期的方式组织执委、妇女代表召开会议，充分了解妇女群众的需求，区域内妇女组织形成良性互通，实现了资源合、力量聚、服务融，有针对性地设计开展特色服务。

三　经验与启示

（一）建组织网络、拓展工作领域是基础

新形势下，分布各领域和各阶层妇女有着多元化需求，活动范围进一步拓展，依托传统的行政区域建组织已不能满足她们的要求，现有的一个村社区多的有 3000—4000 名妇女，仅靠社区妇联组织开展工作，已远远不能满足要求，大多数妇女游离于组织之外，导致她们没有组织归属感。因此将妇联组织单元化小，在村社区妇联组织下设纵横交错的妇女组织，实现区域化阵地共享、活动同商，更有利于凝聚妇女，服务妇女。

（二）强干部队伍、提升服务水平是保障

妇联组织建起来，作用发挥好坏关键在“人”，如果没有一支高素质、热心妇女工作的干部队伍，很难将工作贴近基层，贴近妇女。

（三）抓区域联动、实现资源共享是关键

每个街镇村社区发展都不平衡，有的阵地资源丰富，有的经费资源丰富，为了更好地统筹全街镇妇联工作，还需发挥资源优势互补，共驻共享作用，才能有效提升整体工作水平。

（案例材料来源：泸州市妇联，执笔：张选容）

案例三　乡镇妇联区域化建设谱写改革新篇章

——自贡市沿滩区基层妇联组织改革创新案例

2017 年 7 月 13 日，自贡市通过妇女代表大会选举产生的第一个乡镇妇女联合会领导班子在沿滩区黄市镇产生。从一个村一个妇代会主任，一个乡镇一个妇联主席到村妇联、乡镇妇联两个“基层组织”的诞生，标志着自贡市沿滩区妇联基层组织区域化建设改革谱写出新的篇章。

一　案例背景

乡镇是我国最基层的政权组织，在党和国家工作全局中处于承上启下的重要地位，肩负着把党的路线方针政策贯彻落实到基层的重要职责。

而乡镇妇联作为妇联六级组织体系中的重要一环，却是妇联组织建设中最薄弱的环节，也是基层妇联工作中最大的短板。2017 年 5 月，自贡市妇联在顺利完成村（社区）“会改联”后，以沿滩区黄市镇为第一个试点乡镇启动了区域化改革工作。沿滩区黄市镇距沿滩区政府 7 公里，辖 12 个村 1 个社区，下设 138 个村民小组，4 个居民小组，总人口 3 万人，其中妇女 1.4 万人，占总人口的 50%。为有效破解“有妇女、无组织”问题，黄市镇妇联围绕“构建妇女组织网，实现全覆盖”工作目标，始终坚持做到“哪里有妇女，哪里就有妇联组织和妇女工作”，创新构建全镇妇联三级联动区域化组织体系，实现横向、纵向延伸及点面结合的区域化网络，引领妇女最广泛最紧密地团结凝聚在党的周围，听党话、跟党走，有效解决“条不顺、块不强”问题，为进一步巩固党执政的妇女群众基础作出积极贡献。

二　做法与成效

黄市镇妇联组织区域化建设改革打破行政隶属、行业分割，按产业相连、地域相邻的原则，形成村居统筹、网格统筹、行业统筹等多种模式，将组织覆盖从机关内部拓展到区域内所有行政事业单位、辖区村（社区）、居民小组和社会组织等领域。

（一）抓基层打基础，实现村级妇联组织全覆盖

以村“两委”换届为契机，全镇于 2017 年 1 月底圆满完成 13 个村（社区）妇代会改建妇联工作。在 466 名具有广泛性代表性的妇女代表中选出 65 名村级妇女干部（其中妇联主席 13 名），高中及以上学历 14 人，占妇女干部的 21%；“80 后”年轻女干部 12 名，占妇女干部的 18.5%；平均年龄 41 岁，较换届前下降 10 岁。实现知识化、年轻化两提升，为全镇妇女工作“遍地开花”打下坚实基础。

（二）构建区域组织核心，实现镇域妇联组织全覆盖

在市、区妇联的指导下，率先在全市试点，通过筹备召开全镇第一届妇女代表大会，成功选举产生由 21 名执委组成的妇联执行委员会（其中主席 1 名，专职副主席 1 名，兼职副主席 4 名），平均年龄仅 37.5 岁，是一支具有广泛性和先进性，年轻化，有战斗力的妇女工作队伍，能较好地联系、服务各年龄层次和各行业妇女，对村级妇联组织实施统一集

中领导，有效实现“人”到“机构”的变革。

（三）延伸妇联工作手臂，发挥区域化资源优势

坚持“五湖四海”选用妇联干部，充分考虑界别、党派、年龄、学历等因素，从党政机关、教育战线、卫生系统、女致富带头人、公益事业热心人中选出妇女工作领头羊。实行区域化妇联工作联席会议制度和轮值主席制度，按辖区、行业划定工作“责任田”，构建镇、村、行业联动的责任体系。定期开展工作对标看效，推动妇女活动开展、资源使用和力量调配等方面的整合联动，形成工作合力。

（四）激发妇女主动融入发展，贡献“半边天”力量

充分发挥妇联组织服务妇女、服务基层的功能，通过多种渠道，撬动发展资源。一是激发妇女创先争优，积极开展“巾帼心向党，共建美好黄市”等系列活动，引领各行各业妇女建功立业。二是激发妇女发展产业，以“农民夜校”“道德讲堂”“巡回课堂”等为载体，积极引导女性参加种植养殖、手工技能培训，以产业带动增收致富。三是激发妇女就近就业，利用市、区妇联“妇女居家灵活就业”项目帮扶，试点开展传统特色灯草手工编织项目，辐射带动农村妇女居家灵活就业，增加农户收入，减少空巢老人和留守儿童。

（五）搭建素质提升平台，引领农村妇女“新风尚”

通过对妇女综合素质进行引导提升，转变陈旧观念。一是强化以基层基础为重点的资源配置机制和协同运作机制，把“妇女之家”建在村级活动阵地，切实开展志愿服务、各类帮扶救助活动以及妇女维权工作，不断提高服务妇女的能力和水平。二是通过党建带妇建，妇建促发展，实施“四好村”创建活动；开展“新农村、新女性、新生活”“三新”项目，推动基层组织示范建设，不断开创妇女事业新局面。三是依托广泛开展“洁美农家”“最美家庭”“星级文明户”“身边好人”等评选活动和“文化下乡”“文化进院”系列宣传活动及家风家教等讲座，弘扬传统美德，丰富文化生活，促进妇女素质提升。

三　经验与启示

（一）坚持党建带妇建、妇建服务党建是改革推动的基础

如何处理好党建与妇建、党政大局与妇女工作、创新与发展的关系，切实增强妇联组织的吸引力、凝聚力和服务发展的能力是改建工作的基础。乡镇妇联组织区域化建设改革是新形势下的新要求，要纳入基层党建工作总体部署，列入基层党委重要议事日程，列入基层社会治理体系建设，深化带组织、带队伍、带阵地、带服务。只有通过党组织带妇女组织建设、带妇女干部队伍建设、带妇女活动开展，保障政策扶持、资金支持、人员配备，才能确保区域化建设工作顺利推进、取得实效。

（二）坚持区域统筹、整合资源是改革成功的关键

充分发挥妇联的组织优势，打破行政壁垒和条块分割的界限，整合乡镇区域内各个单位、各个组织、各个领域的资源，使乡镇妇联从单纯的机关妇联走向全区域是改革是否成功的关键。只有将妇联的组织链条和工作触角由乡镇机关向乡镇全区域延伸，形成乡镇辖区内各个单位、各个组织、各个领域的女性共同参与、开放互动、全面覆盖的妇联组织建设，才能有效破解“条不顺、块不强”问题，真正形成“上面千条线，下面一张网，身边一个家”的基层妇联组织新格局。

（三）坚持因地制宜、勇于创新是改革贯穿的始终

当前农村基层“农业女性化”趋势越来越明显，女性直接参与农业生产、生活，成为农村发展的骨干。改革应紧密结合当地经济社会发展的实际，注重从本地乡镇妇联组织和妇女工作实际出发，解放思想、大胆创新，探索多种形式、各具特色的组织模式，最大限度发挥乡镇妇联的整体功能，活跃辖区内农村、社区、非公有制经济组织、社会组织、机关、学校等各领域妇女工作，为基层妇女工作创新发展注入生机和活力。

（案例材料来源：自贡市妇联，执笔：王永强、项巧璎）

案例四 构建“1123”模式 切实维护妇女儿童权益

为认真贯彻落实党的十八大和十八届二中、三中、四中、五中、六中全会精神，坚持男女平等基本国策，保障妇女儿童合法权益，广泛参与社会管理创新各项工作，广元市妇联以“促进和谐、改善民生、彰显特色、务求实效”为工作思路，在市综治委的领导下，联合有关部门创建了妇女儿童维权工作“1123”广元模式，有效维护了广大妇女儿童的合法权益。

一　案例背景

广元市地处四川北部，位于川陕甘三省交界处，是汶川地震极重灾区、革命老区、贫困地区，总人口311.25万人，其中女性152.1万人，农村妇女群众近80万人，留守妇女近50万人，17岁以下未成年人33.6万人，农村留守儿童近15万人。因基层妇联组织维权资源匮乏、维权阵地缺位和维权机制疏漏问题凸显，为切实解决妇女儿童在维权工作中实际困难，市妇联联合法院、检察院、公安局、综治办、司法局、民政局等有关各部门创建了妇女儿童在维权“1123”广元模式，有效维护了广大妇女儿童的合法权益，促进了社会家庭和谐发展。

二　案例过程

妇女儿童维权“1123”广元模式是在市综治委的领导下，联合法院、检察院、公安局、综治办、司法局、民政局等有关部门创建的，即“一会一庭两中心三站”。

成立“一会”，即婚姻家庭矛盾纠纷调解委员会。按照广元市矛盾纠纷“大调解”工作领导小组办公室工作要求，市妇联、市司法局等部门成立婚姻家庭矛盾纠纷调解委员会，主要对婚姻家庭矛盾纠纷当事人进行政策咨询、情绪疏导和人民调解，探索婚姻家庭矛盾纠纷专业人民调解、婚姻登记机关行政调解、法院司法调解“三调”联动工作机制，维护家庭稳定、社会和谐。

参与“一庭”，即未成年人刑事案件合议庭陪审。以立足关爱未成年人健康成长为宗旨，以教育和挽救为主要目的，积极参与法院、检察院组织的未成年人刑事案件合议庭陪审工作，努力做好未成年人刑事帮教工作，突出妇联组织的关爱。

建立“两中心”，即“反家暴”妇女儿童庇护中心和妇女儿童活动中心。为使受家暴侵害的妇女儿童有临时的庇护场所，市妇联联合市公安、民政等部门在市救助站成立了广元市反家庭暴力妇女儿童庇护中心，在救助服务大厅开辟了反家暴服务窗口，设立了妇女儿童专门的庇护区，设施设备齐全。为使贫困、留守等城市边缘妇女儿童群体能够分享社会发展成果，省、市、区三级妇联联建了集普法、安全、家庭教育和亲子互动、心理抚慰于一体的“爱之家”儿童活动室和“妇女之家”示范点，合并在建设路社区建立妇女儿童活动中心。

建立“三站”，即妇女儿童维权工作站、“反家暴”案件投诉站和妇女维权法律援助站。我市是全省首个妇联组织与市综治办在各级综治中心（站）建妇女儿童维权工作站，整合资源主要调处基层妇女儿童生产生活中的各类矛盾纠纷、协调解决基层妇女儿童生活学习中的具体困难。联合市公安局在基层派出所设家暴投诉站，把家庭暴力案件纳入110接警受理范围并对施暴者进行批评教育，情节严重的依法追究其刑事责任。加强法律援助工作，联合市司法局在全市妇联组织和法律援助中心成立首批妇女维权法律援助工作站。

三　做法与成效

（一）形成了“大宣传”的妇女儿童维权舆论氛围

市妇联充分发挥各职能部门业务宣传功能，以“三八”维权周、综治活动宣传月、“11·25”“12·1”“12·4”等节点，采取集中宣传、图片展、知识竞赛、发放维权短信、开办巾帼维权大讲堂、母亲课堂等形式开展了系列妇女儿童合法权益的法律法规、典型案例、优惠政策的宣传活动。《拿起法律的武器，对家庭暴力说“不”》《反家庭暴力法》知识巡讲和有奖知识竞赛，“‘巾帼脱贫攻坚行动’——培育好习惯好风气法治宣讲”“建设法制广元，巾帼在行动——广元媚儿话维权、多部门联动反对家庭暴力”专题培训等活动收到了很好的效果。特别是2017年以来，我们充分运用新媒体，创办了“WCOOK”（妇女维权在线开放课堂），受到广大群众的喜爱，同时在全省作经验交流发言。同时，我们还建立了幸福使者队伍，开展“家风家教”微课堂，开展评选“平安家庭”“最美家庭”等，引导广大妇女群众和家庭成员树立正确的婚姻观、家庭观及权利义务对等的现代法治理念。

（二）形成了“大综治”的妇女儿童维权工作合力

市综治委高度重视妇女儿童维权工作，把妇女儿童维权工作纳入全市社会管理综合治理工作大局之中进行统一安排部署，市综治办、大调办、维稳办把妇女儿童维权工作纳入各项职能工作目标对相关部门进行考核。把“平安家庭”创建活动纳入平安广元、平安县区、平安乡镇创建的总体规划。联合司法、民政等部门构建了咨询投诉、司法保护、普法宣传和妇女帮教四大网络，形成了治安联防、矛盾联调、专项联治、事件联勤、重大事件整体联动的“五联”工作机制。联合综治、法院开展妇女儿童十大维权工作案例评选工作。

（三）形成“大维权”的妇女儿童维权工作格局

妇女儿童维权工作“1123”广元模式是立足广元市情，整合现有资源形成的各部门广泛参与、城乡妇女儿童广泛受益的有效工作模式。党政领导高度重视，市妇联积极主导、各部门大力配合，建立了政策法规性别平等评估咨询机制、妇女儿童维权联席会议制度、婚姻纠纷人民调解工作制度、反家庭暴力多部门联动合作机制等。先后成功召开全市“反家暴”联席工作会、加强和创新妇女儿童维权工作现场会、妇女儿童维权工作专题调研座谈会等。全市开通了8条“12338”维权热线，加大妇女儿童维权信访的受理力度。各类维权阵地不断完善，全市建各类维权站点247个，巾帼关爱互助会、家校合作联盟、老妈妈劝谈促和队已成为我市的品牌。市法院出台了《关于切实加强农村妇女土地权益保护工作的实施意见》。市公安局建立和完善了“接待投诉、出警处置、立案建档、调查调处、教育处罚、回访复查”等反家庭暴力工作制度，各级司法部门近百名律师成为巾帼维权志愿者。建立了网上维权地图，努力构建“一小时维权服务圈”。

四 经验与启示

维护和保障妇女儿童合法权益是妇联的一项基本职能，处于弱势地位的广大妇女合法权益最易受到损害，随着社会发展，妇女维权意识逐渐增强，维权形势也日益多元，但妇联维权手段比较单一，如何保护好广大妇女的合法权益，促进社会和谐稳定，各级妇联组织要创造性地开展妇女维权工作，要加强机制建设，注重部门合作，注重构筑平台，注重把工作落到基层，把效果落到群众身上，既围绕中心服务大局，又联系部门、优势互补，这样才能体现为民宗旨，强化了履职行为。

（案例材料来源：广元市妇联，执笔：母春玲）

案例五　坚持点面结合　夯实底部基础

——南充市妇联以项目作支撑推进“妇女之家”规范化建设

2014 年以来，南充市妇联以实施“幸福家园——妇女之家规范化建设”项目为契机，以促进妇联组织参与社会治理创新为导向，以推进“强基固本行动”为目标，着力破解“三道”难题，量身打造服务终端，不断夯实妇联组织底部基础。

一　案例背景

我市共有 421 个乡镇（街道），5992 个村（社区），100% 的村（社区）已挂牌建立了“妇女之家”。在实际工作中，存在基层妇联干部认知度不高、阵地硬件建设不到位、活动内容和形式单一等问题，不能真正体现“妇女之家”的深刻内涵。市妇联结合“幸福南充 · 巾帼风采”品牌创建，拟通过实施“幸福家园——妇女之家规范化建设”项目，以点带面，力争把“妇女之家”建设成为妇联基层阵地建设的新品牌。

二　做法与成效

（一）从项目入手，着力破解“资金缺”的难题

“妇女之家”为妇联组织在基层开展工作提供了坚强阵地，但资金缺乏制约了“妇女之家”的创新发展。一是找准切入点。市妇联积极向省妇联协调争取“幸福家园——妇女之家规范化建设”项目经费 40 万元，争取市、县两级财政配套资金 120 万元，按照“资源共享、阵地共建、工作共做”的要求，将“妇女之家”建设与基层党建工作同步推进。二是筛选项目点。通过调研摸底，在阆中、南部、仪陇、营山 4 个县（市）选择 100 个村（社区）“妇女之家”项目点，完成了项目点的软硬件设施配套建设，统一了名称、标识、标准，实现了“家”中有人员、

有场所、有设备、有制度。三是精选示范点。以主动申报、遴选、竞标等方式，从100个项目点中好中选优，将30个基础条件好、辐射带动强的“妇女之家”纳入项目示范点重点打造，配齐多媒体、电脑、健身器材等，不断扩大“妇女之家”规范化建设覆盖面。

（二）从管理入手，着力破解“队伍散”的难题

重点在提升工作水平、管理能力上下功夫，让“妇女之家”成为妇女愿来、想来、常来的“贴心娘家”。一是以素质提升为前提。通过购买公益岗位，将妇代会主任、妇女骨干、巾帼志愿者吸纳为“妇女之家”专兼职管理人员，有针对性地举办了幸福导师、家庭教育、妇女创业就业、“果城和事姐”婚姻家庭纠纷调解、“妇女之家”规范化建设等培训班，共培训600余人，使“妇女之家”管理人员尽快熟悉掌握妇女工作。二是以制度建设为根本。制定了统一的“妇女之家”规范化管理办法，大力推行“妇女之家”日常管理有专人负责、有管理制度、有计划总结、有活动记录、有档案资料“五有”规范，完善了学习、议事、活动、联系、责任“五项”制度，建立了巾帼志愿服务队、姐妹帮帮队、果城和事姐调解队、三留守人员（留守妇女、儿童、老人）、贫困母亲儿童“五类”人员花名册。三是以队伍壮大为关键。全力抓好巾帼志愿服务队、姐妹帮帮队、果城和事姐、幸福导师“四支队伍”建设，进一步壮大服务妇女群众的队伍。全市371支巾帼志愿服务队开展帮扶困难家庭、残疾人家庭，关爱留守流动妇女儿童等活动1000多次；379个姐妹帮帮队在留守妇女中开展互帮互助活动820多次，实现了邻里互帮、农活互助、技能互学、情感互通、安全互保；319支“果城和事姐”队伍调处矛盾纠纷和信访案件2000多起，切实将矛盾纠纷化解在基层；万名“幸福导师”走进农村、社区、高校、戒毒所等地，广泛传播幸福理念和文明家风。

（三）从服务入手，着力破解“功能弱”的难题

立足于服务妇女需求，创新工作方式，将“妇女之家”的宣传教育、维权服务、组织活动、帮扶救助四大功能发挥出最大效益。一是打造宣传之家。在“妇女之家”通过办讲座、发传单、办板报等形式加强对党的路线方针政策的宣传，组织妇女群众开展亲子阅读、法制讲座、健康知识、文明礼仪等活动，让妇女在参与中陶冶情操、提升素质。二是打造维权之家。通过设立维权热线、婚姻家庭纠纷调解室、反家暴投诉站

等，对涉及妇女就业、婚姻家庭等方面的问题开展面对面的维权服务，形成了仪陇县“李二嫂聊天室”、蓬安县“陈大姐调解室”、阆中市“杨大嫂民情热线”等影响广泛、深受妇女群众信赖的个性化维权典型。三是打造活动之家。通过开展文娱活动，将妇女从“赌场”引向“广场”，从“家庭”引向“社会”，以家庭和谐促进社会和谐。阆中市借助“妇女之家”开展了“情满金秋　欢度重阳”爱老敬老舞蹈比赛、“回汉一家亲”等活动；南部县以“妇女之家”为平台，开展了“最美家庭”故事分享会、幸福婚姻坝坝会、法律维权小课堂等主题活动；仪陇县按照“一家一特色、一园一亮点”，整合建立了“妇女儿童之家”、社区演艺中心；营山县妇联在“妇女之家”开设了“女孩——保护自己，健康交往”健康知识宣传讲座。四是打造创业之家。通过“妇女之家”向妇女群众提供创业就业信息和技能培训，提升妇女创业就业能力。南部县妇联在“家”中长期为妇女提供创业贷款、职业介绍、产业发展和项目推介等服务；仪陇县因地制宜组建了“天瓜种植、蔬菜种植、獭兔养殖”三个产业妇女互助组，举办了鞋面珠绣培训班；营山县妇联定期在“妇女之家”开设新型女农民工创业及营销技巧培训班，真正让“妇女之家”用起来、动起来、活起来。

三　经验与启示

（一）整合资源“建家”，推进“妇女之家”建设

县乡村分别成立了“妇女之家”项目领导小组，制定下发活动方案和指导意见，为“妇女之家”建设提供政策支持。同时，积极争取各级党委政府的支持，把建设“妇女之家”作为“党建带妇建”的重要内容，按照“资源共享、阵地共建、工作共做”的方针，使“妇女之家”建设与基层党组织阵地建设同步推进。

（二）科学规范“管家”，提升“妇女之家”工作水平

大力推行“妇女之家”日常管理“五有”规范：即有专人负责、有管理制度、有计划总结、有活动记录、有档案资料。完善五项制度：即学习制度、议事制度、活动制度、联系制度和责任制度。示范推动。通过抓市“妇女之家”示范点的建设，树立典型，示范引领，以“点”推动“面”的全覆盖。

（三）拓展渠道“用家”，丰富“妇女之家”服务内涵

充分利用“妇女之家”这一阵地，积极宣传党政方针，开展各类培训，提高参与经济社会建设的能力和水平。各“妇女之家”结合本地实际，提高“妇女之家”的综合利用效率，积极开展面向妇女儿童的综合维权、创业就业、教育培训、家庭教育、社区文化、帮扶救助等方面的服务。

（案例材料来源：南充市妇联，执笔：潘翔、周星余）

推进基层“会改联”工作专题案例

案例一 “会改联”激发基层组织一池活水

——自贡市妇联村（社区）妇代会改建妇联创新案例

为贯彻落实中央、省、市委党的群团工作会议精神，切实增强妇联组织政治性、先进性、群众性，更好地引领妇女群众参与基层公共服务、基层民主自治，2016 年 3 月 8 日，自贡市第一个村妇女联合会在富顺县互助镇李寺村产生，新当选的妇联主席邓志芬欣喜地说：“村妇代会改建为村妇联不仅是名称上的变化，改建给了我一支开展妇女工作的队伍，妇联执委及妇女代表将助力我的各项工作。”

一 案例背景

基层妇女组织是党和政府联系基层妇女群众的桥梁和纽带，是以党组织为核心的村级配套组织的重要组成部分，是培养输送基层女干部的重要基地。随着经济社会发展和城市化进程的加快，各区域妇女的群体结构发生了很大变化，创业经商、务工就业、创办或参与“两新组织”等妇女越来越多，各类协会、合作经济组织、社会组织、小微企业等不断涌现，传统的村（社区）妇代会组织模式，难以满足新形势下妇女工作的需要和不同妇女群体的需求。2016 年 3 月，市妇联启动了全市村（社区）妇代会改建妇联工作。截至 2017 年 3 月，全市 1328 个村（社区）完成“会改联”，实现了村（社区）“两委”班子中 100% 有女性、村（社区）妇联主席 100% 进“两委”、村（社区）妇联主席工资待遇 100% 解决、基层妇联组织 100% 有工作经费、“妇女之家” 100% 覆盖到村（社区）的五个100%目标。

二　做法与成效

一是基层基础更牢固。通过“会改联”，全市选举产生村（社区）妇联主席1328人，兼职副主席1580人，执委6115人，把更多政治素质好、工作能力强、热爱妇女工作、群众威信高的女性吸收到妇联组织中来，解决了妇联组织“倒金字塔”形组织结构弊端，变“上面千条线，下面一根针”为“上面千条线，下面一张网”。

二是干部队伍更多元。“会改联”后，最明显的变化是原来的村妇代会主任不再是“孤军奋战”，变为与优秀女性群体“共同作战”。目前，全市大部分村（社区）都有5—7名的执委队伍，积极吸纳辖区内女性增收致富带头人、文明新风带头人、公益事业热心人、女大学生村官、“两新组织”女性负责人参与妇联工作，使她们政治上有名分、组织内有身份、工作上有责任，极大地延伸了妇联工作手臂，汇聚了更多社会资源。

三是服务对象更精准。基层妇联工作既需要围绕党和国家工作大局搞好“公转”，又要针对不同群体调动群众参与的积极性搞好“自转”。沿滩区新城板仓社区妇联针对失地妇女实施“新家园，新女性，新生活”项目，通过开展“五子五提升”活动，积极助推“人的城镇化”。社区群众普遍反映：通过参加活动，“脑子”转变了，“学子”当好了，“路子”宽阔了，“孩子”变乖了，“日子”更好了，过上了真正的“城里人”生活。贡井区老街子社区妇联实施“紫薇花家庭微公益项目”，通过妇女对家庭的带动作用，让父母“带着孩子做公益”，以“公益家风”带动“社会新风”，开启“全家总动员”的“家庭微公益”志愿服务新模式。活动以“五助五坊”为载体，通过购买社会组织服务，发挥“巾帼志愿者联盟”作用，服务妇女、老人和儿童11000余人次。

四是工作理念更开放。“会改联”后，村（社区）妇联结合各自实际积极探索灵活有效的工作方法和模式。如：富顺县李寺村妇联在村专合组织创建“妇女微家”，通过甜橙及蛋鸡种植养殖产业带动妇女创业致富；沿滩区龙湖远达社区妇联建立社会组织孵化服务中心，目前已经有13家社会组织入驻，为社区妇女儿童和家庭提供文化体育、学习培训、法律咨询、心理疏导等方面的专业服务；自流井区盐店街社区妇联打造

“王大妈热线”，向社区妇女许下“家事、急事、难事，事事我关心；维权、解困、帮扶，真情系妇女”的郑重承诺。如今，社区的志愿者们人人都成为“王大妈”，只要拨通“王大妈热线”，就会有热心的志愿者上门服务。

三 经验与启示

（一）坚持党的领导是推动改建工作的保障

市妇联坚持“党建带妇建”，积极争取党委、政府的支持，以村（社区）“两委”换届选举为契机，联合市委组织部、市民政局下发《关于在第十届村（社区）党组织和村（居）民委员会换届选举中全面推进妇女进“两委”和加强基层妇女组织建设的通知》，提出“在村（居）民委员会选举中要实行女性成员‘专职专选’，确保村（居）民委员会成员中至少有1名女性成员”，以及“要在新一届村（居）民委员会产生后20日内，完成本辖区全部村（社区）妇代会改建妇联工作，改建率达到100%”的明确要求，确保了改建工作与全市村（社区）“两委”换届工作的统筹安排、有序衔接、同步推进。

（二）规范工作流程是推动改建工作的基础

自贡市“会改联”工作坚持以《中华全国妇女联合会章程》和《妇女联合会选举工作条例》为基本遵循，制作了《改建工作指导手册》，组织了改建工作业务培训，严格选举纪律和工作流程，确保了改建工作的规范有序。2016年3月，市妇联在富顺县启动了村（社区）妇代会改建妇联试点工作。在对4个村和1个社区的试点工作中，分别采用“民主推荐”和“直接选举”两种方式产生妇女代表，及时研究解决改建工作中的困难和问题，积累了具有普适性和可推广性的试点经验，为全市改建工作的全面铺开打下了良好基础。改建过程中，市妇联成立了四个督导组，由班子成员包片，根据改建工作八个步骤的工作内容和时间节点开展指导和督导，确保了全市改建工作的如期顺利完成。

（三）突出工作实效是推动改建工作的关键

村（社区）妇代会改建妇联只是一个开始，如何准确把握村（社区）“会改联”制度性扩容的改革实质，切实激发基层妇联组织改革活力才是改建工作的关键。“会改联”工作虽然取得了明显的工作成效，但还存在人员业务素质参差不齐，有待提升；工作意识、管理制度还未齐头并进，有待完善；服务职能还有不足，有待拓展等突出问题。针对问题，市妇联印发了《关于全面推进村（社区）妇联组织健康有序发展的实施意见》，从组织建设、阵地建设、队伍建设、制度建设几个方面提出了明确要求，确保村（社区）妇联持续健康发展，真正实现村（社区）妇联从设置形态到内涵实质的全方位改建，更好地发挥妇联组织在服务大局、服务妇女儿童和家庭中的重要作用。

（案例材料来源：自贡市妇联，执笔：曾涛）

案例二　村(社区)妇代会改建妇联工作的实践与思考

——泸州市纳溪区妇联工作案例

一　案例背景

为深入贯彻落实《中共中央关于加强和改进党的群团工作的意见》和《中共四川省委关于加强和改进党的群团工作的实施意见》精神，按照省、市妇联关于村（社区）“会改联”的工作部署，纳溪区妇联抓住村（社区）“两委”换届选举的契机，以激发妇联组织“神经末梢”活力为导向，全面完成200个村（社区）“会改联”工作，实现由“机关的妇联”向“群众的妇联”的转变，促进全区妇联工作更上新台阶。

二　做法与成效

（一）党委重视，统筹推进

纳溪区妇联高度重视村（社区）“会改联”的工作，积极探索破解途径，积极主动向区委、区政府进行专题汇报，得到了区委、区政府主要领导的大力支持。一是统一部署、共同推进。在村（社区）组织换届开始之前，专门召开镇（街道）妇联主席座谈会，传达基层妇女组织改革有关精神，听取镇（街道）妇联对村（社区）“会改联”工作的意见建议。主动与区委组织部、区民政局等相关部门沟通，将妇女参与基层民主管理有关要求和村（社区）妇女组织换届纳入基层组织建设和村（社区）“两委”换届工作的总体布局，统一部署，共同推进。制定下发了《关于在全区开展村（社区）妇联组织改建工作的通知》和《关于在2016年村（社区）党组织和村（居）民委员会换届选举中全面推进妇女进“两委”和加强基层妇女组织建设的通知》文件，指导开展改建工作。要求各个镇（街道）先确定1个党组织重视、组织建设基础良好、经济和社会组织形态丰富、妇女群众参与意识强的村（社区）先行试点，然后再全面铺开。二是宣传动员、营造氛围。纳溪区妇联会同各镇（街道）妇联通过横幅、宣传栏、海报等形式以及新媒体手段，深入宣传妇代会改建妇联工作的重大目的意义，宣传改建流程和方法，引导妇女群众主动关注、积极参与，为妇女参选营造良好的社会氛围。三是因地制宜、分类指导。纳溪区妇联主席姚志丽10余次率队深入各镇（街道）、村（社区）进行调研，根据各村（社区）经济社会发展情况、妇女人口结构和工作需要等，指导各地科学设置妇女代表名额和妇联执委名额，扎实做好妇女代表和妇联执委、专兼职副主席候选人的推选工作。四是制定方案、规范程序。纳溪区妇联制定全面推进改建工作方案、明确改建工作节点和任务，明确工作目标及主要任务、村（社区）妇联组成人员条件及产生办法、村（社区）妇女代表的条件及产生办法，制定改建工作实施方案和工作流程，制作选票、请示报告等各类文书样式，保证村（社区）“会改联”工作顺利完成。

（二）主动作为，精心组织

一是统一标准，规范运作。统一制定《纳溪区村（社区）妇代会改建妇联工作参考资料》，规范代表产生、会议流程、文件资料等，系统指引各村（社区）做好摸底建库、确定代表、选好执委、配好班子、开好会议、探索机制等工作，力争使每一个步骤都紧凑细致、规范有序。二是强化培训，严格程序。将东升街道大溪村作为全区村（社区）“会改联”试点村，召开全区“会改联”工作现场观摩会和工作培训会，组织全区各镇（街道）妇联主席、具体经办人员及部分村（社区）妇代会主任参加，采取“观摩+业务培训”的方式，系统全面地指导村（社区）开展“会改联”工作。同时，区妇联机关干部组成指导组，深入镇（街道）、村（社区）一线指导，尤其指导把握好推荐好妇女代表、物色好执委、召开好妇女代表大会三个重点环节，帮助协调解决困难和问题。三是强化保障，有序推进。强化组织经费保障，确保改建工作有序推进。区级成立以区委常委、区委办主任周涛为组长的村（社区）妇联改建工作领导小组，同时15个镇（街道）也成立以党委副书记为组长的会改联工作领导小组，全程负责组织指导村（社区）做好各项工作。纳溪区妇联还下拨“会改联”专项工作经费11.5万元到镇（街道），专门用于“会改联”的宣传、指导及具体业务工作的开展。四是联动把关，选优配强。改进拓宽选人视野及渠道，打破行政壁垒和身份限制，吸纳更多有威信、有热情、有特长的优秀妇女参与到基层妇联工作中来，着力从村组干部、致富带头人、企业家、教师医生等各行各业优秀突出女性人才中挑选妇联班子成员。对村（社区）妇联主席、副主席、执委人选，由所在地村（社区）党支部、镇（街道）妇联层层认可，层层把关，按照规定程序予以公开公示，确保选准选好、选得上、用得好。

（三）活力显现，效应叠加

“会改联”后，新当选妇联主席200名、专兼职副主席381名，常委1114名，执委2009名，妇女代表6319名。通过改建，变单兵作战为团队作业、变一根线为一张网、变“倒金字塔”为“正金字塔”，织密织牢了基层组织建设网络，实现了基层妇联组织全覆盖、工作全覆盖和服务全覆盖，使妇联基层组织建设更加坚强有力，使基层妇女群众工作更加充满活力。

第一，联系群众更紧密。以前村妇代会仅有1名主任，改建后有1名主席、1—3名副主席、10—15名执委，新增了10余人。由以前的妇代会主任一人负责全局变为现在妇联领导班子协商、妇联干部与妇女群众共同谋划，妇联工作覆盖范围更加广泛，形式更加丰富多样，大大减轻了镇（街道）妇联的工作压力，有效解决了村妇联人员力量薄弱、工作活动形式单一的难题，过去的“上面千条线、下面一根针”已经变为现在的“上面千条线、下面一张网、身边一个家”，形成“群众工作群众做”的生动局面。

第二，服务群众零距离。“妇女儿童之家”是妇联组织凝聚妇女、服务妇女的重要阵地，也是向广大妇女传播知识的课堂、传递信息的纽带。“会改联”后的村（社区）妇联充分利用扩容后的执委队伍，实现了村（社区）“妇女之家”全覆盖，并推动“妇女之家”向非公经济组织、社会组织等延伸，探索建设“特色妇女之家”，有针对性地开展特色服务，逐步形成“一家一特色、一家一品牌”，为妇女儿童和家庭提供特色化、专业化服务，真正把“妇女之家”建设成为让妇女群众认同、信赖、热爱的“温暖之家”，从而实现服务妇女零距离。如三江村发挥执委优势，开启“公司 + 农户”的生产模式，目前已建立了葡萄园、草莓园、蓝莓园、蔬菜种植园、蒙古风情包 5 个示范园区，吸纳了 340 多名妇女加入，有效解决了农村妇女就业问题，为村（社区）妇联组织工作开辟了新模式，拓展了新渠道。

第三，服务方式更开放。“会改联”后，妇联组织的能动性、主动性、创造性得以充分发挥，使活动开展由指令型向需求型转变，将妇联工作“手臂”延伸到组、到户和到每一个妇女儿童之中。村（社区）妇联发挥密切联系群众的优势，广泛搜集妇女的就业培训需求，精准开展月嫂、种植养殖、糕点师、面点师等实用技术技能培训 15 期，培训妇女 750 人，推荐就业 430 余人，使妇女们实现了美好的脱贫致富之梦。同时，注重发挥妇联维权职能，在全区 200 个村（社区）均建立了家事调解点，主任由本级妇联主席担任，实现村（社区）妇女维权工作全覆盖，深入开展《反家庭暴力法》宣传活动，营造了反家暴的浓厚舆论氛围。

三　经验与启示

（一）完善管理机制，增强归属感

一是加强思想引导。会改联后，不是村（社区）干部的妇联主席、兼职副主席没有固定工资报酬，再加上副主席、执委多为兼职，在日常教育管理中，要加强思想引领，不断增强服务意识和奉献精神。同时希望出台相关政策切实解决基层妇联干部政治经济待遇问题。二是强化业务培训。对新当选村（社区）妇联主席、副主席、执委等应加强业务培训，增进其对妇联工作的了解，对新时期如何做好群众工作的思考，帮助提高基层工作能力和服务本领。纳溪区妇联已对全区 220 名村（社区）妇联主席进行了培训，正准备开展对副主席、执委的培训。三是实现上下互动。区妇联建立镇（街道）妇联主席微信群、QQ 群，镇（街道）妇联建立村（社区）妇联主席、执委微信群、QQ 群，适时发布信息，分享心得，促进交流，增强归属感。

（二）创新工作模式，增强服务效能

一是实行妇女议事制，提升群众满意度。要制定《妇女之家管理制度》《妇女代表联系制度》等各项机制，规范管理、提升效能。积极探索“群团工作社会化、社会工作群众化”的工作模式，创新方式，畅通渠道，不断扩大“妇女议事制度”的渗透力和影响力。组织活动请群众一起设计，部署任务请群众一起参与，表彰先进请群众一起评议，不断提升群众的参与度和满意度。二是实施项目化，提升工作成效。进一步加大购买社会服务力度，把妇女儿童公益事业进行项目化，定期组织开展妇女儿童公益项目创新征集评比，增强主动性和创新性，对上报的项目和方案，纳溪区妇联进行筛选评估，优秀的加以推广宣传，通过经费奖补的方式予以扶持和推进。

（三）优化考评机制，增强工作驱动力

坚持工作考评、群众测评、上级点评“三评”结合，对表现突出、成效显著的进行表彰奖励，优先推荐给上级妇联和其他部门进行表彰，并借助区电视台和区妇联微信公众号宣传推广其先进做法和典型事迹。

（案例材料来源：泸州市妇联，执笔：姚志丽、巫远开）

案例三　着力会改联　夯实基层基础

——四川省达州市宣汉县会改联工作纪实

妇联组织自成立以来，团结引导农村妇女进行生产发展成为工作重点，当时的工作对象是以先进妇女为主，团结其他劳动妇女，因此，在女性聚集、面广量大的农村，妇联组织设立的是妇女代表会，实行代表联系妇女制度，这一最基层的妇女组织，在长期的历史实践中，团结带领农村广大的妇女群众为农村经济社会发展和精神文明建设作出了很大贡献，但传统妇代会的组织架构已不能适应新形势的发展需要，亟须改革。

一　案例背景

党的群团工作会议上，习近平总书记强调，群团事业是党的事业的重要组成部分。党的群团工作是党通过群团组织开展的群众工作，是党组织动员广大人民群众为完成党的中心任务而奋斗的重要工作。过去，群团组织为党和人民事业发展作出了重要贡献，当前群团组织要增强自我革新的勇气，深入推动思想教育、问题整改、体制创新，转变思想观念，强化群众意识，改进工作作风，提高工作水平。要切实保持和增强党的群团工作的政治性，先进性、群众性。群团组织开展工作和活动要以群众为中心，让群众当主角，而不能让群众当配角、当观众。要大力健全组织特别是基层组织，加快新领域新阶层组织建设。

2015 年 7 月，中央办公厅下发《全国妇联改革方案》，进一步明确指出：积极推动城乡社区普遍建立妇联，支持城乡社区妇联主席通过民主选举进入村委会。

2015 年 9 月，省妇联出台《关于在全省开展村（社区）妇联组织改建工作的通知》（川妇知〔2015〕53 号），2016 年 4 月达州市委组织部、市妇联出台《关于在全市开展村（社区）妇联组织改建工作的通知》（达市妇发〔2016〕17 号），指出：各地要结合实际，以新一轮村级组织换届选举为契机，全面开展妇代会改建妇联工作。

因此，村妇代会改建妇联，是贯彻落实中央、省、市委党的群团工作会议精神，巩固健全村（社区）妇联组织，推进妇联组织改革创新的重要举措。

二　做法与成效

（一）精心筹备，统筹推进

第一，深入调研。为确保改建工作顺利推进，县委组织部、县妇联组成调研组，深入君塘、下八等乡镇专题调研村（社区）妇联组织建设情况，针对当前农村“留守难题”、巾帼脱贫等工作，广泛听取群众意见，集思广益。

第二，制定方案。在充分调研分析论证的基础上，研究制定实施方案，并联合县委组织部下发《宣汉县村（社区）妇联组织改建工作实施方案》（宣妇〔2016〕35 号），为基层进行组织改建提供了方向。

第三，大力宣传。充分利用传统宣传渠道与新媒体结合，在村（社区）、企业、机关发放宣传资料 2000 份，在“宣汉女声”公众微信平台上进行多次宣传，营造了浓厚的改建氛围。

第四，强化领导。全县 54 个乡镇分别成立村（社区）妇联改建工作领导小组，详细制定了辖区内村（社区）妇代会改建妇联工作具体实施方案和日程安排，在乡镇党委政府的领导下，各村（社区）利用支部、村委换届的有利契机，积极动员妇女参与组织改建，有力地推动了工作顺利进行。

（二）统筹推进，严密组织

第一，充分发动妇女积极参与，选好妇联班子。全县 54 个乡镇，569 个村（社区）在地理特征、人口分布等方面有较大差异，按照“因地制宜、村民自治”的原则，各村（社区）根据妇女群众意愿，自行决定选举方式。妇女群众人数较少的，采取全体妇女直接选举产生执委，执委选举主席或副主席；人数较多，面积较大的地区，采取推荐妇女代表，由妇女代表选举产生执委。改建后，村（社区）新增执委 2867 名。

第二，借力换届选举督查举措，确保妇联主席 100% 进“两委”。充分发挥换届工作指导组深入村（社区）指导“两委”换届的作用，严格审查候选人中妇联主席入选情况，并走访妇女群众询问妇联主席选举情况，有力地保障了妇联主席合法进入村支两委的权利，推动了逐步达到 5 个 100% 的改建目标。

第三，及时汇总组织改建情况，稳步推进工作进度。为有效督促乡镇、村（社区）认真组织辖区内妇女群众参与改建工作，保证组织改建如期完成，县妇联下发《关于做好全县村（社区）妇联组织改建当前几项重点工作的通知》（宣妇〔2016〕50 号）文件，并针对候选人户籍、妇女主席职务与工资等问题进行了集中解答。

（三）强化指导，巩固成效

第一，检查验收。县妇联随机抽查了 10 个乡镇妇联组织改建工作，重点检查了村社区组织改建选举工作资料归档及下一步工作计划，各地都较好地总结了过去三年妇联工作取得的成绩和存在的不足，并围绕中心任务提出了未来 3 年的工作目标。

第二，建章立制。乡镇妇联指导各村（社区）妇联组织在村党支部的领导下，建立完善了相关学习制度、工作会议制度、维权制度、开展活动制度等，用制度规范了各项工作的顺利开展。

第三，组织培训。由乡镇妇联牵头，充分利用党员活动日、“三八”妇女节活动开展等机会，组织各村（社区）新任执委、副主席、主席开展政治理论和业务培训，为扩大妇干队伍，提升妇联影响力注入了活力。

三 经验与启示

一要坚持党的领导。妇联组织是党和政府联系妇女群众的桥梁和纽带，因此，改建工作必须在各级党组织的领导下进行。

二要坚持示范带动。村（社区）妇联主席往往在带动妇女创业、思想引领上发挥着重要的作用，因此，把农村创业女性、思想道德模范、脱贫致富带头人等吸引到妇联组织中来，能更好地把自尊、自信、自立、自强的时代女性精神传递到妇女群众中去。

（案例材料来源：达州市妇联，执笔：康莲、符璐）

案例四 创优“组织架构” 激发基层妇女组织新活力

——泸州市江阳区妇联工作案例

一 案例背景

为加快妇联组织架构上的转型，江阳区在目前组织架构的基础上，更加注重增强横向的平行式的组织架构设置，使之立体化、网络化、多层次，着力构建以妇联组织为“核心组织”，以女性“她组织”、社会组织、网络组织等为主体的“辐式”妇联组织体系，特别是把妇联组织建设拓展到新经济体、网络空间等新领域和一些新人群中，真正实现组织、人群两个全覆盖。这样，可有效改变现在的“上面千条线、下面一根针”的“倒金字塔”现状，形成妇联工作强大的合力。

二 做法与成效

（一）创新组织设置模式，着力构建“辐式”架构

一是做实“联”字文章。着力完善组织网络、做实“联”字文章，凝聚作为中坚力量的各基层妇联、妇委会、“女”字号社团等组织，在各

自领域内开展组织、维权、宣传、儿童、发展等特色工作，形成横向到边、纵向到底的组织网络，建立全方位、立体化的妇女组织“辐式”工作格局。区妇联于2015年率先在全市启动农村妇代会改建妇联工作，截至2017年4月初，18个镇街辖区的140个村（社区）通过规范流程、依章办事、民主推选，共选举产生主席140人、副主席291人、执委1410人，村两委中女性占比34.4%，社区两委中女性占比60.5%，极大地延伸了妇女工作的“臂膀”，拓展了妇联组织的覆盖面，增强了基层工作力量。同时，积极探索妇联系统新媒体运用，创建“江阳女声”微信公众平台，江阳区妇联微信群、QQ群，形成“互联网+妇联”工作新常态，拓展妇联信息交流新平台。

二是创新“两新”组织中的妇联组织。江阳区妇联在日益发展壮大的新经济组织和社会组织中，立足不同女性群体的实际需求，着力创建个性化的妇女组织和女性社团，先后在泸州江阳农村商业银行股份有限公司、江南科技产业园、江阳智博地产公司、江阳如鑫孕婴公司等“两新”组织成立妇委会，进一步拓展妇女组织，延伸妇联工作触角，并且依托各领域妇联组织的专长开展妇女工作，真正把女性组织做活、做细、做实。同时，我区建成“妇女之家”140个，创评“妇女之家”示范点18个，在分水油纸伞厂、况场劳保手套协会、智博地产公司等建设“妇女之家”，逐步实现哪里有妇女哪里就有妇女的家。近年来还争取省、市妇联各类公益项目落户江阳，先后投入资金150万余元建成10个省、市“妇女儿童之家”“妇女居家灵活就业示范点”。

三是健强基层妇女骨干。深入落实全国妇联和省妇联对新时期妇联工作的新要求，区妇联着力加强对基层妇女干部针对性、实效性的培训，组织妇联干部交流学习，选送参加全国妇联、浙江大学、省妇干校等各级调训、学历培训，并利用现代远程教育站点等党建资源，对基层女干部进行实用技能和业务知识培训。同时，江阳区妇联坚持每年举办妇女干部培训班，参训人员范围涉及全区各级妇联干部，培训内容涵盖业务能力、家庭教育、妇女维权、女性魅力等多方面内容，提高基层妇女干部的整体素质和服务能力，更好适应新形势下的妇女工作。此外，区妇联着力培育和团结巾帼志愿服务骨干，充分发挥她们在化解家庭邻里纠纷、发展社区文体队伍、提供便民利民服务、带动妇女就业创业、开展家庭教育培训等方面的积极作用，重点扶持了区家庭教育协会、知心妈妈团等组织，精心打造“妇”字号特色文化，如开展的“暖冬行动”“江阳爸妈”等服务品牌，进一步增强了妇女骨干的群众威信，使这些百姓身边的优秀妇女的核心带动作用更加突出。

（二）依托“辐式”架构，着力实施巾帼“四大行动”

一是实施巾帼关爱行动。区妇联根据新的组织模式，着力凝聚社会积极因素，把对困难家庭妇女儿童的关爱放在首位，发挥自身作为女性群团组织的特殊职能，深入挖掘社会资源，形成关爱妇儿民生问题的合力。组织“代理爸妈”与留守（流动）等特殊儿童结对帮扶733人次，启动2015—2019年农村贫困母亲帮扶行动，明确项目扶贫、就业扶贫、实事扶贫等具体举措。积极争取“母亲健康快车”2辆、“母婴保健进社区”等妇女民生项目，大力实施“暖冬行动”“江阳爸妈”结对帮扶等行动，对2万名城乡妇女免费进行“两癌”筛查，对全区70岁以上独居贫困妇女和困境儿童摸底建档、实施帮扶，争取政府和社会各界物资价值249万元，关爱各类困境妇女儿童3万余人。

二是实施巾帼维权行动。区妇联依托“辐式”组织，与区婚姻家庭指导服务中心、妇女法律维权示范岗等联动维权站共同组建了维权服务网络，提供法律咨询、心理疏导、纠纷调解、法律宣传、法律援助等多种志愿服务。在全市率先成立“爱在家庭”婚姻家庭指导中心、反家庭暴力避救中心，婚姻家庭合议庭，组建婚姻家庭纠纷调解委员会，完善各级妇女维权站点165个、“110”家庭暴力投诉点18个、“12338”妇女维权热线2条，协调解决维权信访件571件，办结率达100%，为463个家庭提供婚姻家庭指导服务，切实维护妇女儿童合法权益，提升广大家庭幸福感。

三是实施巾帼文明行动。区妇联着力做足“家”字文章，发挥“辐式”组织在家庭文化建设中的特殊作用，开展了“巾帼建新功、共筑中国梦”主题系列活动，以家庭文明，促进社会和谐。大力选树典型，近年来在全区评选“最美家庭”145户，创评市级“最美家庭”30户，评选表扬文明家庭、平安家庭、洁美家庭、健康家庭5000余户。切实履行指导和推进家庭教育的职责，深入开展“争做合格家长，培育合格人才”实践活动，联合相关部门建立完善村（社区）、学校家长学校111所，建立了江阳区家庭教育课题库，成立了家庭教育讲师团，招募“幸福使者·父母课堂”骨干讲师60人，评选表扬“最美家长”100名。近年来各级开展“父母大课堂”“科学家教进万家”亲情家教讲座1000余场，引导家长树立正确的人才观、亲子观、育人观，受益家长达10万人次。

四是实施巾帼建功行动。深化“巾帼创业就业促进行动”和“双创”行动，帮助妇女创业致富，共建共享改革发展成果。积极提供创业就业指导服务，举办种植养殖、竹筷手套加工、月嫂家政等技能培训152期，培训妇女4万余人。创新探索妇女居家灵活就业模式，创建“江阳月嫂”、分水油纸伞、董允坝蔬果专业合作社等妇女居家灵活就业示范基地、妇女专合组织28个。联合部门力量推进财政贴息妇女小额贷款，发放妇女小额贴息贷款6960万元，为千余名妇女提供创业启动资金，辐射带动1万余名妇女创业就业，为广大妇女及家庭增收拓宽了渠道。与相关单位联合举办“春风送岗位”妇女专场招聘会12场，提供就业岗位5320个，全区就业人员中女性比例达45.1%。

（三）依托“辐式”架构，着力提升服务实效

一是延伸服务链条。各级妇联组织在“辐式”架构下，立足自身实际，拓宽发展空间，积极与辖区内的企业、学校、市场、楼宇和中介机构建立联系，搭建起了自己的小“辐体”，吸纳了一批女教师、女律师、女企业家成为体系内的妇女骨干。通过沟通交流和精心培育，使骨干发展为核心带动力量，搭建起新的女性社团，涌现出了“家庭文化工程”等个性化的服务品牌。

二是健全服务网络。在“辐式”架构网络中，妇联组织通过紧密的纵向联系和广阔的横向发展，在各自网络范围内广聚和谐因素，搭建互助平台，形成了高效联系的联动机制。一方面实现了妇女儿童的全覆盖，另一方面实现了服务网络的多渠道化，集聚社会力量参与服务，依托分布广泛的“妇女之家”为妇女及其家庭成员提供菜单式服务；以政府购买服务方式通过知心妈妈团为广大家庭提供专业、便利、有效的婚姻家庭指导服务；动员相关社会组织、家政企业、社区妇女组织积极参与全市妇女儿童公共服务采买，促进活动项目化。

三是构筑温馨家园。在“辐式”组织架构中，作为节点的各级妇联组织都形成了创新实践、自我完善的独立体系，与身边的每个组织、每名妇女形成了最直接的联系、最及时的沟通、最便捷的服务，因而备受欢迎、充满活力。立足城区妇女工作的区级妇联组织，通过自我提升、真诚服务与各级妇联组织、女性社团和广大妇女群众彼此吸引、和谐共进，共同营造了一个接地气、连民心、有魅力的妇女组织体系。

三　经验与启示

江阳区妇联通过在基层妇联组织建设思路谋划、基层妇联组织改革试点探索、基层服务触角延伸、两新组织妇建推进等方面下功夫，不断壮大了基层妇联组织力量，对妇联基层组织架构的转型有了一定的探索和经验，为下一步开展基层妇联组织区域化建设改革打下了坚实的基础，也将有效破解群团组织存在的“四化”问题，切实保持群团组织的政治性、先进性、群众性和服务大局、服务群众能力及自我发展活力，更好地为我区妇女儿童服务。

（案例材料来源：泸州市妇联，执笔：邬高英、杨华）

案例五　因地制宜探索创新　扎实推进基层妇联组织改革纵深发展

一　案例背景

“川北门户”广元，面积1.63万平方公里，人口311万人，其中女性人口152万人。基层妇联缺少专职人员、缺少工作经费是一直以来的常态，扎实推进基层妇联组织改革尤为必要，“最大限度地吸引优秀女性参与妇联工作由被动变为主动”是破解难题的关键。

二　做法与成效

（一）立足政策层面，整合职能部门资源推进基层妇联组织改革

一是加强领导。改革之初，市县（区）组织部和妇联联合下发《关于进一步加强妇联基层组织建设工作的通知》，层层召开妇联基层组织集中换届和改建工作会，并将方案整体纳入村支“两委”换届工作同部署、同督查、同考核。细化任务，明确时限，落实了5个100%。二是择优选

人。村（社区）妇联设专职主席 1 名，由村（社区）“两委”中女性成员担任，兼职副主席 1 名，执委人数 10—15 名，偏远乡镇村（社区）执委人数根据实际情况，原则上不少于 5 名。地域相邻、产业相近、妇女较少的村与村、村与社区探索合建共建联合妇联组织模式，广泛吸纳辖区内农村、社区、“两新”组织、机关、学校等领域优秀妇女代表进入村（社区）妇联，担任妇联兼、挂职副主席、执委，壮大工作力量。

（二）改革试点成效明显，夯实基层组织建设

一是立足农村园区，着力构建和推行“大妇联”组织体系。整合力量建组织。以一个农业园区为试点，将园区覆盖的 6 个村妇联组建成 1 个“大妇联”，同时把区域内所有非公经济和乡村旅游协会等社团组织一并纳入“大妇联”组织，形成了村企结合、村社结合、强村带弱村的区域化共建模式，构建了“小妇联”撬动“大单位”、“小核心”辐射“大周边”的组织格局。在领导班子配备中，由 1 名女性乡党委委员任主席，6 个村的妇联主席为专职副主席，园区内的企业女性负责人任兼职副主席。从产业大户、致富带头人中选举产生了园区妇联执委 15 名。下辖 6 个村妇联，每村妇联设主席 1 名，执委 5 名，在本村妇女中选举产生。创新机制增活力。建立联席会议制度。由园区“大妇联”主席定期主持联席会议，研究解决存在的困难和问题；建立主席轮值工作制度。由专兼挂副主席、执委组成轮值主席团实行定岗定责，由轮值主席结合自身行业优势按月召开会议并组织策划活动，形成工作合力。加强经费保障，通过上级妇联下拨、园区管护资金支持、社会赞助等方式保证工作经费不低于 2 万元，实现有人干事、有场所议事、有钱办事的“三有”目标。二是立足城市社区，着力构建和推行“蜂巢形”妇联组织体系。建立立体化妇联组织体系。我们在城市居民集中的一个社区进行社区改建妇联试点，在居民网格、楼宇、社区卫生院、社区学校等组织建立了 12 个妇女小组，并将这 12 个妇女小组负责人推选为社区妇联执委，每 1—2 名执委联系一个基层单位的基层妇女，使妇联组织建在了每一名妇女身边，形成了“1 + X”的社区妇联辐射网络，充分发挥社区妇联的“蜂后”作用，联系带动辖区所有妇女组织和每一名妇女群众，打造“以社区妇联为核心、参与主体多元化、联系服务多样化”的妇建共同体。建“3363”管理运行机制。建立“三项制度”，即工作责任清单制、定期联席会议制、增补执委席位制；落实“三项保障”，即保障活动阵地，保障干事队伍，保障办公经费；实行“六项联动”，即社区妇联组织与辖区企事业单位实行设施建设、资源聚合、政策宣传、活动开展、群众帮扶、成效带动的六项联动格局；实施“三级承诺测评”，即社区妇联班子成员任前进行目标承诺、廉政承诺、任职承诺，由社区妇女群众进行测评。

三　经验与启示

通过改革，全市基层现有 7 个县级妇联组织、230 个乡镇（街道）妇联、2652 个村（社区）全面完成“会改联”工作，专职专选妇联主席 2600 人，兼职、挂职副主席 6000 人。基层妇联组织改革必须围绕“上面千条线、下面一张网、身边一个家”的工作目标，要从“构筑网络体系、完善运行机制、丰富服务载体”入手，从而构建纵横交织、立体化、多层面的妇联组织，才能增强各级妇联班子成员代表性、广泛性、服务性，才能使基层组织建设更加坚固，有发挥作用的平台和载体。

（案例材料来源：广元市妇联，执笔：母春玲）

完善基层妇儿之家建设专题案例

案例一 “四心四化”建设 打造妇女儿童活动阵地四个“家”

“5·12”汶川地震后，由国务院妇女儿童工作委员会办公室与联合国儿童基金会合作创设的儿童友好家园在安州区试点成立4个。2011年5月项目结束后，友好家园已经由紧急状态下的儿童保护转型为常态化的社区儿童保护服务，并辐射全区各乡镇、村（社区），建成了“1+4+49”辐射全区的妇女儿童活动阵地，即1个区妇女儿童活动中心“精品”服务阵地、4个儿童友好家园“品牌”服务阵地、49个妇女儿童之家“示范”服务阵地。

一 案例背景

安州区人口44万人，其中妇女22万人，儿童7.1万人。乡镇妇联18个，村（社区）妇联261个。2008年以来，安州区妇女儿童活动阵地逐步健全，为充分发挥活动阵地作用，关注妇女儿童健康生活，以“关注、坚毅、温暖、大爱”的心带动妇女儿童活动阵地的“精品化、项目化、多元化、公益化”建设，将全区妇女儿童阵地都建设成为妇女儿童的“成长之家、安全之家、发展之家、温情之家”。

二 做法与成效

（一）以关注之心设置精品化课程，打造“成长之家”

区妇联将区妇女儿童活动中心作为妇女儿童活动阵地的“精品”，开设公益性早教园地——呀呀之初早教园，坚持“追随孩子，引领孩子，成就孩子”的理念，以“和谐、进取、务实、创新”的园风，以关注儿童健康成长之心，打造妙事多音乐花园、全脑开发课、蒙氏、小袋鼠整合等各具特色的精品化课程。截至目前，“呀呀之初”早教园共开展大型主题活动 15 次，服务 0—3 岁儿童 10000 余人次，服务家庭 8000 余户。儿童友好家园及妇女儿童之家每周周一至周五针对学龄前儿童开设卫生保健、营养配餐、宝宝健身操等课程；周末针对 7—18 岁青少年开展保护知识、青春期自我保护知识、法制教育、安全教育等宣传教育，关注儿童身体健康的同时更加关注儿童心理健康。

（二）以坚毅之心带动项目化建设，打造“安全之家”

一是经费保障、人员充实。每年区财政给予每个儿童友好家园 3 万元运行经费用于阵地建设，定期进行设施设备添置及大型玩具维护等。同时将儿童友好家园工作人员纳入政府公益性岗位，给予日常生活补贴，确保人员稳定、经费充足，有效保证妇女儿童活动经常性开展。二是制度健全、规范运行。不断加强管理组织体系建设，建立健全《人员管理制度》《物资管理制度》《评估制度》等工作制度，完善《儿童登记表》《工作日志》等记录，确保妇女儿童之家工作规范化、制度化、效能化。三是承接项目、活动丰富。先后承接了中日合作心理援助人才培养、青春期儿童自我保护宣传培训、社区儿童保护体系与网络建设和“儿童优先视角的减灾备灾”等项目，开展了儿童自我保护、减灾备灾等知识讲座、主题活动等 400 余次。

（三）以和煦之心开展多元化活动，打造“发展之家”

一是主题活动常开展。妇女儿童之家每周坚持开放至少 40 个小时，以“三八”妇女节、“六一”儿童节、春节等节日为契机，开展各种形式的主题活动，不断丰富妇女儿童精神生活。二是家庭教育常参与。注重“家风家训”建设，开展“青春期子女教育”知识讲座、亲子趣味运动会等活动，打造和谐邻里、幸福家庭。三是妇女发展常帮助。举办妇女家政服务、农村实用技术、十字绣、电子商务和“互联网 +”创新创业等职业技能培训，引导妇女居家灵活就业，激励女大学生自主创业。目前共开展妇女创业就业等各类培训 300 余场次。

（四）以大爱之心传承公益化精神，打造“温暖之家”

一是关注特殊群体妇女儿童。关注地震孤儿、留守儿童、留守妇女、贫困儿童、贫困妇女等特殊群体，建立爱心档案，深入家庭摸清情况，实行动态监管，定期走访慰问，针对亲情缺“慰”、生活缺“助”、心理缺“疏”、学习缺“导”、安全缺“护”的特需妇女儿童开展个性化帮扶活动。近5年来，成功帮扶特需妇女儿童160余名，成功转介特需儿童个案4个。二是开展志愿服务活动。开展“送教下乡”活动，组织巾帼志愿者深入村社定期到各个村（社区）妇女儿童之家及边远村组开展上门服务，同孩子们分享快乐，截至目前，共开展“送活动下乡”活动260余次，惠及儿童15000余人次。

三　经验与启示

（一）在组织保障上下功夫，确保有人干事

安州区党政领导高度重视妇女儿童活动阵地建设，将妇女儿童之家建设纳入年终目标考核内容中，安排专门人员管理并组织开展系列活动。同时壮大村（社区）女干部队伍，注重将女大学生村官、女致富能手纳入巾帼志愿者队伍，成为各村（社区）开展妇女儿童工作的有力帮手和得力助手，切实做到有领导、有组织、有机构、有保障、有职责、有考核。

（二）在强化指导上下功夫，确保有力做事

安州区妇联、区妇儿工委办经常性深入各村（社区）妇女儿童之家。检查指导妇女儿童工作，组织妇女儿童之家管理人员参加各级培训，提升管理服务能力。近5年来，共组织200余名妇女儿童之家管理人员参加各级各类培训50余次，交流学习40余次，前往云南、浙江、江苏等地参观学习。

（三）在分类管理上下功夫，确保有心成事

对妇女儿童活动中心、儿童友好家园、妇女儿童之家采取分类管理办法，针对不同的妇女儿童受众面，开展风格迥异的主题活动。注重资源共享，完善各类制度，逐步实现妇女儿童之家活动的规范化和常态化。

（案例材料来源：绵阳市妇联，执笔：严倩）

案例二　小溪坝镇妇女儿童之家案例

小溪坝镇新民社区是由地震灾后基层政权建设项目资金于 2009 年 10 月投入 40 万余元资金创建的，位于四川省绵阳市江油市小溪坝镇文化街。小溪坝镇妇女儿童之家设立于新民社区党员群众活动中心一楼，于 2014 年 11 月 8 日挂牌，正式开园。

近年来，新民社区坚持把“妇女儿童之家”创建工作作为基层妇联组织强基固本的首要任务，在开展妇儿工作的过程中，紧紧围绕党政建设的目标，按照“党建带妇建”的原则，进一步加大资金投入、整合资源，全面深化基层“妇女儿童之家”建设，积极创先争优，全面提升妇联基层组织的凝聚力、战斗力和影响力。现有兼职工作人员一名：任守凤，女，51 岁，高中文化，在该儿童之家工作 3 年多，积极探索妇女儿童教育、管理和服务的新模式，努力把妇女儿童之家真正建设成为妇女儿童的温暖之家、和谐之家。

一　整合资源，强化阵地建设

新民社区在社区党支部高度重视和市妇联、社会有识之士的关心支持下，先后共投入 70 多万元进行资源整合重组改造。现社区“妇女儿童之家”拥有活动面积 340 余平方米，囊括早教基地、音舞房、家庭美德讲堂等功能室和场地，为妇女儿童学习和活动提供了全面的设施保障。

二　举办活动，丰富文体生活

新民社区妇女儿童之家利用宣传画廊、广告牌、村务公开栏等，加强宣传，注重舆论导向，努力营造良好的社会氛围。结合 2017 年 3 月 1 日刚出台的《反家暴法》及《妇女权益保护法》《婚姻法》《未成年人保护法》《义务教育法》等主要内容、为妇女儿童工作的全面实施创造良好的社会氛围。充分利用“三八”妇女节和“六一”儿童节等重大节日，全社区动员，深入宣传，开展了丰富多彩，寓教于乐的各种活动，努力提高全社会尊重妇女、爱护儿童的意识，有力地促进妇女儿童工作规划指标的实现。

每天清晨或傍晚，在新民社区妇女儿童之家的休闲广场上，人们不约而同聚在一起，打起了乒乓球、跳起了舞、练起了太极等，健起了身，享受健康快乐的生活。作为镇妇联、新民社区的重要阵地与窗口，新民社区妇女儿童之家切实为妇女儿童事业的发展服务，为社会主义新农村建设服务，积极发挥培训、活动、开展交流的功能。组织成立由文艺活动爱好者组成的社区文艺宣传队，编演倡导婚育新风、传承家风、遵纪守法、尊老爱幼等文体节目，为群众送欢乐，送政策，增和睦，倡导了新型人口文化，形成了健康向上、追求幸福生活的新风正气。每逢春节、元旦、中秋等节日，举办“卡拉 OK”赛、送春联、巾帼文体表演、广场文艺表演等活动，累计每年有 5000 多人次参加。

三　创新载体，打造优质服务

新民社区把深化拓展“党建带妇建、妇建服务党建”原则与妇女儿童活动统筹起来，不断增强活动实效，积极搭建活动平台。一是关爱女性健康。每年 5 月，妇联和社计办组织社区已婚育龄妇女进行免费的 RTI 健康检查，及时了解社区妇女健康状况，提高妇女生殖健康水平和生殖保健意识，为居民免费义诊、发放健康资料，并做好相应的回访跟踪服务工作。二是建设幸福家庭。在社区开展“五好文明家庭”评选、寻找“最美家庭”、文明户公示贴牌等活动，提高家庭成员素质和家庭文明程度；开设家庭美德讲堂，发放家庭美德宣传册，弘扬孝老敬亲、邻里和睦、夫妻和谐等家庭美德，大力推动和谐幸福家庭建设和健康文明社区建设。三是鼓励妇女创业。大力发动并组织失地和待业妇女参加镇级招聘会，搜集用工信息，积极为下岗失业妇女争取就业，积极提供妇女小贷等政策服务，为创业妇女争取扶持资金，并通过开展电商培训、家政培训、女性就业创业技能培训等课程，全方面、多层次地鼓励和扶持妇女创业就业。

四　抚老助幼，构建温情社区

依托妇儿之家阵地开展亲子早教活动，让家长和小朋友在游戏活动中共同成长，赢在起跑线；利用双休日、暑假，开设“假期讲堂”，开展急救知识辅导、青春期心理健康知识教育、不良行为剖析等，极大地丰富了青少年以及留守儿童的假期文化生活，提高了他们的综合学习能力，培养了他们广泛的兴趣爱好；成立留守儿童关爱基金会，助学扶贫，共募集爱心基金二十余万元。每年“六一”儿童节，为留守儿童送上爱心大礼包。三年来，策划了20多次留守儿童关爱活动。2012年9月28日的留守儿童“喜迎国庆，团员中秋”，与留守儿童共庆生日；2013年元旦，组织了200多留守儿童和家长“留守儿童之家欢乐过新年”；2013年元宵节，组织了25名留守儿童到江油大剧院看大戏，之后又到江浙大酒店享用了丰富的晚餐，傍晚又到太白公园看了灯会、闹了元宵。2016年2月22日，23名春节父母务工未回家的留守儿童齐聚百年好合爱情谷，喜闹元宵节。

节日里，集中慰问空巢老人，孤寡老人，贫困老人等，切实解决其精神的孤独和生活上的困难；每年6月，同镇政府和镇卫生院一起开展为65岁以上老人免费体检活动，关爱老人身心健康。

目前，小溪坝镇妇儿工作实效突显，坚持下基层，解民情，促和谐，妇联成员和志愿者们走进社区、深入群众，扶贫助困、为群众排忧解难，用群众的满意度，幸福指数来衡量群众工作的实效。

近年来，在市妇联和社区党组织的指导关心下，社区的妇女儿童工作有了长足的发展，也得到了上级的认可，同时在整个社区的各类创建活动中发挥重要作用，树立了工作品牌，切实提升了社区妇联组织的凝聚力、战斗力和影响力。社区妇联将再接再厉，对照标杆找差距，进一步在工作中，勤学多思，拓展工作思路，创新工作载体，更进一步提升基层妇女儿童工作的综合实力，力争上游。

（案例材料来源：绵阳市妇联，执笔：任守凤）

案例三　构筑坚强服务阵地　打造温暖妇女之家

——自贡市沿滩区新城龙湖远达社区“妇女之家”创新案例

随着社会的进步和发展，广大居民物质生活水平得到了极大提高。但随着社会群体的日益分化，各类社会矛盾凸显，邻里、亲人间关系生疏淡化、距离拉远，生活的安全感、幸福感下降。社区以妇代会改建妇联为契机，以社区居民需求为导向，积极加强基层“妇女之家”阵地建设，以“妇女之家”凝民心、聚民力，有效解决联系和服务妇女群众“最后一米”问题，创造性地开展社区妇女工作。

一　案例背景

沿滩新城龙湖远达社区成立于2011年，属城乡结合部，辖龙湖郡、龙湖森林、龙湖半岛等6个小区，现有住户2650户8700人，其中：女性人数4176人，儿童800人，妇女儿童占总人口的57%。针对城市建设新形势、社区居民新特点和社会治理新要求，社区妇联始终坚持“党建带妇建、妇建服务党建”原则，紧紧依托党群服务中心建设，以社区“会改联”为契机，积极开展“妇女之家”阵地建设，加强妇女儿童活动硬件投入，完善运行机制，创新工作方式，把“妇女之家”建设成为社区党总支开展妇女工作的坚强阵地和深受广大妇女群众信赖和热爱的温暖之家。

二　做法与成效

为进一步适应新形势、新任务、新变化，按照“妇女之家”建设“五有”标准和“七项”服务功能的要求，创新服务模式，充分利用社区综合服务中心、多功能室等公共服务资源，实现一室多用、一家多能、资源共享。先后开办社区家长学校、青少年活动中心、“道德课堂”、围裙妈妈烘焙课堂、“居家灵活就业服务中心”等平台，为妇女儿童提供学习、培训、健身、娱乐、矛盾化解于一体的全方位服务。

（一）围绕组织建设，夯实基层基础

一是建队伍。2017年1月13日，社区召开了妇女代表大会，选举产生了包括1名主席、2名兼职副主席在内的由7名执委组成的首届社区妇联。同时，积极延伸工作手臂，组建了巾帼志愿者队伍、文艺宣传队、妇女民情联络员队伍、关爱帮扶队伍、巾帼护绿队伍等10支志愿者队伍。二是搭平台。社区妇联积极整合各类资源，建起了社区法律诊所、社区家长学校、居家灵活就业服务中心、DIY巧手沙龙工作室、舞蹈室、亲子图书室等宣传教育、创业指导、维权服务、文体活动等10余个活动平台。三是明职责。社区妇联成立后，对班子进行了明确分工，并结合

社区实际和妇女需求，制定了社区妇联工作职责、“妇女之家”工作手册、管理制度以及服务制度等。

（二）围绕载体建设，提升文明素养

一是积极开展评优活动选树先进典型。建立了专项文明创建评创机制，开展最美家庭、星级文明户、好婆婆、好媳妇、好妻子、优秀巾帼志愿者等评选活动，累计评选星级文明户31户，好婆婆、好媳妇、好妻子等17名，评选优秀巾帼志愿者32名，树立了一批先进典型。二是积极开展素质提升培训。充分利用社区“妇女之家”，积极整合各类教育资源，与市女律师服务团、市家庭教育中心、市老年大学、市文体中心舞蹈班、瑜伽班等联合开展维权宣传、家庭教育、“幸福使者·母亲课堂”讲座以及唱歌、舞蹈、瑜伽等各类培训。2017年以来，共举办家庭教育、就业培训、法律咨询、文体健身等活动30余次，参与活动600余人次。三是积极推动参与社区治理。不断推进社区妇女参与民主管理，在居民议事会中安排了一定比例的妇女参与，充分发挥妇女在社区治理服务中的作用。积极向党组织推荐优秀妇女人才，在党员发展上，优先向那些文化程度较高，致富能力较强的女性倾斜。

（三）围绕服务创新，办好社区“四件事”

一是社区学校——“惠民”。社区紧贴居民需求，创办了“两校一中心”，即全市第一家社区老年大学、女子美育学校、青少年活动中心，采取政府购买服务方式，为老人、妇女、儿童提供高品质服务，让居民不出社区就能满足文化活动需求。二是道德银行——“养德”。成立社区“道德银行”，创新推行“道德币积分制”管理，把居民在社区的优秀道德行为兑换成一定的积分，量化成“道德币”存入个人“道德银行”账户，居民可以凭账户内的道德资产争先评优、兑换奖品和换取服务。目前，“道德银行”已吸引近3000余人开户，道德积分达2万余分，办好事实事800余件。三是法律诊所——“尚法”。创办社区“法律诊所”，由市法学会律师成员、川盈律师事务所律师和社区民警担任“医生”，自开办以来，已累计开展物业管理条例等法律专题讲座18场次，接受现场“问诊”260余次，调处婚姻家庭、劳动争议、邻里关系等矛盾纠纷100余件次，引导困难群众申请法律援助13起。四是社会组织——“暖心”。成立社区社会组织孵化中心，培育孵化了沿滩区益心社工服务中心、摩力坊烘焙服务中心和天悦启航舞蹈艺术培训中心等社会组织，针对居民需求，开办了“道德课堂”“居家灵活就业”“蛋糕烘焙”等服务项目，免费提供500多平方米的活动场所和基本办公设备。

（四）围绕创业就业，创新服务载体

一是成立居家灵活就业中心。开设“DIY巧手沙龙”、家政服务、手工编织、绣品加工、缝纫、花卉种植、烹饪等多项培训项目，多措并举大力促进妇女居家灵活就业，实现就近服务社区、服务家庭。二是举办专场招聘会。2017年6月举办了专场企业用工招聘会，服装、食品、电子、汽配等各行业的21家企业推出了保洁、家政、仓管、文员、人事专员等136个就业岗位，现场共有33位社区妇女达成就业意向，社区家庭就业率达到了100%。截至目前，帮扶带动20余名妇女实现灵活就业。三是引进成功人士返乡创业。社区居民苟春娟早年在外奔波经商，想创办一家钢材加工厂，苦无创业资金，曾在困难的时候一天只吃两个馒头。通过区妇联惠民政策宣传，她得到区妇联的帮助，申请到妇女小额贴息贷款，通过技术指导、政策扶持，现已成为当地小有名气的致富能手，开办了自己的公司，从开始年收入几万元，到现在收入翻了几番，累计为社区提供就业岗位10余个，帮扶16名失业妇女实现就业，并长期资助社区贫困家庭，累计捐款5万余元。

三　经验与启示

（一）建好“妇女之家”是践行“党建带妇建、妇建服务党建”的现实体现

妇女工作是党的群众工作的重要组成部分，争取社区党总支的支持，是建好社区“妇女之家”的前提和保障。配齐配强社区妇联班子，合理分工，各司其职，各尽其责，是做好社区“妇女之家”服务工作的关键所在。汇聚力量，收集“金点子”，创新工作方法和模式，是推进社区“妇女之家”服务工作上新台阶的重要举措。

（二）建好“妇女之家”是创新参与社会治理的必然要求

妇联组织参与社会治理的重心在农村、在社区。妇女组织建立了，但如何发挥作用，如何将妇联组织建成坚强阵地和温暖之家，这是一个迫在眉睫的问题，最首要的任务就是把“妇女之家”阵地建设好。社区妇联紧紧依托“妇女之家”阵地，以参与创新社会治理和维护社会稳定为根本，整合资源，积极组织开展妇女和家庭乐于参加、便于参与的群众性精神文明创建活动和健康向上的文化体育活动，大力推进以服务他人、奉献社会为主旨的巾帼志愿服务工作，为全面建成小康社会、推进依法治国作出积极的贡献。

（三）建好“妇女之家”是社区妇女群众的迫切需要

龙湖远达社区为改善型住房社区，不同文化程度、不同成长背景的一群人集聚在一个新建的社区，生产、生活方式都发生了较大的改变，而在这一群人中，妇女又起到了关键作用。社区妇联如何去引导，如何去服务，是一个很大的难题，这就需要妇联组织积极发挥作用，建好建强“妇女之家”，满足妇女群众多元化需求，持续开展特色活动，更好地发挥联系和服务妇女姐妹的桥梁纽带作用，服务社区妇女、儿童和家庭，让姐妹们拥有一个看得见、走得近、盼得着、叫得应、可信赖的“娘家”，把妇女姐妹们团结起来，再通过妇女引领每个家庭，促进家庭共建和谐社区。

（案例材料来源：自贡市妇联，执笔：宋燕萍）

案例四　构筑服务众爱家园　打造温馨妇儿之家

四川省达州市通川区凉水井社区妇联围绕党建带妇建、妇建促党建的工作思路，不断加强自身建设，适应新形势新任务发展要求，努力把社区妇联组织建设成为组织健全、覆盖广泛、充满活力、服务高效的“坚强阵地”和“温暖之家”。

一　案例背景

通川区东城凉水井社区成立于 2003 年，位于达州市中心城区，面积 0. 28 平方公里。辖区内有市、区级单位 5 个，居民小组 5 个，常住人口 13500 人，现有妇女 6750 人，儿童 766 人，留守儿童 35 人。近年来，社区妇联紧紧围绕党委“创建幸福和谐社区”的中心任务，积极探索志愿服务的新思路、新方法，努力在提升服务水平，拓宽服务领域，完善服务机制上求突破。社区志愿服务从无到有、从小到大、从粗到精，走过了整整12个年头。

二　做法与成效

（一）抓基础，搭平台

一是有效整合资源。充分利用社区闲置办公场地，先后打造了绿色网吧、社区书屋、健身室等活动场所，免费为社区孩子学习、娱乐提供服务。二是积极向上争取。加大向上争取力度，四川省应急志愿服务总队现场指导，并赠送了桌椅、黑板、投影仪等教学用具。三是健全工作机制。引进达州市众爱公益社会服务中心，招募爱心志愿者专门服务，开展了辅导暑假作业、开设礼貌课堂、宣传防灾减灾、普及科普知识等15项活动，形成了以社区为平台、以社会组织为载体、以专业社会工作人才队伍为支撑的“三社互动”机制。

（二）抓结合，强推进

一是紧密结合社区儿童群体现状。社区现有儿童766人，其中留守儿童35人，多数儿童父母忙于工作，无多余时间照顾子女。此外，凉水井社区濒临州河，暑期儿童下河戏水引发的不安全问题突出。为切实解决社区居民上班期间，尤其是暑假期间留守、脱管儿童无人照看等问题，凉水井社区以“教育一个孩子、带动一个家庭、促进整个社区”的理念，引进志愿者服务组织，在社区建立“众爱家园”儿童之家。二是紧密结合儿童心理特点。儿童成长过程中，需要全社会的关心，尤其是家长的陪伴，社区儿童之家还从儿童家长中招募家长志愿者，让家长在空余时间到儿童之家陪伴儿童一起学习、游戏，让留守儿童感受父母的关爱。三是紧密结合全区重点工作。结合当前在达州主城区开展的“五治”工程、依法治区、城乡环境综合整治等重点工作，通过“小手牵大手”，采取视频课件、情景模拟、现场讲解等方式教育社区儿童，引导辖区儿童自觉主动参与环境保护。

（三）抓创新，促落实

一是注重网络推广。通过社区官方微博、微信公众平台等互联网的宣传推介，北京理工大学的2名博士研究生、6名硕士研究生及新疆、德阳的志愿者先后在“众爱家园”开展了科普宣讲、兴趣培养、作业辅导等志愿服务。2015年我社区成为北京理工大学定点支教社区。二是注重对口帮扶。深入开展“新书包、新希望”活动，先后为通川区金石乡七里小学、梨树坪小学送去了书包、字典等学习用品。三是注重关心关爱。开办社区“儿童跳蚤市场”，通过自由交易、以物换物等形式，实现旧物利用、变废为宝，引导社区儿童积极参加献爱心、送温暖等公益活动和志愿服务。

众爱家园以社区为依托，致力于解决随迁及留守儿童暑期无人管、无处去的现实问题，用舒适的环境，丰富的课堂活动形式，保障孩子们暑假的快乐和安全，同时减轻家长们压力、帮助孩子们成长，促进社区的和谐发展。

（四）抓改建，重基础

为深入贯彻上级妇联对新时期妇女工的新要求，东城街道办事处按照“试点先行，以点带面，整体推进”的工作原则，确定凉水井社区为全办妇代会改建妇联工作试点社区。

2016年9月7日，凉水井社区召开第一次妇女代表大会和第一次妇联执委会。来自辖区两新组织、楼院长、居民及外来务工人员等31名妇女代表参加了会议。通过无记名投票差额选举了凉水井社区妇女联合会第一届执委委员9人；第一届执委第一次会议等额选举了妇联主席1人、副主席1人、兼职副主席1人。新一届妇联机构在今后的妇联工作中将全面履行社区妇联的基本职能，带领全体妇女同胞开创凉水井社区妇女工作新局面，为社区事业发展添砖加瓦。

三　经验与启示

凉水井社区妇联以基层妇联组织改革为契机，以创建幸福和谐社区为着力点，联合“众爱家园”等公益组织，进一步创新工作思路，改进工作方法，将社区志愿服务这一品牌继续打响，为辖区妇女儿童打造一个温馨的家园。

（案例材料来源：达州市妇联，执笔：康莲、孙嘉蔚）

案例五　完善基层妇女儿童之家的功能和服务模式

——泸州市泸县妇联工作案例

一　案例背景

为扎实推进“坚强阵地”和“温暖之家”建设，泸县妇联在各级党委、政府的关心支持下，以满足妇女儿童需求为导向，以整合资源、链接服务为手段，以机制建设为保障，上下联动，合力推进全县“妇女儿童之家”建设。目前，已创建市级示范点 11 个、县级示范点 20 个，到 2019 年实现 100% 全覆盖。

二　做法与成效

（一）加强组织领导，统筹推进“妇女儿童之家”建设工作

一是高度重视，强化责任。县、镇、村三级妇联分别成立了“妇女儿童之家”创建工作领导小组，统一思想，明确职责，为“妇女儿童之家”建设提供政策支持。二是主动争取，加大投入。为保证工作正常开展，县政府划拨 40 万元用于县级 20 个示范点的“妇女儿童之家（家长学校）”创建补助经费。

（二）把握关键环节，努力破解“妇女儿童之家”建设难题

我县紧紧抓住“有人办事”“有阵地办事”“有钱办事”这三个关键环节，统筹兼顾，多管齐下，分类指导，协调推进，最大限度地破解“妇女儿童之家”建设中的难题。一是狠抓巾帼志愿者、幸福使者“两支队伍”建设。针对村、社区“妇女儿童之家”人手少的实际，吸纳培育女党员、女村官、女大学生和组织协调能力强、热心社会事务管理的妇女，让她们成为妇联主席的参谋助手，建立了妇干 + 妇女骨干 + 志愿者的社会化工作队伍。目前，全县有“妇女儿童之家”巾帼志愿者服务队 21 支 320 人，有骨干讲师 60 名。二是积极落实场所设施，确保“有阵地做事”。紧紧依托村级组织和社区活动场所，充分利用党群工作阵地建设，将“妇女儿童之家”与“维权工作站”“家长学校”“妇女学校”等资源有机整合，实现人才、设备、活动载体等资源的共享，形成了一室

多用、分区布局、分时使用、服务一体的格局。三是多方协调争取资金，确保“有钱办事”。在积极争取县政府妇女儿童之家工作专项经费的同时，充分发挥妇联组织“联”字优势，多渠道为创建“妇女儿童之家”协调争取经费，采取帮扶部门扶持一点，巾帼文明岗补贴一点，女企业家、农村致富女能人赞助一点等办法筹集资金，保证“妇女儿童之家”开展活动的需要。

（三）着眼持续发展，全面加强“妇女儿童之家”规范建设

一是严格标准，制定方案。要求各村（社区）制定方案，在充分利用现有设施设备的基础上，购置必需的设备，按照“六个一”的标准规范建设“妇女儿童之家（家长学校）”。二是以点带面，示范推动。通过抓省级、市级、县级“妇女儿童之家（家长学校）”示范点的建设，树立典型，示范引领，推动“面”的全覆盖。三是健全制度，规范管理。建立“妇女儿童之家”“家长学校”等工作制度，并将“妇女儿童之家（家长学校）”创建活动纳入镇（街道）目标考核。

（四）丰富活动内容，充分发挥“妇女儿童之家（家长学校）”功能作用

一是打造创业就业、教育培训之“家”。各村、社区“妇女儿童之家”充分发挥“面对面”联系群众的优势，面向妇女家庭提供妇女创业信息，发布招工用工信息，开展各类实用技能、创业、法律法规、家庭教育、生活常识、文明礼仪等内容的培训班，提高广大妇女的综合素质和创业技能，搭建、帮助、引领妇女创业就业。依托“妇女儿童之家”2017年累计开展实用技术技能、巾帼电商英才等培训8场（次）；举办“幸福使者·母亲课堂”讲座52场（次）；举办健康、卫生保健宣传教育活动26场（次）。二是打造维权关爱之“家”。在每个“妇女儿童之家”设立维权工作站，注重发挥妇女维权工作站的作用，为妇女开展维权服务，化解矛盾，调解纠纷，维护妇女儿童权益。建立温馨谈心室15个，化解各类纠纷16件；开展法律知识讲座、文艺演出活动等120余场次；开展扶贫帮困、助残助学活动，慰问帮扶贫困妇女儿童210名，发放慰问金61600元。三是打造儿童之家。在“妇女儿童之家”建设儿童家园、儿童活动室、阅读室，组织开展儿童身心健康的游戏、文娱、体育等活动，如：2017年7月12日—8月4日在11个镇（街）13个村（社区）

开展了为期 15—20 天的“快乐留守、大爱龙城”暑期夏令营活动，共780 名儿童参加，开展亲子活动 16 场次。四是打造文明之“家”。开展健康文明有益的文体活动，2017 年以来，开展各类文体娱乐活动 86 场（次），参与妇女群众 8500 余人，极大地丰富了村（社区）群众的精神文化生活。组织妇女家庭参与“最美家庭”“健康家庭”“平安家庭”等特色家庭创建活动。五是探索社会化运作方法。努力探索“妇工 + 社工 + 义工”社会工作方式，孵化了泸县乐邻社会组织、泸县阳光青少年社会组织，建立并拓展三支基本队伍，即：村、社区妇联干部、妇女骨干为主体的妇女工作者队伍；妇女社团成员、离退休老同志、大学生等社会热心人士为主体的巾帼志愿者队伍；大专院校专家学者、有专业知识背景的志愿者等组成的专业讲师工作者队伍。有的村（社区）还积极推动“企家结对”“校家结对”“院家结对”等，为“妇女儿童之家”争取更多资源支持，促进了基层工作有效开展，增强了基层妇联服务妇女儿童的能力。

三 经验与启示

一是要在“建”字上保根本，进一步强化阵地建设。将“妇女儿童之家”建设作为基层党建带妇建的重要内容，纳入当地基层党组织建设和城乡社区建设的整体规划，建立“妇女儿童之家”党群共建的长效运行机制。要加大建设力度，加强督促检查，使妇女儿童之家达到“四有”要求，形成规模优势，做大品牌效应，彰显妇联特色，促进基层妇女工作的整体活跃。二是要在“管”字上严把关，进一步提升队伍素质。要创新管理方式，不断强化“妇女儿童之家”建设的考核力度，要大力推行设岗定位、专职专选等办法，切实把那些懂大局、善协调、重实干、能创新的女能人、女典型、女致富带头人等优秀女性选拔到村级妇联工作岗位上来；大力发展巾帼志愿服务队伍，开展形式多样的志愿服务活动，要通过组织妇女干部培训、外出参观学习等形式加强业务培训，提高基层妇联干部做好妇女儿童工作、管好妇女儿童之家的能力和水平。三是在“投”字上求突破，进一步加强经费保障。妇女儿童之家建设存在的突出困难是资金问题。因此，建议上级有关部门尽快出台相关政策，促进市、县两级财政也能设立专项资金，对建成达到市级、县级标准的妇女儿童之家的示范点给予一定补贴。解决妇女儿童之家建设项目资金。四是在“用”字上做文章，进一步创新管理机制。建好阵地是基础，管好阵地是关键，用好阵地是目的。只有加强管理，才能使活动阵地发挥更大、更好的作用，真正把“妇女儿童之家”建设成广大妇女找得着、靠得住、能办事的坚强阵地和温暖之家。

（案例材料来源：泸州市妇联，执笔：熊霞、张红）

案例六　发挥阵地作用　共建温暖之家

近年来，南充市南部县妇联以提高妇女素质、促进妇女发展、维护妇女权益为抓手，立足本职、狠抓落实，把“妇女之家”建设成妇女群众的“坚强阵地”和“温暖之家”。

一　案例背景

把“妇女之家”建成党开展妇女工作的坚强阵地和广大妇女群众信赖和热爱的温暖之家、做好“家”字文章是中央两任最高领导对妇联工作的殷切希望。南部县是贫困大县，总人口131万人，其中妇女儿童人数为78.17万人，71个乡镇，2个街道办事处，1041个行政村，70个社区，1111个“妇女之家”，为真正让“妇女之家”动起来，活起来，县妇联以“妇女之家”为舞台，以“守得住阵地、留得住温暖”为努力方向，以“发展、维权、关爱、增能”为重点，构筑起全县妇女幸福家园。

二　做法与成效

（一）基层组织建设体现一个“实”字

目前，全县共有73个乡镇街道办妇联，59个机关妇委会（女工委），70个社区妇联，1041村妇联，共1111个“妇女之家”，女性进村（居）“两委”比例达100%，基层组织建设基本形成横向到边、纵向到底的网络化格局。尤其是在“妇女之家”建设工作中，按照“七有”标准（即“有牌子、有场地、有设施、有制度、有活动、有人员、有经费”），全力打造了组织健全、制度完善、活动正常、工作规范的“坚强阵地”和

"温暖之家"。目前已为25个"妇女之家"示范点配备了音响、文体用品等，其中7个重点示范点还配备了电脑、书架、桌椅等硬件设施。

（二）服务妇女发展体现一个"真"字

为辖区广大妇女群众搭建起共享资源、共谋发展的交流合作平台，各"妇女之家"根据实地情况和妇女需求，在就业技能和信息支撑上有针对性地开展项目培训，并通过发展特色种养业、家政服务业等特色"妇"字号致富品牌，帮助广大妇女走上创业就业之路。同时，利用"妇女之家"积极宣传妇女小贷政策及国家各类惠农政策，引领广大妇女走特色农业产业之路。一年来，"妇女之家"与有关职能部门共同举办各种实用技术培训班30余期，培训妇女1000余人次，发放科普资料3000余份，把"妇女之家"打造成学习培训的课堂。

（三）关爱维权行动体现一个"情"字

各"妇女之家"设立了妇女维权工作站，以"爱心和事姐"为服务平台，以爱心劝导、义务调解为重点，举办政策、法律、心理健康知识培训班，开展村民纠纷调处、家庭暴力制止、婚姻问题诊断以及弱势妇女维权等工作，增强妇女维护自身权益的能力。组织"爱心和事姐"服务队，利用"6·26"全国禁毒日、"11·25"反家暴日、"12·4"法制宣传日等节点加大法制宣传力度，提高妇女的维权意识和能力。依托村、社区"妇女之家"活动阵地，积极联系有关部门为辖区妇女群众提供健康咨询、健康检查等服务，有效提高妇女群众尤其是贫困妇女健康水平和生活质量。一年来，共开展健康宣传活动36场次，提供法律咨询800余人次，进行"两癌"免费检查1000余人。

（四）引领特色活动体现一个"新"字

南部县妇联以"三传""三送""三帮"为活动主题，大力开展"幸福导师"走基层活动。一是组织教育工作者、心理专家、巾帼志愿者等组成"关爱留守儿童幸福导师"小分队，深入农村开展"读一本好书、写一封家信、受一次爱的教育"主题活动。二是组织婚姻专家、"最美家庭"代表、法律工作者等组成"幸福家庭导师"小分队深入农村家庭开展"'最美家庭'故事分享会、幸福婚姻坝坝会、法律维权小课堂"主题活动。三是组织健康专家、健身骨干组成"健身锻炼幸福导师"小分队，在农村留守妇女、空巢老人等群体中开展"学学健身操，听听养生课，美美我生活”主题活动。各“妇女之家”充分发挥其组织活动功能，广泛开展“最美家庭”“文明家庭”“清洁家庭”创建活动；借力“姐妹帮帮队”互助共享优势，开展生产劳动、技能指导、情感沟通等活动，让她们真切感受到“家”的温暖。

三　经验与启示

（一）领导重视是保障

只有基层党委政府充分认识到建设“妇女之家”的重要性，将“妇女之家”建设作为基层“党建带妇建、妇建促党建”工作的重要内容，纳入当地基层党组织建设和城乡社区建设的整体规划，把妇女之家建设经费纳入党的基层组织建设经费统筹安排，才能真正解决“有人办事”“有阵地办事”“有钱办事”的问题。

（二）主动作为是关键

“妇女之家”负责人只有满怀工作激情，主动作为，增强对“妇女之家”的了解和认识，从思想上和行动上弄清楚“妇女之家”是什么、做什么和怎么做的问题，才能发挥“家”的作用，才能真正成为广大妇女群众的“坚强阵地”和“温馨家园”。

（三）妇女参与是根本

要想真正让“妇女之家”忙起来，活起来，关键要体现“参与、互助、实践、增能”的四要素，通过开展丰富多彩的活动，使妇女在活动中参与、在参与中受益、在受益中发展，切实让妇女群众在这个“大家庭”里找到“主体感”“幸福感”与“归属感”。

（案例材料来源：南充市妇联，执笔：赵琴）

推进两新组织中妇女工作创新专题案例

案例一 党建带妇建 产业链上建妇联

——成都市金堂妇联在产业园区建妇联组织的实践与探索

随着社会的发展，农村男劳动力大部分外出打工，农村妇女在农村经济、政治、文化、社会建设，推进农村全面进步中的地位和作用越来越明显，已经成为推进农村发展的一支重要生力军。成都市金堂县妇联抓住这一契机，积极创新，深化党建带妇联工作，探索将妇联组织建在产业链上，在赵家高标准农田产业园区试点建立妇女联合会，充分发挥妇联在现代农业发展中的作用，努力把妇女工作的阵地建设得更加坚固，把妇女群众的“娘家”建设得更加温暖，形成了党建带妇建，共融促发展的共建共享工作局面。

一 案例背景

金堂县位于成都东北部，属于成都市第三圈层。全县总人口 90 万人，其中具有劳动力的农村妇女 25 万人，是典型的农业大县。为深入贯彻中共中央和四川省省委《关于关于加强和改进党的群团工作的意见》，我县以市妇联倡导开展的“蓉城女性三大行动”为引领，在赵家镇高标准农田产业园区，积极探索出了打破区域限制和行业限制，将妇联建在农业产业链上，创新妇联服务农村经济建设、参与社会治理的工作模式。

二 过程

2014 年，赵家镇以高标准农田建设项目为依托，跨平水桥、莲墩等 7 个村，建成 2 万亩的高标准农田产业园，主要发展精品果蔬、羊肚菌（食用菌）、特色畜牧等产业。县妇联为推动妇联主动服务新经济发展，发挥妇女在园区建设中的特殊作用，2017 年 3 月，在高标准农田产业园区成立了妇女联合会。园区共有 51 名妇女代表，从县人大代表、党代表、产业带头人、家庭农场主等有一定威望的女能人中，选举主席 1 名、副主席 2 名、委员 4 名，引领妇女积极投身园区产业发展。

（一）明确定位职能，引领妇女发展

一是成立创业创新组，鼓励女性自主创业。妇联依托园区已有 45 名女性先行成功创业或参与经营的基础，采取“1 + 1 + N”的模式，即：1 名创业成功妇女帮扶带动至少 1 名女性创业，创业妇女再带动解决多名妇女就业，以此模式鼓励妇女自主创业就业，抱团打造羊肚菌、优质果蔬、养殖、循环农业等特色产业，促进农产品提档升值，集中打造金堂“田岭涧”品牌。二是成立市场营销组，带动农户打开销路。按照“合作社 + 社员 + 基地 + 市场”的思路，成立云敏果蔬农业专业合作社，开创“e + 商店”营销模式，联合园区各专合组织、家庭农场、农业企业等，从果蔬标准化生产、加工、销售等着手，将园区产出的葡萄、油桃等优质水果推销到全国各地。目前，该合作社已发展会员 20 余户，带领周边 96 名群众进行标准化果蔬种植，发展产业 250 余亩。三是成立产业协调组，搭建用工服务平台。针对用工维权的特殊性，建立妇女务工者协会，设置技术指导岗、信息咨询岗，提供用工推荐、技能培训、市场信息、政策法规等服务。先后在园区内开展羊肚菌栽培技术、优新果蔬新品推广、果蔬病虫害防治等培训；主动协调用工矛盾，避免了农忙时用工抬价、农闲杀价、拖欠工资等问题，维护了妇女权益，构建起和谐稳定的用工关系。与此同时，园区妇联建立妇女就业档案，主动联系用工业主，积极推荐留守妇女就业，发挥园区妇联外通市场、内连农户的主体作用。四是成立社会管理组，提供公共服务。根据妇女自身优势，组建“爱心妈妈”“劳动维权”等巾帼志愿者服务队 5 支，进家庭、访企业，结对帮扶开展走访慰问、普法宣传、纠纷调解、心理疏导、关爱留守儿童等多

种志愿服务活动。

（二）构建“三型”妇联，服务“半边天”

一是建“示范型”妇联，实现辐射扩面。坚持“双培”理念，即把创业致富妇女培养成产业带头人、把产业带头妇女培养成妇联干部，让创业致富女能人挑起服务妇女需要和服务产业发展的担子，选优配强妇联班子。园区妇联主席、副主席等都是从创业大户、家庭农场主、种养大户中选出的有一定威望和致富能力的女能人。

二是做“纽带型”妇联，实现资源共享。与县农林局妇委会结帮扶，在园区开展养殖和种植方面的技术指导服务，实现技术点对点的“传帮带”服务。与省农林科学院土肥所微生物支部结对帮扶，建立羊肚菌种植科研示范基地500亩，并成功种植羊肚菌、猴头菇、灵芝等菌类。联系省农科院专家在园区举行科技培训，指导创业妇女建棚、种植、培肥等，优先推广试验示范新技术16项、新品种72个，促进了农业科研技术成果转化。

三是创“服务型”妇联，实现“双赢”局面。园区妇联根据市场需求和发展需要，做好政策宣传、技术创新和推广、产品营销等工作，协助园区党支部抓好招商引资、产品营销推介、劳动用工协调、搭建交流合作平台等服务，推动赵家镇现代农业产业快速发展，实现了园区妇联服务全镇产业发展、服务广大妇女的“双服务”功能定位，形成了镇域经济和农户致富的“双赢”的局面。目前，园区已初步形成“以旅助农、以旅富农、以旅惠农”的发展模式，走出一条“一三互动、三产联动”之路，发展乡村休闲观光和生态旅游农业，解决妇女就业700余人，人均增加纯收入905元，增产增收效益十分明显。

三　成效与启示

（一）要在“带”字上下功夫

妇联是党和政府联系妇女群众的桥梁和纽带，是国家政权的重要社会支柱。作为党领导下的重要群众组织，妇联工作是党的群众工作的重要内容，也是党建工作不可或缺的重要组成部分。实践证明，在经济社会建设征程中，在很多行业和领域，女性独特的优势和作用越来越凸显，已经成为推进社会和谐、经济发展的一支重要生力军。金堂县妇联党建带妇建工作的扎实有效开展，靠的是党建的带动和各级党组织的支持。

（二）要在“建”字上下力气

金堂县赵家镇党建带妇建打破地域限制，将妇联组织建在产业链上，以创业妇女为骨干建立妇联，下设创业创新组、市场营销组、产业协调组、社会管理组4个功能组。通过带动女性自主创业就业，帮助农户营销，做好产业协调，搭建用工服务平台，参与社会治理，提供公共服务，实现了“创一个岗、带一片人，挂一个牌、树一面旗”的示范效果，充分发挥了妇女群众在发展镇域经济和推进社会治理中的独特作用。园区妇联已设置巾帼党员示范岗3个、巾帼文明岗5个，培育了市级“巾帼示范基地”佳荣农场，打造了“巾帼示范村”平水桥村，带动创业妇女推广试验示范新技术16项、新品种72个，促进了农业科研技术成果转化，有力带动了农民的增收致富。

（三）要在“实”字上做文章

在赵家镇创新党建带妇建、产业链上建妇联的探索，充分说明，妇女工作必须根据地方实际，主动参与经济建设，带动妇女建功立业，才能实现妇联组织强“三性”去“四化”，适应新形势下妇女工作新需要。妇联要在促进广大妇女投入到产业生产、创业致富、精准扶贫、文化活动中加强思考，积极创新，帮助妇女提升素质，激励妇女岗位建功，真正发挥妇女群众“半边天”的作用。下一步，金堂县妇联还将在三溪镇建柑橘产业妇联，在赵家镇建羊肚菌产业妇联，带动更多妇女参与社会治理，实现创业增收。

（案例材料来源：成都市妇联，执笔：韩华芳、张云丽）

案例二　异地商会建妇联　架起服务连心桥

——成都市简阳妇联在商会建妇联组织案例分析

成都第十三次党代会报告提出了实施“东进”的重大战略部署，简阳是“东进”发展战略主战场、产业新高地、开放新门户，成都国家中心城市产业发展大会提出“蓉漂”计划，成都市妇联在妇联组织区域化建设改革工作中提出了建立覆盖体制内外以及不同利益群体的组织架构，实现“四联动一共享”工作局面的目标，适逢千载难逢的历史机遇，简阳市妇联创新工作思路，在成都市妇联系统开创异地商会建妇联组织的先河。

一　案例背景

简阳市是劳务输出大县，在外地务工、创业者众多，北上广深是妇女外出务工集中区，也是各种资源聚集区，由于远在他乡，家乡妇联组织无法联系和服务在外地的妇女群众，她们也感受不到来自家乡妇联的关怀，她们想服务家乡妇女的愿望和她们手中的资源也不能得到有效发挥，而异地商会是聚集外地创业务工人员的组织，如何通过商会，让妇联组织落地生根，联系服务外地更多创业务工妇女，成为简阳市妇联异地商会建妇联的初衷。

二　过程

凝聚共识，主动跟进妇联组织建设。在北京简阳商会建妇联工作刚提出时，商会上下是拒绝的，并没意识到建立妇联组织有何作用。对此，简阳市妇联工作人员“三顾茅庐”向商会的负责人宣讲妇联作为，让商会了解到简阳市妇联依托成都市妇联“指尖的爱”四送活动，在脱贫攻坚工作中服务弱势群体，让扶贫工作项目化、活动化，并在全国范围都形成了工作品牌影响力。提出可以为商会搭建平台，解决他们一直以来希望服务和参与家乡建设，举办公益活动却有心无力的问题；可以寻求合作，帮助贫困村劳动力资源定向输出等系列建议。使得商会组织了解妇联、欢迎妇联，愿意建立妇联组织。

稳抓稳打，合力推进组织建设。针对商会建妇联没有经验，在妇联组织筹备上，通过“三个一”工作法规范建会。一是成立一个组织。成立筹备工作小组，通过微信群等方式密切联系，将商会妇联筹备前期工作和妇联平时开展的工作及时发布，让商会妇女提前感受到组织和家的存在，提高大家的积极性。二是派出一个工作组。向异地商会派驻一个工作组指导妇联组织成立相关事宜，牢牢把握妇女组织建设方向，使妇女组织建设少走弯路，不走偏路。三是推选一名妇联组织顾问。市妇联将商会会长推选为商会妇联顾问，把商会和商会妇联组织有机统一，商会活动可以交给妇联组织来办，商会妇联遇到难题可以向商会寻求帮助。广东省简阳商会妇联成立后，商会捐资助学，慰问贫困等活动都由简阳市妇联和商会妇联承办，目前已经募集到20万元资金，用于帮助简阳市的100余名孤寡老人、困境妇女、留守儿童。

“三项服务”，指导组织开展妇女工作。妇女组织成立后，如何服务广大在京妇女和助力家乡发展才是组织成立的关键和意义。简阳市妇联为异地商会妇联提供了“三项服务”，共同推进妇联工作迈上新台阶。一是管理服务，明确职责。帮助建立了《商会妇联职责》《巾帼文明岗评选标准》等各项工作和考核制度，指导异地简阳商会建立妇女之家，指导商会妇联开展“素质提升”“巾帼建功”、寻找最美家庭、最美女性等活动，挖掘潜能并引导在外务工的简阳籍妇女发挥自身优势，牢固树立敬业精神。二是维权服务，提供帮助。商会妇联成立后，为维护商会妇女的合法权益，简阳市妇联分别在北京简阳商会、广东四川简阳商会设立了简阳市妇女儿童维权站点，为她们提供免费法律咨询。三是公益服务，回馈家乡。在广东四川简阳商会第一次妇女代表大会上，筹集了巾帼创业（扶贫）资金。下一步，广东省四川简阳商会妇联将扩大巾帼创业（扶贫）资金的帮扶范围，想创业的贫困妇女有望得到资金支持，帮助贫困妇女圆创业梦，资金的来源全部为商会企业捐款和商会爱心人士捐款。

三　成效与启示

（一）组织建设要与服务大局相结合，找准服务点和结合点

开展妇女组织建设，就要不断探索组织工作服务中心工作的切入点和结合点，简阳市作为成都“东进”主战场，也是成都扶贫攻坚的硬骨头，如何服务“东进”和服务脱贫攻坚，发挥好基层妇女组织“坚强阵地”“温暖阵地”和桥梁纽带作用，显得尤其重要，在异地商会建立妇联组织，既可以通过商会资源服务脱贫攻坚，又可以团结商会力量服务“东进”战略。

（二）组织建设要与为民办事相结合，避免组织建设空对空

实际实用实效，是做好妇女组织建设工作的基本前提和根本原则，最忌“空对空”，为了成立组织，必须要找到合适的载体和抓手，为商会妇女办实事，为她们提妇女维权、寻找最美家庭活动等服务，为家乡妇

女办实事，我们策划相关扶贫项目，由市妇联和商会妇联共同组织实施，让妇联组织活起来。

（三）组织建设要因地制宜，针对需求提供服务

因地制宜，突出特色，注重服务是妇联组织建设成败的关键，如针对北京商会妇联需要劳动力的情况，我们将妇联组织与扶贫村劳动力输出相结合，既服务商会企业家，也服务家乡贫困妇女，针对广州商会妇联有做公益的想法，指导成立巾帼创业基金会、巾帼扶贫基金，服务家乡创业妇女，要通过服务与被服务，寻求与异地商会等类似的“两新”组织互利共赢点，达到完善基层妇联服务功能、拓展服务领域、承担更多社会责任的目的。

（案例材料来源：成都市妇联，执笔：王晓红、李度科）

案例三　建立创女时代妇联　精准对接妇女需求

——成都高新区妇联在女性创业孵化器建妇联组织的案例分析

成都创女时代是由 5 名海归女青年共同创立的女性创业孵化器，在服务女性创新创业过程中，通过成都市妇联“巾帼云创”服务平台聚集了来自全国各地和海外回国的女大学生，创业热情高涨，为了更好地带领广大创业女性在创业道路上不走弯路，更高效地整合资源，创女时代主动提出要建立妇女联合会，在公司党委的领导下更精准地对接创业女性，为来自全国各地的创业女性提供创业培训、项目孵化、项目展示、法律咨询等更广泛的服务，并团结带领创女在妇联组织的引领下走出去开展“一带一路”合作。创女时代妇联主要覆盖了现代农业、现代旅游、现代科技等各行业的创业女性，打破了行政隶属、行业分割、身份限制，实现了组织覆盖从“核心”到“圈外”的突破，从“封闭”到“开放”的扩展，从“个人”到“团队”的凝聚，是成都市深入推进妇联组织改革，形成“妇女群众工作妇女做”生动局面的典型案例。

一 案例背景

2015 年 7 月，习近平同志在中央党的群团工作会议上指出，要切实保持和增强群团组织的群众性，大力健全组织特别是基层组织，加快新领域新阶层组织建设。全国妇联和四川省妇联的改革方案中均明确，要创新基层组织设置，推动在新领域新阶层新群体中形式多样地建立妇女组织。为了将各类优秀女性人才团结凝聚在妇联组织周围，创新建立起符合各领域女性特点和需求的妇联组织，有效拓展妇联的组织覆盖、工作覆盖和服务覆盖，壮大工作力量，夯实基层基础，推动妇联改革创新举措落地生根，成都市妇联坚持按照“强三性、去四化”要求，围绕“建设体现新发展理念的国家中心城市”全市工作总目标，以蓉城女性“三大行动”为引领，全面推进妇联改革，打造了“指尖的爱”“巾帼云创”“蓉城幸福家”等工作品牌，推出了包括“创女时代”在内的一批品牌项目，受到国家副主席李源潮、全国妇联党组书记宋秀岩等各级领导的充分肯定和鼓励。“创女时代”等一大批主要由女性建立起的或女性成员较多的新经济组织在妇联搭建的平台上得到了更好的发展，妇联组织获得了新经济组织以及广大女性的认同。为此，成都市妇联持续深入地实施蓉城女性“三大行动”，加强与各行业和领域的女性的联系，按照产业相连、地域相邻的原则，以“主动牵头建、引导助推建、鼓励帮助建”的工作思路，创新基层组织设置，建立形式多样的妇联组织。

二 做法与成效

（一）以“巾帼云创”品牌吸引新经济组织中优秀女性主动向妇联组织靠拢

当前，女性已成为推动经济社会发展的重要力量，新经济组织成为女性参与经济社会活动的重要场所。成都市妇联实施蓉城女性“三大行动”中打造的“巾帼云创”品牌，吸引各界女性积极参与妇联活动，让包括在新经济组织中创业就业的广大女性对妇联有了更深的认识，并直接感受到妇联组织实实在在为她们提供的帮助。特别是“创女时代”在妇联“巾帼云创”品牌的推动下，通过妇联搭建的平台走向了全国，聚集了 120 多位企业家导师和 40 多家合作机构，已开展了大小活动 150 多场，服务了 9000 多位女性，直接帮扶 160 多家创业公司，其中 21 家拿到天使投资，“创女时代”更有公信力和凝聚力。为了团结和引领更广大的创业女性共同发展，成都市高兴区妇联根据“创女时代”联系广大创业女性的实际，积极引导“创女时代”主动提出通过建立妇联组织更好服务创业女性的愿望，通过“创女时代”广泛吸引新经济组织中优秀女性主动向妇联组织靠拢。

（二）结合创业女性构成情况指导“创女时代”开展组织建设工作

“创女时代”提出组建妇联组织的愿望后，成都市妇联迅速推进组建工作，对“创女时代”开展的业务和孵化的项目进行了分析，通过“创女时代”开展的活动及实施的项目来看，“创女时代”聚集了现代旅游、现代农业、现代科技、等各行各业的创业女性，大多数为海归女青年和全国各地的女大学生，尽管通过蓉城女性“三大行动”对妇联的服务有了认识和了解，但基本没有学习过妇联《章程》。为此，成都市妇联首先对“创女时代”开展了妇联组织工作培训，系统学习妇联《章程》《条例》，弄清楚妇联“是什么、怎么建、怎么管、怎么用”的问题，统一思想。其次多次派出工作人员指导建会流程、选票制作等工作，把规范化要求贯穿创建工作始终，确保了成都创女时代妇联筹备工作高效、有序推进。通过规范指导，“创女时代”妇联除把企业内部的妇女群众聚集在组织周围外，还创新组织的“联合”功能，拓展“妇联 +”新型工作模式，通过互动交流、项目助推等方式，吸引 10 余家相关企事业单位的妇女群众加入创女时代妇联组织。2017 年 3 月 31 日，创女时代以及有关单位 56 名妇女代表召开了成都创女时代妇女联合会成立大会，选举出 1 名主席，6 名副主席，23 名执委（其中中共党员 8 名，海外留学归国人员 5 名，创业女性 16 名），充分发挥了联系、凝聚妇女群众的组织功能，增强了妇联工作合力。

（三）结合创业女性发展需求明确“创女时代”妇联职责

“创女时代”妇联把联系和服务妇女群众作为工作生命线贯穿始终，严抓落实。在组织架构设置上，以教育宣传、技能培训、维护权益、创新创业、女性就业、精准扶贫、开展“一带一路”合作七个方面设立小组，并结合“创女时代”自身业务和项目对制定每个小组的工作职责，形成“创女时代”妇联的工作职责，明确妇联主席、副主席、执委的工作分工、工作计划和重点工作项目，按时推进。其次，建立轮值主席、工作联席会议、执委联系妇女群众、妇联组织工作公开等一系列制度并严抓落实，形成长效工作机制，充分发挥组织作用。

三　经验与启示

一是新经济组织中女性群体的发展需求是打开工作局面的突破口。从“创女时代”成立的历程来看，“创女时代”主动融入蓉城女性“创新创业”行动，积极参与妇联活动，进入了“巾帼云创”女性创新创业平台，在“创女时代”中接受项目孵化的创业女性和企业，也非常愿意在妇联搭建的平台上使企业得到成长和发展，女性群体的发展需求是创业女性坚持团结凝聚在妇联组织周围的重要原因。成都市妇联正是从女性群体的发展需求中找到了突破口，在推进妇联区域化改革建设的过程中，充分发动创业女性参与妇联活动，提升了妇联组织在广大创业女性中的影响力和凝聚力，打开了在“创业女性”中建妇联组织的突破口。

二是影响力和公信度是吸引新经济组织建立妇联组织的核心。“创女时代”通过参与创新创业活动，承办创新创业大赛、“巾帼训练营”等“巾帼云创”项目服务，受到了妇联新媒体平台的大力宣传和推广，在国家副主席李源潮来蓉调研，全国妇联主席沈跃跃、全国妇联书记处书记（挂职）杨柳等各级领导来蓉调研时，“创女时代”均作为女性创新创业孵化的典型示范接受调研，在社会上的影响力和公信力得到了有力提升，“创女时代”品牌迅速在全国形成影响。

三是新经济组织是妇联整合资源凝聚优秀女性人才的重点领域。新经济组织领域中的女性群体大多数是具有职业升迁愿望的优秀的职业女性，在高管、中层和普通职员中均有分布。成都“创女时代”妇联通过建立以“地缘、业缘、趣缘”为纽带的多元化活动联办模式，充分凝聚各类优秀妇女人才和企业、机构、社会组织到妇联组织周围，整合资源，推动了妇联组织跨产业、跨行业、跨地域的开展活动。

（案例材料来源：成都市妇联，执笔：肖帮莉、赵露）

案例四　整合社会资源　搭建沟通平台

——什邡市妇联创建“什邡女子公益课堂”实施“素质提升”行动案例

2017 年，什邡市妇联积极创新形式，整合社会资源，征集 30 余家从事妇女儿童身、心、灵健康服务的相关公益组织、经济实体、培训机构、创客个体等于每周三晚上和每周日下午为全市妇女儿童、家庭提供党建政事类、传统文化类、家庭教育类、心理健康类、文学才艺类、强身健体类、创业就业类、生活技能类培训服务。从 3 月 7 日课堂启动以来，截至 9 月 30 日，共开展课堂 74 期，受益妇女儿童 10000 余人次。

一　案例背景

女性素质提升项目一直是各级妇联组织高度重视、常抓不懈的重要工作，四川省、德阳市妇联系统都开设了“幸福使者 · 母亲课堂”这一女性素质提升平台。同时，妇联组织还有“巾帼建功”，围绕经济发展助力的工作职责。

什邡市妇联就是在这样一个背景下，本着能否将“素质提升”与“巾帼建功”有机结合，在进一步提升女性综合素质的同时，兼顾社会经济发展助力来谋划思考，因地制宜着手探索实施“什邡女子公益课堂”这一项目的。

二　具体做法

（一）大胆谋划，用心规划，将臆想一步步往现实引领

2016 年，什邡妇联班子立足自身现状与工作职责，认真思考研究，琢磨是否能有一个载体将自身的职责进行串联整合，既能有效完成各项工作任务，又能切实服务广大妇女儿童。于是，一个大胆的想法应运而生——由妇联牵头，整合社会资源，在创客与妇女儿童之间搭建一个官方的平台，邀请全市正从事妇女儿童身、心、灵健康服务的各类组织、创客团队来当公益“老师”，全市妇女儿童来当“学生”。

有了这个大胆想法后，什邡妇联班子首先内部研究可行性，类比现

有各类培训班的优劣，初步构思了探索实施的大致框架，将最初偶然所得的臆想一步步朝现实引领。

（二）深入调研，广泛倾听基层呼声与需求

为了进一步检验构想的可行性，什邡妇联团队一方面采取逐一深入全市镇（街道）、相关市级部门等，当面倾听各个层面关于女性素质提升的需求及相关意见建议；另一方面积极走访本市一些相关的优秀创客团体，广泛征询大家的意见与建议，同时，向它们陆续发出届时参与课堂的邀请。

经过一个多月的深入调研、重点走访，大家对筹建“什邡女子公益课堂”工作给予了充分的肯定。为此，什邡妇联正式草拟工作方案，将工作背景、课堂名称、参与的双方主体、课堂的类型、课堂的时间与形式、管理运行方式及流程、保障与要求等进行了全方位的细化明确，并以书面形式再次广泛征求各级、各层面意见，为正式搭台唱戏做好了充分准备。

（三）积极搭台，争当供需双方的“红娘”

一方面积极邀请创客来“唱戏”。2017 年 1 月 6 日，什邡妇联召开 2017 年度工作会议，会上正式启动了“什邡女子公益课堂”筹备工作。同一时段，通过线上各类网络、微信平台，线下印发正式文件、会议全体动员等方式，向全市从事妇女儿童身、心、灵健康服务的各类组织、创客团队发出来“唱戏”的邀请，形成极大舆论攻势，让创客看到我们主办方的诚意及未来能带给它们的宣传推荐能力，截至报名时段，首批涉及 8 大类 30 余家机构、团队、讲师等慕名而来，愿意未来向全市妇女、儿童、家庭提供多元的公益课堂服务。

另一方面积极邀请全市妇女儿童来“看戏”。在邀请创客来“唱戏”的同时，什邡妇联已通过多次走访调研、印发文件、专题会议、线上线下广泛宣传造势，让广大妇女儿童知道了未来会有这样一份免费的“精神大餐”。为了进一步刺激他们的“味蕾”，提高其主动参与性，什邡妇联将未来拟提供的课堂通过网上和线下宣传栏、海报等方式生动地展示，并鼓励大家主动选择自己满意的课堂，进一步提升了观众“看戏”的积极性与主动性。

经过三个多月的精心筹备，“什邡女子公益课堂”借什邡市开展纪念“三八”国际妇女节契机，于 3 月 7 日，以一台“才艺类课堂舞台展示 +

党建类课堂寓教于乐的情景剧展示”面向全市妇女儿童正式启动。新颖的课堂方式让大家耳目一新的同时，也让他们对未来课堂寄予了更多的向往与期待。

（四）定单设计，确保课堂多元生动

为了确保“什邡女子公益课堂”常态常新，什邡妇联下足了功夫。一是在课堂内容安排上确保丰富多元，在每月中旬就征求下一个月课堂安排意见，确保“荤素搭配合理”，满足各阶层的精神需要。二是在课堂形式上也确保“张弛有度”，既有传统听讲类型，也有沙龙体验和周末户外亲子互动型，确保无论形式还是内容均体现生动多元。三是在报名方式上确保“与时俱进”。采取每周一、周四上午 10 点在“什邡市妇联”微信朋友圈点赞方式报名参加课堂，进一步跟进网络化服务步伐，确保报名及时明了，资源公平分配，深受大家的青睐。

（五）保姆服务，确保多方良性互动

一方面积极为“唱戏”方做好跟踪配套服务。尽管许多创客能提供自己所专长的服务，但毕竟市场化、自由化惯了，要上升为“老师”，让慕名而来的各类型“学生”享受到贴心的高质量服务还有这样那样的差距。为此，什邡妇联提前制定了管理办法，将课堂事前、事中、事后的具体工作及流程做了明确的规定，并配合做好方案的制定完善，课堂前的宣传推广、报名，课堂中秩序的监管及课堂后的总结及满意度测评工作等。既确保了每次课堂的质量，也激励调动了创客的不断创新与服务能力提升。

另一方面积极为“看戏”方做好配套服务工作。广泛倾听大家的需求与喜好，在课堂安排上尽量兼顾老、中、青女性，同时也兼顾娃娃与家庭，既有自己独立的课堂，也有亲子家庭间的课堂。做细做好每次课堂跟踪服务，老师的讲授、现场的体验是否满意，课堂是否有商业推销，有何建议等，什邡妇联都事无巨细地尽量做细做好，确保“看戏”方每次都满意。

三　取得成效

（一）提升了妇女素质，实现了亲子间最好的陪伴，广大妇女儿童家庭满意

就 3 月开展的课堂中，既有引导家长孩子正确识别假币、防金融诈骗，提升金融知识的“未来银行家”课堂，也有提升女性艺术修养的“动感沙画”课堂，倡导大家树立环保理念的“亲子环保营”，引导家长正确实施家庭教育的“智慧家长”课堂，提升亲子互动机会的蛋糕 DIY 课堂，增强女性发现美、记录美、呈现美的摄影课堂等。每次课堂中大家的亢奋状态，课堂后的无记名满意度测评工作，“看戏”观众都给予了高度评价，同时更宣传带动更多的“看戏”人群主动成为“什邡市妇联”的微信好友。每到网上报名时间，大家抢课热情高涨，近期一次课堂 1 分钟时间就有上百人报名参加，真正实现了“课堂秒杀”。更有热心的家长了解到妇联人少事多，主动表态愿意来当课堂服务的志愿者。当下，抢课成了家长们欢欣的热名词。

（二）宣传激励了创客，助力了社会经济发展，广大创客等受益满意

每次课堂的呈现也是各大创客群体不断学习、暗中较劲、不断攀升的时候。如何让自己的课堂方案首先打动妇联，提前获得“授课”的机会，如何让自己的课堂更有新意、更有魅力，让大家由衷喜欢，创客们铆足了劲，亮出了十八般武艺。通过“授课”，既激发了广大创客的开拓创新及服务能力，也让自己的成果得到广大妇女儿童、家庭的充分认可，进一步吸引挖掘了自己的潜在消费群体。比如，许多女性聆听了“智慧家长”课堂、体验了“动感沙画”课堂，主动要求参加相关创客的系统培训班。切实鼓舞了创客参与课堂的积极性和专注性，它们纷纷感谢妇联搭建的这一平台。

（三）实现了工作的多层面结合，得到了社会各界的肯定，组织者也满意

第一，完美地承接了省、市工作，不流于形式，确保了新意与实效，得到了上级的肯定。既有效落实了省、市的工作要求，也因地制宜，接了什邡本土的地气，取得了显著成效，受到上级和领导的充分肯定。

第二，结合了市、镇两级党委、政府中心工作，确保了社会效果，得到了部门与镇（街道）的认可与肯定。在所实施和即将实施的课堂中，什邡妇联紧紧结合本职工作、什邡市委、政府大局和部门、镇（街道）中心工作来谋划实施。如结合市上环保攻坚工作，专题开展了“环保亲子营”课堂，教育引导家长和娃娃从自己做起、从小事做起，争当爱护地球的环保卫士；结合“三八”妇女节，将家庭教育课堂送到乡镇、企业等；结合元石镇、湔氐镇举办花雕节、樱花节，将亲子烘焙课堂、摄影课堂、古琴、书法、瑜伽等课堂送到基层，既引领了当地妇女儿童热爱生活、提升素质，又配合其活动强化了宣传造势。

第三，创新了妇联工作，进一步拓展提升了妇联每名工作人员的价值，妇联团队自己也满意。课堂的启动不仅给什邡妇联团队带来了更多繁杂的工作任务，同时也更多牺牲了大家的休息时间，但尽管如此，面对这项新工作在如此短时间就俘获了众人的心，且未来将呈现更良好的态势，这无疑是对妇联每名工作人员价值的充分肯定，是对大家不断进取的激励；因此，面对“什邡女子公益课堂”这一项目，什邡妇联团队每一位同志都激情满怀地奔跑在这条路上，虽然累，但大家快乐着。

四　经验与启示

第一，女性素质提升工作是一个功在当代、利在千秋的大事，妇联组织务必在党组织的领导下常抓不懈、抓实抓好。

第二，有创新才有发展，任何工作都要尝试创新、敢于创新。

第三，好的创新可以事半功倍、多方共赢，因此，创新的基础须以尊重服务对象的需求为前提。

（案例材料来源：德阳市妇联，执笔：周敏）

案例五　延伸妇联触角　拓展组织覆盖

——四川达州开江县妇联积极开展“两新”组织妇女工作

开江县妇联坚持“哪里有妇女群众，哪里就有妇女组织”的工作思路，以“服务党建，服务企业，服务妇女”为原则，把“两新”组织妇女组织建设作为基层妇女组织建设的重点，实现“两新”组织党的工作和妇女工作的和谐推进，为“两新”组织的快速发展提供有效服务。

一　案例背景

开江县共有“两新”组织 176 个，其中非公有制经济组织 114 个，新社会组织 62 个，“两新”组织中女性固定从业人员 2956 人，女性固定从业 30 人以上的“两新”组织数 16 个，女性固定从业 10—30 人的“两新”组织数 31 个，女性固定从业 10 人以下的“两新”组织数 129 个。

二 做法与成效

（一）调查摸底，掌握情况

做好全县“两新”组织的摸底统计工作，对全县“两新”组织的数量、非公企业生产经营情况、女职工情况等进行调查摸底，对我县“两新”组织妇建工作进行深入研究和思考，对女性固定从业人员 10 人以上的，建立妇女工作委员会，女性固定从业人员 10 人以上的，根据实际工作需要，设立妇女小组或妇女工作联络员。

（二）及时动员，统筹部署

积极争取党组织对妇女工作的重视和支持，把妇联组织建设作为推动党建工作的一项长期任务和重要组成部分摆上日程，将“两新组织”妇建工作和党建工作一同部署安排，安排人员深入“两新”组织开展此项工作，引导非公企业主认识企业妇建促党建、促发展的重要性，积极开展党建、妇建工作。

（三）合理组建，有效覆盖

按照“组织覆盖、工作辐射、功能整合、机制创新、能力提升”的工作思路，以“点上突破、面上覆盖、质上提高”为目标，建立健全“两新”组织妇女组织网络，不断增强其服务功能，按照“成熟一家、建立一家”的原则，采取单独建立、联合建立和挂靠建立等方式组建妇女组织。经过努力，县妇联在符合条件的“两新”组织中建妇女组织 38 个，设立妇女小组或妇女工作联络员 89 个，建“两新”组织妇女组织示范点 1 个。

三 经验与启示

由于非公有制经济组织不固定，时常增减，给“两新”组织建设带来了一定的困难，县妇联将继续依托党建优势，通过采取灵活建立妇委会、设立妇女小组或妇女工作联络员等多种方式，在“两新”组织中建好妇联组织。

（案例材料来源：达州市妇联，执笔：康莲、张先锋）

加强妇联与社会组织合作专题案例

案例一　让小爱温暖你我他

——中江县爱加一公益社团案例

中江县爱加一公益社团原名为中江县爱+1公益社团，是一家由社会志愿者自发组织成立的民间公益组织。成立4年以来，在推动中江公益事业从小到大、由弱到强发展方面作出了有益探索，得到了领导的支持、社会的肯定、群众的拥护。

一　社团概况

社团成立于2012年8月，并于2013年10月在中江县民政局正式注册，注册初期，社团志愿者仅仅2名，通过4年时间的发展，现已拥有志愿者420名。

社团主要宗旨是针对农村留守儿童开展学业辅导、亲情陪护、困难帮扶等系列公益活动，促进留守儿童健康、快乐、自信成长，培养他们积极向上、乐观开朗、自立自强的良好品质。社团设理事长1名（吕歆妍）、副理事长2名、秘书长1名、理事10名。社团志愿者主要是干部、教师、医生、学生、企业家、个体户、自由职业者等各行各业爱心人士，理事会成员均为兼职。

社团开展公益活动主要通过项目化方式运作，活动所需经费和物资主要来自社会捐赠，理事会和志愿者开展活动均无任何报酬。社团建立了官方网页和微博，开通了微信公众号，日常活动开展情况和经费收支情况均通过网络面向社会公开，实现了管理透明化。

二　工作开展情况

（一）快乐学生基地建设

快乐学生基地建设是社团开展的特色活动之一，旨在中江县偏远乡镇建立留守儿童定点服务基地。目前已经在我县通济镇、继光镇、古店乡、青市乡等12乡镇建立了12个“快乐学生基地”，并且争取到四川雄健实业、中江天立宏建设等12家企业与快乐学生基地结对共建，建立了一对一帮扶基金库。基金库费用主要用于开展快乐学生基地活动经费、补助大学生志愿者每学期支教交通费等。

社团依托快乐学生基地积极开展面向农村留守儿童的活动，获得了较好的社会效益。一是结合高校开展的假期社会实践活动，每年寒暑假组织优秀大学生到“快乐学生基地”支教，为留守儿童提供学业辅导和亲情陪护，引导留守儿童在寒暑假健康快乐生活。二是坚持每个月针对基地周边的留守儿童组织1—3次的关爱活动，如“城乡儿童联谊”“课外知识学堂”“义诊下乡”“家访一对一沟通关爱”“生活物资发放”等活动。截至目前，社团在快乐学生基地共组织实施了各类活动268余项次，帮扶留守儿童2万余人次。

（二）特困学生帮扶，助力精准扶贫

爱加一公益社团积极发挥志愿者与社会各界爱心人士联系广泛这一优势，主动参与精准扶贫工作。针对爱心人士资助意向和社团掌握到的特困学生情况，组织志愿者入户走访，认真核实学生家庭详细情况，筛选出符合爱心人士帮扶要求的对象，及时牵线搭桥，组织开展一对一帮扶活动，主要解决特困学生每学期的教辅资料费和住宿生活费。截至目前，通过社团牵线搭桥的受助学生已达40人，其中年龄最大的学生已经上大学二年级。近期，社团又联系到西南财经大学6名教授、中江县在外地企业老总、四川省人民医院6名医生在我县资助特困学生76名，经组织志愿者进村入户走访调查，确保帮扶对象精准，现已把资金全部发放到学生手上。

（三）关爱孤寡老人

一是多次组织志愿者到县内各个敬老院为孤寡老人庆生日、包饺子、做卫生、做义演等，关心他们的日常生活和健康。截至目前，社团深入

乡镇敬老院关爱孤寡老人累计 6000 余人次。二是在入冬后为分散居住的孤寡老人和农村留守老人购买棉袄。三是协同县中医院为免费体检并发放医务急救箱。

（四）扶危济困

社团通过组织义卖、公益义演募捐和倡导社会捐赠，对身处困境、急需帮助的人们进行帮助。如 2014 年 1 月资助中江县城北中学高三学生张浩月 8000 元；2015 年 10 月为“患白血病的阳光女孩”李小红募集善 49984.5 元，并在县公证处和电视台以及社会各界的见证下将募捐善款送达患病女孩本人。

（五）参与文明城市创建

社团积极组织志愿者参与文明城市创建活动，积极弘扬文明风尚。近年来，分别组织开展了学雷锋活动、红绿灯安全小卫士、环保知识宣传、芍药谷景区文明劝导等多次公益活动。

三　社团工作成效

（一）学生家长非常满意

无论是每年寒暑假组织的支教活动还是一对一资助特困学生上学，爱加一的各项活动都得到社会各界人士的好评，更让很多在外务工的家长特别开心。因为很多留守儿童通过社团组织的支教活动向优秀的大学生学习到很多有趣的课外知识，并得到大哥哥大姐姐们的关爱，从而使他们的性格变得越来越开朗，孩子们也越来越自信。支教志愿者教孩子们学习“弟子规”“手工制作”“趣味绘画”“英语小故事”等，家长回来发现孩子愿意跟父母交流了、并主动关心理解他们，让他们特别开心和惊奇，有的家长还特地找人要来社团的联系方式，专门打电话来表示感谢。

（二）公益事业本土化

爱加一社团的理事会成员和志愿者大多数是来自本地的教师、医生、公务员、学生、企业老板等，支教志愿者也主要是来自四川周边高校的优秀大学生，每个志愿者发挥着各自特长。志愿者们本土化，有利于把关爱留守儿童项目用实际行动去表达，并且有利于爱加一社团的可持续发展。杜绝“只建立留守儿童之家，建完后不管或者少管”的现象，我们付出更多的是陪伴、是真真切切地陪伴孩子们一起成长。

（三）志愿者也得到成长

我们团队里面还有很多小朋友、小志愿者们，这些孩子大多是在父母的影响下参与爱加一的公益活动，因为这些小朋友大多数从小生活在条件比较好的县城，很多是独生子女，再加上家里人对他们的溺爱，孩子们不太懂得分享和付出。但是通过爱加一公益平台，让他们可以和父母一起参与关爱留守儿童的活动，孩子们更懂得感恩、更懂得分享、也更珍惜他现在所拥有的一切。在此期间，他们也与农村的小朋友建立了友谊，多了一份情谊，他们在相互影响下共同成长。社团的所有志愿者是无私的付出者，同时也是受益者，在学会给予的同时收获了喜悦、友谊、大爱和成长。

四　存在的问题和建议

（一）志愿者队伍培训有待进一步强化

目前社团还未建立明确的志愿者管理规章制度，也没有给所有志愿者提供一个专业的技能培训（包括心理咨询、活动礼仪、家庭教育、急救知识、安全防范等），志愿者们的专业服务技能和团队协助能力有待提升，希望社团在后期发展中，能获得专业人士的帮助，加强志愿者的服务质量和专业技能水平的培训。

（二）经费有限导致部分公益活动开展困难

虽然目前12个快乐学生基地已经对接了县内12家企业，每年企业一对一地给对接的基地提供5000元的帮扶资金，但是随着快乐学生基地的不断壮大和完善，建设资金仍然有很大的缺口。同时，爱加一团队的建设和志愿者专业技能培训等费用也是亟须解决的问题。希望参与到政府购买第三方服务项目中，解决快乐学生基地建设及支付支教大学生部分交通费用。

（三）宣传力度有待进一步加大

目前县内很多人士对中江县爱加一公益社团知晓度还不高，我们希望县级相关部门能够加大爱加一的宣传力度，让更多的爱心人士加入爱加一的志愿者团队，并通过社团的不断发展帮助到更多的留守儿童以及需要帮助的人们。

（四）志愿者的安全问题

志愿者参加公益活动，目前接待问题主要依靠“当地乡亲自愿主动提供”，因此安全问题目前只能靠“自己注意安全”。志愿者的安全问题缺乏保障，是目前社团活动的难题，使得社团管理团队无法安心、放心。因此亟待政府部门制定相关机制，对赴各乡镇参加活动的志愿者进行人员备案，对接待场所及负责人进行备案，并由治安、卫生部门提供24小时联络通道和应急预案，才能给予志愿者安全保障。

五　社团展望

中江县爱加一公益社团将积极向其他优秀的民间公益组织学习，做好社团发展中长期规划，进一步创新工作机制，完善各项规章制度，切实提高管理水平，强化志愿者专业服务技能培训，进一步加大与主管部门团县委以及县委宣传部、县妇联、关工委等县级相关部门对接力度，主动接受监督与指导，同时，强化与社会各界的协调配合，加快乡镇“免费快乐学生基地”和社团基金建设，为中江县的公益事业健康、有序发展作出积极贡献，努力将“中江县爱加一公益社团”建设成为西部县域公益事业发展的典范。

（案例材料来源：德阳市妇联，执笔：吕歆妍）

案例二　立足专业促进妇女儿童事业服务发展

——德阳市培力社会工作服务中心案例

在四川省、德阳市妇联的指导和支持下，德阳经济技术开发区妇联积极探索社区妇女儿童活动阵地长效运行管理机制，运用“妇联＋社会组织＋志愿者”的工作模式，通过购买社会组织服务方式推进社区“妇女儿童之家”建设，有效地解决了社区“妇女儿童之家”建设中的一系列瓶颈问题，为促进妇女儿童之家可持续发展，切实发挥好社区妇女儿童之家的作用做出了有益的探索。德阳市培力社会工作服务中心通过比选有幸获得了八角井街道宝凤社区妇女儿童之家示范点建设项目。

德阳市培力社会工作服务中心是一家年轻的社会服务组织，由社会工作领域的知名学者和具有丰富实务工作经验的专业社会工作者发起成立，机构团队主要由中国社会科学院大学、成都信息工程大学、绵阳师范大学及德阳建筑学院等高校的社会工作专业师生及当地人员组成。“培力”二字寓意“培育服务对象的能力”，通过服务挖掘、激发、增强老百姓自我发展、互帮互助的内驱力。我中心的主要成员均为具备 8 年以上督导或一线实务经验的社会工作者，且在儿童及家庭、社区服务、灾害应对等领域拥有颇多成果，机构成立至今主要承接了德阳市民政局、德阳市经开区妇联在妇女儿童及社区发展方面的社会工作服务项目。

我中心秉承“立足专业，促进和谐”的宗旨，致力于服务一方百姓、促进专业有序发展。主要服务内容包括：

（1）面向社区儿童、妇女、老人等重点人群，开展各类社会服务；

（2）开展社区邻里互助和社会关爱活动；

（3）承接政府、企业、公益机构的社会服务项目；

（4）开展相关课题研究、教育培训、宣传和交流活动；

（5）开展与机构宗旨相符的其他服务或活动。

一　案例基本情况

（一）项目服务内容

（1）负责妇女儿童之家的日常管理，建立规范日常运行管理制度；

（2）开展社区妇女儿童基本情况和需求调查，建立社区妇女儿童基本情况台账，针对特殊群体制定服务方案；

（3）根据社区“两委”和妇女儿童的需求组织开展各类群众性活动；

（4）走访和发掘社区热爱妇女儿童和公益事业的骨干力量，建立社区儿童委员会、家长委员会、妇女互助组织，促进社区成员自我赋权、自我管理；

（5）组织开展“母亲课堂”和亲子教育活动，传播家庭教育先进理念，帮助家长和孩子建立和谐的亲子关系；组织开展寻访“最美家庭”活动；

（6）组织开展关爱困境儿童和贫困妇女活动；

（7）开展妇女儿童维权法律宣传及重点案例的转介服务。

（二）项目管理方式

项目实行分级负责，分级管理。由经开区妇联负责提供项目资金和妇女儿童之家设施设备投入，项目总协调和督导评估项目实施情况；八角井街道妇联负责协调社区“两委”和整合辖区资源，为项目实施提供支持；宝凤社区负责提供场地，指派一名专人负责与社会组织对接，协助做好相关协调、配合工作，为社会组织开展工作提供基本情况和支持；社会组织负责“妇女儿童之家”的管理和日常运行工作。

（三）项目开展情况

项目实施期间，社工中心围绕经开区妇联和街道、社区工作重心，根据当地妇女儿童需求，主要开展了以下服务：

1. 规范内部管理

一是健全管理制度，先后制定了妇女儿童之家《职责分工制度》《安全责任制度》《活动制度》《设备管理制度》《档案管理制度》等，以制度规范管理。二是完善工作流程，制定工作目标，做到工作有计划、有总结，活动有方案、有分析。坚持每周一次工作例会，每月一次工作小结和案例分享。三是建立工作台账，深入开展走访调查，建立社区妇女儿童档案和工作台账，做到家底清、情况熟。

2. 开展常规服务

按照每周不少于40个小时的对外开放时间，免费为社区妇女儿童提供娱乐、游戏、阅读、绘画、“母亲课堂”等服务，组织开展交流沟通，孩子们可以在家园找到玩具和玩伴，家长们可以在家园互通有无。一年来共开展各类小组活动12次，提供对外开放服务1900小时以上，接待妇女儿童5000余人次。

3. 培育社区骨干

在社区“两委”的支持下，我们组织志愿者深入群众家中开展走访，发掘热心公益事业的骨干，招募积极分子，分别组建了社区“家长委员会”“儿童委员会”和巾帼志愿者队伍，采用小组活动的方式分别对他们进行了团队培训，为社区开展公益活动培育了骨干力量，促进了社区妇女儿童自我赋权、自助互助。

4. 举办主题活动

项目实施期间，我们链接国内公益组织，举办了2期“禾趣计划”

乡村儿童夏令营活动，以“寻找家乡美”为主题对社区儿童进行了“热爱家乡”主题教育，100余名社区儿童参加了活动；组织开展了“弘扬传统美德、建设和谐家庭”——金婚庆典活动，征集金婚家庭85个，现场为金婚老人拍摄了婚纱照、举办了重温婚礼仪式、讲述50年婚姻家庭故事等，对社区年青一代如何经营婚姻家庭起到了积极的引领和教育作用；组织开展了“情暖中秋”“孝老敬亲”、新年趣味运动会及“庆六一”等主题活动，围绕和谐社区氛围的营造，逐步让社区居民意识到“妇女儿童之家”是做什么的，能为社区做些什么。一年来，我们利用重大活动和节假日，先后组织社区群众开展了6场大型主题活动，参与群众达1300余人次。

5. 培育本土人才

为确保项目服务过程中的专业性和“妇女儿童之家”的可持续发展，项目实施期间我们立足培育本土社工人才，建立了人才培养督导机制和成长计划。一是由中国青年政治学院社会工作学院教授、国务院妇女儿童工作委员会办公室/联合国儿童基金会国家级项目专家陈涛和国务院妇女儿童工作委员会办公室儿童智库专家王小兰组成的机构督导，以定期微信团队交流和不定期现场团队督导的方式对家园开展工作进行指导。二是吸纳具有社工专业知识的本地妇女为志愿者，加入社工学习坊，组织她们外出学习考察和参加社会工作专业培训，有针对性进行培养，为妇女儿童之家储备人才。如：具有社工专业学历的社区本土志愿者江雪丽通过在家园的学习锻炼，不仅取得了助理社会工作师证书，而且2017年3月在社区两委换届时进入了两委班子，成为妇女儿童之家的管理者和专业社工。

二　成效与反响

一是探索建立了“妇联＋社会组织＋志愿者”的“妇女儿童之家”长效运行管理模式，为全面推进“妇女儿童之家”建设积累了经验，有效带动和促进了其他社区“妇女儿童之家”的建设进度。2017年德阳经开区妇联在全区大力推广宝凤社区妇女儿童之家的建设经验，先后有4个社区启动了妇女儿童之家示范点建设，运行管理模式各有千秋。

二是该项目得到了当地党政和德阳市妇联、德阳经开区各级妇联组织的充分肯定，得到了辖区妇女儿童及广大群众的高度评价和认可，四川新闻网、德阳电视台、德阳日报社等媒体先后多次对宝凤社区妇女儿童之家活动进行了报道和宣传。

三是起到了引领辐射作用。妇女儿童之家举办的各类丰富多彩活动，不仅为当地群众建立了沟通交流平台，搭建了展示自我的舞台，还宣传了社会主义核心价值观，弘扬了社会正能量，引起了当地群众的极大反响，从而激发和带动了其他社区掀起了组织开展群众活动的热潮。

四是为社区培养了本土社工人才和骨干队伍。项目结束后，在经开区妇联和八角井街道的支持下，妇女儿童之家已成功移交宝凤社区管理，我们培养的社工人才和骨干队伍已成为今后工作的主力军，确保了妇女儿童之家的可持续发展。

三　经验与启示

一是各级党政和妇联组织的支持，是社会组织开展工作的有力保障。同时，在项目实施中也要积极、主动地与当地相关部门和工作人员加强沟通和对接，才能迅速获取第一手信息和资源，确保项目顺利实施和取得实效。

二是社会组织在服务妇女儿童和家庭领域中大有作为。妇女儿童之家的举办模式是多元化的，宝凤社区妇女儿童之家是属于典型的群团组织主办 + 专业机构承办 + 地方社区监管 + 社会力量参与 + 专家学者出力的五位一体格局。妇女和儿童占据了总人口的三分之二，家庭又是社会的细胞，作为开展社会服务的社会组织理应将妇女、儿童和家庭作为重点服务对象，加强与妇联组织的合作，深入挖掘服务项目，才能充分体现社会组织的作用，展现社会组织的能力。

三是社会组织要以高质量的服务才能赢得生存和发展的空间。近年来，购买社会服务工作已成为政府和群团组织改革探索的重要内容之一，这为社会组织的生存和发展提供了有利条件。特别是妇联组织，近年来与社会组织的合作越来越密切，项目资金也在不断加大，但要求也越来越高，同时，广大妇女儿童的需求也越来越高。作为社会组织，我们要运用专业的知识和高质量的服务才能争取各方面的资源，赢得各级组织的支持。

（案例材料来源：德阳市妇联，执笔：刘磊）

案例三　爱心引领　服务大局

——广汉市爱心天使服务协会案例

2014 年 4 月广汉市爱心天使服务协会成立以来，以弘扬中华民族传统文化，通过整合社会资源，联合社会正能量，播散爱心，服务群众为协会的核心价值观。爱心天使目前有会员 75 人，成员主要由医生、护士、在校大学生、心理学专业人员、退休教师、社会爱心人士等构成。

到目前开展了 150 多场公益活动，得到了各级党委、政府及群团组织和人民群众的高度评价及认可。

一　打磨金刚钻，揽下瓷器活（承接政府公益项目）

首先，2016 年承接了共青团广汉市委公益项目“阳光驿站”“金色阳光·暖冬行动”关爱留守儿童活动，项目分别在新丰镇、和兴镇开展。

项目开展期间，得到了广汉市共青团、和兴镇、新丰镇党委政府等的关心和指导。

此项目在和兴小学、万福小学、新丰小学、新丰中学共开展了“植树造林·绿化祖国”,“感恩母亲·让爱飞向远方”,“我们一起为祖国庆生”等 13 场形式多样的活动，100 多名同学从活动中学习到了知识，学会了感恩。

此项目由四川师范大学、四川航天职业技术学院大学生志愿者和我们共同参与策划。

其次，承接 2016 年、2017 年广汉市妇联“女性健康万家性”两癌知识讲座公益项目此，项目开展期间得到了广汉市妇联、广汉市各乡镇、村领导的关心、指导、支持。

此项目在广汉市 18 个乡镇开展，一年多来为 1500 多名妇女同志进行了两癌知识讲座，为 1600 名妇女同志进行了免费体检。

最后，承接 2016 年德阳市首届公益创投“心健康·星希望让齐心更美丽”公益项目。此精准扶贫项目在广汉市连山镇齐心村开展。

项目开展期间，得到了广汉市扶贫办、民政局，雒城镇、连山镇党委政府等的关心和指导。

此项目共为齐心村1025人进行了“贫困家庭入户调查”“村民健康检查”“健康知识讲座”“国庆慰问”等共26场各类服务，113人次志愿者参加活动，其中师范大学学生参与了项目，此活动得到了群众的一致好评。

二 精准扶贫

2017年7月，在广汉市金鱼镇月湾村组织星光志愿者联盟单位精准扶贫“星光微公益”之月湾村（第二季）公益项目，项目将为月湾村村民提供贫困家庭医生入户、健康体检、讲座、防金融诈骗、文艺表演等共20多场服务。

三 综合服务类

2014年5月在德阳首先启动送医疗服务进银行志愿活动；2014年12月20日参与广汉市群团组织高铁医疗志愿服务；2015年4月8日在雒城镇启动“我送服务进小区，惠民便民暖人心”医疗服务活动；2015年、2017年分别开展“爱心天使，健康体检到警营”医疗服务活动；2016年1月27日到新平镇新城村开展“笔墨凝书香，春联进万家，送医送健康，送福送春联”等活动。2016年10月参与雒城镇三北社区主办“孝爱先行”九九重阳节主题活动。2017年3月开始在三北社区、金领社区、金雁社区等分别开展“我送服务进小区、方便群众零距离”品牌公益活动。我们以形式多样的活动为载体，以互动的方式为动力，以群众广泛参与为目标，以健康快乐为活动主旋律，得到了群众的一致好评！

四 成绩

（1）2014年、2015年分别获得雒城镇人民政府授予的“优秀志愿者团队”称号。

（2）2015年3月13日入驻广汉市社会公益组织孵化园。

（3）2016年4月爱心天使获得广汉市总工会颁发的2016年“广汉市优秀团队”称号。

（4）2016年12月爱心天使成功创建“德阳市两新组织妇女组织示

范点”。

（5）2016 年 12 月爱心天使获得共青团四川省省委颁发的“第七届四川省青年优秀志愿组织”称号。

（6）爱心天使副会长陈家干获得四川省省委宣传部颁发的 2016 年“四川省优秀志愿者”称号。

（7）爱心天使秘书长邱杨获得共青团四川省省委颁发的 2016 年“四川省优秀共青团员”称号。

（8）在 2017 年广汉最美雒城人的评选活动中爱心天使会长刘绍琼被评为“最美雒城人和雒城文明形象大使”。

五　展望未来，党建引领、资源整合做大做强

2016 年 8 月爱心天使党支部成立后，积极联系社会爱心企业，于 2017 年 4 月成立“星光志愿者联盟”单位，由原来只有 1 家会员发展到现在的 9 家会员单位。实现了人才、物资、专业技术、服务领域、资金等多方面的资源整合，为爱心天使发展成长提供了后劲。

爱心天使将在党支部的带领下致力于打造一支专业化以大健康为主的服务队伍，在未来的计划里，我们将通过广汉市妇联公益项目“女性健康万家行”两癌知识讲座，“我送服务进小区、方便群众零距离”品牌公益项目，精准扶贫“星光微公益”项目三大载体来为广大的群众服务。

（案例材料来源：德阳市妇联，执笔：陈家干）

案例四　在关心关爱妇女儿童中展风采

——绵竹市爱之援义工协会案例

绵竹市爱之援义工协会是由绵竹市社会各界爱心人士发起的非营利性社会团体。协会成立于 2014 年 6 月 16 日，是由绵竹市文明办作为业务主管单位，经绵竹市民政局登记注册的民间社会团体。

“爱之援”作为成长型、开放型的公益组织，截至 2017 年 8 月，已发展正式会员 177 人，非正式会员 700 余人。先后开展了助老扶弱、扶贫济困、捐资助学、环境保护、关爱未成年人等一系列志愿服务公益活动，

活动资金账目公开透明，凝聚和激发了大众爱心，营造了“奉献，友爱，互助，进步”的社会氛围，活动覆盖绵竹市 24 个乡镇，同时辐射中江、广汉、什邡、罗江、甘孜、阿坝、云南、甘肃、西藏等地。据统计，已开展公益活动近 280 场，入户走访调查困境家庭 1300 余户，实施家庭一对一帮扶 36 户，为 600 余名留守儿童提供了现金、物资、心理抚慰、学业辅导等帮助，为 1000 余名老人、400 余名残疾人开展了不同形式的慰问活动，受益群众已超两万人次。近三年志愿服务时数累积达 36567 小时，年人均开展志愿者服务时数约 52.2 个小时。

协会的事迹被中国文明网、腾讯、优酷、四川电视台等多家媒体进行宣传报道，协会的公益行动受到了省、市的肯定，群众的好评。先后荣获“四川省十佳志愿服务组织”“绵竹市优秀社会组织”“绵竹市巾帼志愿者团队”“绵竹市禁毒志愿者团队”等荣誉称号，赢得社会各界的赞誉和认可，2015 年、2016 年连续两年获得全国“四个 100”先进典型活动评选提名。

一　活动开展情况

第一，以服务儿童为主：中央财政“春晖计划”——留守儿童心理矫治康复示范项目、“幸福契约　阳光妈妈”“快乐留守　职业模拟”“留住爱　守住家”“欢度六一　关爱残疾儿童”“手手相牵未成年　心心相印绵竹情”“关爱特殊儿童”“德阳女童防性侵”等项目；

第二，以精准扶贫为主：“益栈助力乡村家庭扶贫发展计划”“学雷锋一家亲和谐绵竹行”“微爱过大年”“暖冬行　爱传递　绵竹甘洛一家亲”项目、贫困家庭定期走访回访项目；

第三，以服务老人为主：“您的微笑　我的快乐”项目；

第四，以大病救助为主：“大爱无疆　上善若水”大病救助项目；

第五，以服务边远贫困地区为主：“依依不舍　旧衣回收”项目、“情暖寒冬　爱在绵竹”“汇聚爱心展力量，远送药品拦河乡”等活动；

第六，以我们的节日为主：“传承雷锋精神　文明从我做起”活动、“读名著　传承民族文化”世界读书日、“种爱心树苗，造十里桃林”公益植树活动、“记得住的节日　忘不了的乡愁”端午文化主题活动、“留守儿童爱戎装，军地联谊谱新篇”建军节纪念活动、“重阳寻根　孝老爱亲”等主题活动、“12·5国际志愿者日”主题志愿服务活动；

第七，以本地赛会服务为主：协助寺庙发放腊八粥志愿服务活动、年画节“送春联、送年画、送祝福”惠民活动、年画节开幕式志愿服务活动、梨花节开幕式志愿服务活动；

第八，以社会公益宣传主：“参与禁毒斗争　构建和谐社会”，“共建文明城市，共享美好生活”，“公益小天使　环保进景区”，“打好四大战役·共建美丽家园”等活动；

第九，以关爱会员为主：“七夕为爱绽放　遇见最美的你”，“我们是相亲相爱的一家人沙龙”，“公益让生活更美好”等活动；

第十，以党建引领为主：“魅力中国城　德阳拉票”，“千人环保行”，“广济精准扶贫活动”，“留守儿童爱戎装，军地联谊谱新篇”建军90周年纪念活动，实地参观学习五星党支部——鼎达集团，购买爱心葡萄、爱心梨。

此外，协会还参加了“第三届中国公益慈展会”“首届成都慈善发展大会”“德阳志愿服务网启动仪式”等学习交流活动。

二　活动成效

在绵竹市妇联的支持下，爱之援义工协会为绵竹贫困家庭、妇女、儿童、老人、残疾人等弱势群体提供了救助平台，同时开展了一对一的服务，一对一结对帮扶让弱势群体每月能领到固定生活补助或学习补助，家庭有收入，孩子有学上，妇女有提升素质、学习的地方（家庭教育理念、手工品制作等），取得了良好的效果。

为绵竹爱心人士参与公益慈善事业提供了非常好的平台，同时带动了绵竹公益事业的发展，绵竹当地公益团队日渐增加。

三　工作启示

公益，其实就是一种生活方式，积极、健康而又快乐的生活方式。

在这个复杂而又高节奏的社会中，两点一线的生活让我们没有多少空余时间去结交几个真心朋友，生活单调枯燥，我们用游戏、电影、电视剧来填补间歇的闲暇时光，但每当我们静静地思索时总感到心底有一丝莫名的空旷。

每当我们看到某些社会不公、天灾人祸时总会有所感触，我们都想做些什么，可是我们毕竟是个体，没有足够的能力去做，而我们每个人的内心依然都有爱，都有一颗善良的心，都希望社会和谐，人们互敬互爱，没有贫困，没有饥饿，没有冷漠……

而我们来到这里，不是为了钱，如果人人做事都是为了钱，为了自己，我们的生活将会变成什么样子呢？从这一点来说，我们的家庭教育非常重要，家长没有好的素养，家长的素质没有提高，怎么能培养出愿意为国家为社会作贡献的孩子呢？

我们希望让更多人能借助“爱之援”的公益平台，利用自己空余的时间来做些力所能及的能帮助他人的事情，在结交更多真诚朋友的同时，能把爱的正能量传播出去，引导更多的人加入公益，“众人拾柴火焰高”，总有一天公益的火苗会燃遍地球的每个角落。

（案例材料来源：德阳市妇联，执笔：程芳、马文）

案例五　漫漫维权路　“法援”来帮助

——绵竹市妇联“巾帼维权”优秀案例

2017 年初春的一天，绵竹市汉旺镇普安村村民任明艳在当地妇联的指导和帮助下，到市政务服务中心“法律服务”窗口咨询，据其陈述：其夫王天培 2000 年 2 月 29 日，在四川龙蟒集团工作时受伤，后数度住院治疗。2002 年 2 月 6 日，龙蟒集团为其申报工伤认定，2003 年 7 月 4 日，相关行政部门对王天培伤残程度评定为 7 级伤残。2003 年 11 月 24 日，王天培与长城公司（龙蟒下属公司）签订了一份《关于王天培工伤致残处理协议书》，约定双方解除劳动关系，长城公司按照工伤 7 级伤残标准给付了王天培一次性伤残补助金，一次性就业补助金及住院伙食补助等共计 19127 元。

事后，王天培不服，数次信访，但未果，后来又通过诉讼程序，但一、二审法院均驳回了其诉讼请求。万般无奈之下，任明艳数十次到我市、德阳市、省里上访，各级领导机关给予答复意见，但任明艳一直缠访，且不息诉。

“法律服务”窗口工作人员耐心听完其陈述，并告知其上访诉求不当，通过任明艳带来的一、二审法院的民事判决书，接待人员指出：其诉讼方式及程序不当，并建议其申请法律援助。

王天培申请法律援助获准。接到市法律援助中心指派后，“法律服务”窗口安排专人承办该案，很快，承办人员发现，王天培工伤赔偿一案，其艰难程度相当大，其一，用人单位的主体资格是否适格？其二，王天培与长城公司签订的工伤伤残赔偿协议是否有效？其三，诉讼时效是否超出？上列三个问题，只要牵扯到一个，此案必输无疑。

本着对当事人负责的态度，也本着政务服务中心为民、便民的服务宗旨，承办人员不顾三伏天的酷热，到信访、法院、仲裁等部门查找资料，寻找线索，于2017年6月到市劳动人事争议仲裁庭立案。

诉讼中，被诉方果然提出了上述三个问题。

第一，被诉方主体是否适格？根据现有查明的资料证实：王天培受伤后，是龙蟒集团为其申报工伤，当时的长城公司并未成立，应当视为用人单位为被诉人。第二，王天培后来与长城公司签订的工伤赔偿协议，虽然注明是工伤赔偿，但长城公司并非赔偿义务人，且未受龙蟒集团授权，且当时王天培尚处于治疗阶段，其后期的治疗费用及其他各项损失无法确定，显然这份协议侵害了王天培的权益，应属无效协议。第三，也是最关键的一点：诉讼时效。法律规定：工伤赔偿的诉讼时效为一年，被诉人提出：现在据事发时已长达17年之久，早已超过诉讼时效，请求依法驳回申诉人的申诉请求。关于这一点，根据现有已查明的材料证实：王天培在与长城公司签订协议后的第二个月起，就数次找公司要求重新解决，数年来坚持不懈地通过政府，信访渠道表达诉求，其诉求内容一直是坚持其受伤赔偿一事，只不过其诉求方式及渠道不当，无法受到法律保护，况且我国《民事诉讼法》明确规定：民事权利的保护期限为二十年，综上可以看出：王天培所诉被诉人的主体资格是适格的，与长城公司所签订的赔偿协议是无效的，其诉讼时效是在法律规定范围内的。

通过证据交换、质证、辩论，绵竹市劳动人事争议仲裁委员会支持了申诉人的申诉请求，裁定被诉人给付申诉人工伤赔偿款170542.92元。

接到仲裁裁决书，王天培的爱人任明艳非常激动。她特意到市政务中心“法律服务”窗口表达谢意。她说：由于自己不懂法，十七年来，只是一味上诉上访，政府相关部门让她通过法律途径解决，她又不清楚法律规定，导致一而再再而三地在两级法院奔波，最终结果是败诉。通过“法律服务”窗口的努力，终于让她如愿以偿，她深切地体会到了市政务中心一心为民、一心便民的措施落在了实处上。

（案例材料来源：德阳市妇联，执笔：高山）

案例六 发挥引领作用 倡导文明新风

——德阳市幸福婚姻家庭研究院案例

德阳市幸福婚姻家庭研究院自2015年12月成立以来，在德阳市妇女联合会的具体指导下，队伍不断发展壮大，现有志愿者798人［其中拥有省、市、县（区）“幸福使者——母亲”讲师163名、核心骨干讲师4名、四川省家庭建设系列丛书编委5名、心理咨询师12名、婚姻家庭咨询师7名、护士19名、律师4名、会计师5名、医师16名、药剂师3名、营养师6名、应急救护培训师263名等专业志愿者］。

一 活动成效

（一）弘扬雷锋精神和践行社会主义核心价值观

第一，大力弘扬雷锋精神，广泛开展社会志愿服务。始终把广泛开展志愿者学雷锋活动作为践行群众路线、密切群众关系的重要枢纽，结合院实际情况积极组织全院志愿者参加“巾帼”志愿服务活动、开展“爱运动、爱公益、为爱奔跑”活动。以关爱社会为重点，让城市更文明，环境更美好，组织志愿者利用业余时间在东湖山公园、钟鼓楼等地方开展“卫生死角清扫”系列的活动，积极宣传保护环境的重要性，倡导广大居民在上班、下班、外出途中对影响城市环境的垃圾低头弯腰拾起。从我做起、从身边做起、从一点一滴做起，用自己的实际行动影响和带动身边的人，营造出了一个关爱、奉献的浓厚氛围。

第二，“清‘尘’有爱，环卫工人健康关注计划”活动。积极组织志愿者向全市广大居民宣传环保法律法规，爱护环境卫生和遵守交通规则的重要性，增进广大居民这方面的意识，增加社会各界对环卫工人的关注，让环卫工人得到应有的尊重与关怀，努力让社会自觉参与文明城创建活动中，为打造一座文明和谐的家园而努力。

第三，开展“幸福使者——母亲课堂”公益讲座。为了培育和践行社会主义核心价值观，普及家庭教育科学知识，提升广大群众和家庭成员素质，增强广大家庭建设“幸福家庭”能力，推动家庭建设，培育优良家风、家教、树立社会新风正气。协助家长树立全新的教育理念，掌握科学的教育方法，在德阳市范围内开展公益宣讲 50 场，直接受益人数约 3300 人，间接受益人群家人、朋友、邻居、同事约 4000 人。

第四，开展“科学家教 · 进万家”公益讲座。为传承中华民族传统家庭美德，帮助家长更新家庭教育理念、掌握科学的家庭教育知识和方法，促进家庭教育知识的普及与传播，建设和谐美好家庭，为和谐社会建设贡献力量。先后在阿坝、广元、德阳、绵阳四个市（州）近 20 个区（县），进行公益讲座 100 场。受众近 10000 人，精准扶贫 40 人［其中阿坝、广元公益宣讲 40 场，精准扶贫 20 名，捐赠光盘和读物 1000 套（册）；德阳、绵阳公益宣讲 60 场，精准扶贫 20 名］。

第五，开展“学传统文化 · 做美德少年”暑期公益夏令营。中国现代文化的培育和提升离不开对优秀中华传统文化的传承和传播，而文化是活的，文化是由人来体现和传承的，而这之中少年儿童是重要主体，他们是中国的未来、中国文化的未来。在德阳市开展“学传统文化 · 做美德少年”项目中，一方面坚持社会主义核心价值观导向，而且适应形势发展变化，大力弘扬中华民族传统美德，营造出“弘扬传统文化，做有道德的人”的良好社会风气；另一方面让更多少年儿童感受太极、书法等国学文化经典，接受圣贤智慧熏陶，提升他们的传统文化修养和品德情操。在不断提升市民文化素质的过程中，深入挖掘和利用传统文化中的道德精髓。同时，也对德阳市提升文化品位、创建文明城市有重要的现实意义。夏令营共两个营，每个营 30 人，直接受众约 180 人，间接受众人数约 360 人。

第六，开展婚姻家庭危机干预活动。社会经济的发展，家庭结构的变革，价值取向的转变，婚姻问题也变得日益复杂化，经济问题、婚外恋问题、与家庭成员之间的矛盾以及无法适应现代婚姻的节奏等，婚姻家庭危机频频出现。通过对我市婚姻家庭状况调查结果显示，离婚后，当事人最常见的表现是抑郁、焦虑、酗酒、失眠等，离婚还会危及子女的身心健康。婚姻家庭秩序不仅仅是公民个人私事，它还关系到国家的整体秩序，关系到社会的运转。然而，多数离婚夫妻离婚是因为冲动以及对自身婚姻存在认识误区、盲区造成的。婚姻危机与目前社会疏导机制不健全有很大关系。目前，无论是夫妻双方的单位、社区（村），还是民政部门的婚姻登记机关，对离婚当事人都没有调解的义务，除了法院判决之外的离婚，婚姻当事人都相对自由，因此，婚姻危机干预成了可行而必要的方法。我们进行婚姻家庭危机干预旨在帮助婚姻危机双方认识自身婚姻存在的问题，化解婚姻家庭的可调和矛盾，走出婚姻危机的泥潭。婚姻家庭危机干预从 3 月 30 日开展工作至今，成立了一支 30 多人的专业化婚姻家庭危机干预志愿者队伍，共对 13 个家庭开展了及时有效干预，通过婚姻家庭危机干预，危机改善达 90%。

第七，开展德慧家长学校示范项目，开展幸福使者——母亲课堂 66 场，流动家长课堂 12 场。

第八，通过开展活动培养全市居民树立正确的社会主义荣辱观。在母亲节、父亲节之际，组织志愿者，在全市范围内向辛勤工作的“妈妈”“爸爸”们献上贺卡和节日的祝福，并将《感恩的心》送给了他们，并祝全天下辛勤劳作的母亲、父亲们节日快乐。

（二）倡导奉献意识，积极参与社区共建

第一，开展“义诊义剪”便民志愿服务活动。志愿者们坚持以“民思我想、民需我为、民困我帮、民求我应”为志愿服务的宗旨，志愿者通过多种形式，为广大城区居民提供便民服务。

第二，弘扬中华美德，情暖社区。弘扬中华民族传统美德，开展敬老爱幼系列活动，分别开展“帮扶老人”“关爱留守儿童”等内容丰富的服务活动，组织志愿者定期到空巢老人和留守儿童家中，嘘寒问暖，解决他们生活中的实际困难。节假日，给老人们送上慰问金、礼品等，丰富老人们的节日生活，让空巢老人们感受到了大家庭的温暖。

第三，为提高德阳市居民法律意识和法制观念，我们通过定期、不定期发放宣传资料，到居民中讲授相关法律知识和安全防范措施等行动，积极配合社区民警巡防工作，健全群防群治网络，有效维护社区社会稳定。

（三）积极参加社会公益活动

第一，保护环境、植树造林。经常组织志愿者主动为街道两旁的树木浇水。

第二，社区义务劳动。我们积极拓展服务区域，组织志愿者长期为社区和单位义务劳动。为社区清理道路和活动场及打扫卫生，用实际行动践行社会主义核心价值观。同时号召广大人民群众参加到志愿者服务队伍中来。

第三，爱心助残、扶贫济困活动。积极参加相关部门组织的各项爱心捐款活动，组织志愿者们募捐资助贫困学生。

在活动中，我们用自己的实际行动践行志愿者精神。相信在以后的活动中，我们会不断发掘自身潜力、完善自己，壮大志愿者队伍，为建设团结、平等、友爱、进步的社会贡献力量。

二　今后的努力方向

第一，加大宣传力度，进一步营造家庭教育良好氛围。利用各种有效途径广泛宣传家庭教育的新知识、新观念、新方法。开展家庭教育宣传，使家庭教育由校园走向家庭，走向社会，扩大家庭教育工作覆盖面，营造人人关心、重视、参与的家庭教育氛围。

第二，深入开展调查研究，对家庭教育工作中出现的新问题加以认真分析。充分发挥家庭教育机构的作用，深入了解当前全市家庭教育存在的新问题、新情况，积极探索家庭教育的新规律、新特点，指导家长用正确的教子观和科学的方法教育子女。

第三，强化责任意识，整合资源，进一步提高家教活动的参与率。家长学校是进行家庭教育的重要阵地。要充分发挥协调指导，进一步加强示范家长学校的建设。

德阳市幸福婚姻家庭研究院一直把家庭教育工作作为工作中的重中之重，发挥研究院在家庭教育中的优势，以家长学校为阵地，通过辅导讲座、开展系列活动，不断提高家长素质，为培养21世纪的合格人才作出更大的贡献。今后，我们将采取有力措施，充分整合资源，发挥研究院各种优势，进一步做好家教工作。

（案例材料来源：德阳市妇联，执笔：孙斌）

支持女性电商社会组织建设专题案例

案例一　借力电商平台　助推妇女创业创新

2016年以来，南充市西充县妇联在县委、县政府和上级妇联的关怀下，结合县情，整合部门资源，在“互联网+”新业态中主动作为，借力电商平台，不断激发妇女创业创新活动，探索妇女组织形态创新，取得了较好的社会效益。

一　案例背景

西充县地处四川省东北部，面积1108平方公里，总人口68万人，是全国粮油生产大县、国家现代农业改革与建设试点示范区、全国有机产品认证示范县、全国首批电子商务进农村综合示范县。全县妇女31.6万人，18—55岁青壮年妇女16.1万人，从事种养职业的妇女占农村劳动力的66%。2015年6月，县妇联牵头成立了西充县妇女有机种养业发展促进会，探索“党政支持，妇联引导，团队带动，电商助推，辐射示范”的西充妇女创业新模式，创业妇女在西充有机田园上撑起了半边天。

二　做法与成效

从2016年元月以来，西充县妇联紧紧抓住全国首批电子商务进农村综合示范县项目落地西充契机，积极争取部门支持，用心用情，让电商为妇女创业创新插上翅膀。

（一）抓培训，提高妇女创业创新技能

积极整合资源，加强与部门合作，与县经商信局、县扶移局联合成

功举办了妇女农村电商人才和精准扶贫农村电商人才两期培训，共培训学员 1100 人，开办淘宝网店 160 多个，受到各级领导认可和学员好评。一是对象精准。根据我县农业大县实际，结合精准扶贫工作，面向全县 97 个贫困村有创业能力的群众、第一书记、巾帼种养业能手、家庭农场主、待业女大学生、妇女有机种养业促进会会员开展培训，选准学员，确保培训实效。二是组织有力。县妇联发挥组织优势，安排各乡镇妇联带队组织学员参训，县妇联确立 1 名工作人员作为班主任，做到“训前早通知，天天签到点名字”，集中学习、分批学习，有序进行。三是安排科学。每期培训为期 3 个月，分为三个阶段。理论学习上大课，上机操作分片区进行，实地帮带深入学员基地指导，定点爆破，激发了学员学电商的热潮。学员中出现了夫妻共学、父女或母子同学、生意伙伴互学等场景，他们共用一台电脑，互相激励，感人至深。

（二）重服务，搭建妇女创业创新平台

面对全县妇女学习电商的激情，县妇联用心用情，努力为电商创业妇女链接电商创业资源。一是争取政策支持。积极协调县经商信局为开办淘宝网店的妇女兑现每店 1000 元的奖补资金和销售 10 万元奖励 5000 元的政策。同时发挥妇女小额贷款财政贴息、创业担保贷款等金融政策作用，支持妇女创办新型小微企业、家庭农场，让创业妇女充分享受政策扶持。帮助 46 名农村女学员成功建起了村电商驿站。二是建立众创空间。争取县经商信局的大力支持，在县电商大楼建立了巾帼电商孵化园，15 名女学员进驻创客空间，其中女大学生 3 人，天盛竹业等 3 家女性企业进驻电商大楼，3 年免费提供办公室和电脑等创业设施。实现就业与创业、创新与创优、线上与线下、孵化与引领相结合，引领妇女创业理念、模式的创新，助推妇女就业创业。三是开展实地帮带。邀请电商专家有针对性地到学员基地（尤其是贫困村），实地进行网店的建设与维护、农产品的开发与包装、农副产品的吸睛点、视觉锤挖掘等指导和帮助，深受学员欢迎。先后到了晋城、凤鸣、紫岩、西碾、同德、青龙等十多个乡镇实地帮带。四是搭建交流平台。建立了全县电商妇女微信群、QQ 群，为大家搭建了信息交流平台。

（三）树典型，激发妇女创业创新动能

在推动妇女电商创业创新的过程中，县妇联用心挖掘先进典型，通过典型带动，引领妇女发展电商，创业致富。一是表扬先进。与县经商信局等部门举办“妇女电商人才故事分享会”“巾帼创业创新学习交流会”等活动，表扬全县优秀巾帼电商创业者，分享她们的电商创业故事，激发全县妇女创业创新热情。二是宣传先进。通过电视、报纸、网络宣传了我县5名创业妇女的先进事迹，返乡女农民王琳、女大学生张丽萍、贫困村妇女贾翠蓉等成了当地的电商创业名人。王琳每月的电商营销额达6万余元。三是发挥巾帼创业示范基地引领作用。引导我县百科园、联端、远达等农业公司借助互联网和大数据技术，发展智能农业，通过“电商+协会+农户”的模式，依靠科技创业致富。百科园农业公司就近解决妇女160多人居家灵活就业，远达农业公司为6名女大学生提供就业岗位。

一年来，该县创业妇女积极开办网店、微店，初步统计在网上销售营业额达6000余万元，促进了我县绿色、有机、无公害农产品的生产、流通和销售，涌现了绿谷鸭、翠袁绿壳蛋、川野香珍、盛祥玫瑰、航粒香等20多个知名电商，叫响了“绿谷西充”品牌，广大妇女通过创业创新在我县建设中国西部现代农业公园进程中发挥了应有的作用。

三　经验与启示

（一）党政重视支持是推动妇女电商工作的强动能

西充妇女电商工作得到了省、市、县领导的亲切关怀，原市委副书记、市长向东、省妇联副主席张怀青、市妇联主席朱逢娟等领导亲临现场指导，市长向东同志还做了重要批示，对西充妇女电商培训给予了充分肯定。2016年3月，市委常委、市总工会主席廖伦志、市人大副主任王翠花、市政府副市长唐燕莅临巾帼电商孵化园指导，并为巾帼电商孵化园揭牌。县委、县政府分管领导参加培训大会，并做动员讲话。各级领导的关怀，极大地激发了妇女姐妹学习电商做好电商的激情。

（二）妇联组织要主动融入发展大局

妇联组织要紧紧围绕党政工作中心，积极服务发展大局。充分发挥桥梁纽带作用，利用组织优势，整合部门资源，主动参与经济工作，其社会效益是可喜的，可以起到很好的杠杆作用。

（三）女性电商组织化是妇联组织新的社会形态

从事电商的妇女来自各个方面，有留守妇女、贫困妇女、种养业能手、女农场主、返乡创业妇女待业女大学生等，如何凝聚这些女性、如何引导发展，是妇联组织面临的新课题。西充妇联利用互联网思维，发挥电商优势，分类建立了各种微商群，有电商战队群、返乡创业者群、种植养殖能手群等，让各类妇女找到自己认可的归宿感，搭建了她们可以自由交流的有益平台，通过网上凝聚、网下活动的途径，推动女性电商社会组织建设。

（案例材料来源：南充市妇联，执笔：何寒梅）

案例二　“翠袁”商标背后的故事

一个普通的农村妇女，因为有一股要创业的犟脾气，不畏困难，在妇联组织的引领关怀下，一步步走向成功，实现了自己的梦想。

一　案例背景

西充县是全国粮油生产大县、国家现代农业改革与建设试点示范区、全国有机产品认证示范县、全国首批电子商务进农村综合示范县，全县总人口 68 万人，其中妇女 31.6 万人，18—55 岁青壮年妇女 16.1 万人，从事种养业的妇女占农村劳动力的 66%。第十三届县委、县政府提出了“建设中国西部现代化农业公园”的奋斗目标，随着现代农业的发展，全县有家庭农场 280 多家。农村妇女贾翠蓉，40 岁，是该县贫困村——晋城镇白鹤观村的一名劳动妇女，小学文化，家庭人口 4 人，育了一儿一女。丈夫袁师傅在县城一家串串火锅店当厨师，月薪 5000 元，家里承包了一个鱼塘。贾翠蓉在家守鱼塘、干点传统农活，照看两个读书的孩子。

二　做法与成效

2015 年春节前夕，晋城镇妇联主席带着一个皮肤黝黑的农村妇女来到县妇联主席办公室，介绍说，这个妇女是该镇白鹤观村的人，名叫贾翠蓉，想办鸡场养鸡，但是丈夫坚决不同意，因缺少资金请求县妇联支持。在县妇联领导的询问下，得知贾翠蓉认识了一位在她家鱼塘钓鱼的师傅，师傅是南充市嘉陵区的一个养鸡能手，看见贾翠蓉勤劳能干，又看见鱼塘旁边的树林很适合养鸡，就劝她办养鸡场，他给贾翠蓉传授技术。贾翠蓉经师傅点拨，想利用环境优势养殖麻羽绿壳蛋鸡，好好干一场。

根据这个情况，县妇联领导决定去她家亲自看看，几天后县妇联领导带上慰问品来到贾翠蓉家，与她合家拉家常，给贾翠蓉的老公袁师傅做工作。袁师傅是一个大男子主义思想十分严重的人，他说他每月挣5000元的工资可以养家了，不希望也不相信贾翠蓉办鸡场，他说那样是会亏的。然而贾翠蓉不依不饶，坚决要办鸡场，她说办鸡场当农场主是她的梦想。

面对一个心怀梦想、一心希望创业的妇女，县妇联给予了大力支持。首先帮助她贷款5万元，贾翠蓉利用房前屋后的树木养了2000只麻羽绿壳蛋鸡，办起了鸡场。2015年以来，贾翠蓉先后参加了县妇联举办的新型女农民职业培训、巾帼电商培训、巾帼种养业能手学习交流会，参加了西充县妇女有机种养业发展促进会，这些活动进一步增强了贾翠蓉创业的信心。2016年3月，县妇联积极协调县农牧业局，通过项目支持，为贾翠蓉修建了200平方米的鸡舍和一间价值15万元的育苗温室，并协调电力公司为她免费安装了动力电。贾翠蓉信心百倍的全身心投入鸡场，扩大麻羽绿壳蛋鸡养殖规模，目前养殖蛋鸡6000多只，每天产蛋600多枚，鸡蛋供不应求。2016年，越战越勇的贾翠蓉先后注册了翠园家庭农场、淘宝网店，办起了电商驿站，通过线上线下销售绿壳蛋。笑容常常挂在贾翠蓉黝黑朴实的脸上，她终于实现了自己的农场主梦想。

2016年6月，看着老婆的农场做得风生水起，连《经济日报》记者也来了，袁师傅悄悄地辞掉了月薪5000元的厨师工作，默默回家给贾翠蓉当助手。此时的贾翠蓉自信而神气，在注册商标时在她和老公的姓名中各选了一个字，但是老公的那个字排在了她的后面，西充绿壳鸡蛋商标——“翠袁”就这样诞生了。

三　经验与启示

一个普通农村妇女的创业故事，给了我们一个较好的启示：妇女通过创业在实现自己人生价值的同时，也提升了妇女在家庭乃至社会中的地位。贾翠蓉的老公从不信任、坚决反对到刮目相看、辞职回家，这个过程是需要女性用能力和付出来换取的。贾翠蓉的故事对于创业女性是一个励志故事，她用“四自”精神践行了男女平等基本国策。

（案例材料来源：南充市妇联，执笔：何寒梅）

案例三 “蓬州锦绣文化推广中心”充分实现妇女居家灵活就业

党的十八大以来，全面深化改革不断地在妇联发展模式中产生着“启明星”的作用，坚持走群众路线，带动妇女居家灵活就业。南充市蓬安县妇联依托蓬州锦绣文化推广中心，为妇联深化改革作出了探索，取得了较好的社会效益。

一 案例背景

为认真贯彻落实省第十次党代会及县委第十二届四次全委扩大会议精神，进一步培育和发展该县刺绣文化，提升旅游商品档次，保证广大妇女充分实现居家灵活就业，拓宽妇女就业领域，蓬安县妇联探索新领域，以锦绣为主题建立了“蓬州锦绣文化推广中心”，以推广和发展刺绣文化为宗旨，以全体城乡妇女为会员，放大了锦绣的经济和社会效益，在实现妇联工作的延伸和发展上迈出了重要的一步。

二 做法与成效

2012 年以来，妇联加强了与民政、教育、卫生等部门的紧密联系，依托县妇联协同各级政府，各类社会组织探索妇联组织发展，2012 年年底，蓬安县委、蓬安县人民政府领导县妇联建立起了以锦绣为主题的蓬州锦绣文化推广中心，孵化了一家“妇字号”社会组织。蓬州锦绣文化推广中心自成立以来，履行发扬推广刺绣文化、组织刺绣工艺培训、进行刺绣工艺展示和开展妇女创业指导四大宗旨，实行会长负责制，设有理事会、会员代表大会等机构，常年有专职工作人员 3 名，会员 200 多人，总部设在蓬安县相如文化公园内，与50多个基层妇女组织建立了密切的合作关系。为了更好地承接上级群团部门、市县政府有关妇女儿童的培训项目，提升妇女素质，县妇联还成立了专门的“蓬安县妇女培训中心”为妇女居家灵活就业提供相应的技术指导。

蓬安县锦绣文化推广中心成立以来，共开办锦绣技艺培训班40多期，免费培训绣女1000多人，带动5000多妇女就业，已绣作品1000余件，实现销售收入100余万元。其作品《太极蓬安》《巴蜀山水》等先后被省、市、县作为馈赠佳品，赠予国际国内政要和友人，为蓬安争得了荣誉。

蓬安县锦绣文化推广中心除了为城乡妇女提供就业培训、就业指导以外，还积极让她们报名参加各种技能比赛，通过各类社会活动，密切了与妇女间的联系，拓宽了直接服务妇女儿童覆盖面。

在探索妇联深化改革，加强与社会联系上，采取了四条措施：一是积极搭建社会组织建设平台。通过各种新媒体的宣传引导，发动女大学生、女企业家及社会力量举办社会组织。二是积极争取项目资源。积极利用妇女小额无息贷款为想创业的城乡妇女提供及时的帮助。三是定期开展培训，同时加强业务指导。多渠道提升妇女居家就业的业务水平，从专业技术上给予创业妇女服务，加强妇女的知识水平。四是逐步建立了妇联与社会组织间的“双联”工作模式。发挥好妇联的组织优势和社会组织的平台优势，实现队伍、阵地、资源共享共建，如共建共享妇女之家、儿童之家。县妇联还积极与其他涉及妇女儿童服务工作的社会组织联系，加强工作指引，为它们服务妇女儿童提供支持和帮助。

通过社会组织的培育发展，增强了妇联与妇女群众间的紧密联系，在联系妇女参与蓬州锦绣的推广和发展的过程，一方面扩大了锦绣的经济和社会效益，另一方面更是把锦绣传承和发展推向了一个崭新的历史时期。作为综合性女性居家灵活就业示范基地，蓬州锦绣文化推广中心集蜀绣制作、研发、市场拓展为一体，越来越受到城乡广大妇女同胞的“青睐”，蓬州锦绣也为她们居家灵活就业绣出了一片新天地。

三 经验与启示

第一，党委、政府的重视和支持是这项工作取得初步成效的重要保障。

第二，机制是建设和规范社会组织的工作保障，要建立健全宣传机制、协商机制、工作运行机制、保障机制以及监督机制，保证项目高效和持续的运行。

第三，资金是保障运行的核心，一方面来自县财政资助，另一方面运用生产、制作、销售一条龙服务，直接获得收益。

（案例材料来源：南充市妇联，执笔：李春晓）

案例四 发展“微田园”经济 创新妇女居家灵活就业模式

一 案例背景

为深入贯彻省委、省政府建设幸福美丽新村的重大部署，围绕“业兴、家富、人和、村美”目标，按照“政府主导、群众主体、市场运行”原则，利州区委政府于2013年启动推进赤化镇泥窝新社区建设，全面启动产权制度改革，配套建设道路、公共服务中心、健身广场等基础设施，大力改善民居环境，培育发展特色产业，让当地农村居民生活在新社区、工作在新园区、享受公共服务在家门口，就地就近实现城镇化。市、区两级妇联紧紧抓住这个发展机遇，依托党委、政府的发展政策，结合全村妇女生产发展现状，在留守妇女和土地较为集中的泥窝村四组、五组和司马村一组，创新建设“农村留守妇女‘微田园’庭院经济”。

二 案例过程

近年来，广元市妇联、利州区妇联依托利州区赤化镇泥窝社区“兴业、家富、人和、村美”新型农村社区建设，结合泥窝社区居家妇女较多以及人多地少的实际，在留守妇女和土地较为集中的泥窝村四组、五组和司马村一组，重点发展以保障城市供给为核心的绿色果蔬产业和以近郊农业观光为支柱的生态文化旅游产业，引导居家妇女大自家房前屋后的肥沃土地上种植各种适合本地种植的水果等经济作物，在经济作物间间隔种植各类时令蔬菜等农作物，果园蔬菜连片，培育微田园、微湿地、生态体验农业等特色产业，共建成“微田园”型“庭院经济”69户，通过“微”“小”的土地发展出“宏”“大”的产业，实现农村妇女增产增收致富。“微田园”庭院经济发展虽“微”，但贵在“精”“妙”，内容丰富，是广元市妇女居家灵活就业典型案例和创新之举。

三　做法与成效

（一）创新培训模式，高能提质生效

创新“理论＋实践＋现场指导”的培训模式，对该社区妇女进行“一对一”的培训。为使学习培训更有针对性，采取了“创业培训＋技能培训”相结合的方式，举办了创业培训班、果蔬种植培训班、烹饪技术培训班、特色工艺品制作班、园林设计培训班等，确保该社区妇女开办农家乐思路活、门路广、菜品优、环境好，经济效益大大提高。

（二）设施建设配套，深度挖掘资源

加强渠系等配套设施建设，突出生态与旅游相结合、基础设施与产业相结合，大力发展特色田园风情旅游休闲、现代蔬菜产业、优质水果产业等优势产业，走“绿色、低碳、特色”的现代农业发展路径，打出“微田园”的发展品牌。

（三）引导群众参与，全力助农增收

创新妇女群众参与的激励机制，激发她们的积极性和创造性，扎实做由“主导”走向“引导”的角色转变，发挥妇女群众的智慧和力量。发展妇女合作组织，不断完善统一管理、统一销售、利益共享、风险共担的现代化组织经营体制，激发创业激情。充分发挥社区党支部的战斗堡垒作用和先锋模范作用，带领群众共同创业致富，打造“家家想创业、家家能创业、家家创成业”的发展格局。

（四）加强环境建设，切实维护权益

鼓励人人都是保洁员和监督员，对忽视环境保护和生态建设造成生态环境破坏的予以追究，树立“美丽家园人人护”的主人翁意识。培养妇女参与社会管理的积极性，提高农社区公共服务水平，积极实施社区

村务公开、阳光党务、基层民主选举等一系列保障措施，强化农民的主体意识，增加农民在社区务管理中的话语权。市、区两级妇联指导该社区一手抓发展一手抓维权，“两抓两不误”，将“妇女之家”与警务室、大调解等资源整合，建立了妇女儿童维权工作站，群团服务中心，开辟了妇女儿童维权专项通道，完善了法律援助、姐妹谈心等服务，开展了送法下乡、矛盾纠纷调处、平安家庭创建等活动，切实维护了妇女儿童合法权益。

四　经验与启示

目前，泥窝社区已打通了乡村旅游环线，社区的农村留守妇女居家灵活就业也掀起了热潮，有的开农家乐、有的开农家超市、有的就近打短工等，涌现出了一批“发家致富好能手”“孝媳贤妻好媳妇”。泥窝社区农村留守妇女“微田园”庭院经济的成功发展，是基层妇联推进农村留守妇女居家灵活就业的有效尝试和崭新思路，是一条别具特色的发展途径，通过“三个结合”实现了农村留守妇女的成功创业和增收致富，即与党委、政府区域经济发展和农村新型社区建设规划相结合，同研究、同部署、同推动；与调整农村产业结构和新型农业产业发展相结合，将居家灵活就业方向和内容融入当地产业发展规划，依托当地产业定位和品牌效益，比如泥窝的绿色果蔬和乡村生态旅游产业发展定位，辐射撬动居家灵活就业发展潜在动力；与传承保护当地地方特色文化相结合，泥窝十分注重保存农村特色，弘扬农村文化，通过构建传统与现代融合、现代文明与农村情趣交相辉映的“微田园”画卷，发展以人文自然景观、川北特色民居为主题的乡村生态旅游。

（案例材料来源：广元市妇联，执笔：王刚）

案例五　发挥“WROOC”课堂作用　做好维权宣传工作

一　案例背景

为认真落实全国妇联维权工作在源头、在基层、在妇女身边的工作要求和妇联上网工程，充分发挥互联网 + 妇联的作用，积极构建“联系网、工作网、服务网”“三网合一”和一呼百应的妇联工作格局，广元市妇联创新思维，开办了“WROOC”课堂。

二　案例过程

“WROOC”课堂是妇女权益在线课堂的英文简称，是“Women's Right Online Open Course”的缩写。它是一种将授课者与学习者通过某一个共同的话题或主题联系起来的方式方法，通常对学习者没有特别的要求，所有的学习者不受年龄身份和空间地域局限，无论身在何处，只需要有一台计算机或手机，网络连接扫描广元市妇联微信公众号或加入相关微信群便可进行定时在线学习。“WROOC”课堂是受慕课的启发，从顺应妇女需求、易于接受的角度，将传统的、面向妇女的宣传教育，从一维课堂转向多媒体的可视可听，体现了接地气、覆盖面宽、受益面广的特点。

三　主要做法与成效

（一）加强调查研究，摸清妇女需求

近年来，我们通过发放调查问卷、走基层调研、网上调查等形式，了解到不同层次的女性群体在提升自身素质、婚姻家庭关系、亲子教育、妇女创业就业等方面的需求，针对这些需求，结合工作实际，主要采取举办培训班、开办大讲堂等形式满足她们群众在法律知识、创业就业、维护自身权益上的需求，由于这些讲座和培训受时间、空间地域、受训对象、人数的限制，不能完全满足各行各业女性的需求，反映的问题也不能及时得到解决。同时，新媒体的出现也对广大女性的思维方式、行为方式、发展方式和生活方式等产生了重大影响，也给妇联工作带来了机遇和挑战。如何在新媒体的使用上谋求新的突破，用女性喜闻乐见的方式，做好信息发布和好声音传播，在妇联工作领域形成弘扬主旋律、传播正能量也势在必行。

（二）组建专家团队，培养骨干讲师队伍

要办好“WROOC”课堂，首先要解决有人讲、有人听的问题。我们依托“巾帼建功三大互助会”等组织，建立了广元市家风家教微课堂总

群和8个分群，建立了“巾帼建功三大互助会”微信群、悦读慧公益朗读群、女性领导干部等20多个微信群，人数有6000余人，广元市妇联微信粉丝3万余人。依托“巾帼关爱互助会”，建立了“巾帼维权讲师团”“幸福使者”骨干讲师队伍。涌现出了徐兰芳、喻维新、苏荣满、杨晓琼、杨丽娜等优秀讲师。同时，充分利用高校智库，聘请了中科院、农科院等专家组成授课团队，形成了一批专兼职讲师队伍。

（三）突出问题导向，创新开展活动

针对广大女性对新生事物感兴趣的特点，我们巧用新媒体技术，创新开展线上线下宣传活动。在线上，先后举办建设法治广元、巾帼在行动——广元媚儿话维权在线直播，法律有奖知识在线答题，母亲课堂，空中课堂，聘请了西北农林大学、西南科技大学专家在每天固定时段对巾帼建功三大互助会员进行在线授课。在线下先后举办妇女维权大课堂、精英女性大讲堂，开办了男女平等基本国策专题讲座、四川省反家暴联动机制培训班、女性领导力提升培训班等。组织巾帼维权志愿服务团深入148个边远贫困村组织群众开展“养成好习惯、培养好风气”暨法制宣讲等活动。这些活动受到线上线下群众的热烈欢迎和喜爱，特别是广元媚儿话维权在线直播的《民法总则》，让外来的流动妇女和长年在家留守妇女，了解与自身相关的权利，外来的流动妇女李金华现场聆听讲座后感慨地说：这样的活动真好，让我学到了相关的法律知识，增强了法律意识，也看到了新形势下妇联组织运用新媒体做群众工作的手段和方法。网友心湖通过收听收看、并通过在线咨询互动提问专区，了解到孩子父母监护权被法院撤销后，什么情况下能够再恢复对孩子的监护权，解决了自己的困惑。

四　经验与启示

要“办活”，更要“办火”“WROOC”课堂，真正让“WROOC”课堂这个平台活跃起来，作用发挥出来，必须让广大女性感觉到它的实际存在，感受到它与自己的生活息息相关，当我们的“WROOC”课堂受到广泛关注的时候，便具有一定影响力，这就要加强新媒体运用的互动性，做好线上线下的互动沟通，做成广大女性喜欢、乐于接受、信任的平台。比如广大女性的某些需求，都可以在“WROOC”课堂平台上得到反映，

及时做好回应与引导，还可以将“线上”聚集与“线下”活动实行无缝融合。下一步，我们将进一步丰富“WROOC”课堂内容、完善活动形式、加大线上线下的传播力度，并作为提升妇女素质、维护妇女权益的重要平台长期开设，逐步打造成广元妇联系统具有广泛传播力和影响力的工作品牌。

（案例材料来源：广元市妇联，执笔：邓丽均）

案例六 内江市资中县“巾帼建功·携手电信”巾帼脱贫行动案例

为凝聚巾帼力量，助力脱贫攻坚，内江市资中县妇联结合工作实际，携手中国电信资中分公司实施“巾帼建功·携手电信”巾帼脱贫行动，促进妇女居家灵活就业，为破解农村建档立卡贫困留守妇女兼顾家庭并实现就业创业脱贫致富探寻出了一条光明之路。

一 案例背景

资中县现有农村建档立卡贫困女性人口17241人，占资中贫困人口总数的46%。这些妇女既是脱贫攻坚的工作对象，也是脱贫攻坚的重要力量。为了充分发挥妇联的组织优势，加快推进信息扶贫，助力全县脱贫攻坚工作，深入贯彻落实县委、县政府关于集中力量打赢脱贫攻坚战确保同步全面建成小康社会的有关文件会议精神，充分发挥广大妇女在脱贫攻坚中的重要作用，推动“巾帼建功行动”向基层农村、社区、“两新”组织、进城务工妇女辐射，鼓励广大妇女在“双学双比”活动中谋发展、促增收，“不等、不靠”，自主脱贫。资中县妇联在前期调研的基础上，携手中国电信实施“项目牵引”脱贫行动，积极推动“妇女居家灵活就业”，通过搭建平台，促进创业就业，通过增收达到脱贫的目的。

二 做法与成效

在此次信息扶贫工作中，妇联、中国电信资中分公司紧密协作积极推进，投入专项资金和利用优势资源加快完善贫困村基础通信网络建设，并投入补贴资金对全县贫困妇女（尤其是建档立卡贫困妇女中）开展“项目牵引”脱贫行动，使扶贫对象享受更大的信息扶贫红利。项目的主要内容包括两个方面：一是招募电信业务村级服务代办点。在全县33个镇所辖行政村（社区）的贫困妇女中（建档立卡贫困妇女优先），各招募1名，共计450名。主要代办手机充值交费、宽带、机顶盒、手机销售等业务。代办方式：自行进货，得终端批零差价；公司铺货，按件计酬。公司对招募对象提供免费指导培训、业务销售、业务拓展并全面免加盟费并免费制作广告牌。二是招聘销售人员，在全县贫困妇女中（建档立卡贫困妇女优先）招聘销售人员，重龙、水南各10名，其余每个镇2人。主要从事电信宽带、机顶盒、手机等销售业务，工资待遇为1200元保底+提成不封顶。

在此次项目扶贫中，县妇联组织积极作为，主要做法是：

（一）坚持以扶贫为宗旨，以帮扶建档立卡贫困妇女为核心

资中县妇联召开了全县各镇妇联主席会议，会上安排布置了“巾帼建功·携手电信”项目工作并提出了相关要求，做了详细的业务培训。会后县妇联联合扶贫移民局下发（资妇发〔2016〕31号）文件，要求各镇妇联要高度重视，坚持以扶贫为宗旨，以帮扶建档立卡贫困妇女为核心，做好宣传动员，规范操作流程，提高工作效率。坚持为民、务实、清廉的工作作风，为广大贫困妇女提供真正的帮扶。

（二）坚持严格选人用人的原则，做好宣传动员工作

会后，各级妇联以多种形式开展了宣传动员活动，扩大了“巾帼脱贫行动之巾帼建功· 携手电信”行动的知晓率。各级妇联在开展工作时，坚持客观公正的原则，杜绝弄虚作假，优亲厚友，用心识真贫，用情真扶贫，用力扶真贫，加大对“巾帼脱贫行动之巾帼建功· 携手电信”专项行动的宣传力度，扩大活动的覆盖面，将有能力、有意愿的贫困妇女选拔出来，参与项目，确保项目在落实中不出现任何偏差。

（三）坚持品牌工作思路，着力打造公益品牌

妇联以打造品牌为工作思路，细化工作目标，规范工作流程，强化推进措施，加强目标考核督导，把“巾帼脱贫行动之巾帼建功· 携手电信”项目作为重要的民生工程来抓，使“巾帼脱贫行动之巾帼建功· 携手电信”项目取得实效，真正成为“关爱女性、撒播爱心、造福社会”

的民心工程。

通过县妇联的组织引领，各镇的积极推进，截至2016年10月，各镇及妇联共选拔推荐贫困妇女共计388人（其中建档立卡贫困妇女149人），分别作为销售人员和村级服务代办点代办员。此后县妇联再次携手中国电信资中分公司于10月28日下午召开“巾帼脱贫行动之巾帼建功·携手电信”专项行动水南、重龙试点启动会，陆续分片区培训对象，为贫困妇女进行免费的技术指导和专业培训，目前经过“巾帼建功·携手电信”扶贫专项活动专业培训后首次上岗人员已经达到平均月增收2000余元，在精准扶贫工作中，县妇联为贫困妇女找到了一条脱贫致富的路，达到居家灵活就业，增加家庭收入的目的。

三　经验与启示

妇联组织充分发挥妇联组织联系妇女的作用，瞄准“创业创新”一个目标，抓住“自我造血”和“雪中送炭”两个关键，突出“政策、技术、项目”三项重点，积极搭建平台、拓宽渠道，大力发展农村妇女尤其是建档立卡贫困妇女的居家灵活就业，让她们“不离乡、不离土”，在家门口撑起“半边天”，切实增强了广大妇女脱贫致富本领和自我发展能力。在这个过程中，我们发现：一要依托平台，强化技能培训。扶贫先扶“智”，提升妇女创业就业能力是带领妇女脱贫致富的治本之策。有效整合培训资源，通过集中授课、示范基地实习、入户指导等形式，加大对农村贫困妇女居家灵活创业就业的培训，使她们真正掌握一技之长，实现自我造血，提升脱贫致富本领。二要项目引领，拓宽致富渠道。按照“因地制宜，突出特色的”原则，深入挖掘适合妇女尤其是贫困妇女居家灵活创业就业的项目，以项目引领带动就业，并从各个方面给予全方位支持，实现精准脱贫。同时我们根据年龄、文化程度、区域环境等实际情况，对稍年轻的接受新生事物比较快的贫困妇女，组织引导她们运用“互联网+”，发展投资少、见效快、门槛低，不受时间、空间限制的电商项目。对家庭有老人、小孩不能长期外出的贫困妇女，帮助她们脱贫致富。

（案例材料来源：内江市妇联，执笔：何艳、陈娜、李佳娟）

后　记

党中央于2015年启动了群团改革，群团组织只有不断适应我国经济社会发展的新形势，才能发挥好群团组织的应有作用，把广大人民群众更加紧密地团结在党的周围，汇聚起实现“两个一百年”奋斗目标、实现中华民族伟大复兴中国梦的强大正能量。妇联是党和政府联系妇女群众的桥梁和纽带，也是国家治理体系的组成部分，在群团改革的过程中推动并落实了一系列的改革举措，形成了许多改革创新成果和经验，也为研究妇联组织发展的逻辑和规律提供了鲜活生动的实践素材。如今，随着中国特色社会主义进入新时代，妇联等群团组织也面临着新的任务和要求，这就需要我们在回顾过去一个阶段妇联工作的基础上，将各项改革与创新工作的实践经验上升到妇联组织发展逻辑的理论高度，从而更加全面深入地理解群团改革，将妇联工作与改革创新推向前进。

四川省是中国西部的人口大省，在西部崛起的背景下，女性发展也进入了一个新的时代，而妇联是女性发展过程中重要的组织基础。在全国妇联的推动下，在以往扎实的工作基础上，四川省妇联积极探索适应时代发展的妇联工作思路、工作内容和组织形态，并结合四川的实际情况落实妇联改革的各项工作，形成了一系列各具特色的经验、创意和案例，闪烁着各地基层工作的智慧。这些实践素材中包含着妇联工作和妇联组织发展的一般性规律，但它们散落在各地，经过一个时期的积累，需要理论性的总结与提炼，于是就促成了我们高校智库与地方妇联之间的合作研究。

本书是复旦大学政党建设与国家发展研究中心和四川省妇联战略合作项目的研究成果之一，我们从2016年下半年开始合作研究，为了更加深入地了解四川妇联的各项具体工作进展，了解基层一线的改革与创新情况，我们选定了9个研究专题，并组织研究团队分别赴成都、德阳等9个市州调研。我们还邀请了四川省妇联系统干部来复旦大学共同研讨，可以说，这本研究报告之所以能兼具理论性和实践性，正是因为结合了理论研究者和实务工作者的智慧。

在实地调研中，我们看到四川各地妇联针对基层实际问题，涌现出许多好点子、好项目、好做法；同时，我们也与各地妇联工作者深入交流，学习她们基于实务工作的经验与心得。这些来自基层一线的调研经历给我们的研究团队以深深的触动和启发，这种调研现场的感性体验是无法从文献材料中获得的，我们在书中只能通过案例材料尽量还原那种现场感。更为重要的是，这些实践案例如果脱离了特定的背景来看，可能并不出众，但在当地实践中恰恰针对了女性发展的现实需要，是切实可行的创新。这种触动与启发既帮助我们将理论与实践相结合，也激励我们要把这本研究报告做好。

本书的研究团队由郑长忠主任领衔，具体成员如下：

郑长忠，复旦大学政党建设与国家发展研究中心；

赵小斐，复旦大学政党建设与国家发展研究中心；

李威利，复旦大学马克思主义学院；

张冬冬，上海第二工业大学马克思主义学院；

杜欢，华东政法大学政治学研究院；

孙鹏，上海财经大学马克思主义学院；

许莞璐，复旦大学政党建设与国家发展研究中心；

于浩，复旦大学政党建设与国家发展研究中心；

沈大伟，复旦大学政党建设与国家发展研究中心；

赵晓惠，复旦大学国际关系与公共事务学院；

李亚丁，复旦大学国际关系与公共事务学院；

李笑宇，复旦大学国际关系与公共事务学院；

左雪荣，河海大学马克思主义学院；

李心仪，复旦大学国际关系与公共事务学院；

栗潇远，复旦大学国际关系与公共事务学院；

汪艳，复旦大学马克思主义学院；

徐共强，上海体育学院经济管理学院。

同时，在调研和成书过程中，四川省妇联和各市州妇联的同志都做了大量工作，这本研究报告是在大家的共同努力下完成的，具体成员如下：

四川省妇联：吴旭、张怀青、吴咏梅、胡慧；

成都市妇联：刘霞、闫晓梅、李雪梅、肖帮莉、王凤；

内江市妇联：苏晓蓓、邹红、乔轶；

广元市妇联：张敏、蒋琳、张琴、袁冬；

达州市妇联：卢玲宁、吴东梅、康莲；

自贡市妇联：沈焰林、曾涛、宋燕萍；

绵阳市妇联：刘春涛、黄丽琴、杨娟；

泸州市妇联：刘瑶、刘斌、蒋凌燕、李亚平、段霁轩；

德阳市妇联：何敏、王建平；

南充市妇联：朱逢娟、任荷蓉、王晓辉、何寒梅。

值此出版之际，我们要诚挚感谢吴旭主席，本书的许多观点与思路，是在与吴旭主席充分讨论之后形成的，本书凝聚着其大量的智慧与心血。我们还要感谢四川省妇联其他领导同志的关心与指导，感谢省妇联和各市州妇联的支持与帮助，感谢中国社会科学出版社的大力支持。当前的妇联改革迈出了“从 0 到 1”的关键一步，今后如何迈向“从 1 到 N”，如何推进妇联工作和相关研究，我们希望读者能够通过本书有所思考，有所启发。

郑长忠

2018 年元月